사랑과 연합

ⓒ 이성민, 도서출판 b, 2011

사랑과 연합

초판 1쇄 발행 • 2011년 1월 30일

지은이 • 이성민
펴낸이 • 조기조
펴낸곳 • 도서출판 b

기획 • 이성민, 이신철, 조영일
편집 • 백은주
관리 • 김장미
표지디자인 • 미라클인애드
인쇄 • 상지사 P&B

등록 • 2003년 2월 24일 제12-348호
주소 • 151-899 서울특별시 관악구 신림1동 1567-1 남진빌딩 401호

전화 • 02-6293-7070(대)
팩시밀리 • 02-6293-8080
홈페이지 • b-book.co.kr
이메일 • bbooks@naver.com

정가 • 20,000원

ISBN 978-89-91706-39-2   03100

* 이 책 내용의 일부 또는 전부를 재사용하려면 저작권자와 도서출판 b 양측의 동의를 얻어야 합니다.
* 잘못된 책은 교환해 드립니다.

사랑과 연합

☙

이성민

도서출판 b

이재연과 홍명수에게

차 례

서 언 ··· 9

I
1. 비평과 철학의 연관에서 출몰하는 근본문제 ················ 15
2. 헤겔의 시간 ·· 37
3. 가족이란 무엇인가? ·· 49
4. "독립"에 대한 성찰 ·· 55

II
5. 하루키적 존재론 하에서의 양을 쫓는 모험 ················ 61
6. 6+8, 4+1+9 ·· 67

III
7. 아나키즘의 운명 ·· 77
8. 주체와 이름의 연관 ·· 85
9. 콤플렉스와 문명 ·· 97

IV
10. 부정 판단의 선의와 무한 판단 ·························· 117
11. 죽음충동, 불투명한 표면 ································ 129
12. A - A = a ·· 145
13. 신비와 수수께끼 ·· 159

V

14. 연인들의 윤리 ··· *167*
15. 사랑과 연합 ··· *173*

VI

16. 기능하는 윤리 ··· *187*
17. 주체의 진리와 자리 ·· *213*
18. 주체와 윤리 ··· *261*
19. 상상적 전회를 통한 들뢰즈의 내기: 주체 없는 공동체 ····· *281*
20. 연합의 길 ··· *303*

VII

21. 돌아오지 않는 강 ·· *339*
22. 1984 오윤 ··· *355*

감사의 말 ··· *367*

| 수록 원고 출전 |

- 이 책에 실린 글들 가운데 지면이나 강연을 통해서 발표된 글은 다음과 같다. 이 가운데 일부는 적게든 많게든 저자의 수정이 가해졌다.

- 「비평과 철학의 연관에서 출몰하는 근본문제」: 『문학동네』, 2007년 여름.
- 「헤겔의 시간」: 철학아카데미 제3회 현대사상 심포지움, 2007년 10월 6일.
- 「"독립"에 대한 성찰」: 인디포럼 2010, 2010년 5월 31일.
- 「하루키적 존재론 하에서의 양을 쫓는 모험」: 『서강대대학원신문』 99호, 2006년 11월 3일.
- 「죽음충동, 불투명한 표면」: 『ACT』 창간호, 2007년.
- 「A − A = a」: 『진보평론』, 35호, 2008년 봄(「대상 $\check{Z}$」의 일부로 수록됨).
- 「연인들의 윤리」: 『연대대학원신문』, 160호, 2008년 4월 21일.
- 「기능하는 윤리」: 서강대 대학원 학술단체협의회 심포지엄, 2006년 2월 28일.
- 「주체의 진리와 자리」: 철학아카데미 토요아카포럼, 2009년 10월 11일.
- 「주체와 윤리」: 라깡과 현대정신분석학회 정기학술대회, 2008년 12월 13일.
- 「상상적 전회를 통한 들뢰즈의 내기: 주체 없는 공동체」: 『라깡과 현대정신분석』, 12권 2호, 2010.
- 「연합의 길」: 고려대학교 생활도서관 여름 현대정치철학특강, 2010년 7월 21일 / 『진보평론』, 46호, 2010년 겨울.
- 「돌아오지 않는 강」: 『이중섭 드로잉』, 삼성미술관 리움, 2005(수록 제목은 "이중섭의 삶과 예술에 대한 라캉주의적 견해").
- 「1984 오윤」: 『오윤: 낮도깨비 신명 마당』, 컬처북스, 2006(수록 제목은 "오윤 인물 형상의 전형성과 비전형성 분석").

서 언

나는 그동안 주로 번역을 해왔고, 말하자면 그 작업의 부산물로 이따금씩 글을 썼다. 나는 "슬로베니아 학파"라는 명칭을 가지고서 번역을 통해 우선 나의 입지를 만들려고 했고, 그러한 시도가 꼭 실패는 아니어서 내가 쓰는 글들 가운데 일부를 지면이나 강연을 통해 발표할 수 있었다. 나의 글에는 내가 번역한 학자들의 영향이 전적으로 스며들어가 있으며, 또한 번역과 더불어서 나는 자유에 필요한 얼마간의 단련을 할 수 있었다.

하지만 돌이켜 볼 때 애초에 내가 지젝을 붙잡게 된 것은 무언가가 그를 붙잡게 했기 때문이다. 내가 그와 조우한 것이 사실이라면, 그와의 조우를 빗나간 조우가 아니게 한 또 다른 아주 오래된 조우가 이미 내게서 작동하고 있었다. 그리고 최근에서야 나는 그것을 나의 언어로 새로운 무언가로서 붙잡을 수 있게 되었고, "연합"이라고 명명할 수 있었다. 이 책은 바로 이러한 붙잡음과 붙잡힘의 이중적 과정에 대한 기록이다.

이와 관련해서 두 가지를 짚어두고자 한다. 첫째, 효과로서의 지젝

즉 지젝 효과. 아마도 재미라도 삼아 무언가를 해보는 것보다 더 잘하는 방법을 아직은 모르겠는 사람들이 지젝을 "학계의 록스타"나 "문화이론의 엘비스 프레슬리"라고 부른 적이 있었을 것이다. 하지만 물론 지젝은 그렇게 좋았던 옛 시절의 인물이 아니다. 한 가지 분명한 것을 지적해보자. 지젝에게 호감이 있건 반감이 있건 "엘비스 프레슬리"라는 호칭이 그렇게 나쁘지 않다고 생각할 것이다. 하지만 그 가운데서도 우리가 더 주목해야 하는 것은 지젝의 옹호자들이 이 호칭에 대해 느끼는 안도감이다. 우리는 엘비스 프레슬리라는 화려한 이미지 배후에서 그 사용된 표현의 정확한 함축을 읽어내야 한다—즉 이미 지나간 인물로서가 아니라면 그를 지칭할 수 없다.

이러한 제스처가 피해가려고 하는 효과로서의 지젝은 무엇일까? 가령 인터넷을 통해서 동영상에 몰두하는 아이를 생각해보자. 그 아이의 부모는 아이가 긍정적으로 무언가를 탐구하고 있다고 보지 않을 것이고 무방비 상태에서 무언가에 지속적으로 노출되어 있다고 볼 것이다. 바로 이것이 지젝을 한물 간 엘비스 프레슬리보다는 가령 인터넷 그 자체와 비교해야 하는 이유다. 전통적인 철학자들은 지젝의 저술을 통해 그동안 결코 조우하지 않아도 좋았던 것들에 직접적으로 노출된다. 철학의 역사상 그토록 지적이면서 동시에 외설적인 텍스트는 없었다.

우리가 처한 딜레마는 이렇다. 한편으로 지젝은 포르노 장면 앞에서도 철학을 할 수 있는 정신적 강고함을 가졌다. 그리고 다른 한편으로 우리는 대중에 떠밀려서 기껏해야 이류에 불과한 철학자를 존중해야 하는 처지에 놓여 있다.

하지만 나는 언젠가부터 지젝의 솔직함이 마음에 들기 시작했다. 그리고 그 솔직함을 미성숙의 지표가 아니라 진정한 의미에서 새로운 유형의 성숙의 지표로 읽을 수 있게 되었다. 그리고 역으로 오늘날 대부분의 근본적인 남자 사상가들이 — 저 유명한 무능한 폭력꾼들에 못지않게 — 여자들과의 관계에서 곤란을 겪고 있는 것이 아닌가 하는 의심을 품게 되었다. 이와 관련해서 어떻게 니체나 키르케고르나 카프카나 알튀세르 같은 이름이 떠오르지 않을 수 있겠는가!

하지만 최근에 나는 후설을 읽으면서, 그리고 플라톤을 다시 독서하면서, 유럽과 공동체의 관계에 대해서 근본적으로 재고할 필요성이 있다는 것을 깨닫게 되었다. 그리고 또한 궁극적으로 지젝의 정치철학이나 더 나아가 정신분석 그 자체에도 공동체적 전망 이외에 그 어떤 다른 전망도 없다는 것을 알게 되었다. 그리고 유럽은 하나의 공동체라고 부르기에는 너무 크다는 — 다시 말해서 후설에게서 분명하게 볼 수 있듯이, 궁극적인 주체적 성숙을 인간 나이의 한 단계로서 인정하지 않고 무한히 지연시킬 수 있는 이데올로기적 공간으로서 기능한다는 — 생각을 하게 되었다.

둘째로, 내가 연합에 대한 착상을 하게 된 것은 이처럼 역설적이게도 정신분석적 문헌들에서 그것에 대한 착상을 전혀 얻을 수 없었을 때다. "연합"이라는 용어 자체를 나는 가라타니 고진에게서 얻었으며, 연합과 공동체를 두 개의 원리로 설정하는 법도 나는 그에게서 배웠다. 하지만 그 이상으로는 그에게서 얻을 것이 없었다. 그는 사랑과 욕망을 사유하지 않았다.

연합이라는 개념을 착상하는 데서 내가 가장 큰 빚을 진 사람은 이종영이다. 나는 그의 이행 총서를 읽으면서 가령 클로드 메이야수라는 탁월한 인류학자를 알게 되었고, 또한 이종영 그 자신이 이곳 한국에 사랑을 도입하는 문제를 놓고 수년에 걸친 이론적인 노동을 통해 문자 그대로 투쟁을 벌이고 있다는 것을 알게 되었다. 다만 나는 그의 노력이 아직 결실을 맺지 못했다는 것을 알고 있다.

연합에 대한 나의 생각에서 가령 뒤르케임과의 유사성을 읽어내고 싶은 사람도 있을 것이다. 최근에 나는 그를 독서하면서 그의 텍스트가 앞으로 내가 참조해야 할 훌륭한 원천이라는 것을 알게 되었다. 하지만 아무리 분업과 직업의 도덕적 기능을 강조하더라도 그는 궁극적으로 헤겔과 마찬가지로 공동체주의자이며, 반면에 나는 (계급 및 성적 적대의 탁월한 장으로서의) 공동체의 기능을 주체의 성장이나 재생산이나 죽음과 관련된 몇몇 핵심적인 기능으로 국한시켜야 한다는 — 그리고 철학과 정치가 그러한 방향으로 근본적으로 재조정되어야 한다는 — 생각으로 점점 더 기울어지고 있다. 나는 성인들이 성숙하고 생산적인 삶을 살아가는 세계를 연합이라고 부르기로 했다. 나는 연합 속에서 인간 주체는 한편으로 지속가능한 사랑을 발명해야 하고 다른 한편으로 분열된 타자로서의 자연과 새로운 관계를 맺어야 한다고 생각한다.

따라서 한편으로 이 책의 종결점은 이미 지금 나의 새로운 출발점이 되어 있으며, 다른 한편으로 나는 이 책을 나의 일부로서 절단하여 독자들에게 제공한다.

2011년 1월

I

비평과 철학의 연관에서 출몰하는 근본문제
헤겔의 시간
가족이란 무엇인가?
"독립"에 대한 성찰

비평과 철학의 연관에서 출몰하는 근본문제

> 그러나 놀라운 일은 굳이 내가 힘들게 만들어온 이런 교재들은 그녀들에게 별로 흥미를 끄는 것이 아니었으며, 내가 그녀들의 현실을 말해주는 것보다 그 소녀들이 더 잘 알고 있었다는 사실이었다.
> — 김원, 『여공 1970, 그녀들의 반역사』

1

이 자리에서, 영예로운 시작으로서 주어진 이 자리에서, 문예지에 의해 인문학이 공식적으로 요청된 이 항구적 필연성의 자리에서, 제가 그에 합당한 의무감으로 우선적으로 다루어야 할 연관은 비평과 철학의 연관입니다.

제 삶의 십년의 절반을 무의미 속에서 번역으로 헌납한 슬로베니아의 라캉주의자들을 마땅히 끌어들임으로써 저는 이 문제를 다룰 것입니다. 왜냐하면 그들이, 부당하다고 할 수만은 없으며 또한 동시에 현대의 조건 그 자체에 대한 어떤 심원한 오인에서 비롯된 어떤 평가를 받았기 때문입니다. 철학을 전공한 강단의 학자들에 의해 제출된 그러한 평가의 핵심에 따르면 지젝은 **모든 것**에도 불구하고 독자적인 이론가가 아닙니다. 그 모든 것의 자리를 위해 문자 그대로 무엇이건 양보할 수 있지만, 여하간 그는 독창적이지 않은 것이지요. 예컨대 그는 난해한 헤겔과 라캉을 다루면서도 대중적 인기를 얻는 데 성공했습니다. 또한 그는 학자들이 다루기를 두려워했던 대중문화의 사례들을 고급의 이론서에 끌어들이기를 주저하지 않았으며, 게다가 탁월하게 그 작업을 성취했습니다. 그는 심지어 국가가 하나의 양태로 탄생해야만 했을 때 정치적 선거에 개입하기도 했던 실천적 지식인입니다. 이야기는 얼마든지 더 이어질 수 있지요. 따라서 그는 지식인들이 염원했던 바로 그 이상적 형상의 모든 속성들을 가지고 있습니다. 단, 독자적인 이론가는 **아니다**는 예외의 안전핀과 더불어서 말입니다.

이러한 평가를 **또한 반응으로서도** 읽어낼 수 있는 관점을 우리는 소유해야 합니다. 평가의 이면에 하나의 반응이 있다는 것을 말입니다. 그리고 우리는 또한 그 반응을 대상 그 자체 — 지젝과 슬로베니아 라캉주의자들 — 에 대한 반응으로서만이 아니라 그것의 이면에 대한 반응으로 읽어낼 수 있어야 합니다. 무엇 때문에 그들의 출현을 하나의 사건으로 인지하기가 그토록 어려운 것일까요? 단적으로 그것은, 철학을 지지하는 지젝의 공언된 주장에도 불구하고,[1] 그들의 작업 그 자체가 철학의 지위를 흔들어놓고 있기 때문입니다. 그것은 오늘날의 철학자들에게 심원한 불안을 불러일으키지요. 혹은, 헤겔과 라캉이 결합된 그들의 해독력에는 상징을 파열시킬만한 섬뜩한 무언가가 있으며, 헤겔 이후로 철학은 그것을 어쩌면 자신의 장 안에서 경험하지 못했습니다. 오로지 라캉만이, 정신분석가인 라캉만이 그러한 경험의 전통을 이어받았습니다. 저는 오늘 편리하게도 저의 이름이 아닌 슬로베니아

------

[1] 철학을 옹호하는 이러한 지젝의 주장으로는 예컨대 그의 『부정적인 것과 함께 머물기』, 이성민 옮김, 도서출판 b, 2007, 서론 참조.

라캉주의자들의 이름을 걸고서 이러한 경험의 전통을 비평을 위해 헌납하고자 할 것입니다. 이미 말했듯이, 비평과 철학의 연관을 다룸으로써 말입니다.

지젝과 그의 동료들을 온전한 철학자로 인정할 수 없다는 평가는 그들의 글이 어쩐지 비평적인 글 같다는 생각에서 변주됩니다. 이때의 이 "비평적"이라는 말에서 우리는 그 어떤 엄밀함도 기대할 수 없겠지만, 여하간 그러한 생각은 비평과 철학의 연관이라는 문제를 도입하는 데 불리하지 않은 생각입니다. 오스틴이라면 잘 알고 있었겠지만, 일상적 어법에는 참으로 내버릴 것이 하나 없습니다. 이 일상언어적 직관의 주체인 지식인들은, 어쩌면, 이미 일이 편안하지만은 않게 되었다는 것을 직감하고 있습니다. 왜냐하면 지젝과 그의 동료들의 작업이 비평적인 것이라면, 이제 그 비평의 대상에 단지 가장 저급한 것까지도 포함되는 것만이 아니라 철학마저도 포함되기 때문입니다. 문학이 유지하는 품위와는 별도로 철학이 문학과 마찬가지로 비평의 대상이 된다는 사실에는 실로 추문적인 무언가가 있습니다. 저는 나중에 이 문제를 다른 각도에서 접근할 것입니다. 즉 오늘날 철학이 근본적인 파열의 지점에 도달했다는 사실에서 이 문제에 접근할 것입니다. 레닌에 의해 정식화된 철학의 근본문제는 오늘날 지젝에 의해 전혀 다른 차원에서, 성적 적대의 차원에서 정식화되고 있습니다. 우리는 이와 관련하여 말로만 철학을 옹호하지 않고 영웅적인 제스처로 옹호하고 있는 바디우의 입에서 다음과 같은 말이 나왔다는 사실을 기억해 두어야 합니다. "부언해 둘 것은, 우리가 매일 보듯이, 오늘날의 철학이 여자들에게 말을 건넨다는 것이다. 우리는 심지어, 나 또한 이에 노출되는 것인데, 담화로서의 철학이 한편으로 유혹의 전략으로 사용되고 있는 것은 아닌지 의심할 수 있다."1) 그는 성적 적대에 우선은 솔직함으로 응하는 길을 택할 수 있었던 용기 있는 남자입니다. 하지만 저는 그가 철학의 근본문제를 회피하지 않은 것인지를 알지 못합니다.

따라서 우리는 저 작은 나라의 라캉주의자들의 언어가 비평의 언어라는 사실을 확인하는 데서 시작해볼 수 있습니다. 이 비평의 언어가 또한 어떤 언어인지를 확인하는 흥미로운 과제가 남아 있지만 말입니다. 저는 남아 있는 것을 위해서 우선 『부정적인 것과 함께 머물기』의 서론에서 지젝이 정신분석과 철학에 관해서 어떤 이야기를 하고 있는지를 세밀하게 읽어볼 것을 권합니다. 외견상 철학에 대한 옹호만을 읽어내고 싶은 아주 짧은 글이지만, 우리는 그곳에서 그것 말고도 다른 것을 읽어낼 수 있습니다. 보람을 주는 글이 그것도 매우 짧다면 읽지 말아야 할 이유는 영으로 수렴됩니다.

그곳에서 지젝은 무엇보다도 분석가 담화와 철학의 등치를 통해 철학을 옹호합니다. 저는 라캉에 의해 세공된 분석가 담화의 도식을 다음과 같이 제시해놓겠습니다.

$$\frac{a}{S_2} \qquad \frac{\$}{S_1}$$

이 담화에서 하단 오른쪽에 있는 것은 주인기표(S_1)입니다. 그리고 주인기표가 차지하고 있는 바로 그 자리는 생산물의 자리입니다. 이를 놓고 지젝은 다음과 같이 설명합니다. "이 담화의 목적은 바로 주인기표를 '생산하는' 것이며, 다시 말해서, 그것이 '생산된' 것이라는, 인공적이고 우연적인 것이라는 성격을 가시화하는 것이다."[2] 이 말이 좀더 명료해질 관점을 획득해봅시다.

· · · · · ·
1) 알랭 바디우, 『조건들』, 이종영 옮김, 새물결, 2006, 336쪽.
2) 지젝, 『부정적인 것과 함께 머물기』, 11쪽.

왜냐하면 정신분석은 처음으로 인문학이 과학의 길에 들어설 수 있음을 보여주었을 때, 동시에 또한 사랑이 **생산될** 수 있다는 것을 발견했기 때문입니다. "가장 숭고한 느낌들이 기계적으로 산출될 수 있고, 실험적으로나 합성적으로 야기될 수 있다."3) 프로이트가 「전이 사랑에 대한 소견」4)에서 상세하게 설명하고 있는 것이 바로 이것입니다. 거기서 프로이트는 (빈번함의) 양태에서 (보편적) 원리를 이끌어냅니다. 지젝은 그가 종종 그렇게 한다는 것을 알아차렸습니다.

> 프로이트에게서 종종 있는 일인바, 그가 (비록 "아주 놀라운 빈도"의 것이기는 하지만) 경험적 관찰로서 정식화하는 것은 근본적이고 보편적인 원리를 언명한다. "꿈의 형태 혹은 꿈이 꾸어지는 형태는 아주 놀라운 빈도로 그것의 숨겨진 주체를 재현하기 위해 사용된다."5)

전이 사랑을 다루면서도, "일종의 분석의 부산물이며 프로이트 그 자신을 놀라게 한 저 특별한 사랑"을 다루면서도 프로이트는 그렇게 하고 있습니다.

> 분석가에 대한 환자의 이런 사랑은(초창기에 정신분석은 대부분 여성 히스테리 환자들을 다루어야 했다) 놀라운, 거의 기계적인 규칙성과 함께 분석상황으로부터 튀어나온다. 분석가의 인품이나 환자의 인품과는 상관없이 말이다.6)

---

3) 믈라덴 돌라르 · 슬라보예 지젝, 『오페라의 두 번째 죽음』, 이성민 옮김, 민음사, 2010, 119쪽.
4) 프로이트, 『끝낼 수 있는 분석과 끝낼 수 없는 분석』, 이덕하 옮김, 도서출판 b, 2004, 125-147쪽.
5) 지젝, 『이데올로기라는 숭고한 대상』, 이수련 옮김, 인간사랑, 2002, 37쪽. 번역 수정.
6) 믈라덴 돌라르, 「첫눈에」, 『사랑의 대상으로서 시선과 목소리』, 라깡정신분석연구회

바로 이때 프로이트는, "훌륭한 교육을 받은 문외한"과는 달리, 이론적 관점을 놓지 않습니다. 상황의 위중함을 알고 있었기에 그는, 인문학이 — 엄밀히 헤겔적인 의미에서의 — "Wissenschaft"의 목전에 있는 바로 그곳에서, 아주 단호하게 "정신분석가가 이 문제를 다른 관점에서 바라보아야 한다는 것은 분명하다"라고 말합니다.7) 이 위중함은, 이 "크리티컬함"은 "크리틱"과 무관한 것이 결코 아닙니다. 프로이트는 존재하지 않는 길을 잡아놓았고, 그 길에서 숭고한 것은 우스꽝스러운 것으로의 전락이라는 익은 길이 아닌 다른 길을 발견했습니다.8)

프로이트는 이 인위적으로 산출된 사랑에 대해서 "우리에게는 분석치료 중에 나타나는 사랑에-빠짐이 '진짜' 사랑의 성격을 갖지 않는다고 부인할 권리가 없다"고 말합니다.9) 이렇게 말하면서 동시에 그는 그것의 인위성과 우연성을 부정하지 않습니다.

라캉은 사랑이 우연성을 필연성으로 전치시킨다는 것을 알고 있었습니다. 그는 그러한 전치에서 부정이 이동한다는 것을 보여주기 위해서 우연성과 필연성을 정의할 방법을 고안합니다. 그는 우연성을 "씌어지지 않기를 멈춘다(stops not being written)"로, 그리고 필연성을 "씌어지기를 멈추지 않는다(doesn't stop being written)"로 정의합니다. 그러고 나서 그는 모든 사랑이 어떤 중지의 지점에 달라붙어 있으며, 그러한 지점은 바로 "'씌어지지 않기를 멈춘다'에서 '씌어지기를 멈추지 않는다'로의, 다시 말해서 우연성에서 필연성으로의 부정의 전치"에 놓여 있다고 말합니다.10) 우리는 어쩌면 이렇게 말할 수 있을지 모릅니다.

• • • • • •
옮김, 인간사랑, 2010, 239쪽. 번역 수정.
7) 프로이트, 『끝낼 수 있는 분석과 끝낼 수 없는 분석』, 128-129쪽.
8) 숭고한 것이 어떻게 우스꽝스러운 것으로 전락하는지에 대한 분석으로는 알렌카 주판치치, 『실재의 윤리』, 이성민 옮김, 도서출판 b, 2004, 7장 참조.
9) 프로이트, 앞의 책, 142쪽.

즉 프로이트의 "실험실"에서 일이 정반대로 나아간다고 말입니다. 그곳에서 운명으로서의 필연성에 파열이 발생합니다.

이제 운명으로서의 사랑에서 주인기표로, 즉 사랑을 다루기 전에 다루었던 것으로 돌아가 봅시다. 그리고 그것의 생산으로 말입니다. 바로 그것이 지젝이 말하고 있었던 것입니다. 우리는 그의 말을 좀더 명료하게 이해할 수 있는 관점을 획득하려고 했습니다. 인문학이 "Wissenschaft"의 섬뜩한 전망을 처음 본 곳에서 말입니다. 실험실에서 숭고한 무언가를 산출하는 데 성공한다면, 그것은 그것을 산출하는 것인 동시에 우선은 그 산출의 우연성을 파악하는 것입니다. 이것은 또한 (재)생산과 아우라의 소멸에 관한 벤야민의 통찰이 가리키고 있는 지점이기도 합니다. 그리고 신의 죽음에 관한 니체의 선언을 무효한 것으로 만들지 않기 위해서 우리는 정신분석이 사랑과 관련해 획득한 바로 그 관점을 신 자신과 관련해서도, 혹은 주인기표와 관련해서도 획득해야 합니다.11)

지젝은 이 문제를 다루면서 분석가 담화를 철학과 등치시켰습니다. 여러분은 이러한 등치에 제가 비평을 위한 운명을 걸어놓았다는 사실을 기억하고 있을 것입니다. 지젝은 정신분석을 철학을 위해 이용했습니다. 분석적 담화를 또한 철학적 담화로 재해석해냄으로써 말입니다. 그는 무언가를 생산된 것으로서 파악한다는 것이 또한 무엇을 의미하는지를 곧바로 다음과 같이 설명합니다.

철학은 존재하는 것을 주어진 것으로 받아들이지 않고, 우리가 현실

------

10) Jacques Lacan, *Seminar XX: Encore*, trans. Bruce Fink, New York and London: Norton, 1999, p. 145.
11) 신과 주인기표의 등치에 관해서는 알렌카 주판치치,『정오의 그림자』, 조창호 옮김, 도서출판 b, 2005, 1장 참조.

적인 것으로서 조우하는 무언가가 또한 어떻게 가능한 것인지에 대한 물음을 제기하는 순간 시작된다. 철학을 특징짓는 것은 현실성에서 가능성으로의 이와 같은 "물러섬"이다.12)

그런데 저는 이 인용문에서 "철학"의 자리에 "비평"을 대신 넣어서 한 번 읽어보는 사고실험을 여러분에게 제안하고 싶습니다. 다음과 같이 "철학"의 자리를 비워놓은 후에 말입니다.

(   )은 존재하는 것을 주어진 것으로 받아들이지 않고, 우리가 현실적인 것으로서 조우하는 무언가가 또한 어떻게 가능한 것인지에 대한 물음을 제기하는 순간 시작된다. (   )을 특징짓는 것은 현실성에서 가능성으로의 이와 같은 "물러섬"이다.

아니면 익숙한 방식으로, 저 괄호 안에 들어갈 가장 적합한 것을 "철학"과 "비평" 중에서 선택해야 한다면 어떤가요? 확실히 우리는 이 실험이나 시험을 통해서, 지젝이 철학을 이해하고 있는 곳에서 동시에 비평을 이해할 수 있게 되는 것이 아닐까요? 어쩌면 오늘날 철학을 옹호할 수 있는 유일하게 가능한 방식을 통해서 우리는 곧바로 비평의 본거지로 도약하는 것은 아닐까요? 하지만 왜 아니겠습니까? 우리는 저 인용문에서 지젝이 공공연하게 칸트를 참조하고 있다는 것을 모르지 않습니다. 그리고 칸트에서 그것은 "Kritik"과 결코 무관한 것이 아니었지요. 아니 오히려 그것은 그 본질에서 "Kritik"이었습니다.

저는 지금, 안주해 있는 철학자와 비평가를 위해, "훌륭한 교육을

---

12) 지젝, 『부정적인 것과 함께 머물기』, 11쪽.

받은 문외한"을 위해 이야기하고 있지 않습니다. 제가 "비평과 철학의 연관"이라고 명명하면서 탐사하고자 하는 지형은 그들이 거주하는 곳에서는 알려져 있지 않습니다. 사랑의 우연성이 알려진 실험실에서 우리는 "지혜에 대한 사랑"을 멈추어야 합니다.

2

철학이 스스로의 작업을 "크리틱"이라고 불렀던 때가 있습니다. 그 용어에 일체의 엄밀함을 실어서 말입니다. 지젝은 바로 그로부터 개시된 시대를 철학사의 정점이라고 부르면서 그곳에 집중합니다. 혁명을 목도하면서, 프랑스를 진원지로 하는 그 유럽의 격변과 마주치면서 이루어진 바로 저 거인적인 일련의 정신적 작업을 개시한 장본인이 스스로의 작업을 "크리틱"이라고 불렀던 것입니다. 이러한 명명 자체는 매우 의미심장합니다. 우리는 가라타니 고진이, 즉 비평의 작업을 문학에서 시작했으나 오늘날 문학을 버리되 비평을 버리지 않은 그가, 자신의 중단되지 않은 작업을 명명하기 위해 바로 저 원천을 참조하고 있다는 사실을 기억해야 합니다. 그런데 그곳에서 그는 또한 "시차"라는 개념을 칸트로부터 차용합니다.[13]

하지만 자신이 찾고 있던 것이 바로 그것임을 깨달은 인물이 한 명 있었는데, 그는 다름 아닌 지젝입니다. 그는 마치 기다렸다는 듯이 그 개념을 표제로 하는 두툼한 저작을 내놓았습니다.[14] 왜 그는 이 개념을 반기지 않을 수 없었을까요? 그것은 그 개념이 지금까지의 자신의 작업을 집약하는 바가 없지 않았기 때문일 것입니다. 그는 가라타니에게 진 빚을 인정하지요. 우리는 여기서 지젝과 슬로베니아의 라캉주의자들을 읽기 위한 유일무이한 열쇠를 발견합니다. 하지만

---
13) 가라타니 고진, 『트랜스크리틱』, 송태욱 옮김, 한길사, 2005.
14) 슬라보예 지젝, 『시차적 관점』, 김서영 옮김, 마티, 2009.

또한 우리는 헤겔의 모순의 변증법과 라캉의 뫼비우스 띠에 이르는 열쇠를 발견하는 것이기도 합니다. 저는 과거의 것을 유리하게 이용하여 그것을 "철학의 근본문제"라고 명명할 것입니다. 철학이 "지혜에 대한 사랑"이기를 멈추고 "비판"의 근본적 차원에 도달한 곳에서 바로 저 철학의 근본문제가 가시화됩니다. 이를 염두에 둘 때 우리는, 유모차를 밀면서 외출한 부모에게 유모차만 보이듯이, 지젝이 자신의 저술 곳곳에서 사실상 이 문제를 다루고 있었다는 것을 새삼 확인할 수 있게 됩니다.

이제 저는 바로 이 철학의 근본문제를, 혹은 한때 그렇게 불렸으며 그러한 명명의 유효성이 오늘날 새롭게 재형성되어야 할 그 무엇을 다룰 것입니다. 하지만 제가 그것을 다루기 시작한다는 사실이 제가 그로부터 이끌어낼 어떤 것보다 중요한 것은 결코 아닙니다. 저는 이미 잊혀진 그것을 여러분의 기억 속에 생생하게 되살려야 하지만, 되살리는 동시에 그것이 그것이 아님을 밝혀야 합니다. 궁극적으로 여러분은 제가 되살려 놓은 것에서 그것을 확인하기 힘들 수도 있습니다. 그리고 그렇다면 저는 부분적으로 성공한 것입니다. 하지만 제가 진정으로 성공을 하기 위해서 여러분은 그곳에서 그것을 또한 알아보아야 합니다. 제가 그 문제를 마땅히 유물론과 관념론의 대립이라는 형식으로 제시할 때 여러분은 저와 더불어 성공할 기회를 갖는 것인 동시에 미끄러질 기회를 갖는 것이기도 합니다. 여러분은 저 대립에서 여러분이 보고 싶어 하는 것만을 보아서는 안 됩니다. 그렇게 된다면 여러분은 과거에 실패한 것만을 반복할 것이고, 그것의 잠재성을 반복할 수 없을 것입니다.

저는 우리가 잘 알고 있는 그 유명한 "남자의 용무들"이 사라질 때, 동시에 어떤 공식이 새롭게 가능해져 있는가를 언젠가 기회가 오면 여러분에게 제시할 것입니다. 저는 그것을 다음과 같은 형식으로 제시할 것입니다.

$$\frac{\$}{S_1} \quad \frac{a}{S_2}$$

저는 이 담화를, 정신분석의 진정한 이면인 이 담화를 "주체의 담화"라고 명명할 것입니다.15) 오로지 이 담화의 도래를 통해서만 유토피아에 관한 일체의 담화들이 상상적으로 기능하기를 멈출 것입니다. 하지만 저는 우리가 이 담화를 표적을 놓치지 않는 방식으로 필요로 하는지 알지 못합니다. 우리는 바로 그것이 필요한 곳에서 정확히 언제나 다른 것을 요구해왔습니다. 이 담화는 니체에 의해 선언된 종류의 신의 종언이 더이상 되돌릴 수 없는 어떤 것이 되어 있는 곳에서 가능해지는 주인기표의 위치나 용도에 관한 물음에 유일무이하게 유물론적인 방식으로 응답하고 있습니다. 주체의 편에서 말입니다. 이 담화에서 주인기표는 더이상 상징계의 유효성을 위한 보증인이 아니며 주체의 진리 그 자체입니다. 우리는 "이제는 내가 산 것이 아니요, 오직 내 안에 그리스도께서 사신 것이라"는 바울의 언명을 유물론적으로 바라볼 수 있는 관점을 획득해야 합니다.16) 저는 헤겔이, 전쟁이 남자의 용무임을 잘 알고 있었던 헤겔이 『현상학』의 서론에서 이 담화의 도래를 다루었다고 말하고 싶습니다. 헤겔은 그것을 "Wissenschaft"라고 불렀습니다. 이것이 제가 헤겔을 읽어내는 방식입니다.

그런데 저는 주체의 담화의 도래에 대해 언젠가 이야기하기 전에

---

15) 이 책의 17장 참조.
16) 바울에 대한 유물론적 독해로는 알랭 바디우, 『사도 바울』, 현성환 옮김, 새물결, 2008 참조.

철학의 근본문제를 다루어야 합니다. 하지만 이 근본문제를 다루기 전에 주체의 담화를 아직 주어지지 않은 지면에 걸어놓은 것은 우리가 정확한 길을 걸어가야 하기 때문입니다. 변증법적 지양들의 연속 속에서, 그 굽은 공간들 속에서, 직선들을 찾아내기 위해서, 좌표를 새겨 넣기 위해서 말입니다.

전설적인 1980년대에 맑스-레닌주의를 학습하면서 "철학의 근본문제"라는 표현과 조우하지 않은 사람은 드물었습니다. 그것은 확실히 "철학의 제문제"와는 다른 것이었으며, "변증법적 유물론"을 다루는 입문서들에서 대개 첫 머리에 등장하기 마련인 어떤 것이었습니다. 물론 철학의 근본문제란 사유와 존재의 관계와 우선성에 관한 문제를 가리키며, 이로부터 철학의 근본적인 대립인 관념론과 유물론의 대립이 비롯되는 것으로 가정됩니다. 이 문제를 명시적으로 다루고 있는 일차적인 문헌으로 우리는 엥겔스의 『루트비히 포이어바흐와 독일고전철학의 종말』(1886)과 레닌의 『유물론과 경험비판론』(1909) 등을 꼽을 수 있을 것입니다. 처음에 학생들은 저자도 역자도 따로 없는 짜깁기한 불법적인 교재들을 이용해서 이를 학습할 수 있었습니다.17) 하지만 90년을 전후로 해서 저자와 역자가 있는 좀더 세련된 책들이 출간되었는데, 이러한 "이제 정식으로 해보자"의 활기는 금세 자취도 없이 사라져버렸습니다. 그리고 이와 동시에 어떤 다른 세상이 열리게 되었고, 또한 그렇게 가정되었습니다.

오늘날 물론 "철학의 근본문제"를 이와 같은 방식으로 파악할 사람은 드물 것입니다. 오늘날 대학에서 만일 "철학의 근본문제"라는 제목을 단 강의가 개설된다면, 그 강의를 담당하는 강사는 이와는 분명 다른 어떤 것을 가르칠 생각을 할 것입니다. 그/녀는 십중팔구 ("존재가

---

17) 아이러니하게도, 그리고 틀림없이 의미심장하게도, 이러한 유형의 책들은 오늘날 전혀 다른 의미에서 다시금 "불법적"이다.

우선하는가 사유가 우선하는가"라는 물음보다는) 곧바로 "존재란 무엇인가?"라는 물음을 던지는 것이 "철학의 근본문제"를 다루기에 더 적절한 방식이라고 생각할 것입니다. 그/녀는 어쩌면 ("변증법적 유물론"이라는 제목의 책은 잘 모르겠으나) 여하간 『철학의 제문제』 같은 책은 다시 만들어져야 한다고 생각할지도 모르는 일입니다.

그런데 이와 같은 변동과 더불어 "문제"라는 단어의 뉘앙스가 근소하게 바뀌었다는 사실을 알아차리기는 쉽지 않습니다. 다시 말해서 우리는 찬장 속에 제 그릇과 접시만이 아니라 수치스러운 뼈도, 'skeleton in the cupboard'라고 하는 것도 있다고 말할 수 있을 것입니다. 말끔히 치웠어야 할 문젯거리 말입니다. 그것은 정확히 철학에 내속하는 근본적 적대를 지칭합니다. 유물론과 관념론은 철학이라는 공통의 상위 범주에 포섭될 수 있는 하위의 종들이 아닙니다. 역으로 유물론과 관념론의 적대적 대립 그 자체가 철학의 근본문제를 구성하는 것입니다. 용어가 남아 있어도 잊혀지는 근본적 통찰이 바로 이것입니다. 엥겔스-레닌적인 의미에서의 철학적 근본문제란 유물론자와 관념론자가 공유할 수 있는 그 어떤 중립적인 철학적 근본문제들도 존재하지 않는다는 바로 그 추문적인 사실을 가리킵니다. 역으로 중립적인 철학적 근본문제들이란 바로 저 전자의 의미에서의 근본문제가 배제되는 한에서 비로소 가능해지는 것입니다.

"철학자들은 세계를 단지 다양하게 해석해 왔을 뿐이다. 그러나 중요한 것은 세계를 변화시키는 것이다"라는 맑스의 테제를 잠시 생각해봅시다. 물론 이 테제를 철학을 던져버리라는 충고로 해석하기는 너무나도 손쉬운 일입니다. 하지만 또 다른 각도에서 우리는 세계를 변화시키는 것이 진정한 문제가 되었을 때 철학 내부에서 근본적으로 어떤 문제가 또한 제기되는지에 주목해보아야 합니다. 저는 실천과의 조우를 통해 철학 내부에서 제기되는 문제를 바로 철학의 근본문제라고 부를 것입니다. 실천이 진정으로 문제가 된다는 사실이 최심중에서 가리키는 것은 이제 우리가 여하한 중립적 토대를 상실했다는 사실입니다. 레닌에 의해 철학의 근본문제는 원시적인 혹은 "고전적인" 방식으로 정식화되었습니다. 그 어떤 지적인 동원력도 없는 방식으로이긴 하지만, 여하튼 정식화되었습니다. 이 사건을, 정치사적 맥락 속에 위치한 이 사건을 우리는 철학사상 가장 중요한 사건으로 볼 수 있는 관점을 소유해야 합니다.

저는 이 문제에 진정한 관심을 가지고 있는 철학자의 이름으로 "지젝"이라는 이름 이외에 다른 그 어떤 것도 알고 있지 못합니다. 따라서 저는 여러분이 그가 이 문제를 다루고 있는 곳을 확인하여 읽어보기를 희망합니다. 지젝은 예컨대 『부정적인 것과 함께 머물기』의 2장, 『까다로운 주체』의 1장, 그리고 『혁명이 다가온다』의 2장에서 이 문제를 다루고 있습니다. 예컨대 우리는 다음과 같은 그의 말이 매우 정교한 내용을 담고 있다는 것을 알 수 있어야 합니다.

> 레닌이 이미 강조한 바 있듯이, 철학의 역사는 유물론과 관념론의 차이를 끊임없이 반복적으로 밟아가는 것으로 이루어진다. 덧붙여야 하는 것은 일반적으로 이런 구분이 우리가 그 구분이 작동할 것이라고 분명히 기대할 곳에서 작동하지 않는다는 것이다 — 종종 유물론적 선택은 겉보기에 이차적인 양자택일에서 우리가 어떤 결정을 내리는가에 달려 있다.[18]

우리는 저 "겉보기에 이차적인 양자택알"이라는 것이 정확히 무엇을 가리키는가를 확인하기 전에 여기서 지젝이 "레닌을 반복하기"에 연루

---

18) 슬라보예 지젝, 『까다로운 주체』, 이성민 옮김, 도서출판 b, 2005, 70쪽.

되어 있지 않은 것이 아니라는 사실을 놓치지 말아야 합니다. 다시 말해서 우리는 그가 "레닌"이라는 기표를 끌어들인 것 자체에 일체의 무게를 실어야 합니다.19)

지젝에 따르면 레닌을 반복한다는 것은 정확히 다음을 의미합니다.

> …… 레닌을 반복하는 것은 레닌으로 되돌아가는 것을 의미하지 않는다. 레닌을 반복하는 것은 "레닌은 죽었다"는 것을, 그의 특수한 해법이 실패했다는, 그것도 엄청나게 실패했다는 것을, 하지만 그 안에 구해낼 만한 유토피아적 불꽃이 있었다는 것을 받아들이는 것이다. 레닌을 반복하는 것은, 레닌이 실제로 행한 것과 그가 열어낸 가능성들의 장을 구별해야 한다는 것을 의미한다. 즉 레닌이 실제로 행한 것과 "레닌 안에 있었던 레닌 자신보다 더한" 그 무엇이라는 또 다른 차원 사이에 있는 레닌 내부의 긴장을 식별해야 한다는 것을 말이다. 레닌을 반복하는 것은 레닌이 했던 것을 반복하는 것이 아니라, 하는 데 실패한 것을, 그가 잃어버린 기회들을 반복하는 것이다.20)

이러한 지젝의 언급을 참조하면서 우리는 철학사 그 자체에서 레닌이 "실제로 행한 것"과 그가 "열어낸 가능성들의 장"을 명기해볼 수

---

19) 이와 관련해서 다음과 같은 지젝의 언급을 참조할 수 있다: "'레닌'이라는 기표가 어느 정도로까지 전복적인 예리함을 보유하는가는 쉽게 입증된다. 가령, 누군가가 오늘날의 민주주의는 소진되었다는, 핵심적인 결정들이 그곳에서 이루어지지 않는다는 '레닌주의적' 지적을 할 때, 그는 곧바로 '전체주의'라는 비난을 받는다. 유사한 지적을 사회학자들이나 심지어 바츨라프 하벨이 할 때, 그들은 심오한 통찰이라는 칭송을 받는다. 이 저항이야말로 '왜 레닌인가?'라는 물음에 대한 답이다. '레닌'이라는 기표야말로 다른 곳에서 발견된 이 내용을 정식화하며, 일련의 평범한 개념들을 전복적인 이론적 형성물로 변형시키는 것이다"(『혁명이 다가온다』, 이서원 옮김, 도서출판 길, 2006, 275쪽. 번역 수정).
20) 지젝, 『혁명이 다가온다』, 273쪽. 번역 수정. "반복" 개념에 대한 상세한 설명은 지젝, 『신체 없는 기관』, 박제철 외 옮김, 도서출판 b, 2006, 29-40쪽 참조.

있습니다. 후자는 관념론과 유물론의 대립, 즉 철학의 근본문제 그 자체입니다. 레닌은 그것을 정확히 **적대로서** 파악했습니다. 하지만 그는 그 적대의 선을 정확하게 긋는 데 실패했지요. 그는 그것을 존재와 사고 가운데서 직접적인 우선성의 문제로서 보았습니다. 그렇게 되면 유물론이건 관념론이건 평평한 무언가로 환원되지요. 그렇게 되면 양자는 뒷문으로 상대방을 은밀하게 초대하지 않을 수 없게 됩니다.

> 레닌의 "반영론"이 안고 있는 문제는 그것의 암묵적 관념론에 있다. 의식 외부에 있는 물질적 현실의 독립적 실존에 대한 바로 그 강박적인 주장은, **의식 그 자체가** 그것이 "반영하는" 현실에 **외적인** 것으로서 암묵적으로 정립된다는 핵심적 사실을 은폐하게 되어 있는, 증상적 전치로서 읽혀야 한다.21)

그렇다면 지젝 자신은 관념론과 유물론의 구분선을 어떻게 다시 긋고 있을까요? 그는 그 구분선이 심지어 종교의 영역 내부에서도 지나가도록 합니다. 그리하여 "아버지, 왜 저를 버리시나이까?"라는 십자가 위의 예수의 외침을 유물론의 출현의 계기로서 파악해냅니다.22) 이것은 종교 그 자체를 끌어안는 화해의 제스처가 아닙니다. 오히려 그것은 저 관념론과 유물론의 구분선을, 철학의 근본문제를 예외 없이 관통시키려는 철저함의 제스처인 것입니다.

철학의 근본문제를 재정식화 하는 과제와 관련하여 지젝은 『부정적인 것과 함께 머물기』에서 가장 두드러진 성취를 보여줍니다. 그의 『시차적 관점』이 가라타니에 대한 부채를 드러내는 저작이라면, 『부정적인 것과 함께 머물기』는 조운 콥젝에 대한 부채를 드러내는 저작입니

---

21) 지젝, 『혁명이 다가온다』, 54쪽. 번역 수정.
22) 같은 책, 56쪽.

다. 콥젝은 그녀의 개척적인 논문에서 성적 차이가 철학사에 최초로 기입된 곳을 정확하게 찾아냅니다. 흥미롭게도 그것은 다시금 칸트입니다. 그녀는 칸트의 두 가지 이율배반/숭고가, 즉 역학적 이율배반/숭고와 수학적 이율배반/숭고가 어떻게 각기 라캉적 성구분 공식들의 남성편, 여성편과 상동적인지를 보여주었습니다.23) 이러한 콥젝의 성취를 바탕으로 지젝은 『부정적인 것과 함께 머물기』에서 유물론과 관념론의 적대를 재정식화 할 수 있는 바탕이 되는 연구를 제출합니다. 레닌이 사유와 존재를 직접적으로 대립시켰던 반면에, 지젝은 "나는 내가 생각하는 곳에 존재하지 않는다"라는 라캉의 가르침에서 출발합니다. 그는 사유와 존재의 근본적 어긋남에서 출발합니다. 그리고 나서 그는 두 개의 철학적 주체를, 두 개의 코기토를, 남성적 코기토와 여성적 코기토를 구분해냅니다.

하지만 저는 지젝의 가장 독창적인 성취가 바로 이러한 성적 적대를 철학의 근본문제와 연결한 것에 있다고 말하고 싶습니다. 앞서 인용한 『까다로운 주체』의 구절에서 그가 "겉보기에 이차적인 양자택일"이라고 불렀던 것이 바로 그것을 가리킵니다.

> 레닌 자신에 의해 부정확하게 지지된 이런 지배적 통념과는 반대로, 칸트의 "유물론"은 오히려 그가 수학적 이율배반의 우선성을 역설함에 있으며, 또한 역학적 이율배반을 이차적인 것으로서, 현상들의 구성적 예외로서의 예지적 법칙을 통해 "현상들을 구출"하려는 시도로서 파악하는 데 있다.24)

---

23) 조운 콥젝, 「성과 이성의 안락사」, 『성관계는 없다』, 김영찬 외 엮고 옮김, 도서출판 b, 2005 참조.
24) 지젝, 『까다로운 주체』, 70-71쪽.

제가 철학의 근본문제를 중시하는 것은 정확하게 재정식화 될 때 그것이 위중한 합류점이 되기 때문입니다. 정확하게 재정식화 될 때 그곳에서 레닌과 칸트와 라캉이 합류합니다. 각기 어떤 다른 차원에서 근본성에 도달한 이들이 그 근본성을 온전히 보존한 채로 한 곳에서 합류하는 것을 지켜보는 일은 흥분되는 것 이상의 어떤 것입니다. 변증법적 유물론의 갱신을 꾀하고 있는 지젝은 최근에 이 근본문제를 "시차"라는 개념을 통해 광범위하게 재돌파하고 있습니다.

저는 앞에서 어떻게 철학이 "지혜에 대한 사랑"이기를 멈추고 "비판"이라는 근본적 심급에 도달해 있는가에 대해서 이야기했습니다. 하지만 저는 또한 "비판"과 "비평"이라는 두 단어 사이에 있는 미묘한 긴장을 여러분이 놓치지 않기를 바랍니다. 그러한 긴장을, 그러한 어떤 작은 차이를 놓치지 않는 한에서 저는 어떻게 비평이 개념을 실현할 수 있는가에 대해서, 혹은 달리 표현하자면 어떻게 비평이 비판의 지위를 획득할 수 있는가에 대해서 이야기할 여지를 발견할 수 있기 때문입니다.

이와 관련하여 가라타니 고진의 행보는 예시적인데, 왜냐하면 그의 행보는 비평에서 비판으로의 정확한 이행의 궤적을 보여주고 있기 때문입니다. 문학의 종언을 선언하고 나서 그는 철학이 비판이 되어 있는 바로 그곳으로 향합니다. 여기서는 어떤 우연성만 감지되는 것이 결코 아닙니다. 그 행보 자체의 어떤 필연성도 감지되지요. 가라타니는 근대문학의 종언과 관련하여 "이것은 내가 소리 높여 말하고 다닐 사항은 아닙니다. 단적인 사실입니다"라고 말합니다.[25] 하지만 우리는 이와 같은 단적인 사실성에 대한 단언의 이면에서 어떻게 비평이 자신의 개념을 — 즉 비판을 — 실현하고자 하는지를 볼 수 있어야 합니다.

------

25) 가라타니 고진, 『근대문학의 종언』, 조영일 옮김, 도서출판 b, 2006, 43쪽.

『근대문학의 종언』의 역자인 조영일은 문학의 종언을 왜 또한 비평 그 자체의 종언으로서 읽어내야 하는지를 최근에 역설해왔습니다. "약의 쓴맛을 아는 사람이야말로 환자라고 할 때, '근대문학의 종언'은 엄밀히 말해 '근대비평의 종언'으로 읽혀야 한다."26) 그리고 그렇다면 비평가가 문학의 "종언을 선언한다는 것은 자기가 자기이기를 포기한다"27)는 것을 뜻하게 됩니다. 우리에게 추가적으로 필요한 것은 이러한 자기부정을, 이러한 비평의 종언을 또한 비평의 자기실현으로서도 파악할 수 있는 관점입니다.

저는 지금까지 비평과 철학의 연관에서 출몰하는 근본문제를 "철학의" 근본문제라고 불렀습니다. 하지만 이제 저 "철학의"라는 수식어를 떼어내도 좋을 때가 왔습니다. 왜냐하면 이제 저 "위중한 결절점"이 또 다른 차원에서의 합류점이라는 사실을 알게 되었기 때문입니다. 그곳은 요컨대 비평과 철학이 합류하는 지점이기도 합니다. 저는 이 지점에 대한 유일무이한 명칭으로 "비판"이라는 명칭보다 더 좋은 것을 알지 못합니다. 그리고 근본문제는 바로 그 비판 속에서 출몰합니다. 혹은 근본문제가 출몰하는 유일무이한 지대가 바로 "비판"입니다.

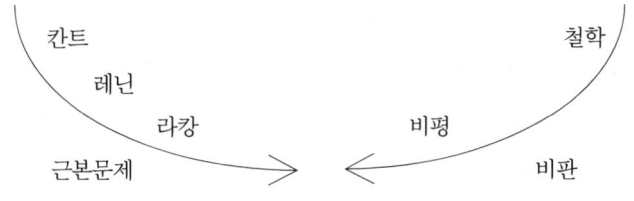

---

26) 조영일, 「문학의 종언과 약간의 망설임」, 같은 책, 313쪽.
27) 같은 곳.

오늘날 성적 적대로서 재정식화 되어야 하는 근본문제를 좀더 상세하게 해명하고 그것의 근본적 함축을 다루는 일을 이 자리에서는 미루어 놓겠습니다. 나중에 이 문제를 다룰 수 있는 길이 있을 것입니다. 대신 끝으로 한 가지를 덧붙이겠습니다. 인문학적 텍스트 속에 등장하는 바로서의 수학이나 대수에 대한 잘 알려진 저항이 있습니다. 인문학자 스스로가 종종 어떤 저항감을 가지고 있으며, 또한 이른바 소칼 논쟁에서 확인된 것처럼 자연과학자 역시 종종 어떤 저항감을 가지고 있습니다. 수학이나 대수까지는 아니더라도, 분명 도식화에 대한 저항감 같은 것이 인문학과 관련하여 존재합니다. 저는 이미 두 개를, 하나는 라캉의 것으로서 제시했고 다른 하나는 저 자신의 것으로서 걸어두었습니다.

『지적 사기』의 저자들은 라캉을 비판하면서 한 번은 이렇게 말하지 않을 수 없었습니다. "털어놓자면, 우리의 발기 기관이 $\sqrt{-1}$ 과 등치되는 것을 보는 것은 괴로운 일이다."[28] 그들은 줄곧 인문학이 부당하게 수학의 개념을 가져다 이용한 것을 비판하려고 (한다고) 했습니다. 처음에 그들은 자신들의 주장이 "사소하지는 않으나 그렇다고 거창하지도 않다"라고 말합니다.[29] 하지만 여기서는 좀 다른 것이 문제되고 있지요. 왜냐하면 곧바로 그들은 이렇게 덧붙이고 있기 때문입니다. "「슬리퍼」에서 우디 앨런이 자기 뇌를 다시 프로그래밍하려는 시도에 항거하면서 던진 말이 떠오른다. '함부로 나의 뇌에 손대지 말아요. 이건 내 몸 중에서 내가 둘째로 아끼는 기관이라구!'"[30] 확실히 여기서 부당한 취급을 받아서 문제가 되는 것은, 수학적 개념 그 자체라기보다는 저 "아끼는 기관"입니다. 그것이 우리의 두뇌이건 발기 기관이건

---

[28] 앨런 소칼, 장 브리크몽, 『지적 사기』, 이희재 옮김, 민음사, 2000, 48쪽. 번역 수정.
[29] 같은 책, 6쪽.
[30] 같은 책, 48-49쪽.

말입니다. 여하간 그래서인지는 몰라도 저자들은 "털어놓자면(we confess)"이라는 표현을 삽입하고 있습니다. 누구에게 털어놓는 것일까요? 무엇이 그토록 괴로운 것일까요? 저는 이 지점에서 그들이 어떤 의미에서는 솔직해져 있다고 말할 수 있습니다. 그리고 이제부터 그들은 자신들의 작업이 단지 겸손한 작업이 아님을, 과학자로서의 최소한의 항의에 불과한 것이 아님을 주장할 수 있을 것입니다. 이들의 작업을 소개하면서 도킨스 역시 유사한 주장을 하지요. 저 소중한 기관을 라캉이 어떻게 취급했는지를 언급하면서 그는 자신이 알지 못하는 영역에 대해서 말할 용기를 냅니다. "어쩌면 그는 비과학적 주제들에 대해서 말할 때는 진짜인가? 하지만 발기 기관을 마이너스 1의 제곱근과 등치시키는 철학자는, 내가 전혀 알지 **못하는** 것들이 문제일 때, 내가 보기에 자신의 신임장을 날려버린 것이다."31) 이 무모한 용기는 남자들의 용무와 무관하지 않은 사회적 기능을 가지고 있습니다.

학문의 도래와 관련해 표출되는 불안을 틀림없이 식별해낼 수 있는 이곳에서 우리는 또한 대수나 도식을 도입하는 것 그 자체에 무엇이 걸려 있는지를 파악해야 합니다. 『지적 사기』의 저자들은 과학의 언어인 수학 그 자체가 어떻게 자연에 대한 폭력이었는지를 잊은 듯 보입니다. 그들은 근대 과학을, 생성 중인 곳에서 볼 수는 없는 것 같습니다. "지적 사기"라고 번역된 그 책의 영어판 제목은 "fashionable nonsense", 즉 "유행하는 무의미"입니다. 하지만 무의미가 과학의 본질과 무관한 것일까요? 지젝은 "상징적 실재"를 "일관성으로서의 실재: 우리의 생활세계의 일상적 경험으로 더이상 되번역될 수 없는 — 혹은 더이상 그것과 연관될 수 없는 — 양자물리학 공식들 같은 무의미한 공식으로 환원된 기표"라고 설명합니다.32) 우리는 오로지 이 무의미의 층위에서만

- - - - - -
31) Richard Dawkins, "Postmodernism disrobed", http://www.physics.nyu.edu/faculty/sokal/dawkins.html. 강조는 원문.

과학 그 자체가 어떻게 이미 폭력인지를 이해할 수 있을 것입니다.

라캉이 제시한 담화 매트릭스를 놓고서 우리는 이렇게 말할 수 있을 것입니다. "우리의 신이 담화 매트릭스의 한 귀퉁이를 차지하고 있는 것을 보는 일은 괴로운 일이다." 게다가 그 귀퉁이는 그나마 고정된 곳도 아니지요. 네 가지 담화의 회전 속에서 신은 떠돌아다녀야 합니다. 그리고 그렇기 때문에 매번 자신의 정확한 자리를 확인해두어야 하지요. 이러한 "신의 추락"에는 신의 사망보다 훨씬 더 추문적인 것이 있습니다. 그의 지위는 이제 오로지 죽음으로써만 안식에 이를 수 있는 방황하는 네덜란드인의 지위인 것이지요. 그런데 신에게 새로운 기회와 자리를 주기 위해서는 단지 니체처럼만 말하고 말 수는 없습니다. 그것이 라캉적 대수학이 내포한 유물론의 잠재성에 걸려 있는 것입니다. 어쩌면 정말로 괴로운 일은 도래할 학문이 신을 건드리는 일일지도 모릅니다.

---

32) 지젝, 『그들은 자기가 하는 일을 알지 못하나이다』, 박정수 옮김, 인간사랑, 2004, 12쪽. 번역 수정.

헤겔의 시간

저는 오늘 헤겔을 직접적으로는 다루지 않을 것입니다. 이 경우 이 말은 제게 아직 자격이 주어지지 않은 일을 하지 않을 것이라는 자연스러운 결심을 내포합니다. 저는 헤겔을 "헤겔의 시간"이라는 표현 안에 — 이처럼 — 집어넣음으로써 간접적으로만 다룰 것입니다. 다시 말해서 제가 직접적으로 다룰 것은 헤겔의 시간입니다. 말하자면 저는 "x=헤겔"인 곳에서, "x"를 다루기보다는 "f(x)"를 다룰 것입니다. 오늘 다루고자 하는 무언가를 저는 "헤겔의 시간"이라고 명명할 것입니다. 오늘날 우리의 행위, 우리의 실천 이전의 실천이 무엇을 향해야 하는지를 가리키기 위해서 저는 저 명칭을 이용할 것입니다.

헤겔의 시간이라는 것이 무엇인지에 대한 최초의 감이라도 획득하기 위해 저는 지젝의 최근작에서 한 구절을 인용하도록 하겠습니다.

문화의 문제에서 레닌주의자들이 위대한 고전 예술을 찬탄했던 반면에 많은 모더니스트들이 정치적 보수주의자이거나 심지어는 원-파시스트였다는 사실에는 역사적 우연 이상의 무엇인가가 있다. 이것은

> 이미 프랑스혁명과 독일관념론의 관계로부터 얻은 교훈이 아닌가? 비록 그것들이 동일한 역사적 계기의 양면이긴 했지만 그것들은 직접적으로 만날 수 없었다. 다시 말하여 독일관념론은 아무런 정치적 혁명도 일어나지 않은 독일이라는 "후진적" 조건에서만 나타날 수 있었다.1)

이 인용문에 나오는 두 사례는 우선적으로 시차의 사례들입니다. 헤겔의 시간은 저 마지막 문장에 내포되어 있습니다. 저는 일단 그 문장을 맥락에서 잘라내고 싶습니다. 이렇게 말입니다: "독일관념론은 아무런 정치적 혁명도 일어나지 않은 독일이라는 '후진적' 조건에서만 나타날 수 있었다." 이제 이것을 다시 맥락 속에 가져다 붙일 것인지는 여러분의 자유입니다. 하지만 다시 붙인다 하더라도, 이전과는 다를 것입니다. 한 번 절단된 것을 다시 붙여야 하는 일이 생길 때마다 우리는 그것을 잘 알고 있습니다. 하지만 다시 붙인다면, 이제 떨어져 있는 것도 아니지요.

시차에 대한 저 통찰을 통해서 우리는 "당신은 현실에 적응할 것인가 아니면 현실을 바꾸겠는가?"라는 물음이 허위 물음임을 깨달을 수 있어야 합니다. 독일관념론의 출현은 이를테면 한낱 현실에 대한 적응에 불과한 것이 아니었습니다. 그것은 (정치적) 혁명과의 불가능한 조우를 통해 발생한 사상적 도약이었습니다. 따라서 바로 저 허위 물음을 적어도 품고는 있는 사람에게 "왜 모든 것을 가지려 하는가?"라고 되물어야 합니다. 왜 당신은 현실에 대한 적응이라는 편리한 구실을 붙임으로써, 왜 그 반대편에 모든 것을 배치함으로써, 혁명적인 모든 것을 가지려고 혹은, 그 문제라면, 잃으려고 하는가? 마치 혁명이라는

---

1) 슬라보예 지젝, 『시차적 관점』, 김서영 옮김, 마티, 2009, 13-14쪽. 번역 수정.

것이 정치적 현실이라고 불리는 단일화된 영역에서 발생하는 것인 양 말이다.

선진적 조건에서 발생한 사회적 혁명, 그리고 후진적 조건에서 발생한 사상적 혁명—이 둘 모두를 함께 보아야만 우리는 오늘날 우리가 처해 있는 상황 자체를 이해할 수 있습니다. 요컨대, 오늘날 선진적 조건에서 사회적 혁명이 결코 발생할 수 없어 보이는 바로 그만큼, 오늘날 후진적 조건에서 사상적 혁명은 결코 발생할 수 없어 보입니다. 오늘날 사실상 모든 혁명은 후진적 조건에서 발생한 것처럼 보이며, 오늘날 사실상 모든 학문적 성취들은 선진적 조건에서 발생한 것처럼 보입니다. 따라서 저는 저 고전적인 프랑스-독일이라는 유일무이한 연계(뫼비우스 띠)의 뒤집힘이 현대적 시공간의 어떤 핵심적인 특성에 대해 구성적이라고 말하고 싶습니다.

저는 이렇게 생각합니다. 오늘날 저 "선진적" 조건에 있는 유럽인들은 다시 한 번 사회적 혁명에 대한 논의를 시작해야 합니다. 그들은 "제3세계"에서 발생했던 분규들을 더이상 자신의 문제가 아니라고 보는 관점을 던져버리고, 정치적 혁명 그 자체가 바로 자신들이 당면한 긴급한 과제임을 인정해야 합니다. 그리고 오늘날 "후진적" 조건에 있는 우리 자신은 사상적 혁명을, 칸트에서 시작된 것과 같은 그 거인적 노력을 시작해야 합니다. 결국 문화적으로 황폐한 곳보다 진정한 학문이 움트기 더 좋은 곳도 없을 테니까 말입니다.

우리는 헤겔의 시간이 어떤 시차 사례의 한 측면이라는 것을 확인했습니다. 다른 한 측면은 프랑스혁명입니다. 프랑스혁명과 독일관념론, 이 둘이 어떤 하나의 시차를 형성합니다. 지젝은 이렇게 말합니다: "그것들은 연결되어 있다. 하지만 그것들은 동일한 현상의 **두 측면**이되, 정확히 그러한 것으로서 결코 만날 수 없는 두 측면이다."1) 지젝은 곧이어 이렇게도 말합니다: "극복할 수 없는 **시차적 간극**의 발생, 둘 사이에 어떠한 중립적 공동 기반도 가능하지 않은 밀접하게 연결되어 있는 두 관점들의 대치."2) 이는 시차를 정의하는 방법들입니다. 저는 저 두 측면/관점들 가운데 후자를 "헤겔의 시간"이라고 명명하면서 오늘 다루고 있습니다. 제가 이를 이렇게 명명하는 것은 그것을 또한 **우리 자신의 시간**으로 볼 수 있기 위해서, 즉 그렇게 하기 위해 그 명칭을 사용하기 위해서입니다.

그러니, 우리가 — 아직은 애매하게 — 한국인이라는 것을, 혹은 — 아직은 모호하게 — 아시아인이라는 것을 자각하면서 이야기를 풀어봅시다. 그런데 정신분석적 대의에 동의하는 사람이라면, 아니 적어도 지젝의 충실한 독자라면, 다음과 같은 그의 발언에서 어떤 동원력을 발견할 수 있을까요?

> 오랫동안 나는 갱신된 "좌파적 유럽중심주의"를 요청하고 있었다. 거칠게 말하자면, 우리는 미국적 문명과 출현하고 있는 중국의 권위주의적-자본주의 문명 사이에서의 선택이 유일한 선택이 되는 세계에 살기를 원하는가? 대답이 "아니오"라면, 진정한 대안은 유럽이다. 제3세계는 아메리칸 드림의 이데올로기에 대한 충분히 강력한 저항을 생성할 수 없다. 현재적 좌표 속에서, 그것을 할 수 있는 것은 오직 유럽이다. 오늘날 진정한 대립은 제1세계와 제3세계의 대립이 아니라, 제1, 3세계 전체(미국의 세계제국과 그 식민지들)와 남아 있는 제2세계(유럽)의 대립이다.3)

지젝은 유럽중심주의를 위해 여하간 다소 편의적 구분을 하는 것처

---

1) 같은 책, 14쪽. 번역 수정.
2) 같은 곳.
3) 슬라보예 지젝, 『이라크』, 박대진 외 옮김, 도서출판 b, 2004, 48쪽.

럼 보입니다. 중국이 권위주의적 문명이라는 것을 인정한다 하더라도, 한국과 일본은 오늘날 단순히 그렇게 수식될 수 없는 측면을 가지고 있습니다. 그런데 저는 중국조차도 단순히 그렇게 수식될 수는 없다고 봅니다.

게다가 중국은 저 제3세계에 포함되는 것일까요? 혹은 장차 중국이 아메리칸 드림의 이데올로기에 대한 충분히 강력한 저항을 생성할 수 없을까요? 물론 생성한다 하더라도 그것은 유럽적 저항이 아니겠지만, 여하간 단지 이런 기준이라면 중국을 제3세계로 분류할 수 없을 것입니다. 게다가 오늘날 한국과 일본을 제3세계라고 부를 수도 없습니다. 여하간 저는 남미의 상황과 동아시아의 상황이 정치적으로 하나로 묶일 수 있는 상황은 아니라고 봅니다. 따라서 지젝은 중국을 정확하게 정위하는 데 문제가 있어 보입니다. 그것은 제3세계의 일부인가요 아니면 그와는 별도인 도래하고 있는 권위주의적 문명인가요? 요컨대 그것은 결국 아메리칸 드림에 종속될 어떤 것인가요, 아니면 유럽이 미국 말고도 저항해야 할, 따라서 유럽의 저항을 벅차게 만들 또 다른 문명인가요?

하지만 저는 지젝이 노골적으로 유럽 중심적 제안을 하고 있기 때문에 오히려 지젝의 말에 큰 불만이 없습니다. 그는 유럽인들을 향해서 그렇게 도발적으로 말할 수 있습니다. 유럽은 유럽의 문제를 가지고 있습니다. 게다가 우리 스스로는 중국을 포함한 (동)아시아의 문명이 과연 무엇이 될 것인지에 대한 그 어떤 통합적 비전도 가지고 있지 않습니다. 우리가 지젝으로부터 우리 자신의 정치적 전망을 들려주길 기대했다면 우선 그러한 "비주체적" 태도부터 반성되어야 할 것입니다. 게다가 지젝은 자신이 거칠게 말하고 있다는 것을 인정하고 있습니다. 사실 저는 지젝의 말 그 자체에 요점이 있다고 생각하는 편입니다. 그는 유럽인들에게 요청되어야 할 정확한 것을 요청하고 있지요. 그리고 여기에서, 즉 유럽과 우리 사이에서 발견되는 바로 이러한 간극 때문에 저는 오늘 "헤겔의 시간"이라는 것을 주제화 할 수 있습니다.

지젝이 혁명적 정치를 사고할 때, 혁명적 시간의 고유한 양태에 대해서 사고할 때, 그가 머무는 사례는 헤겔이 아닙니다. 우리는 그것이 레닌이라는 것을 알고 있습니다. 사실 그는 "혁명이 임박해 있다"라는 제목의 — 얼마전 "혁명이 다가온다"라는 제목으로 한국어로 번역된 — 책을 집필한 적이 있는데, 이는 그 부제가 알려주듯 전적으로 레닌을 다루고 있는 책입니다. 저는 이 책에서 지젝이 혁명 그 자체만이 아니라 혁명의 시간을, 그 시간의 양태를 다루고 있다고 말하고 싶습니다. 그것은 "임박함"이나 "절박함"의 양태로 주어집니다.

이를 확인하기 위해서 우리는 『혁명이 다가온다』의 서문을 읽어보는 것으로 족합니다. 레닌에 대한 굳어진 이미지를 비판하는 동시에 레닌이 직면한 혁명의 시간 자체를 도입하기 위해 지젝은 "레닌에 관한 또 다른 이야기"를, 우리가 잘 알지 못하는 이야기를 꺼내듭니다. 기표와 상징계에 집중하면서 정서를 소홀히 했다는 라캉에 대한 비판을 염두에 두면서 자크-알랭 밀레가 "다른 라캉"을 이야기하는 것처럼 말입니다. "다른 레닌"에 관한 이야기가 있습니다. 혁명의 시간인 저 절박함은 바로 이 다른 레닌에서 이해되어야 할 무엇입니다. 이와 관련하여 지젝은 "1914년의 충격"과 관련된 한 가지 일화를 들려줍니다.

> 물론 오늘날의 좌파는 진보 운동의 한 시대 전체의 종말이라는 파열적인 경험을, 프로젝트의 바로 그 기본 좌표들을 재창안할 것을 그들에게 강제하는 경험을 겪고 있다. 그렇지만 정확히 동형적인 경험이 레닌주의를 낳았다. 1914년 가을 (러시아 볼셰비키와 세르비아 사회민주당이 영예롭게도 예외일 뿐) 유럽의 모든 사민주의 정당들이

"애국주의 노선"을 채택했을 때 레닌이 받았을 충격을 상기해보라. 레닌는 심지어 독일 사민당이 제국의회에서 전쟁 채권 발행에 동의했다는 기사를 실은 독일 사민당 일간지 『포어베르츠』의 당일판에 대해 러시아 비밀경찰이 러시아 노동자들을 속이기 위해 조작한 것이라고 생각했다.4)

이 인용문에서 흥미로운 것은 이 일화가 보여주는 레닌의 경험이 오늘날의 (유럽) 좌파의 경험과 등치되고 있다는 바로 그 사실입니다. 요컨대 레닌의 반복을 통해 지젝이 오늘날 유럽의 정치적 상황 속에 기입하고자 하는 것은 바로 이와 같은 "대재앙", 이와 같은 절망의 계기인 것입니다. 바로 그것이 정확히 레닌의 시간, 혁명의 시간이 의미하는 것입니다.

> 바로 이 Verzweiflung의 계기, 이 대재앙이 레닌적 사건을 위한, 즉 제2인터내셔널의 진화론적 역사주의를 깨기 위한 장을 열었다. 오직 레닌만이 이러한 열림의 층위에 있었으며, 대재앙의 진리를 표명했다. 이 절망의 계기를 통해, 헤겔 『논리학』에 대한 세밀한 독서를 경유하여 혁명을 위한 유일무이한 기회를 식별해낼 수 있었던 레닌이 태어난 것이다.5)

여기서 지젝이, 진보적인 정치 투쟁에서 이론적 작업의 가치를 폄하하는 촘스키를 비판하면서, 어떻게 레닌이 헤겔을 경유했는가를 지적하고 있다는 것은 사실입니다. 그리고 여기서 우리는 저 헤겔의 시간을

---

4) 슬라보예 지젝, 『혁명이 다가온다: 레닌에 대한 13가지연구』, 이서원 옮김, 도서출판 길, 2006, 24-25쪽. 번역 수정.
5) 같은 책, 25쪽. 번역 수정.

혁명의 시간을 구성하는 하나의 환원불가능한 계기로 파악하고 싶어집니다.

하지만 제가 헤겔의 시간을 이끌어내기 위해 참조하려는 맥락은 이와 같은 레닌적 맥락이 아닙니다. 저는 러시아혁명을 참조하려는 것이 아닙니다. 저는 오히려 이론적, 학문적 계기가 정치적 혁명의 한 계기로 환원되지 **않았던**, 즉 그 둘이 정확히 시차적 관계를 형성하고 있었던 어떤 역사적 국면을 참조하려고 합니다. 그런데 그것은 바로 헤겔 자신이 살았던 시대를 가리킵니다.

지젝이 사용한 저 독일어 단어 "Verzweiflung"을 우리는 다름 아닌 헤겔에게서, 헤겔의 『정신현상학』의 서론에서 발견합니다. 필경 지젝은 그곳에서 저 단어를 가지고 왔을 것입니다. 다음과 같이 읽히는 그곳에서 말입니다.

> 자연적 의식은 한낱 앎의 개념, 혹은 실재적이지 않은 앎이라는 것이 판명날 것이다. 하지만 그것은 직접적으로는 스스로를 도리어 실재적인 앎으로 간주하기 때문에, 이 행로는 그것한테는 부정적인 의미를 갖게 되며, 개념의 실현인 그 무엇이 그것한테는 도리어 자기상실로 여겨진다. 이 길에서 그것은 자신의 진리를 상실하니까 말이다. 따라서 이 길은 "회의"의 길로 볼 수 있고, 더 정확히 말하면 절망의 길(Weg der Verzweiflung)인 것이다.6)

저는 이미 지젝이 레닌의 반복을 통해 오늘날 유럽의 정치적 상황 속에 기입하고자 하는 어떤 절망의 계기가 있다고 말했습니다. 가령 그는 『이라크』의 "유럽은 무엇을 원하는가?"라는 절에서, 오늘날 유럽

---

6) 헤겔, 『정신현상학 1』, 임석진 옮김, 한길사, 2005, 118-119쪽. 번역 수정.

인들의 전반적인 정치적 조바심과 좌절감과 불만들이 무엇인지를 서술하고 있습니다. 그런데 저는 레닌적 계기가 아니라 『현상학』에서 발견되는 저 "절망의 길"이야말로 우리가 처한 상황 속에 기입되어야 할 그 무엇이라고 말하고 싶습니다. 어쩌면 우리는 이 문제에 이미 예민해져 있습니다. 주변을 둘러보면 도처에서 우리는 학문의 부재를 증거하는 조바심과 좌절감과 불만들을 확인할 수 있습니다.

예컨대 우리는 근대문학의 종언에 대한 예민한 반응들의 이면에서 학문에 대한 갈망을 읽어낼 수 있을 것입니다. 얼마 전 네 명의 젊은 작가들이 이 문제를 놓고 좌담을 한 적이 있었습니다. 참여한 작가들은 이기호, 정이현, 박민규, 김애란이었습니다. 이들 가운데 가장 인문학과 거리가 멀 것처럼 보이는 작가는 박민규일 것입니다. 그는 "한국문학이 어디로 갈 것인가에 대해선 …… 아무 관심도 없어요"라고 말한 작가이고, 또한 "그렇다면 '어디로 가야 할 것인가'로 바꿔 여쭙겠습니다"라는 물음에 "더더욱 관심이 없는데요"라고 말한 작가입니다. 그런데 놀랍게도 "인문학적인, 정신적인 명제를 다시 찾아 그걸 문학으로 던져주는 것, 그런 새로운 명제가 나온다면 한국문학은 또 다른 각도에서 정말이지 성립되는 거죠"라는 말을 한 것도 같은 인물입니다.7) 하지만 그의 이런 발언도 한국에서 학문의, 학문적 기능의 **공백**에 대한 지각에서 나온 발언이라면 실은 놀라운 발언이 아닙니다.

얼마 전 매우 중요한 한 권의 책이, 발리바르의 『대중들의 공포』가 번역되었습니다.8) 그것은 유럽인들이 오늘날 무엇에 직면하고 있는가를 그 정치적 함축과 더불어 알려주는 책입니다. 그곳에 실린 「유럽적 인종주의라는 것이 존재하는가?」라는 글에서 발리바르는 오늘날 유럽에서의 인종주의와 관련하여 다음과 같이 이야기합니다. "모든 것은

---

7) 『문학동네』, 2007년 여름호에 실린 좌담 「한국문학은 더 진화해야 한다」, 참조.
8) 에티엔 발리바르, 『대중들의 공포』, 최원·서관모 옮김, 도서출판 b, 2007.

마치 십 년간 한 나라에서 다른 나라로, 일종의 부정적인 경쟁 속에서 계주가 이어지듯이 일어났고, 그리하여 오늘날 유럽의 어떤 국가도 무사한 척 할 수 없게 되었다."9) 발리바르는 외국인에 대한 거부를 **외국인성**에 대한 거부로서 개념화합니다. 그런데 이와 같은 그의 적실한 통찰은 또한 다음과 같은 그의 탁월한 주장과 공명하는 것입니다.

> 확실히 현재 "유럽적 인종주의"의 이데올로기적인 지평에서 문제는 **"유럽적 동일성"의 요구나 방어만큼이나**, 유럽의 역사적 구성요소들의 전체 계열 내에서의 **유럽에 대한 거부**이다(따라서 이것은 부분적으로는 유럽인들이 서로를 거부하는 문제다). 또는 이 가설을 끝까지 쫓아가 보자면, 이것은 인종적, 문화적으로 낙인찍힌 "타자에 대한 거부"만큼이나, 유럽 내적인 차이들에 대한 감지가 심화되고 있다는 문제이고, 이를테면 **자기 자신과는 반대로** 가고 있는, 새로운 의미의 유럽의 "자기-인종화(auto-racisation)"라는 문제이다.10)

이로부터 우리는 오늘날 유럽에서 발라바르가, 지젝의 표현을 사용하자면, "정치적 요소로서의 향유"를 어떻게 포착하고 있는가를 분명하게 확인할 수 있습니다. "유럽적 동일성", "유럽 내적인 차이들", "외국인성" 등등의 모든 표현들은 여기서 발리바르가 라캉적 대상(*a*)을 다루고 있다는 것을 지시합니다.

블랙홀과도 같은 저 대상을 통해서 일종의 시간여행을, 혹은 오히려 "시차여행"을 해볼 수 있지 않을까요? 오늘날 헤겔의 시간을 마땅히 "앓아야" 하는 한국으로 말입니다. 이곳에서 우리는 이제 어떤 다른 차원에서 "부정적인 경쟁 속에서 이어지는 계주"를 발견합니다. 최근

---
9) 같은 책, 391쪽.
10) 같은 책, 393-394쪽.

으로 시간을 한정해 보더라도, 우리의 관심을 끄는 모든 것들이, 우리의 정념이 동원되는 모든 것들이 대상의 부재를 가리키고 있습니다. 저는 그 대상을 "학문"이라고 부르고 싶습니다. 저 계주는 얼마든지 이어질 수 있습니다. 황우석 파동과 그에 이어진 교수들의 표절과 관련된 논란들이 있었습니다. 그리고 얼마 전에는 학력 위조에 관한 논쟁이 있었습니다. 논쟁이 문제라면 노마디즘 논쟁이나 근대문학의 종언 논쟁도 있었습니다. 저는 이 모든 논란들, 전 국민의 정념을 사로잡은 논란들의 중심에 학문의 부재가 위치하고 있다고 생각합니다.

  이 문제라면 오늘날 대학은 더이상 "학문의 전당"이지 않습니다. 이는 공공연한 비밀에 불과합니다. 대학이 무언가를 위한 전당이라면 학문의 부재의 은폐를 위한 전당이라고 말해야 할 것입니다. 학문을 위해 그곳에 들어간 사람들은 그곳에 아무것도 없다는 것을 깨닫게 될 것입니다. 학문을 위해서 들어가지 않았다면, 아마도 많은 것을 얻을 수도 있을 것입니다. 이를 위해 많은 것을 내주어야 하겠지만 말입니다. 저에게 오늘 말할 수 있는 기회를 준 바로 이곳 자체의 존재가 이를 증언할지도 모릅니다.

  오늘날 실천을 하는 것은 어려운 일이 아닙니다. 적어도 "가능한" 일입니다. 오늘날 "지금은 한가롭게 학문을 할 때가 아니다"라는 말조차 실천의 용이함을 지시합니다. 동시에 그것은 학문적 행위의 불가능성을 지시하기도 합니다. 오늘날 우리에게 불가능한 것이 하나 있다면, 오늘날 누구도 떠맡고 싶어 하지 않는 단 하나가 있다면 저는 그것을 학문 그 자체라고 말할 것입니다. 하지만 조선의 몰락 이후 한국의 역사 자체는 오늘날이 학문을 시작할 바로 그때라는 것을 알려주기도 합니다. 저는 오늘날 이론적 행위의 한 계기가 실천이 되어야 한다고 생각합니다.

가족이란 무엇인가?

"내년부터 서민층 가운데 임신에 어려움을 겪는 난임 가구에 인공수정 시술 비용이 무료로 지원된다. 또 이들 가구에 시험관 아기(체외수정) 시술 비용 지원도 계속되며 맞벌이 난임 가구 지원을 위한 소득기준 적용방식이 대폭 완화된다"[1]

이 뉴스는 "가족이란 무엇인가?"라는 물음을 던지게 한다. 사실 저출산 대책으로 — 혹은 복지대책 일반으로 — 가족의 안정이라는 너무나도 편리하고도 오래된 아이디어가 자꾸만 떠오르는, 그리고 그것 말고는 다른 방도가 도무지 있더라도 없어 보이는 사람들이 자꾸 가족, 가족 하기 때문에라도 "가족이란 무엇인가?"라는 물음을 던지게 된다.

내가 살고 있는 금천구 시흥동에는 대형마트 홈플러스가 있다. 다른 대형마트 같으면 그래도 최신 유행곡이라도 틀어줄 텐데, 실로 집요하게도 "홈~플러스, 플러스!"라는 매우 단조로운 음악을 귀에 박히도록 틀어주는 야만스러운 곳이 그곳이다. 이곳에서 시흥대로를 따라서

---

1) 『문화일보』, 2009년 10월 5일.

안양 쪽으로 가다보면 얼마 안 있어 이마트가 나온다. 그리고 동일한 그곳에서 동일한 대로를 따라서 반대방향으로 가다보면 또 얼마 안 있어 홈플러스와 롯데마트가 나온다. 그런데 이들 대형마트가 생겨나면서 거리의 풍경에도 변화가 생기기 시작했다.

다시 말해서 어느 날 꽃집 하나가 없어졌다. 그리고 애완용 개와 관상용 물고기를 팔던 가게도 없어졌다. 그래서 여하간 "그 가게 주인들은 지금 뭘 하고 있을까?"라는 물음이 떠오른다.

그들이 여하간 장사를 하고 살고 있다면 어쩌면 식당을 차렸을 것이다. 왜 그렇게 생각하냐면, 여하간 거리에 하나둘씩 늘어난 가게가 있다면 그건 음식점이기 때문이다. 혹시 주점을 차렸을지도 모르는 일이다. 주점과 음식점은 거의 같은 비율로 있는 것 같기도 하고, 또 음식점이 주점이기도 하니까 말이다. 여하간 좀 과장해서 말해보자면, 대형마트들이 생기면서 거리에서 생겨난 경향성은 먹고 마시는 곳이 주류를 이루게 되고 있다는 것이다.

여하간 그들이, 그 가게 주인들이 지금 무엇을 하고 있는지는 모르겠지만, 그들이 하던 일을 지금은 대형마트의 종업원들이 하고 있는 것은 사실이다. 그 종업원들은 거의 모든 것을 다루고 거의 모든 것을 판다. 직업에 대한 자부심이나 존중감이 전혀 있을 수 없이 말이다.

그런데 일이 그렇게 되어버려서, 이제 물건을 사는 사람들도 어떤 표현들을 점점 쓰지 않게, 혹은 쓸 수 없게 되었다. 예컨대 "꽃집에 갔다 올게"라든가, "자전거포에 갔다 올게"라든가 "서점에 들러 무슨 책이 나왔나 볼래?"라든가 하는 표현들 말이다. 그런데 그 대형마트에는 헤어샵도 있고, 병원도 있고, 세탁소도 있고, 열쇠점도 있고, 자동차 수리점도 있다.

그래서 거리를 걸으면서 우리의 생각은 점점 더 단순해진다. 어느 날 새로운 음식점이 하나 생기면, 저 집은 음식 맛이 어떨까? 하는 생각을 하게 된다. 그리고 직업에 대한 우리들의 경험과 성찰은 점점 더 황량한 것이 되어간다.

그러던 차에, 정부에 있는 사람들과 기업가들은 한국의 인구가 줄고 있다는 사실을 걱정하기 시작했다. 그리고 자신들의 걱정이 국민들의 걱정이 되기를 바라기 시작했다. 그래서 그들의 입에서는 조금씩 점점 더 많은 빈도로 앞으로 얼마 있지 않으면 한국은 극단적인 노령사회가 될 것이라고, 나라가 늙고 있다고, 젊은이들은 앞으로 점점 더 많은 노인을 부양해야 한다고 말하고 있다. 내가 보기에는, 실로 어떤 정확한 의미에서 공갈을 치고 있다. 어떻게 보면 시골의 늙은 농사꾼들이 우리를 오늘도 먹여 살리고 있다는 사실을 외면하면서, 그리고 젊은이들이 오늘날 스스로를 부양하기도 힘들다는 사실을 외면하면서 말이다.

여하간 그렇게 걱정을 하던 차에 그들은 좋은 생각이 떠올라서 서민층 가운데 임신에 어려움을 겪는 난임 가구에 인공수정 시술 비용을 무료로 지원하겠다고 약속했다. 어떻게 해서든 아이를 낳고 싶은 사람들에게 아이를 낳을 수 있게 해주겠다고 약속했다. 일단 낳아 놓으면 어떻게든 알아서 기를 테니까 말이다.

그래서 나는 가족이란 무엇인가? 라는 물음을 얻게 되었다. 물론 가족에는 가난한 가족이 있고, 부유한 가족이 있다. 부유한 가족 가운데는 부모가 정치가나 기업가가 아니더라도, 예컨대 법률가나 언론인이나 의사나 공무원이나 대기업 간부이거나 별을 단 군인이나 연예인인 가족이 있을 것이다.

나는 종종 이런 생각을 해본다. 예컨대 의사는 제외한다고 하더라도, 저 정치가들이나 법률가나 언론인이나 연예인 같은 사람들은 특별히 어떤 직업적 재능을 가지고 있는 것일까? 그들은 왜 필요한 것일까? 그들이 사회의 공동체성을 유지시키는 데 탁월한 지위를 점하고 있다는 사실을 제외하면 말이다. 어떤 정확한 의미에서 엥겔스는 대양을 항해하는 배에는 선장이 필요하다! 라고 외칠 수 있었다.

여하간 그래서 이 세상에는 두 가지 종류의 직업이 있다고 할 수 있을 것이다. 즉 공동체성의 유지와 발전에 직접적으로 기여하는 직업과 그 외의 여타 직업. 그 외의 여타 직업이 오늘날 어떤 취급을 당하고 있는지는 잘 알려져 있다.

자동차를 만들거나 휴대폰을 만드는 저 거대한 사업장에 대한 사유는 일단 별도로 해두자. 그에 대해 할 말이 없는 것은 아니지만 말이다.

다시 한 번 말하자면, 가족에는 가난한 가족이 있고 부유한 가족이 있다. 여하간 저 정치가나 기업가들은 가난한 가족이 아이를 낳지 않는 것을 더 걱정할까, 아니면 자신들이 아마도 개인적 친분을 맺고 있을 것이거나 같은 동네에 살고 있을 부유한 가족이 아이를 낳지 않는 것을 걱정할까? 막대한 재산을 대대손손 보존하고 늘리기 위해 자식의 수를 조절해야 할 필요가 있을지도 모르는 부유한 가족들의 사정이 걱정이지는 않을 것이고, 아마도 일단 아이를 낳고 나면 국가에서 별 도움을 주지 않아도 어렵게 어렵게 아이를 키워야 할 사람들이 어떤 고개가 끄덕여지는 이유에서 아이를 점점 더 낳지 않는 것을 걱정할 것이다. 아마도 그들의 딱한 사정이 걱정이지는 않을 것이고, "적당한" 임금이나 수당을 받고 일할, 다시 말해서 별다른 높은 욕망이나 꿈을 갖지 않고 하루하루 살아갈, 취직만 시켜주면 은혜를 받은 것인 양 감격해 할, 그러다가 좋은 여자나 남자라도 만나서 결혼을 하고 아이가 생기면, 삶의 의미를 발견하고 어떻게 해서든 그 아이를 키워보려고 할, 라캉이 말하는 "주체"로 키워보려고 할, 그들이 말하는 "일꾼"들이 줄어들 것을 걱정할 것이다.

물론 주체가 아니면 안 될 것이다. 그들은 주체도 아닌 자들이 자신들의 종업원이길 원하지는 않을 것이다. 아무리 적은 급여를 준다고 해도, 그들은 주체여야 할 필요가 있을 것이다. 하지만 오늘날의 잠재적 부모들은 자신의 아이들이 단지 주체이기만 하면 안 된다는 것을 알고 있다. 직업의 존엄이 땅에 떨어진 오늘날, 단지 주체이기만 하다는 것은 단지 추상적인 노동자이기만 하다는 것을 의미한다.

그래서 나는 가족이란 무엇인가? 라는 물음에 대한 한 가지 답을 얻게 되었다. 아무리 냉정하게 혹은 아무리 황폐하게 들려도, 진리를 담고 있는 답을 말이다. 즉, 가족은 주체 생산 공장이다.

1960년에 발표한 "주체의 전복"이라는 논문에서 라캉은 방향을 틀기 시작한다. 다시 말해서 그는 타자의 타자는 없다는 것을 떠맡기 시작한다. "기표의 장소로서의 타자의 개념에서 시작하자. 권위를 갖는 그 어떤 진술도 그것의 언표 이외에는 다른 아무런 보증도 갖지 않는다. 그 진술이 보증을 또 다른 기표에서 찾는 것은 무의미한 일인데, 왜냐하면 그 다른 기표는 결코 이 장소 외부에서 출현할 수 없을 것이기 때문이다."[1]

라캉의 "타자의 타자"라는 용어법에서 첫 번째 타자는 이를테면 세계를 가리킨다. 그리고 두 번째 타자는 세계의 존재, 세계의 닫힘을 보증해주는 신을 가리킨다. 그 초월적인 신을 라캉은 (대문자) "아버지의 이름"이라고 불렀다. "기표의 장소"라는 것은 바로 이 첫 번째 타자를 가리킨다. 그리고 1960년 논문에서 그는 이 첫 번째 타자에서 권위를 보증해주는 두 번째 타자, 즉 아버지의 이름이, 혹은 메타언어가 존재하지 않는다고 선언한다.

그렇다면 이러한 이론적 ― 그리고 더 나아가 현실적 ― 사태의 필연적 귀결은 무엇인가? 키에자는 이렇게 예리하게 진술한다. "타자의 타자가 있을 때, 개별 주체의 상징계는 그것을 궁극적으로 지탱하고 포함하는 보편적 상징적 구조의 어떤 특수한 '부분'이다. 타자의 타자가 없을 때, 개별 주체들의 상징계 그 자체는 어떤 특수한 (남근적) 방식으

---

[1] Jacques Lacan, *Écrits*, trans. Bruce Fink, New York and London: Norton, 2006, p. 688.

로 보편적 구조를 지탱한다."2) 요컨대 보편적 구조가 개개인을 지탱해주는 것이 아니라, 개개인이 그 구조를 지탱한다.

더 나아가 이제 매 부모들이 보편적 구조의 이데올로기적 지지 없이 아이들을 최소한의 욕망을 갖는 주체로 키워내야 한다는 것이 분명해졌을 뿐만 아니라, 바로 그들의 노력이 — 통계적으로 — 대부분 성공적이라는 데 공동체와 국가의 존립이 달려 있다. 오늘날 떠오르는 신종 직업 중 하나가 어떻게 아이들이 성공적으로 오이디푸스 콤플렉스를 겪을 수 있도록 할 수 있는지를 몰라 당혹해하는 부모들을 도와주는 상담업이라는 사실은 이제 놀랄 일도 아니다.

여하간 이러한 것을 배경으로 했을 때, 실로 가족은 주체 생산소이며 또한 바로 그러한 것으로서 국가를 지탱하고 있다. 현재의 조건으로라면, 오늘날 부모가 되기로 결심하는 사람들은 국가를 위해 숭고한 희생을 하기로 결심을 하는 사람인 것이다. 국가로부터의 별다른 대가 없이 말이다.

그래서 나는 국가로부터의 별다른 획기적인 조치가 없는 한, 더 나아가 국가가 노령사회 운운하면서 "서민"들을 협박하고 있는 한, 오늘날의 성인이 된 주체들은 앞으로도 아이를 낳지 않아도 좋을 것이라고 생각하게 되었다. 왜냐하면 그들은 사회와 자신들을 등치시키는 곳에서 서민들을 선량한 일꾼과 등치시키고 사회와 자신들을 등치시키지 않는 곳에서 서민들을 혐오스러운 쓰레기와 등치시키는 습성을 오랫동안 간직해왔기 때문이다. 하지만 그들이 저들이 없이는 자신들도 없다는 것을 현실에서 인정해야 하는 날, 이제 좀더 편안하게 아이를 좀더 욕망이 많은 주체로 키우고 싶은 마음을 참아둔 부모들은, 직업의 존엄을 되찾는 데 이바지하는 주체가 되도록 아이를 키워야 할 것이다.

• • • • • •
2) Lorenzo Chiesa, *Subjectivity and Otherness*, Cambridge, Mass.: The MIT Press, 2007, p. 116.

"독립"에 대한 성찰

저는 가끔 영화에 대한 글을 쓰기도 하지만, 영화계 자체는 저에게 여전히 그리고 마땅히 낯선 곳입니다. 포럼은 저를 출판계에 있다고 가정하고 불렀을 것입니다. 하지만 좀더 정확히 말해서 저 자신은 인문학계에 있는 사람이고, 제가 관여해온 출판사 역시 인문학계의 일부입니다. 이를테면 인문학 출판사이지요. 제가 관여해온 출판사의 이름은 알파벳의 두 번째 문자 b를 가지고서 지어졌습니다. 즉 "도서출판 b"입니다.

다시 말하지만, 영화계 자체는 저에게 낯선 곳입니다. 하지만 영화계에 있는 사람들도 어딘가에 가면 낯설 것입니다. 어제는 동국대학교에서 라깡 학회가 있었고, 그 학회의 회원인 저는 그곳에 참여했습니다. 그런데 첫 세션이 끝나고 초대 손님의 발표가 있었습니다. 초대된 사람은 노경태 영화감독이었습니다. 그는 자신의 영화 "마지막 밥상"을 중심으로 발표를 했는데, 발표가 있기 전에 자신이 매우 낯선 곳에 있음을 이야기했습니다. 정신분석학회에서 발표를 하는 경험은 영화감독에게 낯선 경험일 것입니다.

저는 이곳에 영화계도 아니고 인문학계도 아닌 어떤 다른 세계, 다른 연합으로부터 온 한 명이 있다는 것을 알고 있습니다. 그 분이 음악의 세계에서 왔다는 것을 말입니다. 저는 "공동체"라는 단어를 아주 싫어하는 사람 가운데 한 명입니다. 그래서 이 포럼의 취지문에 "독립적으로 살아남는 공동체"라는 문구가 있는 것을 보고는 눈살을 찌푸리지 않을 수 없었지요. 공동체라는 것은 가족이라든가 교회라든가 민족 같은 것을 지칭하는 용어입니다. 알다시피 그곳에 있는 사람들은, 공동체의 구성원들은 전문직업적인 연합 속에서의 평등한 관계를 갖지 않습니다. 오히려 상상적인 동류의식을, 가족애나 동포애를, 우애의 감정을 갖지요. 하지만 인문학의 세계, 음악의 세계, 그리고 영화의 세계가 가령 가족이나 민족 같은 것일까요? 현실적으로 그럴 수도 있겠지만, 본질적으로는 그럴 수 없다고 생각합니다.

저는 이곳에서의 고민이 "독립"이라는 것을 알고 있습니다. 이 고민을 하고 있는 세계들이 많습니다. 오늘날 자본주의의 어떤 급속한 경향성이 그러한 고민을 하지 않을 수 없게 만들고 있지요. 그래서 저는 마침내 "고민이 시작되었다!"라고 말할 수 있습니다. 제가 보기에 그것은 절대적으로 긍정적인 신호입니다. 사실 저는 "독립영화"라는 말에 대해서 언제나 어떤 위화감을 느껴왔습니다. 왜냐하면 진정으로 독립을 한 주체나 단체는 아마도 그와 같은 명칭을 자신의 고유명으로 사용하지 않을 것이기 때문입니다. "독립"은 고유명을 획득하기 위한 과정과 결단 자체를 지칭하는 용어입니다.

지금으로부터 약 270년 전에 철학자 칸트는, 근대의 여명에 영감을 받은 칸트는 "계몽이란 무엇인가에 대한 답변"이라는 매우 짧은 글을 이렇게 시작했습니다. "계몽이란 우리가 마땅히 스스로 책임져야 할 미성년 상태로부터 벗어나는 것이다. 미성년 상태란 다른 사람의 지도 없이는 자신의 지성을 사용할 수 없는 상태이다. 이 미성년 상태의 책임을 마땅히 스스로 져야 하는 것은, 이 미성년의 원인이 지성의 결핍에 있는 것이 아니라 다른 사람의 지도 없이도 지성을 사용할 수 없는 결단과 용기의 결핍에 있을 경우이다. 그러므로 '과감히 알려고 하라!', '너 자신의 지성을 사용할 용기를 가져라!' 하는 것이 계몽의 표어이다." 이제 칸트가 이 계몽의 표어를 제시한 지 270년이 지난 지금, 어쩌면 우리는 칸트가 제시한 문제와 동일한 문제에 직면해 있는 것 같습니다. 칸트가 "계몽"이라고 부른 것을 오늘날 "독립"이라고 부른다는 점이 다를 뿐입니다.

하지만 또 하나 결정적으로 다른 것은 칸트가 근대의 여명에 영감을 받았다는 데 있습니다. 오늘날 우리는 그와는 정반대의 것에, 즉 어떤 종말에, 이를테면 근대의 종언에 처해 있습니다. 제가 번역을 해왔던 철학자 슬라보예 지젝은 최근에 "Living in the End Times"라는 제목의 책을 출간했습니다. 한국어로 번역을 하면 "종말의 시대를 살아가기"이지요. 저는 이 제목이 참으로 흥미롭다고 생각했습니다. 우리는 오늘날 어떤 문명 자체의 종언에 점점 더 직면하고 있습니다. 저는 영화의 세계가 이 문명의 종말을 앞당기는 데 기여하고 있는지 아니면 그것의 마지막 수명을 연장하는 데 기여하고 있는지 알지 못합니다. 하지만 여하간 영화의 세계가 새롭게 도래할 문명의 건축에 공헌을 할 몫을 가지고 있다면 말입니다, 정말로 그렇다면, 영화의 독립을 욕망하는 사람들이 앞으로 해야 할 창조적인 일들이 너무나도 많을 것이라고 생각합니다.

II

하루키적 존재론 하에서의 양을 쫓는 모험
6+8, 4+1+9

하루키적 존재론 하에서의 양을 쫓는 모험

양을 쫓는 모험은 "귀"로 특징지어지는 어떤 여자와 더불어 시작된다. 주인공 "나"는 이유를 모른 채로 그녀의 귀에 강하게 이끌린다. 귀에 대한 이끌림을 설명할 수 없는 가운데 그가 "내가 받는 느낌은 굉장히 막연하고, 게다가 한결같거든요"라고 말하자, 그녀는 그것을 다음과 같이 다시 "명명"해준다: "막연한 동기에 입각한, 응축된 현상."1)

그런데 이것은 사실 "명명"이 아니다. 여기엔 어떤 명명불가능성이 부유하고 있다. 이 부유의 이미지는 이미 저 유명한 마그리트의 「이것은 파이프가 아니다」에 나오는 파이프의 경우에서부터 이 명명불가능성과 본디 연동되어 있는 듯하다. 예컨대 "나"는 1978년 7월 스물여섯 살로 죽은 여자의 이름을 기억하지 못하는데, 그래서인지 그녀는 어떤 부유의 이미지와 더불어 "누구하고나 자는 여자 아이"라는 기술어구로 불린다. 마치 여기에는 다음과 같은 메커니즘이 작용하고 있는 것도

---
1) 무라카미 하루키, 『양을 쫓는 모험』, 신태영 옮김, 문학사상사, 1995, 58쪽.

같다. 즉 어떤 대상은 "막연한 동기에 입각한, 응축된 현상"으로 화할 경우 이름을 상실한다. 물론 이 작용의 특징은 이름의 상실이 곧바로 존재의 상실이 되지 않도록 하는 데 있다.2) 존재론은 남는다.3) 그리고 그렇기 때문에 이 작용은 고전적이지 않다. 우리는 이름의 상실이 곧 존재의 상실이 되는 시대가 우리에게 알려준 삶(과 죽음)의 논리를 고전적 논리라고 부를 수 있을 것이다.4)

하루키는, "나" 편에서 아내의 전적인 소멸과 (이혼을 결정한) 아내 편에서 나의 이미 상실되어 있었음에 대해서 다음과 같이 표현할 수 있었다. "그리고 거기에는 비극적인 요소는 거의 없다."5) 어떤 존재론 하에서 가능해지는 어떤 인식. 우선 이 "거의 없음"은 정확히 무엇을 가리키는가? 혹은 하루키가 "거의"에 걸어둔 마지막 미련 같은 것을 하루키를 대신해서라도 단칼에 쳐버린다면, 저 부재는 무엇을 가리키는가?6) 혹은 그것은 무엇과 마찬가지인 것인가?

우리는 이 말이 거짓말이 아니라는 사실을 확인하는 데서 시작할 수 있다. 포스트모던적인 것에 대한 불신감이 이에 관한 우리의 판단을 흐리게 해서는 안 된다. 그렇게 되면 비평의 곤궁을 돌파해가는 것이 가능하지 않다. 오히려 우리는 하루키가 "비극적인 요소는 없다"고 말함으로써 일단은이라도 구원을 향해 더이상 나아가지 않기로 결정을

------

2) 따라서 우리는 러셀의 기술주의적 환원이 여기서 거의 성공할 뻔하다가 궁극적으로 그리고 치명적으로 실패한다고 말할 수 있을 것이다.
3) 독자들의 창조적이고도 무모할 연상능력을 믿어보면서 나는 들뢰즈 철학의 핵심을 존재론으로 읽어낸 마누엘 데란다의 작업이 바로 그렇기 때문에 가능한 것이라고 말하고 싶다.
4) 고전적 논리에 대해서는 이 책의 16장 참조.
5) 하루키, 『양을 쫓는 모험』, 44쪽.
6) 하루키의 이 일말의 미련이 어디에서 오는 것인지를 우리는 다음과 같은 "나"의 사유로부터 짐작해볼 수 있을 것이다: "그녀는 그것을 본능적으로 알아차렸고, 나는 경험으로 알 수 있었다. 어쨌든 구원할 길은 없었다." 이로부터 우리는 본능과 비교한 경험의 결함에 대해 말할 수 있지 않을까? 경험주의는 언제나 보편성보다는 일반성을 선호해왔다는 것을 말이다.

내렸다는 것을 식별해내야만 한다("일단은"이라고 단서를 달더라도, 그러한 유보에는 구조적인 무언가가 작용하고 있을 것이다).7) 비극적인 요소가 없다고 말하는 것이 거짓말이 되지 않게 해주는 어떤 결정이 있다. 그리고 그러한 결정이 유효한 결정일 수 있는 것은 부재가 부재만은 아니기 때문이다. 때로 무언가의 부재는 무언가의 존재를 강하게 가리킨다.

이 부재와 존재의 일치의 논리를 하루키 스스로가 묘사하고 있는 논리를 통해 설명할 수 있다. "내가 모퉁이를 돈다. 그러자 내 앞에 있던 누군가는 벌써 다음 모퉁이를 돌고 있다. 그 누군가의 모습은 보이지 않는다. 그 하얀 옷자락이 언뜻 보일 뿐이다. 하지만 그 하얀색만이 강렬하게 새겨져서 언제까지나 지워지지 않는다."1) 이 구절이 훌륭하게 묘사하고 있는 존재론-인식론적 변동을 이해하기 위해서 우리는 시각장의 가장자리에 대상이 아직은 온전하게 들어와 있는 상태를 우선 가정해볼 수 있다. 우리는 대상을 조금도 건드리지 않은 채 시각장 자체를 조금 이동시켜서 그 장 속에 대상의 일부만 들어오도록 할 수 있다. 다시 말해서 우리는 하루키가 "모퉁이"라고 부르는 기능을 시각장이 내포하도록 만들 수 있다. 놀랍게도 여기서 정체가 가려진("그 누군가의 모습은 보이지 않는다") 대상은 단지 부재나 소멸만을 가리키지 않으며, 새로운 무언가의 출현("하지만 그 하얀색만이 강렬하게 새겨져서 언제까지나 지워지지 않는다")을 가리킨다. 시각장의 가장

---

7) 결정에 환원불가능한 무언가가 작용하고 있다는 점을 그는 『조선일보』와의 인터뷰(2006년 7월 29일)에서 다음과 같은 언어로 표현했다. "내 소설의 주인공 대부분은 혼란이나 고독, 상실을 헤쳐가고 있지만 내가 그리고 싶은 것은 그들이 구원받는 광경이 아니라, 구원받기 위해서 없어서는 안 될 것을 이루는 광경이다. 사람이 진정으로 구원받기 위해서는, 홀로 어둠의 가장 깊은 부분까지 내려가지 않으면 안 되는 것이다. 그것이 게임의 룰이다."

1) 하루키, 『양을 쫓는 모험』, 57쪽.

자리가 하루키가 "모퉁이"라고 부르는 기능을 수행하는 방식으로 구조화될 때 등장하는 새로운 존재론을 우리는 하루키적 존재론이라고 부를 수 있는데, 이러한 존재론은 오늘날의 바로 그 존재론이다. 잘 알려진 것처럼 들뢰즈는 이러한 존재론을 "잠재적인 것"이라는 용어로 포착하려 했으며, 라캉은 — "존재론"이라는 용어에 선뜻 응하지 않으면서 — "실재"라는 용어로 포착하려 했다. 하루키 자신은 그것을 "어둠의 가장 깊은 부분"이라고 불렀다.

"양을 쫓는 모험"은 바로 이와 같은 존재론의 탄생에 관한 신화이며, 혹은 이렇게 불러보자면 바로 그것의 "계보학"이다. 그것을 정교하게 추적하는 작업을 이 짧은 글에서는 다음으로 미루지 않을 수 없다. 하지만 "비극적인 요소는 거의 없다"에 대해서는 해두어야 하는 한 마디가 남아 있다.

"어떤 사람은 잊혀지고, 어떤 사람은 모습을 감추며, 어떤 사람은 죽는다. 그리고 거기에는 비극적인 요소는 거의 없다."[2] 이 말을 하는 사람이 아직은 주체라면, 우리는 그가 스스로를 "가장 예의바른 술주정꾼"이라고 부르고 있다는 데 유의해야만 한다. 그 논리는 이렇다. "취했다는 사실을 사실로 수용하면 되는 것이다. '그러나'도 '그렇지만'도 '다만'도 '그래도'도 아무것도 없다. 단지 나는 취한 것이다."[3] 하루키의 "나"가 주체성의 논리에서 삭제하려고 하는 바로 그 심리적 접속사들을 우리는 정확히 문제의 저 구절의 한 가운데에 집어넣었다가 다시 삭제해보는 사유실험을 해보아야 한다. 어떤 사람은 잊혀지고, 어떤 사람은 모습을 감추며, 어떤 사람은 죽는다. "그러나"도 "그렇지만"도 "다만"도 "그래도"도 아무것도 없다. 우리는 그렇다는 사실을 사실로 수용하면 되는 것이다. 그리고 궁극적으로 여기서 우리가 발견하는

2) 같은 책, 44쪽.
3) 같은 책, 32쪽.

것은 다름 아닌 사실의 차원에서의 비극의 수용이다. 우리는 여기서 비극적인 것이 더이상 삶을 이끌고 가는 주체성의 논리에 기입되어 있지 않으며, 즉 더이상 주체성의 심급에 속하는 접속사들 사이에서 배치되지 않으며, 삶의 질료 그 자체가 되어 있다는 것을 확인할 수 있다. 비극적인 것이 존재하지 않게 되자, 사실상 이미 모든 것이 비극적인 것이 되어 있었다. 하루키 자신의 말처럼, "그것이 게임의 룰이다".

이러한 사태가 어디서 발생한 것인가? 『양을 쫓는 모험』은 의미심장하게도 1969년에 대한 회상에서 시작된다. 「68년 5월, 감정적인 달」이라는 논문에서 콥젝은 본연의 정서에 대해 다음과 같이 탁월한 통찰을 제시하고 있다. "정서는 친근하게 만들지도, 길들이지도, 혹은 주체화하지도 않는다. 반대로 정서는 낯설게 한다. 주체들의 소중한 기억들은 라캉이 '그토록 소유물을 생각나게 하는 저 나에게-속하는-측면'이라고 부른 적이 있는 그 무엇을 상실한다. 과도하게 배어든 색은, 지각이 한때 대상을 주체들에게 묶어놓았던 연상이나 회상들의 협소한 홈을 넘쳐흐르기 시작했다는 신호이다."4) 우리는 "강렬하게 새겨져서 언제까지나 지워지지 않는" 저 하얀색이 바로 이 정서라고 말할 수 있다.

---

4) Joan Copjec, "May '68, the Emotional Month", in *Lacan: The Silent Partners*, ed. Slavoj Žižek, London and New York: Verso, 2006, p. 95.

6+8, 4+1+9

육팔보다는 사일구가 좋지 않았을까? "김수영의 사일구"라고 불러야 할 어떤 것 말이다. 그것은 사일구 없이 김수영을 생각할 수 없겠지만, 그보다는 김수영 없이 사일구를 생각할 수 없기 때문이다. 그는 그곳에서 분명 자유의 섬광을 보았다. 그리고 그만이 그것을 우리가 알아들을 수 있도록 기록했다. 우리가 수많은 자유들을 만날 때 그게 진짜인지를 구별할 수 있는 것은 그게 무엇이었는지에 대한 그의 진정한 기록이 있기 때문이다. 주판치치는 그것을 "또 다른 가능성의 일별"이라고 아름답게 묘사한 적이 있다.[1] 그것은 바로 68에서 발견되지 않는 그 무엇이다. 68의 정체가 무엇인지 의견이 분분하다. 사람들은 그 안에 무엇이 있었는지 찾으려고 한다. 하지만 그 안에 무엇이 없었는지를 찾아보는 편이 더 빠르고 틀림없는 길일지도 모른다. 물론 다른 아무것도 없었다는 말은 아니지만, 여하간 68에는 그런 자유의 일별이 없었다. 라캉의 말처럼 68년에 사람들이, 혁명가들이 원한 것은 새로운 주인이

---

1) 알렌카 주판치치, 『실재의 윤리』, 이성민 옮김, 도서출판 b, 2004, 54쪽.

다.2) 그곳에도 "또 다른 가능성의 일별" 같은 것이 있었다고 한다면, 아마 당시에 잠시 사람들을 흥분시켰던 "발전된 서유럽에서도 혁명이 일어날 수 있는 가능성" 정도일 것이다.3) 이러한 흥분은 자신들이 혁명을 얼마나 인습적으로, 천치같이 이해하고 있는지를 망각할 때만 가능하다.

이제 김수영의 사일구가 아니라 사일구의 김수영으로 돌아간다면, 우리는 그가 소유했던 섬뜩한 권위를 발견할 수 있다. 김수영은 동시대인들을 평가했다. 그 평가들에는 고개를 숙이게 하는 무언가가 있는데, 이는 그가 스스로에게 매우 엄격하고 논리적이기 때문이다. 예를 들어 산문집에 실린 「제정신을 갖고 사는 사람은 없는가」라는 글을 읽어볼 수 있다.4) 거기서 그는 그것을 "현대의 양심"이라는 문제로 보았다.5) 그는 주판치치가 니체적인 "삶의 중립성"이라고 부르는 것을 가지고서 작업했다. 그녀가 "이 '가운데'(의 임무)를 감당하고자 하는 이는 누구든 줄타기 곡예사의 기술, 집중, 체력, 그리고 가볍고 잽싼 여유를 가져야"한다고 말할 때,6) 이는 다음과 같은 김수영 자신의 말과 정확히 공명한다. "제정신을 갖고 사는 사람이란 어느 특정한 인물이 될 수도 없고, 어떤 특정한 시간이 될 수도 없다. 우리는 일순간도 마음을 못 놓는다."7) 김수영은 자유라는 말에 어울리는 생의 존엄을 가지고 있었고, 바로 그 때문에 그의 말에는 권위가 생기게 되었다. 우리가 흔히 발견하는 것과는 구분되는 권위 말이다. 그에게서 자유와 권위는 양립

------

2) Jacque Lacan, *The Other Side of Psychoanalysis*, trans. Russell Grigg, New York and London: Norton, 2007, p. 207.
3) 반면에 우리는 얼마 전 "한국도 월드컵 4강에 오를 수 있구나"를 경험했다.
4) 김수영, 『김수영 전집 2, 산문』, 민음사, 2003, 183-189쪽.
5) 같은 책, 187쪽.
6) 알렌카 주판치치, 『정오의 그림자』, 조창호 옮김, 도서출판 b, 2005, 134쪽.
7) 김수영, 앞의 책, 187쪽.

불가능한 것이 아니었다. 그도 68년의 주체들처럼 자유를 위해 권위주의에 항거했지만, 그는 그들에게 없는 권위를 가지고 있었다. 정확히 자유의 바로 그 상응물인 권위 말이다. 실로 여기엔 놀라운 통찰이 있다.

"『엔카운터 지』를 쓰지 못하고 『입춘에 묶여온 개나리』의 월평을 썼더라면 나는 사심私心이 가시지 않은 글을, 따라서 사심邪心 있는 글을 썼을 것이다."[8] 이 섬뜩할 정도로 놀라운 말은 그가 삶과 윤리와 창조성을 등치시키는 바로 그곳에 나온다. 우선 우리는 어떻게 창작을 하는 것과 평가를 하는 것이 동시에 하나의 문제로 인지될 수 있는지에 대한 물음을 던져야 한다. 여기 김수영의 철저함이 있다. 그는 엄밀하게 칸트적인 의미에서의 초월적인 차원을 획득한다. 즉 여기서 창작과 조우하는 것은 단순히 어떤 비평이 아니라 **비평이 가능해지는 차원**이다. 김재원의 시를 읽고 나서 곧바로 자신의 심중에 찾아온 불청객을 그는 이렇게 묘사한다.

> 나는 한참 동안 어리둥절해 있었다. 젊은 세대들의 성장에 놀랐다기보다도 이 작품에 놀랐다. 나는 무서워지기까지도 하고 질투조차도 느꼈다. 그래서 그 달치의 『시단월평』에 감히 붓이 들어지지 않았다. 그런 사심이 가시기 전에는 비평이란 씌어지는 법이 아니다. 그러다가 그 장벽을 뚫고 나온 것이 『엔카운터 지』다. 나는 비로소 그를 비평할 수 있는 차원을 획득했다. 그리고 나는 여유 있게 그의 시를 칭찬할 수 있었다. 이것은 내가 『입춘에 묶여온 개나리』의 작자보다 우수하다거나 앞서 있다거나 하는 말이 아니다.[9]

· · · · · ·
8) 같은 곳.
9) 같은 책, 186-187쪽.

김수영은 그 불청객과의 첫 만남이 몰고 온 느낌을 "무서워지기까지도"라든가 "질투조차도"라든가 "감히"라는 말들로 표현하고 있다. 그래서 여기엔 실재적인 무언가가 있는 것이다. 실재적이지 않다면 감정은 저런 식으로 표현되지 않는다. 하지만 이제 다시 저 초월적 지평, 저 비평(과 창작)이 새롭게 가능해지는 공간을 어떻게 묘사해야 할까? 그는 그것을 묘사해야 했을 때 "이 문제는 나를 무한히 신나게 한다"라고 썼다. 우리는 비극이 어떤 한 가지 유형의 무한을 다룬다고 할 때, 희극 또한 다른 방식으로 그렇다는 것을 인정할 수 있어야 한다. 희극에서도 무한의 문제가 발생한다. 혹은 역으로, 무한의 문제가 발생하지 않을 때 우리는 그곳에서 본연의 희극적인 것을 발견할 수 없을 것이다. 단지 닳고 닳은 폄하된 희극의 **의미**만을 볼 것이다. 무한 그 자체라고도 해야 할 바로 그 자유가 비극과 희극을 통해서만 다루어질 수 있는 것은 바로 그 때문이다. 우리는 김수영의 저 "나를 무한하게 신나게 한다"를 "나를 자유롭게 한다"로 — 아무것도 줄이지 않으면서 — 줄여 쓸 수 있다. 우리는 종종 초월성의 문제를 단지 상부와 하부라는 매우 소박하지만 뿌리 깊은 구분법에 의거해서 이해하려고 한다. 자유에 관한 이야기들도 그렇게 잘못 미끄러지기 쉬운 것이다. 김수영의 권위가 상부로부터 오는 것이 아니라 자유로부터 온다는 것을 우리는 그의 다음과 같은 말에서 확인한다. "그리고 나는 여유 있게 그의 시를 칭찬할 수 있었다. 이것이 내가 「입춘에 묶여온 개나리」의 작자보다 우수하다거나 앞서 있다거나 하는 말이 아니다." 우리는 이 말을 적어도, 콰인처럼 말해서, "논리적 관점에서" 읽을 수 있어야 한다.

나는 68 안에 무엇이 없었는지 이야기했다. 그곳에서는 권위도 부정되었지만, 그렇기에 또한 자유도 없었다. 그렇다면 이제는 그 안에 무엇이 있었는지를 이야기할 차례다. 혹은 그것이 무엇**이었는지를**. 우리는 68이 무엇이었는지 이야기하기 전에 무엇이 아니었는지를 이야기했다. 그리고 그렇게 한 것이 전자를 하지 않아도 좋다는 허락을 내어주지는 않았다. 우리는 68이 무엇이었는지를, 68이 도래하게 한 것을 통해 접근할 수 있다. 비극성이 유효한 삶의 형식에서 삶의 질료로 환원되는 계기가 바로 68이었다. 이는 아직 충분히 정확하지 않은 정식화지만, 일단 이것을 가지고 우리는 조금이라도 앞으로 나아갈 수 있을 것이다. 이 정식화가 스스로의 잠재력을 모두 소진했을 때 우리는 이제 조금이라도 앞으로 나아가 있을 것이고, 새로운 문제 지평을 발견할 수 있을 것이다.

삶의 질료로 환원된 비극성이라는 주제를 우리는 박성원의 소설에서 풍부하게 발견한다. 우리는 이 주제를 진리의 위상 변화를 통해 다룰 수 있다. 이는 예를 들어 최근에 그가 쓴 자전소설 「분열」의 말미에서 등장하는 어떤 것이다.[10] 거기서 진리는 추구해야 할 어떤 것으로 제시되지 않고 주인공의 삶의 직조 속에 풀 수 없이 엉켜들어간 것으로서 제시된다. 거기서 그것은 어떻게든 도달해야 할 어떤 것이 아니라 어떻게든 떨쳐버리고 싶지만 결코 그럴 수 없는 어떤 것으로 제시된다. 주인공은 도망중인데, 그 상황은 "하필이면 자신의 정당성을 진술할 여자는 사라지고, 자신이 저지른 사건의 목격자만이 그 순간에 나타났을까"[11]로 가장 잘 요약된다. 이 상황을 주인공은 "어쩔 수 없는 알"로 받아들인다. 그는 진리를 밝히려고 하지 않는데, 왜냐하면 그것은 이미 그에게 달라붙어 있기 때문이다. 밝힘을 통해 주파해야 할 그 어떤 거리도 삶과 진리 사이에 남아 있지 않다.

그러나 어쩔 수 없는 일이다. 시간을 되돌릴 수는 없기 때문이었다.
시간은 절대 역행하지 않는다. 그는 노트를 꺼내 앞으로의 계획에

---

10) 박성원, 「분열」, 『문학동네』, 2006년 봄.
11) 같은 글, 329쪽.

대해 정리를 해보았다. 가지고 있는 돈의 액수를 적었고, 이곳까지 경찰이 찾아왔을 때를 대비해 탈주계획도 세워야 했다. 사건이 미결로 파묻힐 때까지 숨어 있어야 하는지 아니면 자수라도 빨리 하는 게 나을지 판단이 서지 않았다. 누군가에게 털어놓고 싶었지만 그 누구에게 털어놔야 할지 알 수 없었다. 그는 노트에 자수, 정상참작, 목격자, 행방 등 수많은 단어들을 썼지만 그중 한 단어도 그에게 다가오지 않았다. 그 모든 게 엉터리 같았다.[12]

사실 이와 같은 상황은—그리고 이와 연루된, 주체의 어떤 심정상의 동요는—종종 우리의 일상에서 이따금씩 발생한다. 하지만 그렇다고 해도 우리는 이 구절을 어떤 외상적 사건에 직면하게 된 주체가 겪게 되는 단계적인 심적 상태들의 어떤 한 국면으로 쉽게 해석해 **버릴 수 없다.** 그와 같은 심리학적 진단의 제스처는, 이번에는 그 자신이, 다른 무언가에 대한 반응으로서 읽혀질 수 있다. 박성원이 다루고 있는 것은 바로 그 다른 무언가이며, 그렇기 때문에 바로 그것에 대한 반응인 어떤 제스처에 의해 역으로 진단될 수 없는 것이다. 반응의 공간 속에 사는 존재자들의 행위는 오늘날 그 어느 하나도 유효하지 않다. 우리는 박성원이 여기서 묘사하고 있는 것이 현실감의 항구적인 혹은 원리적인 상실에 해당하는 것이라고 말할 수 있을 것이다. 그렇게 말해야 우리는 그를 처음으로 이해하기 시작하게 된다.

어떤 면에서 삶의 질료로서의 비극성은 "포스트모던적인 것" 그 자체다. 나는 다만 포스트모던을 가지고서 그 비극성을 이해하려는 것이 아니다. 오히려 후자를 가지고서 전자를 이해해야 한다. 예전에 나는 "포스트모더니즘"이라는 제목의 책을 번역하고 있는 친구의 손에

------

12) 같은 글, 332쪽.

이끌려13) 국립현대 미술관에 가게 되었다. 그곳에서 나는 게르하르트 리히터의 작품들을 볼 수 있었다. 인상적인 작품들이었다. 왜냐하면 그곳에서는 삶의 질료로서의 비극성이라고 불러야 할 바 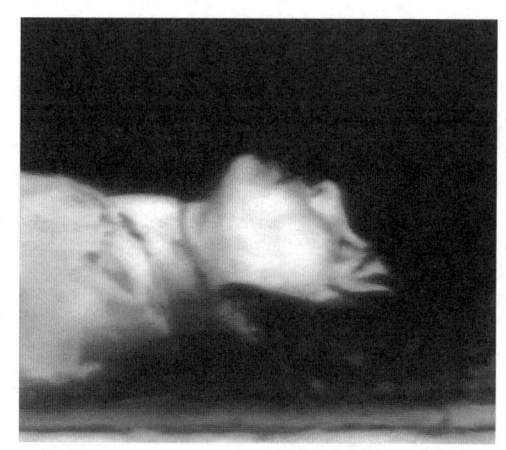 로 그것이 말 그대로 "전시"되고 있었기 때문이다. 그곳에 있는 것들은 **완결될 수 없으므로 완결되지 말아야 하는** 운명 같은 것을 보여준다. 그곳에 전시된 작품 목록에 들어가 있는 것은 아니지만, 적군파 멤버들의 죽음을 다룬 "1977년 10월 18일"이라는 제목의 논쟁적 연작을 통해 그가 다루었던 70년대 독일의 상황과 관련하여 그는 이렇게 진술한다. "그 그림들에서 내가 표현했던 것을 보면 그건 나의 유일한 선택이었습니다. 이는 내가 애매하길 원했기 때문이 아니라 나 자신이 이 물음들에 어떻게 답할지를 알지 못하기 때문이지요. 바로 그것이 내가 전달하고 있었던 그 무엇이었습니다."14) 68이 있고 십 년도 안 되어 리히터가 직면하게 된 이 비극성은 무엇일까? 그는 바로 그것과 대결하고 있는 것처럼 보인다.

우리는 이 비극성을 신형철의 표현대로 "도래한 지옥"15)이라고 부를

● ● ● ● ● ●
13) 그녀는 지금은 더이상 이 책의 번역자가 아니다.
14) Michael Kimmelman, "Gerhard Richter: An Artist Beyond Isms", 『뉴욕타임즈』, 2002년 1월 27일.
15) 신형철, 『몰락의 에티카』, 문학동네, 2008, 137쪽.

수도 있겠지만, 잘 알려진 영화의 제목처럼 "달콤한 인생"이라고 부를 수도 있을 것이다.

III

아나키즘의 운명
주체와 이름의 연관
콤플렉스와 문명

아나키즘의 운명

아나키즘은 순탄치 않은 운명을 타고 태어났다. 우선 아나키즘의 탄생은 사회주의 운동의 분열이기도 했다. 사회주의 운동은 초창기부터 아나키즘과 맑스주의로 분열되었다. 아나키즘과 맑스주의는 가령 권위의 문제를 놓고 격렬하게 논쟁했다. 사회주의 운동은 이를테면 둘로 쪼개져 태어났다. 세상을 바꾸려는 시도들이 언제나 분열되고야 마는 것이라면 마치 그 원형적 분열로서 말이다.

아나키즘의 탄생이 사회주의 운동의 분열이기도 했다는 사실 말고도 아나키즘의 운명이 순탄치 않음을 보여주는 다른 사실이 있다. 즉 사람들은 아나키즘을 항상 동일한 방식으로 이해하지는 않는다. 한때 사람들에게 아나키즘은 무정부주의와 같은 말이었다. 요즘에는 "무정부주의"라는 말이 갖는 부정적 함의 때문인지 아나키즘과 무정부주의를 등치시키는 경향은 시들었다. 사실 아나키를 무질서와 등치시킴으로써 아나키즘을 비판하려는 유혹은 언제나 있어왔는데, 프루동은 오히려 "사회의 가장 완벽한 모습은 질서와 아나키의 결합에서 발견된다"라고 말한 바 있다.1) 아나키즘의 엠블럼인 이른바 Circle

A에서 A를 둘러싼 원은 질서를 뜻하는 Order에서 온 것이다.2)

하지만 아나키즘을 반드시 반권위주의와 등치시킬 수는 없다고 하는 좀더 조심스러운 입장도 있다. 예를 들어 아나키즘적인 공동체 운동가 하승우는 이렇게 쓰고 있다.

> 아나키즘을 삶의 신념으로 받아들이는 사람들은 아나키즘을 단순히 "무정부주의"로 번역하지 않는다. 이들은 "반강권주의反強權主義"가 더 정확한 표현이라고 말한다. 아나키즘은 국가만이 아니라 시장의 폭력에 맞서고 여성을 억압하는 가부장제와 생태계를 파괴하는 개발주의에도 반대하기 때문이다. 그리고 아나키즘이 추구하는 미래는 완전한 무질서가 아니라 내가 합의한 질서를 뜻한다. 내가 스스로 복종하기로 마음먹었다면 그 질서는 나를 억압하는 것이 아니라 나의 뜻을 완성하는 것이다. 이런 맥락에서 아나키스트는 모든 권위를 무조건 반대하는 것이 아니라 강압적이고 억압적인 권력을 거부한다. 아나키스트는 스스로 동의한 권위라면 전체의 결정이라도 자신이 결정한 것처럼 따르려 한다.3)

이러한 말은 그 말의 주인이 왜 아나키스트이면서 동시에 공동체 운동가인지를 보여준다. 그는 아나키스트가 "스스로 동의한 권위라면 전체의 결정이라도 자신이 결정한 것처럼 따르려 한다"라고 스스럼없이 이야기하며, "삶의 신념"으로서의 아나키즘을 이야기한다. 그런데

---

1) 피에르 조제프 프루동, 『소유란 무엇인가』, 이용재 옮김, 아카넷, 2003, 415쪽.
2) 하지만 티셔츠에 새겨지곤 하는 변형된 형태의 아나키 심벌, 이른바 아나키 펑크 심벌은 오히려 무질서를 부각시키고 있다. 이에 대해서는 Paul McLaughlin, *Anarchism and Authority: A Philosophical Introduction to Classical Anarchism*, Aldershot: Ashgate, 2007, pp. 10-11 참조.
3) 하승우, 『아나키즘』, 책세상, 2008, 12쪽.

여하간 그도, 다른 관점에 비해서 좀더 신중한 관점을 지니고 있는 그도, 아나키즘을 번역해야 할 유혹을 떨칠 수는 없었고, 그래서 그것을 "반강권주의"라고 번역한다. 물론 "무정부주의"라는 문제가 많은 기존의 번역을 대체하려는 의도를 이해할 수는 있지만, 여하간 스스로 새로운 번역을 제시하고 있는 것도 사실이다. 게다가 그는 "아나키스트는 모든 권위를 무조건 반대하는 것이 아니라 강압적이고 억압적인 권력을 거부한다"라고 적실하게 지적하면서도 정작 "반강권주의"를 "반권위주의"라는 용어와 대조하는 작업을 하지 않음으로써, "무정부주의"와 "반강권주의"라는 손쉬운 대조를 표어로 선택하며, 신중해 보이는 곳에서 오히려 지성적으로 느슨해진다.

어떻게 보면 아나키즘을 곧바로 이해하려는 데는 어떤 장애가 놓여 있는 것도 같다. 아나키즘은 계속해서 재번역되어야 하는 운명을 타고난 것도 같다. 이러한 운명에 책임이 있는 것은 아마도 "archy"보다는 "an"일 것이다. "an"은 무를, 없음을 뜻한다. 다시 말해서 아나키는 부정적인 방식으로, 무엇의 없음이라는 방식으로 말이 구성되어 있다. 아나키는 지배자의 없음을 뜻한다. 하지만 사람들은 지배자가 없어질 때 공동체가 무질서에 빠진다고 생각하고 이를 우려한다. 이런 관점과 우려를 받아들이면 아나키즘에 대한 번역어로 반권위주의가 더 좋겠다는 생각이 들 것이다. 하지만 오늘날 사람들은 권위의 몰락이 가져온 좋지 않은 결과들을 점점 더 느끼고 있다. 그리고 그렇다면 아나키즘에 대한 번역어로는 "반강권주의"가 더 좋기도 할 것이다. 하지만 상황이나 분위기에 따라서 아나키즘이 이렇게도 번역되고 저렇게도 번역되는 가운데, "지배자의 없음"이라는 공백과 불안이 우리에게 제기하는 근본적인 성찰의 과제는 이루어지지 않고 있다.

이제 아나키즘에 대한 세 개의 번역어를 비교해보자. 무정부주의, 반권위주의, 반강권주의. 첫 번째 번역어는 중립적인 용어들로 구성되어 있다는 특징을 갖는다. "무"와 "정부"는 그 자체로 중립적이다. 하지만 두 번째와 세 번째 번역어에서 "무"는 "반"으로 어느새 변경되어 있다. "반"이라는 것은 무엇에 대한 반대를 뜻하므로, "반" 뒤에는 중립적인 항이 올 수가 없고, 가치를 탑재한 무언가가 와야 한다. 처음에는 부정적인 뉘앙스의 "권위"가 오고, "권위"를 순전히 부정할 수만은 없다는 생각이 들자, 부정적인 뉘앙스가 한층 더 강화된 "강권"이라는 표현이 그것을 대체한다. 그리고 이렇게 되면서 동시에 아나키즘은 수많은 것을 의미할 수 있게 된다. 그것은 국가에 대한 반대이며, 또한 시장의 폭력에 대한 반대이고, 또한 여성을 억압하는 가부장제에 대한 반대이고, 또한 생태계를 파괴하는 개발주의에 대한 반대이다. 더 나아가 하승우는 우리가 "아나키즘의 다채로운 면들"을 깨달아야 한다고 말하고 있다.4) 하지만 아나키의 원래 뜻인 "지배자 없음"은 단순히 지배자 없음을 뜻한다. "무정부"도 단순히 정부가 없음을 뜻한다. 이렇게 보면 저 세 가지 번역어 가운데 새삼 아나키즘의 원래 뜻에 그나마 가장 가까운 것은 "무정부주의"였다.

"반강권주의"라는 용어가 갖는 특징은 누구나 그 용어를 — 용어의 뜻을 이해하고 있는 한 — 아무런 생각 없이도 지지할 수 있다는 것이다. 권위주의의 해악을 누구나 느끼고 있었던 시절에는 "반권위주의"라는 표현으로도 충분했을 것이다. 그것은 누구나 아무런 생각 없이도 지지할 수 있는 표현이었다. 그것은 독재자조차도 겉으로는 반대할 수 없는 그런 용어다. 하지만 권위의 부재가 가져오는 실존적인 불행들이 느껴지자, 아나키즘을 새롭게 번역할 필요성이 생겼다. 하지만 다시금 아무런 생각 없이도 지지할 수 있는 용어로 말이다. 이렇게 보자면 아나키즘은 그 불변적인 의미 성분으로 "아무런 생각 없이도 지지할

---

4) 하승우, 『아나키즘』, 12쪽.

수 있는 어떤 것"을 포함하고 있어야 하는 것도 같다. "반강권주의"라는 번역은 아나키즘에 왕관을 씌운다.

하지만 "아나키즘"이라는 용어 자체는 어떤가? 지배자가 없음을 우리는—"지배자의 없음"이 무엇을 의미하는지 이해하고 있으면서—아무런 생각 없이도 지지할 수 있을까? 우리는 노예가 아니라 주체이지만, 선뜻 그것을 지지할 수가 없으며, 자꾸만 생각을 하게 된다. 반강권주의는 생각 없이도 지지할 수 있다. 아나키즘은 선뜻 지지도 반대도 할 수 없는 상태에서 생각을 하게 만든다. 그리고 그렇다면 아나키즘은 사유 촉발 성분을 포함하고 있는 것 같다. 지배자의 없음이라는 것은 우리로 하여금 무언가 불안한 것에 직면케 하며, 과연 지배자가 없는 상태란 무엇일까에 대한 생각을 하지 않을 수 없게 만든다.

프루동은 신중하고 분별력이 있는 사람이었다. 그렇지 않다면 "사회의 가장 완벽한 모습은 질서와 아나키의 결합에서 발견된다"라는 말을 할 수는 없을 것이다. 다시 말해서 프루동은 아나키가 문제의 반쪽임을 잘 알고 있었다. 그래서 그는 "질서와 아나키의 결합"을 말한다. 그는 양 팔로 두 가지를 붙잡고 있었다. 그래서 그는 죽은 왕의 왕관을 집어들 손이 없었다. 그는 아나키에 왕관을 씌우지 않는다. 그는 "모두가 왕이다"라고 말하고 싶은 곳에서 "아무도 왕이 아니다"라고 말한다.[5] 하지만 일의적 존재 개념을 통해 존재의 평등을 가장 열정적으로 설파하는 들뢰즈는 "일의적 존재는 유목적 분배이자 왕관을 쓴 아나키다"라고 말한다.[6] 들뢰즈가 죽은 왕의 왕관을 챙겨 놓는다면, 프루동은 질서를 취하고 죽은 왕의 왕관은 버린다.

・・・・・・
5) 프루동, 『소유란 무엇인가』, 403쪽.
6) 질 들뢰즈, 『차이와 반복』, 김상환 옮김, 민음사, 2004, 106쪽. 한국어본에는 "아나키"가 "무정부 상태"로 번역되어 있다. "왕관을 쓴 아나키" 같은 표현이 좋은 것은 다 취하는 전형적이면서도 유치한 표현이라는 점을 지적해 두자. 이러한 표현들이 환대를 받는 사회를 진정으로 성숙한 남자와 여자들이 살아가는 사회라고 보기는 힘들다.

"반권위주의"라는 용어에 대해서 좀더 생각해보자. 이 말은 생각보다 명료한 표현이 아니다. 우선 이 말의 의미에는 어떤 애매성이 있다. 읽기에 따라서 말이다. 우리는 이 말을 "반-권위주의"라고 읽을 수도 있고 "반권위-주의"라고 읽을 수도 있다. 다시 말해서 우리는 이 말을 권위주의에 대한 반대로 읽을 수도 있고 권위에 반대하는 주의로 읽을 수도 있다. 그런데 우리가 이 말을 사용할 때 이 두 가지 중 어느 한 가지 의미로만 사용한다고 생각할 수는 없다. 우리의 상징적 현실은 우리가 생각하는 만큼 — 혹은 우리가 원하는 만큼 — 애매성에서 자유롭지 않다.

잠시 슬라보예 지젝의 사유를 가져와보자. "You can fool all the people some of the time, and some of the people all the time, but you cannot fool all the people all of the time." "모든 사람들을 얼마 동안 속일 수 있고, 어떤 사람들을 언제나 속일 수 있지만, 모든 사람들을 언제나 속일 수는 없다." 링컨이 했다고 하는 이 유명한 말을 놓고 지젝은 이렇게 말한다.

> 그것은 언제나 속일 수 있는 **그 어떤**some 사람들이 있다는 것을 의미하는가, 아니면 모든 경우에 **누군가는**someone or other 반드시 속게 되어 있다는 것을 의미하는가? 그렇지만 "링컨이 정말로 의미했던 것이 무엇인가?"라고 묻는 것이 잘못이라면 어찌할 것인가? 이 수수께끼에 대한 가장 개연성 있는 답은 그가 이 애매성을 의식하지 않았다 — 그는 단지 재치 있는 말을 하길 원했던 것이며, 그 구절은 "그럴듯하게 들렸던" 까닭에 "그의 입에서 나왔다" — 는 것 아닌가?[7]

---
7) 슬라보예 지젝, 『까다로운 주체』, 이성민 옮김, 도서출판 b, 2005, 100쪽.

지젝은 링컨의 저 긴 말을 "텅 빈 기표", "주인기표"라고 부른다. 그리고 그 기표가 기의 내용의 층위에서 존속하는 근본적 애매성과 비결정성을 "봉합"한다고 말한다.8) 그런데 "반권위주의"라는 표현도 바로 이와 같은 방식으로 작동한다.

어떤 사람이 이 표현을 사용할 때 그는 앞에서 말한 두 가지 의미 가운데 정확히 어떤 의미로 사용한 것일까? 가령 반권위주의자란 권위에 대한 반대를 자신의 "주의"로 삼는 사람일까 아니면 권위주의에 반대하는 사람일까? 우리는 지젝처럼 말하지 않을 수 없다. 즉 누군가가 "반권위주의"라는 표현을 사용할 때 그는 이 애매성을 단지 의식하고 있지 않은 것이며, 이 말이 그럴듯하게 들렸던 까닭에 입에서 나온 것이다. 또한 이때 그는 상징계의 어떤 틈새를 덮고 있는 것이다.

---
8) 같은 곳.

주체와 이름의 연관

프로이트가 쓴 "Zur Einführung des Narzißmus"라는 제목의 1914년 논문과 관련하여 라플랑슈와 퐁탈리스는 프로이트가 그 논문을 통해 나르시시즘을 "소개"하기 전에 이미 그 용어를 사용한 적이 있다는 사실을 적시한다.[1] 표준판 영역자인 스트라치 역시 동일한 요점을 다룬다. 그래서 그는 이 논문 제목을 문자 그대로 번역하면 "나르시시즘이라는 개념의 도입에 관하여"라는 점과, 하지만 프로이트가 이 용어를 1909년부터 몇 차례 언급했다는 점을 편집자 주에서 밝힌다.[2] 따라서, 이 논문의 한국어 번역 제목이 "나르시시즘 서론"이라는 것과는 별도로, 프로이트에게는 무언가를 소개, 도입하는 문제가 있었다. 그 이전에 몇 차례 이 개념을 다룬 적은 있었지만, 그것으로는 아직은 정식으로 정신분석 이론 안으로 그 개념을 도입한 것이 아니었다. 도입이라는 것은 공식적인 절차다.

이와 유사하게, 칸트에게는 "부정량 개념을 철학에 도입하려는 시

---
1) 장 라플랑슈·장 퐁탈리스, 『정신분석 사전』, 임진수 옮김, 열린책들, 2005, 338쪽.
2) Sigmund Freud, "On Narcissism: An Introduction", in *SE XIV*, pp. 69-70.

도'라는 제목의 논문이 있다. 여기서 칸트는 부정량이라는 수학 개념을 철학에 도입하려고 한다. 이 사례에서 좀더 분명하게 보이듯이, 도입의 행위는 어떤 경계선을 염두에 두고 있다. 예컨대 여기에는 수학과 철학의 경계선이 있다. 도입이라는 정식 절차의 존재는 경계선의 통과가 아무렇게나 이루어져서는 안 된다는 것을 함의한다. 더 나아가 어쩌면 그것은 경계선으로 나뉘는 상대 영역에 대한 두려움이나 존중을 함의할 수도 있을 것이다.

프로이트는 나르시시즘을 정식으로 도입하기 전에 몇 차례 그 용어를 스스로 사용했음에도 불구하고 여하간 정식으로 도입해야 한다고 생각했으므로, 그가 정식 절차 이전에 그 용어를 사용했던 것을 경솔하다고 볼 수는 없을 것이다. 경솔한 자는 그 소개의 업무를 언제까지나 미루거나 망각하면서 모든 것을 아무렇게나 뒤섞고 있는 자이지, 몇 차례의 언급 뒤에 정식으로 소개하는 자가 아니다.

주체의 고유명의 문제는 그 자체로 철학 안으로 정식으로 도입된 적이 없다. 이는 주체의 이름을 지어주는 곳이 "철학관"이라고 불린다는 사실과 흥미로운 대조를 이룬다.

가령 현상학자들이 생활세계를 어떻게 보는지와 무관하게, 주체와 이름의 연관은 생활세계에서 언제나 이미 작용하고 있다. 인간은 태어날 때부터, 그리고 경우에 따라서는 태어나기 전부터 이 연관 속에 들어간다. 정신분석학자들은 인간이 어떻게 미리 주어진 언어적 우주 안에 태어나게 되는가를 즐겨 강조하는 편이다.

> 우리는 담화의 세계 안으로, 우리가 태어나기 전부터 있었고 우리가 죽은 뒤에도 계속 살아 있을 담화나 언어의 세계 안으로 태어난다. 아이가 태어나기 오래전에, 부모의 언어적 우주 안에는 아이를 위한 자리가 준비되어 있다. 부모는 아직 태어나지 않은 아이에 대해

이야기하고, 아이에게 딱 맞는 이름을 고르려 하고, 아이를 위한 방을 준비하고, 가족의 새 구성원과 함께 할 그들의 삶이 어떤 모습일지를 상상하기 시작한다.[3]

핑크의 이와 같은 서술에서 부모가 아이의 이름을 지어주는 행위는 별도로 주제화되어 있지 않으며, 주체가 언어적 우주 안에 태어난다는 사실을 보여주는 여타의 사례와 더불어 동등하게 열거되어 있을 뿐이다. 하지만 그렇더라도 우리는 저 흔하게 발생하는 생활세계의 국면으로부터도, 아이가 탄생하기 전부터 공동체의 대변자이자 앞으로 사랑과 관심으로 아이를 양육하게 될 부모를 통해서 주체와 이름의 연관이 어떤 특정한 방식으로 그 태어날 아이를 위해 규정된다는 것을 손쉽게 확인할 수 있다.

생활세계 안에서 주체와 이름의 연관이 언제나 이미 작동하고 있음을 보여주는 또 다른 사례도 물론 있다. 근래에 여성주의적 관점이나 평등주의적 관점에서 부모의 양성 모두를 자신의 이름에 사용하는 어떤 관례가 생성되었는데, 이는 바로 주체와 이름의 연관이 주체 자신에게 무심할 수 없는 문제라는 것을 잘 보여주고 있는 사례이다. 더 나아가 이 사례는 라캉적인 의미에서의 아버지의 이름, 즉 성姓이 종종 주체의 신경을 건드린다는 것을 보여주는 사례가 될 수도 있을 것이다. 또한 이는 "이름은 이름일 뿐"이라고 하는 생각을 반박할 수 있는 좋은 사례이기도 하다.

생활세계에서 주체와 이름의 연관이 갖는 중요성을 보여주는 사례를 찾는 것이 매우 손쉬운 일이라면, 철학에서 이 연관을 다루는 사례를 찾는 것은 극히 어려운 일이다. 이는 생활세계를 분석하겠다고 한

---
3) 브루스 핑크, 『라캉의 주체』, 이성민 옮김, 도서출판 b, 2010, 27쪽.

현상학자들에게서도 예외가 아니다. 하지만 철학자들도 종종 비철학적 맥락에서는, 그들이 생활세계 속의 주체인 한에서는, 주체와 이름의 연관과 관련된 언급들을 한다. 철학자도 철학자이기 이전에, 생활세계를 살고 있는 현존재일 테니까 말이다.

흥미로운 예를 하나 들어보자. 프랑스의 철학자 알랭 바디우는 『존재와 사건』이라는 책을 집필하고 나서 어떤 생각이 들었는지를 나중에 이 책의 영역판 서문을 통해 다음과 같이 술회한다. "내가 이 책을 프랑스어로 출간한 지가 곧 있으면 20년이 될 것이다. 그 당시에 나는 내가 철학의 '위대한' 책을 집필했다는 것을 확실히 자각하고 있었다. 나는 내가 하기로 한 일을 실제로 성취했다고 생각했다. 자부심이 없지 않았던바, 나는 내가 철학의 역사에, 그리고 특히 수세기에 걸쳐서 해석과 주석의 주제가 되는 저 철학적 체계들의 역사에 나의 이름을 기입했다고 생각했다."4) 이 술회를 철학자가 본연의 철학적 맥락에서 주체와 이름의 연관을 다룬 사례로 볼 수는 물론 없다. 바디우는 여기서 한 철학자가 자신의 이름을 철학사에 기입하는 일에 대해서 철학적으로 성찰하고 있는 것이 아니다. 그럼에도 불구하고 그가 저런 말을 할 수 있는 것은, 철학적 담화와는 별도로, 생활세계적 관점에서의 담화라는 것도 있기 때문이다. 서문에서 저자의 글이 느슨해지는 것은 흔히 볼 수 있는 일이다. 요즘과 같은 시대에는, 책의 서문에서 사적인 사랑 고백이라도 할 수 있을 것이다.

하지만 스피노자의 「지성개선론」이라면 어떨까? 이 글은 우리가 알고 있는 스피노자의 첫 "철학적 저술"이다.5) 따라서 이 글 안에서 스피노자가 하고 있는 이야기는 본연의 철학적 담화에 해당한다고

---

4) Alain Badiou, *Being and Event*, London: Continuum, 2005, p. xi.
5) Spinoza, *Spinoza: Complete Works*, trans. Samuel Shirley, Indianapolis: Hackett Publishing Company, 2002, p. 1.

보아야 할 것이다. 그런데 여기서 그는 사람들이 일반적으로 최고선으로 간주하는 것으로 부, 감각적 쾌락과 더불어 명예를 꼽고 있다. 하지만 궁극적으로 그는 나머지 둘과 더불어 명예를 최고선의 자리에서 몰아낸다. 그것도 가장 경계해야 할 것으로 말이다.[6]

"名譽"라는 한자어는 명예에 이름이 걸려 있다는 것을 잘 보여준다. 영어의 "honor" 역시 "good name"이라고 일차적으로 뜻풀이된다. 명예에 이름이 걸려 있다는 것을 아주 잘 보여주는 문학 속의 인물은 이미 앞에서 잠깐 언급되었던 클로델의 비극 『볼모』의 여주인공 시뉴 드 쿠퐁텐이다. 나폴레옹 통치가 끝나갈 무렵, 프랑스 시골의 가세가 기운 쿠퐁텐 가의 토지를 배경으로 하는 이 희곡에서, 그 가문의 일원인 시뉴는 나폴레옹을 피해 도망중인 교황을 구하기 위해서 자신이 경멸해 마지않던 인물 튀르뤼르와 결혼을 해야만 하는 선택에 직면하게 된다.[7]

처음에 시뉴는 교황을 구하기 위해서 튀르뤼르와 결혼할 가능성을 질색을 하면서 거부한다. "명예를 잃고 내가 믿는 모든 것을 배신하느니 죽는 것이 낫다"— 그녀의 첫 반응을 이렇게 요약할 수 있을 것이다. 그리고 바딜롱이 그녀에게 튀르뤼르가 그녀와 교황의 생명뿐 아니라 (시뉴가 이 세상에서 가장 소중하게 생각하는 단 한 사람인) 조르주의 생명 또한 손안에 쥐고 있다는 것을 상기시켜 줄 때 그녀는 주저하지 않고 답한다: "죽게 내버려 두세요. 저도 죽을 준비가 되어 있으니까요. 우린 영원히 살 수 없어요. 신이 제게 생을 주셨지요. 그리고 전 그 생을 신에게 되돌려 줄 준비가 되어 있고 또 간절히

---

6) Spinoza, "Tretise on the Emendation of the Intellect", 앞의 책, pp. 3-4.
7) 희곡의 상세한 줄거리는 알렌카 주판치치, 『실재의 윤리』, 이성민 옮김, 도서출판 b, 2004, 322-323쪽 참조.

원하고 있어요. 하지만 이름은 제 것이에요. 나의 여자의 명예는 제 것이에요. 오로지 제 것이에요!"⁸⁾

시뉴의 저 외침에서 우리는 이름과 명예가 갖는 상징적 지위의 울림을 예리하게 감지할 수 있다. 여기 걸려 있는 명예는 본연의 상징적 명예이며, 오늘날 대중적 인기를 누리고 있는 연예인들의 상상적인 명예와는 구분되어야 할 것이다. 실로 주판치치는, 라캉을 따라서, "명예를 잃고 내가 믿는 모든 것을 배신하느니 죽는 것이 낫다"를 고전적 윤리의 바로 그 신조로 보고 있다.⁹⁾

스피노자는 자신의 철학적 담화 속에 명예를 끌어들이지만, 곧바로 내치기 위해서 그렇게 한다. 이때 그는 명예라는 것을 본연의 윤리적 삶을 방해하는 어떤 것으로 간주한다.

> 명예와 부를 추구해도 역시 정신은 적지 않게 혼란을 일으킨다. 특히 부가 그 자체를 위해서 추구될 때에는. 왜냐하면 이 경우에는 부를 최고의 선으로 생각하기 때문이다. 그러나 명예에 의해 정신은 더욱 혼란을 일으킨다. 곧 명예는 언제나 그 자체가 선으로 생각되어 일체의 행동이 지향하며 궁극목적이라고 생각된다. 그리고 이 두 가지(명예와 부)에 있어서는 쾌락의 경우처럼 후회가 따르지 않는다. 반대로 우리들이 두 가지 중 어느 것이라도 소유하면 그럴수록 우리들의 기쁨은 증대하고 그 결과로 점점 더 이것을 증대시키려고 노력하게 된다. 그러나 만일 어떤 경우에 우리들의 희망이 배반당하면 깊은 슬픔이 생긴다. 끝으로 명예는 이것을 얻기 위해 필연적으로 우리들의 생활을 사람들의 상식(captus)에 순응시켜야 하기 때문에 곧 사람들

------

8) 같은 책, 333쪽.
9) 고전적 윤리에 대한 상세한 설명으로는 같은 책, 8장 참조.

이 보통 피하는 것을 피하고, 사람들이 보통 구하는 것을 구해야 하기 때문에 커다란 장애가 된다.10)

스피노자가 이렇게 말하는 것을 보면, 스피노자의 시대에 이미 명예라는 개념 그 자체가 타락하고 있었던 것일지도 모른다.11) 사람들이 명예를 다루는 방식에서 스피노자의 시대와 오늘날의 시대에 그렇게 큰 차이가 있지 않은 것일지도 모른다. 하지만 그는 분명 자신의 철학적 담화 내부에서 명예를 다루고 있으며, 하지만 오로지 부정적인 방식으로만 그렇게 한다. 즉 본연의 윤리적 삶에 해당하지 않는, 더 나아가 윤리적 삶에 장애를 구성하는 것들을 예증하면서 명예를 다룬다.

흥미로운 가정을 해보자. "하지만 이름은 제 것이에요"라고 외치는 시뉴 옆에 스피노자가 있었고, 이를 들은 스피노자가 명예에 관한 자신의 견해를 앞의 인용문과 동일한 취지로 시뉴에게 들려준다고 말이다. 시뉴는 명예를 위해서 사람들의 상식에 순응하려는 것이 아니라고 단순히 말하기보다는, 오히려 그런 것은 자신이 지키려는 명예와는 차원이 다르다고 이야기할 것이다. 자신이 지키려는 명예는 사람들

- - - - - -

10) Spinoza, "Tretise on the Emendation of the Intellect", p. 4. 인터넷을 통해 입수할 수 있었던 역자를 알 수 없는 「지성개선론」 한국어 판본이 있는데, 번역이 무난하기에 여기서 그대로 이용한다.

11) 칼 맑스는 『독일 이데올로기』에서 이렇게 말한다. "사람들은 예컨대 귀족이 지배했던 시대에는 명예, 충성 등등의 개념들이, 부르주아지가 지배하는 시기에는 자유, 평등 등등의 개념들이 지배했다고 말할 수 있을 것이다. 지배 계급 자신은 대체로 그렇게 상상한다"(『맑스 엥겔스 저작 선집 1』, 박종철 출판사, 1991, 227쪽). 비록 지배 계급의 상상(Einbildung)이 그러했다고 말하고는 있지만, 맑스는 그것이 갖는 견고성을 잘 알고 있으며, 그렇기에 "지배 계급의 사상들은 어떠한 시대에도 지배적 사상들이다"라고 말할 수 있었다(226쪽). 하지만 맑스의 경우는 바로 거기까지다. 우리는 그에게 본연의 주체론적, 윤리학적 관점이 결여되어 있다는 것을 인정해야 한다. 후자의 관점에서만 우리는 명예 개념의 타락을 적극적으로 사유할 수 있다. 또한 주체의 정체성에 새겨진 이름(아버지의 이름)의 문제를 가장 적극적으로 파고든 학문이 정신분석임을 생각해볼 때 우리는 정신분석이 언제나 맑스주의의 이면에 놓여 있었다고 말할 수 있다.

의 상식에 순응하느냐 순응하지 않느냐의 이분법이 구성하는 층위와는 다른 층위에 있는 것이라고, 그녀가 사람들에게서 사랑을 받고 유명해지는 문제가 아니라고 그녀는 말할 것이다.

명예의 문제에서 스피노자와 시뉴의 태도를 비교해볼 때, 스피노자가 그것을 진지하게 적극적으로 다룰 만한 것으로 보고 있지 않다는 것은 분명하다. 비록 그가 그것을 자신의 철학적 담화 내부에서 다루었다고 해도 말이다. 이렇게 말해보자면, 스피노자는 주체와 이름의 연관이라는 문제를 「지성개선론」에서 명예를 다루면서 저 몇 마디로 환원해버린다.

모든 학문이 이 연관을 소홀히 한 것은 아니다. 정신분석은 성욕을 본격적으로 학문의 영역에 끌어들인 것으로 유명하지만, 특히 정신분석가 자크 라캉의 작업을 놓고 보면, 그가 또한 시종일관 주체와 이름의 연관이라는 문제에 골몰했다는 것을 어렵지 않게 확인할 수 있다. 1950년대 중반까지 그는 주체화 과정으로서의 오이디푸스 콤플렉스의 해소가 어떻게 아버지의 이름과 긴밀하게 연관되어 있는지를 밝힘으로써 프로이트의 오이디푸스 콤플렉스 이론을 재구성하고 있다. 또한 아버지의 이름의 초월성을 스스로 부정한 뒤에, 그는 주체가 어떻게 스스로 이름을 발명할 것인가의 문제를 놓고 말년까지 파고들었다.[12]

이렇듯 라캉이 주체와 이름의 연관에 평생에 걸쳐 엄청난 이론적 에너지를 투여했고, 또한 오늘날 철학계의 수많은 학자들이 라캉으로부터 지적인 영감을 받으면서 그의 작업을 참조하고 있음에도 불구하고, 저 주체와 이름의 연관이라는 문제를 철학적 주제로 도입하려는 본격적인 시도는 이루어지지 않고 있다. 대표적인 친라캉적 철학자인

------

[12] 라캉의 이론적 발전에 대한 정교하고 체계적인 설명으로는 Lorenzo Chiesa, *Subjectivity and Otherness: A Philosophical Reading of Lacan*, Cambridge, Mass.: The MIT Press, 2007 참조.

슬라보예 지젝과 알랭 바디우의 경우도 여기서 예외가 아니다.

혹시 들뢰즈와 가타리의 『천 개의 고원』을 읽던 독자라면, 철학자가 주체와 이름의 연관을 다루는 어떤 긍정적 사례를 발견했다는 생각이 드는 구절과 틀림없이 마주치게 될 것이다. 그 구절은 다음과 같이 읽힌다.

> 그날 늑대 인간은 아주 피로해진 채로 진료 소파에서 내려섰다. 그는 이미 알고 있었다. 진실에 막 다다르려고 하면 슬쩍 지나가 버리고, 그 빈틈을 연상으로 채우는 데 프로이트가 천재적이라는 사실을, 그는 프로이트가 늑대에 대해, 특히 항문에 대해 아무것도 아는 게 없다는 사실을 알고 있었다. 프로이트가 유일하게 이해하고 있던 것은 개와 개꼬리뿐이었다. 하지만 그걸로는 충분치 않다. 그걸로는 한참 모자랄 게다. 늑대인간은 알고 있었다. 프로이트는 곧 치료되었다고 선언하겠지만, 치료되기는커녕 루트, 라캉, 르클레르에 의해 영원히 계속 치료받게 될 것이라는 사실을. 요컨대 그는 자신이 본래 이름보다 더 고유한, "늑대 인간"이라는 진정한 고유명을 획득해가는 중이라는 사실을 알고 있었다. 그는 늑대라는 속屬을 이루는 다양체를 순간적으로 포착함으로써 최고의 독자성(singularité)을 획득했던 것이다. 그러나 그는 이 새롭고 진정한 이름이 왜곡되고, 잘못 쓰여지고, 아버지의 성姓으로 뒤바뀌리라는 것 또한 알고 있었다.[13]

주체와 대상을 구분하는 어떤 오래된 사유의 관습을 통해 이 구절을 읽으면서, 우리는 곧바로 저자들이 여기서 대상 같은 것을 다루고

---

[13] 질 들뢰즈·펠릭스 가타리, 『천 개의 고원』, 김재인 옮김, 새물결, 2001, 59쪽.

있기 보다는 주체 같은 것을 다루고 있으며, 게다가 그것을—아버지의 성과 고유명이 대립하는 가운데—고유명과의 연관 속에서 다루고 있다는 것을 감지할 수 있다.

하지만 문제가 그렇게 간단하지는 않다. 문제가 간단하지 않다는 것은, 들뢰즈(와 가타리)가 저 인용문에서 "그는 자신이 본래 이름보다 더 고유한, '늑대 인간'이라는 진정한 고유명을 획득해가는 중이라는 사실을 알고 있었다"라고 말하고 있더라도, 혹은 바로 그렇게 말하고 있기 때문에라도, 우리의 저 오래된 사유의 관습과 그로 인한 오도적인 사태 파악을 경계하고 비판하기 위해 "고유명사는 결코 사람이나 주체를 가리키지 않습니다"라고 말하고 있다는 데서 확인할 수 있다.14) 여하간 우리는 바로 이렇게 들뢰즈가 말하기 때문에 들뢰즈에게 "주체"라는 용어는 결코 긍정적으로 사용되지 않는다는 것을 새삼 확인하게 된다. 이점에서 들뢰즈는, 인간이라는 용어 대신에 "현존재"라는 용어를 사용하는 하이데거에게서 그 예시를 발견할 수 있는 어떤 새로운 전통에 서 있고 싶었을 것이다.

들뢰즈의 사례를 통해서 우리는 철학 안에서 주체와 이름의 연관에 대한 적극적인 탐구를 발견하기 힘들다는 것을 다시금 확인할 수 있다. 그만큼 그 연관은 철학적 성찰의 대상이 될 가치가 없는 것일까? 고유명 그 자체라면 흥미를 느끼고 진지하게 다룬 철학자들이 적지 않다고 볼 수 있다. 예를 들어 크립키의 『이름과 필연』은 온전히 고유명에 바쳐진 책이라고도 볼 수 있을 것이고, 그런데 이때 이미 크립키는 고유명의 성격을 둘러싼 논쟁에 개입하고 있었던 것이다. 따라서 이 경우 여러 철학자들 가운데서 이미 고유명에 대한 관심이 형성되어 있었다고 볼 수 있을 것이다. 하지만 그들은 예외 없이 그것을 주체와

---

14) 질 들뢰즈·클레르 파르네, 『디알로그』, 허의정·전승화 옮김, 동문선, 2005, 16쪽. 또한 102쪽 참조.

연동지어 사유하지 않는다. 마치 무슨 무언의 금지라도 있는 양 말이다.

그런데 주체성의 문제와 관련하여 고유명을 대하는 들뢰즈의 태도를 들여다보면, 왜 고유명과 주체의 연관을 철학에 도입하는 것이 그렇게 간단한 일만은 아닌지를 짐작해볼 수 있다. 한편으로 들뢰즈는 고유명과 주체의 연관을 부정한다. 그는 본연의 고유명을 주체가 아닌 어떤 것과 연결한다. 다른 한편으로 들뢰즈는 주체와 아버지의 이름의 연관을 인정한다. 주체와 연관된 이름이 있다면 그것은 아버지의 이름이다. 그것은 주체 스스로가 주체 자신을 위해 지은 이름이 아니다. 오히려 그것은 공동체 내에서 주체가 과거의 언젠가 물려받았고, 미래의 언젠가 물려주어야 할 이름이다. 들뢰즈는 주체와 아버지의 이름의 연관이 지닌 필연성을 너무나도 예리하게 느끼고 있었을 것이다. 그는 주체성의 바로 그 중핵에 아버지의 이름이 심어져 있다는 것을 너무나도 잘 알고 있었을 것이다. 그렇지 않다면 그가 왜 본연의 주체 같은 것에 대한 사유를 내버리는지, 주체 개념 그 자체를 내버리는지 설명하기는 쉽지 않다. 반면에 들뢰즈에 비해서 다른 철학자들은, 즉 주체 개념을 놓지 않은 철학자들은 주체와 고유명의 연관이라는 문제를 철학 내부에서 배제하는 한에서 주체를 철학적 주제로 다룰 수 있다.

여하간 아버지의 이름을 통하는 자식과 아버지의 관계는 철학적으로 다루기에 그다지 적합하지 않은 것이었고, 철학자들은 이를 다름 아닌 자신들의 실천을 통해, 즉 자신들의 철학적 작업 그 자체를 통해, 철학적으로 그것을 다루지 않음을 통해 입증해왔다. 하지만 그것을 오늘날 철학이 새롭게 떠맡아 다루어야 할 필요는 없다. 그것은 이미 라캉주의 정신분석을 통해서 철저하게 연구되었다.

따라서 주체와 고유명의 연관에 대한 철학적 주제화는 아직까지 철학에서는 물론이고 정신분석에서도 다루어지지 않은 주체와 고유명의 어떤 연관에 관한 문제가 있다는 것을 전제한다. 그것은 아직 발굴되지 않은 가능성으로 남아 있다.

콤플렉스와 문명

1

영화 <스타트랙>은 먼 미래를, 인류가 태양계 내에서의 삶을 영위하면서도 입대를 하여 우주를 모험할 수 있게 된 미래를 그리고 있다. 그리고 화려한 볼거리를 위해 상상력이 최대한으로 발휘되고 있다. 인간은 순간적인 공간이동을 할 수도 있고, 우주선의 워프도 가능하다. 행성을 통째로 빨아들이는 블랙홀 폭탄도 나온다. 인간보다 더 합리적인 종족도 등장하며, 이제는 좀 식상하긴 하지만 시간여행도 가능하다. 따라서 우리는 먼 미래의 인간이 살아가는 세상을 좀더 구체적인 모습으로 그려볼 수 있게 된다. 어쩌면 인간의 학문적 진보는 인간을 그런 세상으로 이끌고 갈 것이다. 인간의 활동은 우주와 시간 그 자체를 상대로 펼쳐질 것이다. 사실 그것은 언젠가 이 유한한 행성을 떠나야 할 인간의 운명이기도 할 것이다.

그런데 반드시 정신분석을 연구하는 사람이 아니더라도, 영화가 보여주는 미래에 이상한 점이 한 가지 있다는 것을 알아차릴 수도 있을 것이다. 어쩌면 전혀 이상하지 않을 수도 있겠지만 말이다. 다시 말해서, 먼 미래에도 인간은 여전히 가족을 형성하고 살아간다. 더 나아가 인간이 아닌 종족들 역시 가족을 형성하고 살아간다. 또한 여자와 남자가 서로 사랑을 하는 모습도 오늘날과 다를 바가 없다. 그런 것들이 오늘날과 그다지 달라 보이지 않으므로, 그때에도 여전히 아이들은 오이디푸스 콤플렉스를 겪으면서 여자 주체와 남자 주체로 탄생하는 것도 같다.

이와 관련하여 정신분석가는 단지 미소를 지을 수만은 없을 것이다. 비록 라캉이 "남근 기능의 겉보기의 필연성은 단지 우연적인 것으로 판명된다"1)라고 말할 수 있음에도 불구하고 말이다. 정신분석이 인간 주체화의 모델로 제시한 것은 남근이 핵심적 기능을 하는 오이디푸스 콤플렉스 과정 말고는 사실상 없다. 물론 오이디푸스 콤플렉스의 필연성을 구성하는 사실이 있다. 그것은 라캉이, 프로이트를 따라서, Hilflosigkeit, 무기력이라고 불렀던 것, 즉 인간의 자연적 결핍이다.

> 오이디푸스 콤플렉스는 동물적 삶의 "과잉"으로부터 인간을 지키기 위해서가 아니라 인간의 "자연적" 결핍에 대한 치유법을 찾기 위해서 필요하다. 긴 이야기를 줄이자면, 라캉은 인간 종의 생존을 위해서 ("섹슈얼리티 안에") 상징적 법은 필수적이라고 믿는다. 상징적 성구분의 끝은 인간을 한낱 동물적 성교에 국한시키는 것이 아니라, 인간의 멸종으로 이어질 것이다. 보통 주석가들은, 라캉을 따를 때 어떻게 상징계가 "성관계는 없다"는 사실에 책임이 있는지를 강조한다. (……) 이에 반하여 거의 만장일치로 간과되는 것은, **상징계는 여하한 종류의 (재생산적인) 인간 성관계가 일어나기 위한 가능성의 구조적 조건을 구성한다**는 사실이다.2)

- - - - - -
1) Jacques Lacan, *The Seminar of Jacques Lacan, Book XX*, trans. Bruce Fink, New York and London: Norton, 1998, p. 94.

하지만 그렇다고 하더라도, 즉 인간이 반드시 콤플렉스라는 문화적 매개를 겪어야만 하는 것이라도, 그것이 반드시 오이디푸스적일 필요가 있을까? 아니 오히려 정신분석이 아직 비오이디푸스적 콤플렉스의 가능성을 찾아내지 못한 것은, 콤플렉스로서의 오이디푸스 콤플렉스의 원리를 좀더 심층적으로 파고들지 못해서이지 않을까? 안티 **오이디푸스** 같은 것에 동의하지는 않더라도, 어떤 다른 **콤플렉스**의 가능성을 좀더 파고들었어야 하는 것 아닐까? 더 나아가 결국 학문이 실패하는 곳에서, 학문이 곤궁에 빠져 있는 곳에서 사람들이 반지성주의의 기회를 기막히게도 포착하게 되는 시대가 바로 오늘날이라면 말이다. 오늘날은 "자연"으로 추락하지 않으면서 국가 이후를 사유하기 시작해야 할 바로 그 시점이지만, 사실 바로 그곳에서 좌파 이론가들은 막혀 있어서 심오하게 답답한 것이겠지만, 가족과 국가의 문제를 동시에 사유하지 않는 한, 더 나아가 가족에 대한 국가의 궁극적 의존성을 포착하지 못하는 한, 우리는 한 발도 나아갈 수 없을 것이다.

"콤플렉스"의 엄밀한 용법을 붙잡아놓기 위해서는, "오이디푸스 콤플렉스"라는 표현 자체를 고찰해야 한다. "콤플렉스라는 말은 일상언어에서 많이 애용된다. 반대로 정신분석가들은 오이디푸스 콤플렉스와 거세 콤플렉스라는 표현을 제외하고, 점차 그것에 대한 흥미를 잃고 있다."[3] 일상 언어에서는 "난 무슨무슨 콤플렉스가 있다"는 식의 표현이 애용된다. 하지만 콤플렉스의 좀더 엄밀한 용법은 거의 배타적으로 "오이디푸스 콤플렉스"라는 표현에서 발견된다. 그것은 "인간 발달의 어떤 시기에서의 (……) 구조화 기능"을 가리킨다.[4] 그것은

― ― ― ― ― ―
2) Lorenzo Chiesa, *Subjectivity and Otherness: A Philosophical Reading of Lacan*, Cambridge, Mass.: The MIT Press, 2007, p. 83.
3) 장 라플랑슈·장 퐁탈리스, 『정신분석 사전』, 임진수 옮김, 열린책들, 2005, 468쪽.

실로 미숙하게 태어난 인간-동물이 성구분을 가진 인간-주체로서 재탄생할 때 겪게 되는 바로 그 과정을 가리키는 용어이다. 그런데 왜 하필이면 그것이 "오이디푸스"여야 하는가? 요컨대 그렇다면 이제 왜 단순히 그것을 수식 없이 "콤플렉스"라고 부를 수 없는 것일까?

이 물음에 답하기 위해서는 오이디푸스 콤플렉스와 관련하여 어떤 어법이, 즉 그것을 단순히 "오이디푸스"라고 부르는 어법이 있다는 사실에 주목해야 한다. 예를 들어 들뢰즈와 가타리의 저술 제목인 "안티 오이디푸스"가 그렇다. 저자들이 단순히 저 그리스 비극의 주인공 오이디푸스에 반대하고 있는 것이 아니라는 사실은 분명하다. 오히려 그것은 정신분석을 겨냥하고 있는 표현이다. 이러한 표현 속에서 그들에 가리게 되는 것은 콤플렉스 그 자체이며, 반면에 그러는 동안 우리는 오이디푸스냐 반오이디푸스냐, 라는 이분법에 빠져들게 된다.

이제 콤플렉스, 즉 "인간 발달의 어떤 시기에서의 구조화 기능"은 반드시 오이디푸스적이어야 하는가, 라는 물음을 던질 때도 되었다. 인간이 태어나면서 직면할 수밖에 없는 미성숙과 무기력의 사실을 고려했을 때, 저 문화적 매개로서의 콤플렉스의 보편적 필연성을 인정하지 않을 수는 없는 일이다. 인간은 곧바로 인간이 될 수 없다. 인간은 저절로 인간이 되도록 프로그램 되어 있지 않다. 이것은 현재로서는 움직일 수 없는 사실이다. 하지만 이러한 사실 때문에 콤플렉스가 언제나 오이디푸스적이어야 하는지를 물을 수 없는 것은 아니다. 그런데 오이디푸스 대 반오이디푸스의 대결 구도에서 누락되는 것이 바로 이 물음이다.

기본적으로 오이디푸스 콤플렉스는 "가족 소설"이다. 그곳에 등장하는 네 명의 인물은 아이, 어머니, 남근, 아버지이다. 오이디푸스 콤플

---

4) 같은 책, 469쪽.

렉스의 보편성에 대한 주장은 가족 구조의 보편성에 대한 주장에 다름 아니다. 실로 이 지구상에서 가족이 형성되어 있지 않은 사회를 찾아보기란 힘들 것이므로, 이러한 보편성은 경험적으로 입증되어 있는 듯도 하다.

라캉은 일찍부터 콤플렉스와 가족의 관계에 주목했다. 사실 그는 1938년에 이미 「가족 콤플렉스들」이라는 글을 발표했다. 거기서 그는 "콤플렉스의 발명자" 프로이트의 공헌을 언급하면서 "콤플렉스와 이마고는 심리학, 특히 (……) 가족의 심리학을 혁신시켰다. 도덕을 목적으로 하는 장황한 말들의 단순한 주제였던 것에서 가족은 이제 구체적 분석의 대상이 되었다"라고 쓰고 있다.5) 더 나아가 그는 "가족 콤플렉스"라는 표현을 사용하고 있다. 콤플렉스와 가족의 관계에 주목해야 하는 것은 물론 인간-동물이 바로 가족 안에서 기본적인 주체화를 성취하기 때문이다.

하지만 키에자는 여기에 또한 다음과 같은 쟁점이 걸려 있음을 지적한다.

> 라캉이 오이디푸스 콤플렉스는 문화적인 동시에 구조적이라고 주장할 때, 좀더 정확히 무엇을 의미하는 것인가? 이미 보았듯이, 그는 그것이 본능들에 근거하고 있다는 것을 부인한다. 한편으로 자연적 본능들이 정의상 보편적이고 — 인간의 결함 있는 상상계는 분명 이 규칙에 대한 예외를 구성한다 —, 다른 한편으로 모든 문화는 특수하다면 — 특수한 법칙들에 의해 특징지어진다면 —, 콤플렉스와 관련한 라캉의 주된 쟁점은 다음의 물음을 통해 그 윤곽을 그려볼 수 있을 것이다: 문화의 보편적 법칙은 있는가? 그는 근친상간 금지를

---

5) Jacques Lacan, *Family Complexes in the Formation of the Individual*, trans. Cormac Gallagher, London: Karnac Books, p. 4.

지적함으로써 이에 긍정적으로 답할 수 있다고 생각한다: 모든 문화는 — 그 특수한 법들에도 불구하고 — 여하간 보편적으로 스스로를 자연과 구분해야 한다. 문화의 보편적 법으로서의 근친상간 금지는 문화를 자연으로부터 구분할 뿐만 아니라 또한 문화를 여하간 "자연화"하며, 문화에 보편적 구조를 제공한다.6)

키에자는 콤플렉스와 관련하여 라캉의 주된 쟁점을 "문화의 보편적 법칙은 있는가?"라는 물음을 통해서 정식화한다. 그리고 이에 대한 답을 라캉이 근친상간 금지에서 찾고 있다고 이야기하고 있다. 사소해 보일지는 몰라도, 저 물음의 궁극적 유효성은 키에자가 "오이디푸스 콤플렉스"를 또한 단순히 "콤플렉스"라고 쓸 수 있었다는 사실에 있다. 다시 말해서 키에자는 근친상간 금지가 결코 보편적이지 않다는 단순한 인류학적 사실을 지적하는 데 실패한다.

흥미롭게도 키에자는 저 인용문과 연관된 주석에서 다음과 같은 관찰을 한다.

> 라캉이 일반적으로 레비-스트로스의 구조인류학에 큰 빚을 지고 있다는 것은 참이다. 그렇지만 『가족 콤플렉스들』에서의 오이디푸스 콤플렉스에 대한 "구조주의적" 논의는 1938년으로 거슬러 올라간다 (이 논문에서 라캉은 프레이저와 말리노프스키 같은 이전 인류학자들의 작업을 짧게 언급한다). 따라서 그것은 레비-스트로스의 기본적 텍스트인 『친족의 기본구조』(1949)보다 11년 전에 출간되었다.7)

이 주석은 라캉이 콤플렉스와 가족의 문제를 다루면서 인류학자들

------
6) Lorenzo Chiesa, *Subjectivity and Otherness*, p. 31.
7) 같은 책, p. 199, n. 73.

의 작업을 참조하고 있다는 사실을 알려준다. 그런데 키에자에 따르면, 라캉은 레비-스트로스의 구조인류학을 참조하지 않았지만, 궁극적으로 후자의 성취를 선취했다고 볼 수 있을 것이다. 하지만 이 문제와는 별도로 라캉은 다른 인류학자들을 참조하고 있었다.

하지만 키에자는, 대부분의 정신분석 이론가들이 그렇듯, 레비-스트로스를 비판하는 또 다른 인류학자 클로드 메이야수의 작업을 참조하지 않는다. 메이야수의 작업은, 일단 읽은 이상은 정신분석 이론가들에게 결코 회피할 수 없는 도전거리를 제공한다는 특성을 갖는다. 예컨대 다음과 같은 구절을 읽어보자.

> "근친상간"이라는 말을 동일 친족의 자녀들 사이 혹은 친자 사이의 성교의 의미로 해석하여 다른 친족 사이에까지 이 개념을 확장시키지 않는다면, 그러한 관계가 제법 수많은 사회에서 인정되고 때로는 제도화된 관행이었다는 것은 확실하다. 고대 이집트 왕실과 하와이 지방 같은 데에서는 남매 사이에서, 아잔데 족에서는 아버지와 딸 사이에서, 음부티 족에서는 어머니와 아들 사이에서, 그리고 특히 로마 이집트의 평민들 사이에서 근친상간이 합법적으로 행해지고 있었다.[8]

메이야수는 한 가지 단순한, 하지만 매우 중요한 사실을 알려준다. 즉 근친상간은 몇몇 사회에서 실제로 행해졌으며, 더욱 중요하게는, **제도화**되었다. 더 나아가 그러한 사회들에서 근친상간은 **합법적**이다. 물론 그렇다고 하더라도, "문화의 보편적 법칙은 있는가?"라는 물음은

---

[8] 클로드 메이야수, 『자본주의와 가족제공동체: 여성, 곡창, 자본』, 김봉률 옮김, 까치, 1989, p. 11. 25-26쪽. 영역본과 비교하여 번역 수정. 수정된 텍스트가 확정적이지 않지만 요점은 전달될 것이다.

여전히 유효하며, 오이디푸스 콤플렉스 이론이 곧바로 반박되는 것도 아니다. 다만 후자가 더이상 전자에 대한 답일 수는 없을 것이다. 하지만 그 전에 우리는 메이야수의 탐구를 정신분석 안으로 도입할 것인지를 결정해야 할 것이다. 도입하지 않겠다는 결정은 어쩌면 그것을 다만 읽지 않은 것으로 하겠다는 제스처에 해당한다. 도입하겠다는 결정은 우리에게 새로운 이론적 과제들이 부과된다는 것을 의미한다. 한편으로 우리는 "문화의 보편적 법칙은 있는가?"라는 물음에 대한 답을 찾기 위해서 더욱 더 근본적인 차원으로 파고들어가야 한다. 다른 한편으로 우리는 근친상간 금지가 어떻게 그리고 왜 공동체의 보편적인 법으로서 도입되게 되었는가를 설명할 수 있어야 한다.

2

오늘날 맑스주의의 역사적 유물론은 비판을 받고 있기보다는, 단적으로 내버려졌다. 아무도 그것에 대해서 더이상 이야기하지 않는다. 그런데 나는 오늘 역사적 유물론에 대해서 이야기할 것이다. 가족과 문명의 기원을 다루면서 말이다. 더 나아가 나는, 이미 "현실에서" 충분하게 비판된 저 역사적 유물론의 방법을 이론적으로 다시 비판할 것이다. 이는 이미 죽은 자를 비판하는 일이기에, 잔인한 일처럼 보일 것이다. 혹은 여하간 정상적으로 보이지는 않을 것이다. 하지만 나에게는 그렇게 해야 할 필요성이 있다.

그 필요성은 다음과 같은 사실을 통해서 인지될 수 있다. 즉 역사적 유물론은 사멸했지만 오늘날 정작 사람들은 그 시체의 영향력에서 벗어나지 못하고 있다. 어쩌면 맑스와 엥겔스는 역사적 유물론의 정초를 통해서 자신들도 걸려들 덫을 놓은 것일지도 모른다. 그것은 역사의 필연성과 혁명적 주체성 사이에서의 저 악명 높은 항구적 악순환을 낳은 장본인이다. 우리는 분명 이 악순환에서 완전하게 벗어나지 못했다. 오히려 때가 되면 우리는 반복해서 저 덫에 걸려들기 마련이다.

그런데 이것은 맑스와 엥겔스가 과거를 다루는 방식과 무관하지 않다. 과거에 대한 그들의 탐구는 종종 단지 역사적 유물론의 완성도를 높이기 위해 필요했다. 이렇게 말해보자면, 과거는 그 자체로 존중되지 못했으며, 정당하게 취급되지 않았다. 혹은, 과거가 그 자체로 분열되어 있다는 사실이 인지되지 않았다. 과거를 정당하게 취급하는 것, 과거의 분열을 인지하는 것과 관련하여 지젝은 이렇게 말한 적이 있다. "반복이 반복하는 것은 과거가 '사실상 그러했던' 방식이 아니라, 과거에 내속하며 과거에 현행화되면서 배반당한 **잠재성**이다. 바로 이러한 의미에서 새로운 것의 출현은 과거 자체를 변화시킨다."9) 우리는 미래를 아직 실현되지 않은 것의 영역이라고 보면서 과거를 이미 실현된 것의 총체로 보려는 습관을 가지고 있다. 그런데 이러한 관점에서 보면, 과거와 관련하여 아직까지 알려져 있지 않았던 — 하지만 과거에 이미 발생한, 즉 실현된 — 사실을 발견해내는 것 이상의 새로움이 과거로의 탐색에 주어질 수는 없는 일이다. 하지만 새로움과 관련하여 이렇게 말해볼 수도 있을 것이다. "진정으로 새로운 것은 단순히 새로운 내용이 아니라, 오래된 것이 새로운 빛을 받으며 나타나게 해주는 관점의 이동 그 자체다."10) 나는 바로 이 "관점의 이동 그 자체"를, 진정으로 새로운 것을 붙잡으려고 할 것이다.

맑스가 사망한 다음해인 1884년에 엥겔스는 『가족, 사적 소유 및 국가의 기원』이라는 책을 출간한다. 이 책의 부제는 "루이스 H. 모건의 연구와 관련하여"인데, 모건은 『가족 사회, 또는 야만에서 미개를 거쳐 문명에 이르는 인류의 진보 경로에 대한 연구』라는 책을 1877년에 출간했다. 이 책에 대한 맑스의 발췌와 노트를 확보하고 있었던 엥겔스

---

9) 슬라보예 지젝, 『신체 없는 기관』, 박제철 외 옮김, 도서출판 b, 2006, 34쪽.
10) 같은 책, 38쪽.

는 자신의 작업을 고인이 된 친구의 "유언의 집행"이라고 불렀다.

> 이하의 장들은 어느 정도까지는 유언의 집행이다. 그 자신의 — 어느 선까지는 우리의 것이라고 말해도 좋다 — 유물론적 역사 연구의 성과들과 결부하여 모건의 연구 결과들을 서술하고 그리하여 그 결과들이 갖고 있는 전체적 의미를 밝히고자 했던 것은 다름 아닌 맑스였다. 모건은 40년 전에 맑스가 발견한 유물론적 역사 파악을 아메리카에서 자신의 방식으로 새로이 발견하였고, 미개와 문명을 비교하는 주요 지점들에서 이 역사 파악으로부터 맑스와 동일한 결론을 이끌어 냈다.[11]

엥겔스가 모건 "자신의 방식"이라고 말하는 것은 무엇일까? 모건은 그것을 다음과 같이 진술해 놓았으며, 이는 맑스에 의해서 발췌되었다.

> 가족은 능동적인 요소이다; 그것은 결코 한 자리에 머물러 있지 않으며, 사회가 낮은 단계에서 높은 단계로 발전함에 따라 낮은 형태에서 높은 형태로 전진한다. 반대로 친족 체계는 수동적이다; 그것은 가족이 시간과 함께 이룬 진보를 오랜 시간이 지나서야 비로소 기록하며, 가족이 근본적으로 변화하고 난 뒤에만 근본적인 변화를 겪는다.[12]

맑스는 여기에 다음과 같이 덧붙인다. "그리고 정치, 법률, 종교,

------

11) 프리드리히 엥겔스, 『가족, 사적 소유 및 국가의 기원』, 『맑스 엥겔스 저작 선집 6』, 박종철 출판사, 1997, 15쪽.
12) 루이스 헨리 모건, 『고대사회』, 최달곤·정동호 옮김, 문화문고, 2000, 500쪽. 엥겔스, 앞의 책, 41쪽에서 재인용.

철학 등의 각 체계에서도 사태는 일반적으로 이와 똑같다."13) 하지만 그렇다면 맑스는 정확히 무엇을 덧붙인 것일까? 정확히 그는, 따라서 실은 친족 체계가 여기에 ― 정치, 법률, 종교, 철학에 ― 덧붙여진다는 것을 덧붙이고 있는 것이다. 그리고 이 말은 또한 이제 역사적 유물론이 인류의 최초 시기까지, 인류가 이제 막 동물의 상태에서 벗어난 바로 그 시기까지 적용될 수 있다는 것을 의미한다. 바로 그 직전까지를 다윈이 훌륭하게 다루었던 한에서 말이다. 엥겔스는 역사적 유물론이 맑스 자신의 것임을 밝히면서도, 자신이 유언을 집행하고 있을 뿐이라고 이야기하면서도, 조심스럽게 자신도 그곳에 몫이 있음을, 그것이 "우리의 것"임을 언급하고 있다. 아마 그 역사적인 몫을 놓고 싶지는 않았을 것이다.

이제 그렇다면 모건은, 자신의 저 방법을 통해서 무엇을 성취한 것일까? 엥겔스는 이렇게 말한다. "그는 친족 체계에서 출발하여 그것에 조응하는 가족 형태를 재구성함으로써, 새로운 연구의 길을 열었으며 훨씬 더 과거까지 인류의 선사를 거슬러 올라가 볼 수 있는 길을 열어 놓았다."14) 모건은 자신의 작업에 대한 이와 같은 엥겔스의 평가에 전적으로 동의했을 것이다. 엥겔스는 이 방법이 "유효함을 인정받았다"15)고 진술한다. 그리고 바로 이 방법에 따라서 우리는 현재 남아 있는 친족 호칭을 통해 과거의 가족 형태를 정당하게 추정할 수 있게 된다. 일종의 시간여행이 가능해지고, 가족의 원초적 형태로 거슬러 올라갈 수 있게 된다.16) 더 나아가 가족 이전의 인류의 어떤 상태, "동물의 상태에서 인간의 상태로의 이행기에 상응하는 무규율 성교의

- - - - - -
13) 같은 책, 41쪽.
14) 같은 책, 26쪽.
15) 같은 곳.
16) 같은 책, 46쪽.

시기"로 거슬러 올라갈 수 있게 된다. 단, 가족이라는 능동적 요소의 끈을 놓지 않고서 말이다.

물론 무규율적 성교라는 것은 당대의 도덕성의 신경을 건드렸을 것이다. 이와 관련하여 엥겔스는 충분히 침착할 수 있었다. "이 성교 형태가 무규율적이라고 하는 것은, 나중에 관습에 의해 만들어진 제한들이 아직 존재하지 않았던 한에서이다."17) 여하간 그렇게 하여 매우 합당한 가족과 문명의 시발점이, "군혼, 즉 남성 집단 전체와 여성 집단 전체가 서로에게 속하며 질투의 여지를 거의 남기지 않는 가족 형태"가 인정되게 되었다.

이 형태를 어떤 식으로든 가족이라고 부르건 아니면 가족 이전의 원시 상태라고 부르건 그것은 중요하지 않다. 여하간 가족의 첫 단계인 혈연 가족은 바로 그 상태로부터 발전해 나왔을 테니까 말이다. 결국은 문명으로 이어지는 단 하나의 노선 — 모건 자신의 표현으로는, "야만에서 미개를 거쳐 문명에 이르는 인류의 진보 경로" — 이 있는 것이며, 이제 새로운 것은 그 노선에서 과거로의 탐색이 거의 완전한 방식으로, 남김이 없는 방식으로 이루어졌다는 사실이다.

모건은 현재의 언어적 습관이 과거에 그 언어를 사용했던 사람들에 대해서 말해주는 바가 있다고 하는 방법을 채택한다. 현재의 언어적 습관은 물론 현재의 친족 체계를 곧바로 알려주지만, 또한 과거의 가족 형태에 대해서도 알려주는 바가 있다는 것이다. 예컨대 모건이 살던 당시에 뉴욕에 거주하는 이로쿼이인들 사이에서는 대우혼 가족이라는 단혼이 지배적이었다. 대우혼 가족에서는 누가 부모이고 누가 그 부모의 자녀인지를 누구나 알 수 있다. 하지만 이로쿼이인들은 가족 내의 부모만을 "어머니"나 "아버지"라는 호칭으로 부르지 않았다.

• • • • • •
17) 같은 책, 47쪽.

아들, 딸, 형제, 자매 등의 호칭도 마찬가지였다. 호칭의 외연이 가족보다 넓었다. 따라서 실제 가족과 이 호칭 사이에는 "모순"이 있었다. 바로 그 호칭법에 정확히 적용되는 가족 형태를 모건은 하와이에서 발견할 수 있었다. 그래서 모건은 이로쿼이인들이 예전에는 그와 같은 가족 형태를 가지고 있었을 것이라고 추정할 수 있게 되었다. 가족 호칭과 실제 가족 형태 사이의 모순은 이 하와이 부족에서도 발견되었다. 하와이 부족의 가족 형태는 이로쿼이인들의 친족 체제와 일치하지만, 그들의 호칭의 외연은 실제 가족보다 더 넓었다. 예컨대 하와이 부족 사람이 "어머나"라는 말을 쓸 때 그 적용 범위는 이로쿼이인들의 동일한 호칭을 사용할 때보다 더 많은 여자를 포괄하는 것이었다. 그런데 이번에는 이러한 친족 체계에 해당하는 가족 형태를 현실에서는 발견할 수 없었다. 하지만 이로쿼이인의 경우에 준해서, 그러한 가족 형태가 있었을 것이라고 추정할 수 있었다. "물론 우리는 이런 가족 형태가 있었다는 증거를 어디서도 찾을 수 없다. 하지만 그것은 **틀림없이** 존재했다. 왜냐하면, 그렇지 않다면 그에 상응하는 친족 체계가 성립할 수 없었을 것이기 때문이다."18)

이제 하나 짚고 넘어갈 것이 있다. 모건과 엥겔스의 방법은 분명 설득력이 있어 보인다. 하지만 무언가를 근본적으로 전제하고 있기도 하다. 그 전제는 결코 의문시되지 않았다. 즉 그들은 예컨대 "어머나"나 "아버지" 같은 호칭이 가족의 호칭이라는 것을 전제하고 있다. 그런 전제 하에서 그들은, 현재의 호칭 사용법이 그 호칭을 과거에 사용했던 사람들에 대해서 알려주는 바가 있다고 생각한 것이다.

저 호칭 사용법을 통해서 우리는 과거가 아니라 종종 현재에 대해서도, 그 호칭을 현재 사용하고 있는 사람에 대해서도 무언가를 알게

---
18) 같은 책, 41쪽.

되는 수가 있다. 이것도 하나의 길이라면, 모건은 이 길을 중시하지는 않았다. 하지만 만약 모건이 다시 살아나서 오늘날의 한국을 방문하게 된다면, 그는 자신이 선택한 길 때문에 틀림없이 곤란에 직면하게 될 것이다.

예를 들어 그가 2009년 5월 16일 KBS에서 방영된 다큐멘터리 3일을 시청했다고 해보자. 이 프로그램은 옥수 재개발 구역에 사는 사람들의 일상을 기록하고 있다. VJ는 동네를 돌아다니면서 동네 사람들과 자연스럽게 이야기를 나눈다. 그런데 그녀는 동네 아주머니를 만나면 "어머니"라고 부르고, 아저씨를 만나면 "아버님"이라고 부른다. 그녀는 분명 그들과 같은 가족에 속하지 않을뿐더러, 같은 친족에 속하지도 않는다. 모건이 이 사실을 알게 되었을 때, 그는 틀림없이 큰 혼란에 빠질 것이다. 그는 분명 한국 전체를 하나의 거대한 친족 체계로 볼 수는 없을 것이다.

그가 좀더 예리하다면, 어쩌면 그는 인류가 거대한 방식으로 퇴행하고 있는 것이 아닐까, 하는 생각을 갖게 될 수도 있을 것이다. 하지만 그러한 생각을 갖기 위해서 그는 어떤 다른 길을, 그가 선택하지 않았던 길을 선택해야 할 것이다. 즉 그는 호칭의 사용이 현재의 사용자에 대해서 무언가를 알려준다고 하는 방법을 채택해야 할 것이다. 더 나아가 그는, 예전에 가졌던 전제를 버려야 할 것이다. 즉 "어머니"나 "아버지" 같은 호칭이 가족의 호칭이라는 전제를 버려야 할 것이다.

정신분석은 늘 인류학과 관련이 없지 않았다. 예를 들어 프로이트는 『토템과 터부』를 쓰면서 프레이저나 모건 같은 인류학자의 작업을 참조한다. 그리고 앞서 키에자의 지적처럼, 라캉은 레비-스트로스의 작업을 잘 알고 있었을 뿐 아니라 프레이저나 말리노프스키의 작업도 참조한다. 하지만 어떤 인류학의 도입이 정신분석 편에서의 결정을 요구한 적은 없었다.

그런데 클로드 메이야수의 인류학적 작업은 바로 그런 결정을 요구한다. 그의 주저 『자본주의와 가족제공동체』에 담긴 몇 가지 핵심적인 주장들은 정신분석이 이론적으로 더 나아가야 한다는 것을 요구한다. 그러한 전진의 결과 정신분석은 스스로를 알아보지 못하게 될 수도 있을 것이다. 하지만 메이야수 역시 자신을 그곳에서 알아보지 못할 수도 있다. 어쩌면 그렇게 될 때 새로운 학문의 싹이 트고 있는 것일지도 모르지만 말이다.

물론 가족의 원시적 형태가 어떠했는지의 문제가 있을 것이다. 하지만 "가족의 탄생"이라는 문제 같은 것도 있다. 인류가 동물계를 떠났을 때, 가족을 단지 동물계로부터 가져오기만 하면 되었을까? 우리가 이 물음에 선뜻 긍정적으로 답하지 않을 수 있는 한에서 우리는 가족의 탄생의 문제라는 것을 생각해볼 수 있는 여지를 갖게 된다.

메이야수에 따르면, 가족은 어떤 특정한 계기에 탄생한 것이다. 그리고 그러한 탄생은 큰 충격과 여파를 인류에게 남겼다. 그것은 결국 인류가 생존 그 자체를 위해 폭력이 아닌 시민적 권력을 발명해야 한다는 것을 요청했다. 그것은 약탈과 전쟁이 아닌 정치의 발명에 대한 요청이었다. 메이야수는 일이 이렇게 된 것이 가족의 탄생과 더불어서라는 것을 알려준다.

따라서 메이야수에 따르면 가족의 탄생 이전에, 인류는 전혀 다른 원리에서 집단을 형성하며 살았다. 사냥과 수렵에 의존하는 그 집단은 군단 사회라고 불린다. 레비-스트로스는 군단 사회에도 가족이 있다고 보았지만, 가족이 없는 인간 사회는 없다고 보았지만, 메이야수는 그렇게 생각하지 않았다.[19]

이종영이 정확하게 집어내고 있는 것처럼, 이를 보여주는 것은 바로

---

19) 이에 대해서는 이종영, 『성적 지배와 그 양식들』, 새물결, 2001, 제2장, 67-77쪽 참조.

호칭체계다.20) 메이야수는 군단 사회인 음부티족의 호칭체계에 대해서 다음과 같은 관찰을 한다.

> "자매"란 출계와는 관계없이 그 집단에서 가임기의 모든 여성을 의미하고, "형제"란 활동 중인 같은 세대의 모든 남자를 의미한다. 또한 "아버지"란 집단적 수렵, 사냥감 몰이 등에 더이상 참가하지 않는 노인들을 의미한다.21)

다시 말해서 음부티족에서 "자매", "형제", "아버지" 같은 호칭은 가족의 호칭이 아니다. 따라서 그들에게는 친족관계 같은 것은 없었다. 이것이 바로 저 호칭들이 그 호칭을 쓰고 있는 사람들에 관하여 알려주는 무엇이다. "자식들은 이유기 이후에, 때로는 그 이전부터 군단 성원 전체의 자식이 되고 그들의 산출자의 이동을 반드시 따르는 것은 아니다."22) 요컨대 군단 사회에서 아이를 키우는 것은 가족이 아니었다. 반면에 생산 활동을 하는 어른들은 자유롭게 군단을 옮겨 다닐 수 있었다. "활동적인 남자들과 여자들은 자유롭게 평화적으로 여러 군단 사이를 왕래한다. 그 이유는 내부의 불화, 타집단의 매력 또는 '교합'의 상대를 얻기 위해서이다. 남녀의 결합도 일시적이다."23)

다른 군단으로 이동한 어른은 그 군단에 가입을 하게 된다. 가입을 할 때 소소한 환영식이 열린다. 이 환영식은 음부티족에 있는 거의 유일한 제도이다. 이 종족에게는 결혼식도 장례식도 없다. 이 가입의 관계는 친족관계와는 구분되는 것이다. 메이야수는 이 구분을 "사냥-

----
20) 같은 책, 73쪽.
21) 클로드 메이야수, 『자본주의와 가족제공동체』, 35쪽. 이종영, 앞의 책, 73쪽에서 재인용.
22) 클로드 메이야수, 앞의 책, 33쪽. 번역 수정.
23) 같은 곳.

채집자들과 농부들 사이의 구분"이라고 명시하면서, 놀랍게도 이 둘을 "두 가지 문명의 유형"이라고 부른다.24) 왜 이렇게 불렀을까? 그것은 우선은 세르주 모스코비치가 그 구분을 고인류(hominids)와 사냥꾼들을 구분하는 데 이용했기 때문이다. 하지만 메이야수는 사냥을 할 수 있다면 그건 이미 어떤 문명이라고 생각했다. 하지만 농사를 짓는 사람들의 것과는 구분되어야 할 어떤 문명 말이다. 가족의 탄생은 이 문명의 운명에 종지부를 찍게 될 것이었다.

물론 내가 이 문명에 관심을 갖는 것은 인류가 다시 사냥과 채집의 삶을 되찾아야 한다고 생각하기 때문이 아니다. 한편으로 나의 관심은 정신분석적인 것이다. 왜냐하면 정신분석은 문화를 혹은 문명을 통해서가 아니라면 인간은 성구분을 갖는 본연의 주체로서 상징계에 진입할 수 없다는 것을 알려주기 때문이다. 그런데 바로 그렇다면 우리는 군단 사회에서 아이들이 정확히 어떤 과정을 거쳐서 성장하게 되는지가 궁금하지 않을 수 없는 것이다. 그 과정을 콤플렉스라고 부를 수 있는 한에서 말이다. 그들은 분명 언어를 배우면서 성장을 하여 생산적 활동을 하고 또한 여자와 남자가 서로에게서 향유할 수 있는 것을 향유했을 것이다. 다른 한편으로 나의 관심은 연합주의적인 것이다. 군단 사회는 분명 공동체가 아니었다. 인류는 공동체가 아닌 어떤 문명을 가지고 있었던 적이 있는 것이다. 하지만 그 문명은 또 다른 문명에 의해 대체되었다. 가족의 등장으로 인한 위기 때문에 말이다. 오늘날 우리는 바로 이 후자의 문명을, 혹은 후자로부터 전개된 문명을 살고 있는 것이다.

모건의 책의 제목은 "가족 사회, 또는 야만에서 미개를 거쳐 문명에 이르는 인류의 진보 경로에 대한 연구"이다. 다시 말해서 그는 가족

---
24) 같은 책, 41쪽.

사회의 발달 그 자체 내에서 야만과 미개와 문명을 읽어낸다. 그러는 동안 그는 가족 사회 그 자체가 하나의 문명에 대한 선택이었다는, 다시 말해서 또 하나의 문명에 대한 배제였다는 사실을 볼 수 없게 만든다.

IV

부정 판단의 선의와 무한 판단
죽음충동, 불투명한 표면
$A - A = a$
신비와 수수께끼

부정 판단의 선의와 무한 판단

마찬가지로 초월 논리학에서는 **무한 판단**도 **긍정 판단**과는 구별되어야 한다. 비록 일반 논리학에서는 무한 판단이 응당 긍정 판단의 한가지로 헤아려지고, 분류에서 특수한 항목을 차지하지 못한다고 할지라도 말이다. 일반 논리학은 곧 술어의 일체의 내용을 — 그 술어가 비록 부정적인 것일지라도 — 도외시하고, 오로지 그 술어가 주어에 부가되어지느냐 아니면 주어에 마주 세워지느냐 만을 주목한다. 그러나 초월 논리학은 판단을 순전히 부정적인 술어를 매개로 한 이 논리적 긍정의 내용이나 가치의 면에서도 고찰하고, 이 논리적 긍정이 전체 인식과 관련해서 어떤 이득을 가져오는가도 고찰한다. 내가 만약 영혼에 대해서 "영혼은 죽지 않는다"라고 말한다면, 나는 하나의 부정 판단을 통하여 적어도 하나의 착오를 방지할 터이다. 그런데 나는 "영혼은 불사적이다[영혼은 죽지는 않는다]"라는 명제를 통해서는 논리적 형식상으로는 긍정을 했다. 영혼을 불사적인 존재자들의 무제한적인 외연 속에 집어넣음으로써 말이다. 그런데 가사[可死]적인 것은 가능한 존재자의 전 외연 중의 일부를 이루고,

117

반면에 불사적인 것은 또 다른 일부를 이루므로, 나의 명제에 의해서 말해진 것은 다름 아니라, 영혼이란 내가 가사적인 것 모두를 제거하고 나면 남는 무한히 많은 사물들 중의 하나라는 것뿐이다. 그러나 그로써는 다만 모든 가능한 것의 무한한 영역이, 가사적인 것이 그로부터 떼어 내지고, 그 공간의 나머지 외연에 영혼이 놓여졌다는 그만큼 제한된 것이다. 그러나 이것을 제외하고도 이 공간은 여전히 무한하다. 그리고 아직도 그 공간의 더 많은 부분들이 제거될 수 있는데, 그렇다고 영혼의 개념은 조금도 더 커짐이 없고, 긍정적으로 규정됨이 없다. 그러므로 논리적 외연과 관련한 이 무한 판단들은 실제로는 오로지 인식 일반의 내용과 관련해서 제한적이며, 그런 한에서 그것들은 판단들에서의 사고의 모든 계기[항목]들의 초월[논리학]적 표에서는 지나쳐져서는 안 된다. 왜냐하면 여기서 작동하는 지성의 기능은 어쩌면 지성의 선험적인 순수한 인식의 분야에서는 중요할 수도 있으니 말이다.

― 칸트, 『순수이성비판』

1

우리는 유령이나 좀비들이 등장하는 영화를 즐겨 보기도 하지만, 그것들이 왜 등장하는지를 알고 보지는 않는 편이다. 그런데 슬라보예 지젝은 "뱀파이어 이론가로서의 칸트"라는 기묘한 제목의 글 한 편을 내놓았다. 이 글은 *Lacanian Ink* 8호에 실려 있고 번역이 되어 있지 않아서 접근성이 떨어진다. 대신에 가령 우리는 『부정적인 것과 함께 머물기』에서 "무한 판단의 대상"이라는 제목이 붙은 절과 그 절 주변을 읽어볼 수 있을 것이다. 그곳을 읽어보면 칸트가 왜 뱀파이어 이론가인지를, 혹은 왜 지젝이 칸트를 그렇게 보았는지를 알 수 있다. 지젝은 이렇게 말한다: "무한 판단에 의해 열리는 이 섬뜩한 영역".1) 칸트는

『순수이성비판』에서 초월 논리학을 다루면서, 판단의 질에 긍정과 부정만이 아니라 무한도 포함되어야 한다고 주장했다.2)

하지만 우선 다음과 같은 물음을 던지자. 이 영역을 탐구하는 자들은 정확히 그리고 마땅히 누구인가? 나는 학자들이 오랫동안 잃어버린 학자의 본성을 일깨우기 위해 이 물음을 던진다. 오늘날 학자들은 누구보다도 이분법에 길들여져 있다. 오늘날 학자들은 누구보다도 편을 선택하는 일에 익숙하다. 물론 두 다리 사이에서 땅이 갈라질 때 우리는 어쩔 수 없이 편을 선택해야 한다. 그렇지 않다면 우리는 돈후안의 운명을 맞이하게 될 것이다. 다시 말해서 갈라진 대지가 우리를 집어삼킬 것이다. 하지만 바로 이 지점에서 학자인 자들은 스스로가 학자라는 것을 자각하고 있어야 한다. 학자에 대한 여러 가지 이미지가 있겠지만, 내가 좋아하는 것은『햄릿』의 제1막 1장에 나오는 이미지다. 유령이 나타나자 경비를 보던 마셀러스는 호레이쇼에게 이렇게 말한다. "자네는 학자야. 말 걸어봐, 호레이쇼."3) 나는 또한『꿈의 해석』에 나오는 프로이트의 제스처도 좋아하는 편인데, 거기서 그는 로마의 시인 베르길리우스를 이렇게 인용한다. "천상의 힘들을 꺾을 수 없다면, 저승을 움직이련다."4) 우리는 종종 학자들이 현실과 무관한 일을 한다는 말을 듣는다. 우리는 이 말을 거부감이나 죄책감을 가질 필요 없이 전적으로 남김없이 포용해야 하는데, 왜냐하면 학자들은 바로 그 현실의 단층들을 연구해야 하기 때문이다. 영화 <2012>년의 과학자들처럼 말이다. 오늘날 많은 학자들은 최악의 관료의식과 최악의 학자의식을 자신 안에 합쳐놓고 있다. 그런데 칸트와

---

1) 슬라보예 지젝,『부정적인 것과 함께 머물기』, 이성민 옮김, 도서출판 b, 2007, 220쪽.
2) 임마누엘 칸트,『순수이성비판 1』, 백종현 옮김, 아카넷, 2006, 291-292쪽.
3) 셰익스피어,『햄릿』, 최종철 옮김, 민음사, 1998, 12쪽.
4) 프로이트,『꿈의 해석』, 김인순 옮김, 열린책들, 2003, 699쪽.

지젝의 안내를 받는다면 학자들이 본래 있어야 할 곳이 어딘지 찾아가 볼 수 있다.

지젝에 따르면, 칸트의 철학에서 "이 균열은, 그러한 기괴한 환영들이 출현할 수 있는 이 공간은, 부정 판단과 무한 판단의 구분에 의해 열린다."5) 칸트가 사례로 드는 것은 "영혼은 죽는다"라는 긍정 판단과 관련된 부정 판단과 무한 판단이다. 명시적으로 드러나 있지는 않지만, 칸트는 "영혼은 죽는다"라는 긍정 판단을 받아들이는 입장에 서 있지 않다고 볼 수 있다. 칸트는 제2비판에서 영혼의 불사성을 요청하는데, 칸트가 제2비판에 이르러 영혼의 불사성과 관련해서 이전 비판과는 다른 입장을 갖게 된 결과 그렇게 요청하는 것이라고 굳이 볼 필요는 없을 것이다.

이제 저 긍정 판단과 관련하여 부정 판단은 "영혼은 죽지 않는다"이며, 무한 판단은 — 백종현의 번역을 따를 경우 — "영혼은 불사적이다", 혹은 "영혼은 죽지는 않는다"이다. 독일어와 영어로는 다음과 같다.

    부정 판단: Die Seele ist nicht sterbliche. / The soul is not mortal.
    무한 판단: Die Seele ist nichtsterbliche. / The soul is not-mortal.

이제 왜 무한 판단을 별도로 취급해야 할까? 칸트의 설명은 이렇다. "초월 논리학은 판단을, 순전히 부정적인 술어를 매개로 한 이 논리적 긍정의 내용이나 가치의 면에서도 고찰하고, 이 논리적 긍정이 전체 인식과 관련해서 어떤 이득을 가져오는지도 고찰한다." 무한 판단은 "S is not-P"라는 형식의 판단이다. 다시 말해서 무한 판단의 술어는

・・・・・・
5) 지젝, 『부정적인 것과 함께 머물기』, 210쪽.

부정적인 술어이며, 무한 판단에서 이 부정적인 술어는 긍정된다. 그런데 초월 논리학은 ("순전히 부정적인 술어를 매개로 한") 이 ("논리적") 긍정이 전체 인식과 관련해서 어떤 이득을 가져오는지를 고찰한다.

이득이라고 한다면 부정 판단에도 없지는 않다. "내가 만약 영혼에 대해서 '영혼은 죽지 않는다'라고 말한다면, 나는 하나의 부정 판단을 통하여 적어도 하나의 착오를 방지할 터이다." 하지만 착오의 방지를 인식 일반과 관련된 이득이라고 볼 수는 없다. 인식 일반과 관련된 이득을 위해서는 실질적인 덧붙임이 있어야 한다. 경제적으로 말한다면, 이득, 이윤이 있어야 한다. 독일어에서 이 실질적인 이득을 뜻하는 단어는 "Gewinn"이다. 칸트는 무한 판단을 "전체 인식과 관련해서 어떤 이득, Gewinn을 가져오는지"와 관련해서 고찰하겠다고 말한다. 다시 말해서 칸트는 무한 판단이 인식 일반에 이득을 가져온다고 보는 것이다.[6]

이제 이 문제를 다루기 전에 부정 판단과 무한 판단의 구분과 관련해서 C. D. 브로드의 다음과 같은 문제제기를 먼저 다루도록 하자. 이 문제제기 속에서 부정 판단의 어떤 중요한 속성이 드러난다. "칸트는 분명, 'S is not-P'라는 판단에 의해 S에게 여전히 열려 있는 긍정적 술어들의 집합이 제한되어 있지 않기 때문에 '무한'이라는 용어를 사용한다. 그다지 분명하지 않은 것은, 'S is not-P'라는 문장에 의해 표현되는 판단과 'S is-not P'라는 문장에 의해 표현되는 판단 사이에 여하한 근본적 차이가 있는가 하는 것이다."[7] 이제 이렇게 문제를 던진 후에 브로드는 자신이 생각하는 한 가지 답을 제시한다. "여하한 차이가 있다면, 나는 그것이 다음과 같다고 생각한다."

---

6) 사카베 메구미 외, 『칸트사전』, 이신철 옮김, 도서출판 b, 2009, 137쪽.
7) C. D. Broad, *Kant: An Introduction*, ed. by C. Lewy, Cambridge: Cambridge University Press, 1978, p. 77.

만약 내가 "Hydrogen is-not green(수소는 초록색이 아니다)"라고 말한다면, 보통은 이 말은 이 가스가 어떤 색을 갖되 그 색이 초록색과는 다른 색이라는 것을 함의하는 것으로 이해될 것이다. 이제 내가 "Hydrogen is not-green(수소는 비-초록색이다)"라고 말한다고 해보자. 이것은 논리학이나 철학 책 외에는 사실 거의 나오지 않는 말이다. 하지만 내가 정말로 그 문장을 사용했다면, 내가 수소 가스가 초록색과는 다른 어떤 색을 가졌다는 것과 수소 가스가 전혀 색을 갖지 않는다는 양쪽 대안 모두를 생각하고 있는 것으로 이해될 것이다.[8]

이제 이와 같은 내용을 근거로 제시하면서 브로드는 칸트가 부정 판단과 무한 판단을 구분한 것이 정당하다는 이야기를 한다.

여기서 일단 우리가 주목해 두어야 하는 것은 부정 판단에 대한 브로드의 언급이다. 그는 "수소는 초록색이 아니다"라는 부정 판단이 보통은 수소가 "어떤 색을 갖되 그 색이 초록색과는 다른 색이라는 것을 함의하는 것으로 이해될 것"이라고 말한다. 이와 관련해서 이솝 우화에 나오는 두 개의 거짓말을 고찰해보는 것도 흥미로울 것이다.

두 소년이 고기를 사러 함께 상점에 갔습니다. 푸줏간 주인이 등을 돌렸을 때 한 소년이 내장을 슬쩍해서 친구 호주머니에 집어넣었습니다. 몸을 돌린 푸줏간 주인은 내장이 없어진 것을 보고 두 소년이 훔쳤다고 나무랐습니다. 슬쩍한 소년은 그것을 가지고 있지 않다고 맹세하였고 그것을 가진 소년은 슬쩍하지 않았다고 맹세했습니다.[9]

---

8) 같은 곳.
9) 이솝, 『이솝 우화집』, 유종호 옮김, 민음사, 2003, 190쪽.

여기서 흥미로운 것은 물론 두 소년의 맹세가 그 자체로는 틀리지 않다는 사실이다. 내장을 가지고 있는 것은 슬쩍한 소년이 아니며, 내장을 가진 소년은 그것을 슬쩍한 적이 없다. 따라서 칸트식으로 말해서 저 두 소년은 부정 판단을 통해서 "적어도[어쨌든] 하나의 착오를 방지"했다. 하지만 그들의 속임수를 꿰뚫어 본 푸줏간 주인은 "거짓 맹세로 나를 속일 수 있을지는 모르지. 그러나 하느님은 못 속여"라고 말한다.10)

자 이제 식상해 보이는 다음과 같은 물음을 던져보도록 하자. (부정 판단을 통해서) 왜 신을 속일 수는 없는가? 이제 이 물음에 대해서 터무니없어 보이는 답을 제시해보도록 하자. (신을 속일 수 없는 것은) 신이 세계의 균열을, 현실의 단층을 막고 있기 때문이다. 즉 신의 궁극적 보증이 있기에, 거짓말에는 한계가 있다. 훔치지 않은 소년의 호주머니 속에는 분명 내장이 들어 있을 것이고, 내장을 가지고 있지 않은 소년은 분명 또 다른 제3의 소년이 없는 한 그것을 훔쳤을 것이다. 신이 그것을 보증한다. 그리고 그렇다면 소년들도 애당초 신을 속일 생각은 없었을 것이다. 푸줏간 주인이 정확히 말하고 있는 것처럼 소년들은 다만 인간을 속이려고 했을 것이다. 도둑질한 저 소년들에게도 선의善意가 있다면 바로 이것이 그들의 선의다. 그들은 신을 속이려 할 정도로 악한 이들은 아닌 것이다. 사실 우리는 소년들의 맹세가 틀림없는 사실이라는 전제하에 그 맹세의 내용에 대한 추론을 통해서 사태가 어떻게 된 것인지를 정확하게 알아낼 수 있다. 즉 한 소년에게 틀림없이 내장이 없고 다른 소년이 틀림없이 훔치지 않았다면, 내장이 없다고 한 소년이 그것을 훔쳐서 훔치지 않았다고 한 소년에게 주었다고 추측하는 것은 어렵지 않은 일이다. 여기서 그 이외의 가능성은 존재하지

---

10) 같은 곳.

않으며, 이를 신이 보증한다.

이제 "수소는 초록색이 아니다"라는 부정 판단을 생각해보자. 브로드에 따르면 보통 이 판단은 수소 가스에 색이 전혀 없을 가능성을 함축하지는 않는다. 이는 두 소년의 호주머니 어디에도 내장이 없을 가능성이 없는 것과 마찬가지다. 누군가가 수소는 초록색이 아니라고 말하면 그 말을 듣는 사람은 수소가 어떤 다른 색일 것이라고 생각하기 마련이다. 우리는 이를 **부정 판단의 선의**라고 명명해두자. 부정 판단의 부정을 통해 열리는 미정의 공간이 있다. 하지만 그 미정의 공간은 여전히 현실의 일부이다. 수소는 여전히 초록색은 아니더라도 어떤 다른 색을 갖는 것으로 가정된다.

이제 칸트의 부정 판단 "영혼은 죽지 않는다"를 고찰해보자. 이 말이 곧바로 영혼은 불멸의 존재임을 뜻하지는 않는다. 하지만 우리는 부정 판단의 선의에 근거해서, 이 판단이 그것을, 영혼의 불멸성에 대한 주장을 함축한다고 말할 수 있을 것이다. 그런데 그렇다면 어떤 선의인가? "영혼은 죽지 않는다"라는 판단은 어떤 선의를 담고 있기에, 영혼의 불멸성에 대한 주장을 함축하는 것일까? 수소의 사례와 연동해서 생각해볼 때, 그것은 영혼이 생명을 갖는다는 생각 이외에 다른 것일 수 없다. 우리는 생명이 있는 존재자와 관련해서 그 생명이 유한한지 아니면 무한한지를 이야기할 수 있다. 가령 생명이 없는 바위에 대해서 "바위는 죽지 않는다"라고 말하는 것에는 우스꽝스러운 무언가가 있다. 그렇다면 "영혼은 죽지 않는다"라는 부정 판단에 담긴 선의는 영혼을 바위 같은 것으로 보지 않는다는 것이다.

2

애드리언 존스턴은 지젝의 존재론과 주체 이론을 해명하는 탁월한 책을 최근에 출간했다. 그런데 이 책이 갖는 그 모든 탁월함과 장점에도 불구하고 존스턴은 무한 판단과 관련된 지젝의 글을 해석하면서 초보적인 실수를 저지른다. 다시 말해서 그는 부정 판단과 무한 판단의 형식을 혼동한다.

> 「뱀파이어 이론가로서의 칸트」라는 기묘한 제목의 짧은 글에서 지젝은 바로 그와 같은 삶과 죽음의 문제들에 어떤 비판적-인식론적 구분을 적용한다. 그는 "무한 판단"과 "부정 판단"의 차이에 호소한다. 전자 유형의 판단은 다만 술어-항을 주어-항에 귀속시키는 것을 부인한다(그리고 중지된 술어를 어떤 유한한 수의 규정적인 술어들로 대체하기를 거절함으로써 주어의 본성을 무한하게/무규정적으로 열려 있는 상태로 남겨둔다). 반면에 후자 유형의 판단은 술어-항을 (부정적인 술어이기는 해도) 주어-항에 적극적으로 귀속시킨다. 다시 말해서, 무한 판단은 "S는 P가 아니다"라고 진술하는 반면에 부정 판단은 "S는 비-P이다"라고 진술한다.[11]

여기서 존스턴은 분명 칸트가 부정 판단이라고 한 것을 무한 판단으로 보고 있으며, 무한 판단이라고 한 것을 부정 판단으로 보고 있다. 그는 "S는 P가 아니다"를 무한 판단이라고 보고 있고, "S는 비-P이다"를 부정 판단으로 보고 있다.

물론 이와 같은 초보적인 실수는 그가 문제가 되는 (이 글 모두에 전문을 실어놓은) 칸트의 텍스트를 (적어도 면밀하게) 읽지 않았다는 짐작을 하지 않을 수 없게 한다. 하지만 이 실수를 좀더 직접적으로 해명해줄 지젝 자신의 텍스트가 있다. 사실 존스턴은 여기서 지젝의 다음과 같은 언급을 독서하고 있었던 것이다.

---

11) Adrian Johnston, *Žižek's Ontology: A Transcendental Materialist Theory of Subjectivity*, Evanston, Illinois: Northwestern University Press, 2008, p. 36.

"사멸적이지 않다"와 "비사멸적이다"의 차이[는] 바로 여기에 있다. 전자의 경우는 단순한 부정인 반면에 후자의 경우 **부정적 술어가 긍정된다**. 예지체에 대한 유일하게 "적법한" 정의는 이렇다: 그것은 "감성적 직관의 객관이 아닌not an object of our sensible intuition" 것이다. 즉 그것을 현상적 영역에서 배제하는 전적으로 부정적인 정의. 이 판단이 "무한"인 것은, 현상적 영역 밖에 있는 것의 무한한 공간 속 어디에 예지체가 위치해 있는지에 대한 그 어떤 결론도 함축하지 않기 때문이다. 칸트가 "초월적 가상"이라 부르는 것은, 궁극적으로, 무한 판단을 부정 판단으로 (오)독해하는 것 그 자체에 있다.12)

여기서 지젝은 "사멸적이지 않다"와 "비사멸적이다"의 차이를 설명하면서, 즉 부정 판단과 무한 판단의 차이를 설명하면서, 실로 혼동스러울 수 있는 또 다른 사례를 끌어들이고 있다. 존스턴은 이 새로운 사례의 독해에서 혼동을 일으킨 것 같다. 여기서 지젝은 예지체에 대한 적법한 정의로 "not an object of our sensible intuition"을 제시한다. 그리고 이것을 무한 판단의 사례로 들고 있다. 그런데 문제는 이 판단이 "S is not P"의 형식을 하고 있다는 것이다. 바로 여기서 모든 혼동이 시작되었을 것이다. 여기서 존스턴은 이 형식을 무한 판단 일반의 형식으로 착각하며, 이를 "사멸적이지 않다"와 "비사멸적이다"의 경우에도 소급해서 적용하고 있는 것이다.

하지만 그렇다고 하더라도 이러한 착각은 너무나도 부주의한 것인데, 왜냐하면 지젝은 저 구절이 포함되어 있는 "무한 판단의 대상"이라

---

12) 지젝, 『부정적인 것과 함께 머물기』, 216쪽.

는 절에서 이미 이러한 오독에 대비해서 모든 것을 명확히 해놓았기 때문이다. 우선 지젝은 이 절을 시작하면서, 칸트를 참조해서, "영혼은 사멸적이지 않다"와 "영혼은 비사멸적이다"를 부정 판단과 무한 판단으로서 분명하게 구분해놓고 있다.13) 또한 그는 존스턴에게 혼동을 가져온 바로 그 예지체를 정의하는 문제에서도 미리 경고를 해두었다. 그는 여기서 문법적 형식 때문에 오도되는 일이 없어야 한다고 분명하게 밝혀두었다.

> 적극적 의미에서 예지체는 "비감성적 직관의 객관"이다. 반면에 소극적 의미에서 그것은 "우리의 감성적 직관의 객관이 아닌 한에서, 하나의 사물"이다. 여기서 문법적 형식 때문에 오도되는 일이 없어야 한다. 적극적 의미는 부정 판단에 의해 표현되며, 소극적 의미는 무한 판단에 의해 표현된다. 다시 말해서 사물을 "비감성적 직관의 객관"으로서 규정할 때 우리는 사물을 "감성적 직관의 객관"으로서 규정하는 긍정 판단을 곧바로 부정한다. 즉 우리는 직관을 의문시되지 않은 기반이나 유genus로서 받아들이고 있는 것이다. 이를 배경으로 우리는 그것의 두 종인 감성적 직관과 지성적 직관을 대립시키고 있다. 그리하여 부정 판단은 단지 한계를 부여할 뿐 아니라 더 나아가 현상 너머에서 그 판단이 사물을 위치시키고 있는 영역 — 비감성적 직관의 영역 — 을 윤곽짓는다. 반면에 부정적 규정의 경우 사물은, 비감성적 직관의 객관으로서 암묵적으로 정립되지 않은 채, 감성적 직관의 영역에서 배제된다. 부정적 규정은, 사물의 긍정적 지위를 미결정된 상태로 남겨둠으로써, 술어의 긍정과 부정에 공통적인 유genus 그 자체를 허문다.14)

• • • • • •
13) 같은 책, 210쪽.
14) 같은 책, 216쪽.

이를 무한 판단과 관련된 칸트의 텍스트에 대한 독서로 읽을 때, 이와 같은 지젝의 설명이 매우 정확하다는 것을 어렵지 않게 확인할 수 있을 것이다(여기서 지젝이 부정적 규정이라고 부르는 것은 물론 무한 판단과 동등한 것으로 이해되어야 한다). 칸트는 "영혼은 불사적이다"라는 무한 판단이 제한적인 동시에 무한하다고 말한다. 영혼은 이제 가능한 존재자의 전 외연 가운데 가사적인 것을 제거하고 남는 영역에 속하게 된다. "그러나 그로써는 다만 모든 가능한 것의 무한한 영역이, 가사적인 것이 그로부터 떼어 내지고, 그 공간의 나머지 외연에 영혼이 놓여졌다는 그만큼 제한된 것이다. 그러나 이것을 제외하고도 이 공간은 여전히 무한하다." 하지만, 지젝에 따르면, "부정 판단은 단지 한계를 부여할 뿐 아니라 더 나아가 현상 너머에서 그 판단이 사물을 위치시키고 있는 영역 — 비감성적 직관의 영역 — 을 윤곽짓는다." 영혼과 관련해서, 부정 판단은 영혼이 구체적으로 무엇인지를 암묵적으로 정립한다. 술어의 긍정과 부정에 공통적인 유는 생명이다. 우리는 존스턴에게 혼동을 불러일으킨 바로 그 방식으로, 즉 칸트가 예지체를 정의하는 방식으로 영혼을 정의해볼 수 있을 것이다.

    A. 영혼은 비-사멸적인 생명체이다. (= B. 영혼은 죽지 않는다.)
    C. 영혼은 사멸적인 생명체가 아니다. (= D. 영혼은 불사적이다.)

문법적으로 보면 A가 무한 판단처럼 보이지만, 사실은 C가 무한 판단이다. 혹은 이렇게도 말해볼 수 있을 것이다. B는 A를 함축하고, D는 C를 함축한다. C를 다시 부정 판단으로 읽지 않는 한에서 말이다.

죽음충동, 불투명한 표면

죽음충동은 충동의 본질적 차원이다. 충동은 무엇보다도 죽음충동으로 파악되어야 한다. 그런데 죽음충동을 이해하기 위해서는, 베르헤그의 표현을 빌자면, "완전한 유턴"이 요구된다.[1] 프로이트의 이론은 바로 여기서 전회를 요구받았다. 우리도 쉽지만은 않은 그러한 변동을 겪어야 할 것이다. 그런데 정작 어려운 것은 겪음의 과정이 아니다. 오히려 그 과정에 진입하는 것이 훨씬 더 어려운 일이다. 그리고 그런 한에서 여기서 나는 이 진입을 위해 한 가지 유용한 해석적 제안을 할 것이다. 이 제안은 분명 완벽한 제안이 아니다. 하지만 죽음충동에 관한 주요한 문헌들을 검토하는 과정에서 이 제안이 어느 지점까지는 길을 안내할 수 있을 것이다.

프로이트의 죽음충동 개념은 어떤 관점에서나 어떤 측면에서는 도무지 이해를 할 수 없는, 일단 발을 들여놓기가 어려운 개념이다. 예컨대 루이스 브레거는 죽음충동에 관한 프로이트의 "사색들"에 대한 독서가

---

[1] Paul Verhaeghe, *Does The Woman Exist?*, trans. Marc du Ry, New York: Other Press, 1999, p. 136.

"수많은 논리적이거나 사실적인 난점들을 드러낸다"라고 말한다. 그는 이 개념에 일말의 이론적 가치도 부여할 수 없었다. 하지만 그것을 꺼내든 것이 누구도 아닌 프로이트였고 프로이트가 결국 그것을 버리지 않았으므로, 설명은 필요했다. "그의 사색들은 소년시절부터 그가 찾았던 위안을 그에게 제공했다. 그의 지성적 삶의 피난처를."2) 여기서 설명은 설명의 포기와 다르지 않다. 하지만 나는 이 "위안"과 "삶의 피난처"가 죽음충동과 동일하지 않지만 또한 무관하지도 않다는 것을 결국 이야기하게 될 것이다.

그런데 일단 발을 들여놓았다면, 들뢰즈는 그럴 경우 마음대로 발을 뺄 수도 없는 일이라고 말한다. 『매저키즘』의 한 장에서 그는 프로이트의 죽음충동에 대한 세련된 철학적 해석을 제공하고 있다. 그는 "쾌락원리를 넘어서"에 대한 탐구, 쾌락 너머에 있는 원리인 죽음충동에 대한 탐구를 본연의 철학적 탐구, 초월적 탐구로 간주한다. 그리고 이와 관련하여 흥미롭게도 "초월적 탐구는, 바로 그 본성상, 마음 내킬 때 그만둘 수가 없다"라고 말한다. 한국어 번역본에서는 이 구절을 발견할 수 없다. 그곳에서 이 문장은 "우리가 쾌감을 느낄 때, 그 쾌감을 쉽게 중단시킬 수 없다는 사실은 초월적인 탐구의 본질에 속하는 문제이다"라고 번역되어 있다.3) 이 문장은 "It is in the nature of a transcendental inquiry that we cannot break it off when we please"를 번역한 것이다. 들뢰즈는 죽음충동을 다루는 이 글에서 궁극적으로 나오는 다른 길을 가지만, 놀랍게도 바로 이 문장에서, "초월적 탐구는, 바로 그 본성상, 마음 내킬 때 그만둘 수가 없다"라는 바로 이 문장에서 내가 알고 있는 죽음충동의 비밀을 부지불식간에 폭로한다. 여하간 그는 **마음 내킬 때 그만둘 수 없는 무언가가 있다**고 말하고 있는 것이다.4)

━━━━━━
2) Louis Breger, *Freud*, New York: John Wiley & Sons, Inc., 2000, pp. 266-268 참조.
3) 질 들뢰즈, 『매저키즘』, 이강훈 옮김, 인간사랑, 1996, 129쪽.

라캉주의 정신분석에서 죽음충동은 핵심적인 개념 중 하나이다. 하지만 라캉도 이 개념이 첫눈에 자명하지 않다는 것을 잘 알고 있었다.

> 쾌락원리 너머에서 우리는 저 불투명한 표면과, 어떤 사람에게는 너무나도 모호해 보여서 모든 사고의 — 단지 생물학적 사고만이 아니라 과학적 사고 일반의 — 이율배반이 될 정도였던 저 표면과 조우합니다. 죽음충동으로 알려진 표면 말입니다.[5]

여기서 라캉은 죽음충동을 불투명한 표면이라고 부르고 있다. 확실히 죽음충동에는 손쉬운 접근에 — 혹은 그 문제라면, 손쉬운 환원에도 — 저항하는 무언가가 있어 보인다. Qinodoz의 표현을 빌자면, 죽음충동에는 "왜 정신분석가들은 죽음충동이라는 관념을 받아들이는 데 그토록 주저하는가?"[6]의 문제가 도사리고 있는 것도 같다. 여기서 나는 쾌락원리를 넘어선 곳에서 직면하게 될 저 죽음충동이라는 "불투명한 표면"에 독자들과 함께 조금이라도 가까이 다가가려고 할 것이다.

그리고 이때 슬라보예 지젝의 풍요로운 텍스트를 결정적인 길잡이로 이용할 것이다. 지젝의 노력은 종종 라캉의 난해한 텍스트에 삽입되어 있는 개념들을 해명해보려는, 그것들에 "빛을 던져주려는" 자각적

------

4) 이 말은 그 자체로 충동의 논리를 함축한다. "욕망의 논리는 이렇다: '이것을 하는 것은 금지되어 있다. 하지만 그럼에도 불구하고 나는 그것을 할 것이다.' 반면에 충동은 금지에 대해 상관하지 않는다. 충동은 법칙을 넘어서는 것에 관심이 없다. 충동의 논리는 이렇다: '난 이것을 하고 싶지 않다. 하지만 그럼에도 불구하고 나는 그것을 하고 있다.' 그리하여 우리는 충동에서 정반대의 논리를 갖는다. 즉 주체는 어떤 것을 하기를 욕망하지 않지만 그럼에도 불구하고 바로 그것을 하고 있다"(레나타 살레츨, 『사랑과 증오의 도착들』, 이성민 옮김, 도서출판 b, 2003, 84쪽).

5) Jacques Lacan, *The Ethics of Psychoanalysis*, trans. Dennis Porter, New York and London: Norton, 1997, p. 21.

6) Jean-Michel Quinodoz, *Reading Freud*, trans. David Alcorn, London and New York: Routledge, 2005, p. 192.

인 시도이기도 하다. 예컨대 그는 욕망과 충동에서 대상 a의 지위가 어떻게 다른지를 히치콕의 영화를 통해 설명한 뒤에, 잊지 않고 이렇게 말하고 있다.

> 그리고 이런 식으로 우리는 욕망에서의 대상 a의 지위와 충동에서의 대상 a의 지위의 차이를 얼마간 분명히 할 수 있다(우리 모두가 알고 있듯이, 자크 알랭-밀레가 『네 가지 근본 개념들』에서 라캉에게 이에 대해서 질문을 할 때 그가 얻는 답은 기껏해야 명암일 뿐이다).[7]

역주에 설명되어 있듯이, 괄호 안의 일화는 라캉의 세미나 11의 14장 말미에 나온다. 밀레의 물음에 답한 후 라캉은 "내가 당신의 질문에 어떤 빛을 던져주었나요?"라고 묻는데, 이에 대해서 밀레는 "어떤 빛과 어떤 어둠을 주었습니다"라고 답했던 것이다.

언뜻 보면 죽음충동은 열반원리와 닮아 있다. 프로이트에 따르면 열반원리는 "내적인 자극긴장을 줄이거나 일정하게 유지하거나 지양하려는 분투"이다. 그리고 죽음충동은, 프로이트에 따르면, 생명체가 원래의 상태로, 비유기체적 상태로, "죽음"의 상태로 돌아가려는 충동이다. 라플랑슈와 퐁탈리스는 죽음충동을 사전적으로 이렇게 정의하고 있다. "죽음충동은, 삶충동과 대립되는바, 긴장을 영점으로 환원하려고 분투한다. 다시 말해서, 죽음충동의 목표는 생명체를 비유기체적 상태로 되돌리는 것이다."[8] 이 정의에서는 이제 죽음충동과 열반원리가 다를 것이 없어 보이기도 하다. 둘의 관계와 관련하여 프로이트는

------

[7] 슬라보예 지젝, 『부정적인 것과 함께 머물기』, 이성민 옮김, 도서출판 b, 2007, 379쪽. 번역 수정.

[8] Jean Laplanche and Jean-Bertrand Pontalis, *The Language of Psychoanalysis*, London: Karnac Books, 1988, p. 97.

「마조히즘의 경제적 문제」에서 "열반원리는 죽음충동의 경향을 표현한다"라고 말한다. 확실히 그는 둘을 동일한 것으로 보지는 않았다. 하지만 "열반원리는 죽음충동의 경향을 표현한다"라는 말을 어떻게 이해해야 할까?

이러한 것을 배경으로 했을 때, 지젝의 텍스트에서 죽음충동과 열반원리가 같이 등장하는 구절에서 시작하는 것도 나쁘지 않을 것이다. 우선 『신체 없는 기관』에는 "모든 생명이 열반을 향하는 경향이 있다는 그 어떤 관념과도 근본적으로 대립되는 차원에서의 프로이트의 죽음충동"이라는 구절이 있다.9) 죽음충동과 열반원리의 관계가 문제라면, 지젝은 우선 그 둘을 **대립**시킨다. 지젝은 최근에 번역되어 출간된 『죽은 신을 위하여』의 4장을 시작하는 두 문단에서 동일한 것을 다루고 있다.

> 죽음충동은 열반원리(모든 생명 긴장의 소멸을 향한 분투, 최초의 무로의 회귀를 향한 동경)와는 전혀 같지 않은 것으로서, 열반원리를 넘어서 그리고 열반원리에 반하여 존속하고 지속되는 긴장이다. 바꾸어 말하면, 열반원리는 쾌락원리에 대립하는 원리가 아니라 오히려 쾌락원리의 최고의 가장 근본적인 표현이다. 바로 이런 의미에서 죽음충동은 열반원리의 정반대 ─ "죽지 못한" 것의 차원, (생물학적) 죽음 너머에서 지속되는 유령적 삶의 차원 ─ 를 나타낸다.10)

이곳에는 죽음충동도 있고, 열반원리도 있고, 쾌락원리도 있다. 한편으로 열반원리는 쾌락원리에 대한 최고의, 가장 근본적인 표현이다.

---

9) 슬라보예 지젝, 『신체 없는 기관』, 박제철 외 옮김, 도서출판 b, 2006, 56쪽.
10) 슬라보예 지젝, 『죽은 신을 위하여』, 김정아 옮김, 도서출판 길, 2007, 152쪽. 번역 수정.

그리고 다른 한편으로 죽음충동은 열반원리의 정반대이다. 그런데 우리는 이 인용문을, 죽음충동도 있고 열반원리도 있고 쾌락원리도 있는 이 인용문을, 프로이트의 『쾌락원리를 넘어서』 말미에 나오는 같은 것들이 있는 인용문과 비교해볼 수 있을 것이다.

> 정신생활의, 그리고 아마도 신경생활 일반의, 지배적 경향으로서 우리가 내적인 자극긴장을 줄이거나 일정하게 유지하거나 지양하려는 분투(바바라 로의 용어를 따르면, "열반원리")를 ─ 이는 쾌락원리로 표현된다 ─ 인식했다는 것, 그것은 죽음충동의 존재를 믿을 가장 강력한 동기 중 하나다.11)

여기서, 우리가 정신생활의 지배적 경향으로서 열반원리를 인식했다는 사실은, 죽음충동의 존재를 믿을 가장 강력한 동기로 제시되고 있다. 열반원리와 죽음충동의 관계에 대한 프로이트의 이러한 진술은, 앞서 인용했던 "열반원리는 죽음충동의 경향을 표현한다"라는 진술도 그렇지만, 이 둘을 정반대의 관계로 대립시키는 지젝의 진술과 너무도 거리가 멀어 보인다. 이 거리를 줄이는 것이 가능할까? 나는 죽음충동에 접근하려 하고 있지만, 이러한 나의 노력은 부수적으로 프로이트와 지젝의 저 동떨어져 보이는 진술들의 거리를 좁히려는 작업이 될 것이다.

그런데 다시 생각해보니 이 인용문에는 묘한 것이 없지 않다. 즉 프로이트는 죽음충동의 존재에 대해 "믿을"이라는 표현을, "zu glauben" 이라는 표현을 사용하고 있다. 달리 말해서 프로이트는 죽음충동의 존재를 증명의 차원에서 다루고 있지 않고 믿음의 차원에서 다루고

------
11) 프로이트, 「쾌락원칙을 넘어서」, 『정신분석학의 근본 개념』, 윤희기·박찬부 옮김, 열린책들, 2003, 332-333쪽. 번역 수정.

있다. 프로이트는 정신생활의 지배적 경향으로서의 열반원리를 보건데, 죽음충동의 존재를 믿을 수밖에 없다고 말하고 있다. 혹은 모든 것을 증명 차원의 문제로 환원해 본다면, 프로이트는 죽음충동이 존재**한다**는 것을 증명하는 것이 아니라 죽음충동이 존재**해야만 한다**는 것을 증명하려 하고 있는 것이다.

주판치치는 이와 상동적인 어떤 것을 칸트에게서 발견할 수 있음을 보여준다. 그런데 흥미롭게도 그것은 이미 또 다른 상동성의 문제였다. 즉 그것은 그곳에서 이미 라캉의 불안 개념과 칸트의 존경 개념에서의 상동성 문제였다.

> 칸트의 존경 개념을 불안이라는 정신분석적 (혹은 오히려 라캉적) 개념과 동일한 등록소에 위치시킬 수 있다는 것은 이미 제안된 바 있다. 사실상, 존경의 감정에 대한 칸트의 논의를 검토해 본다면 이러한 유사성은 아주 놀랍도록 확증된다.[12]

이렇게 말하고 나서 주판치치는 칸트의 논의를 다루기 시작한다. 이 논의의 출발점은 다음과 같은 물음이다. "도덕법칙이 의지의 직접적 동기라는 것이 어떻게 가능한 것인가? 표상의 대상일 수 없는 어떤 것이 우리의 의지를 규정하고 우리의 행동들 배후에 있는 동기가 되는 것이 어떻게 가능한가?"[13] 이 물음을 나는 내가 다루는 상동성에 유리하게 다음과 같이 재구성해 놓겠다. "의지의 직접적 동기의 자리에서 도덕법칙의 존재를 어떻게 확인할 수 있는가?" 이 물음에 칸트가 어떻게 답하는지를 주판치치는 이렇게 설명하고 있다.

---

12) 알렌카 주판치치, 『실재의 윤리』, 이성민 옮김, 도서출판 b, 2004, 218쪽.
13) 같은 책, 218-219쪽.

칸트의 답은, 이것은 "인간 이성으로서는 풀 수 없는 문제"라는 것이다. 그렇지만 계속해서 그가 말하기를, 그와 같은 일이 어떻게 가능한지를 보여주는 것이 가능하지 않다면, 적어도 우리는 그것이 존재해야만 한다는 것을 — 도덕법칙이 의지를 직접 규정하는 것이 실제로 **발생한다**는 것을 — 증명할 수 있다. 이것이 발생한다는 것을 우리가 "증명"할 수 있는 것은 그것이 산출하는 **효과** 때문이다. 그리고 바로 이 효과를 칸트는 존경(의 감정)을 가지고서 파악한다. 존경의 감정은 표상의 대상이 아닌 어떤 것이 그럼에도 불구하고 의지를 규정할 수 있다는 것에 대한 증거이다.[14]

  반복하자면 나는 "도덕법칙이 의지의 직접적 동기라는 것이 어떻게 가능한 것인가?"라는 물음을 내가 다루는 상동성에 유리하게 "의지의 직접적 동기의 자리에서 도덕법칙의 존재를 어떻게 확인할 수 있는가?"로 재구성했다. 그리고 독자들은 이를 염두에 두면서 위의 인용문을 다시 한 번 읽어보아야 할 것이다. 다시 말해서, 내가 다루는 상동성은 도덕법칙과 죽음충동의 상동성이다. 그렇다면 이제, 의지의 직접적 동기로서 작용하는바, 도덕법칙의 존재를 어떻게 확인할 수 있을까? 그것의 효과를 통해서, 즉 존경이라는 감정을 통해서 확인할 수 있다. 그렇다면 우리는 죽음충동의 존재를 어떻게 확인할 수 있을까? 무엇 때문에 우리는 죽음충동이 존재해야만 한다고 생각하게 되는 것인가?
  프로이트는 우리가 정신생활의 지배적 경향으로서 열반원리를 인식했다는 사실을 죽음충동의 존재를 믿을 가장 강력한 동기로서 제시한다. 그렇다면 이제 도덕법칙과 죽음충동의 저 상동성에 의지하여, 열반원리에 대한 인식 그 자체를 죽음충동의 "효과"로서 재인식할 수 있을

------

14) 같은 책, 219쪽.

것이다. 그리고 "열반원리는 죽음충동의 경향을 표현한다"라는 말도 동일한 방식으로 재인식할 수 있을 것이다. 실로 우리는 더 나아가 "존경의 감정은 도덕법칙의 경향을 표현한다"라는, 지적으로 흥미로운 문장을 만들어낼 수도 있을 것이다.

나는 금방 도덕법칙과 죽음충동의 상동성에 의지하여, 열반원리를, 혹은 열반원리에 대한 인식을 죽음충동의 효과로서 보자는 제안을 했는데, 이때 도덕법칙에 대한 논의를 주판치치에게서 가지고 왔다. 앞서 지적했듯이 그녀는 그것을 다룰 때 이미 불안과 존경의 유사성에 주목하고 있었다. 그런데 이러한 유사성에 주목하면서 주판치치가 궁극적으로 염두에 둔 것은 바로 충동이라는 라캉적 개념이었다.15) 다시 말해서 주판치치가 다루고 있는 것과 내가 여기서 다루는 것은 결코 무관하지 않을뿐더러, 사실상 동일한 것이다.

나는 열반원리에 대한 프로이트의 진술들을 변경하지 않았고, 그것들을 표현 그대로 둔 채 다르게 읽어볼 수 있는 어떤 관점을 제시하려고 했다. 죽음충동에 대한 프로이트의 진술들에 대해서 동일한 취급을 하는 것은 좀더 어려운 일이 될 것이다. 하지만 나는 이미 죽음충동에 대한 지젝의 진술과 프로이트의 진술 사이에 있는 거리를 좁히는 것을 이 글에서 나의 부수적 목적으로 놓았다. 여기서 문제가 되는 것은 "죽음"이라는 표현 그 자체일 것이다. 왜냐하면 지젝은 죽음충동을 죽음의 정반대라고 하고 있으니까 말이다. 나는 죽음충동에 얽힌 거의 모든 것을 내포하고 있는 다음 구절을, 그렇기 때문에 길지만 인용하려고 한다.

그렇다면 충동이란 무엇인가? 특히, 그 가장 근본적 형태인 죽음

---
15) 같은 책, 220-221쪽 참조.

충동의 형태에서 충동이란 무엇인가? 바그너의 영웅들을 살펴보는 것이 여기서 도움이 될 수 있다: 그 첫 번째 전형적 경우인 <방황하는 네덜란드인>에서부터 바그너의 영웅은 죽음에 대한 무조건적 열망에, 죽음에서 궁극적 평안과 구원을 찾고자 하는 무조건적 열망에 사로잡혀 있다. 그들의 곤경은, 과거의 어느 때인가 그들이 말도 못할 어떤 악행을 저질러서 그로 인해 죽음의 저주를 받는 것이 아니라 영원한 고통의 삶으로, 자신들의 상징적 기능을 다할 수 없는 정처 없는 방황으로 저주를 받는다는 것이다. 여기서 죽음 충동은 어디에 있는가? 정확히 그것은 죽고자 하는, 죽음에서 평안을 찾고자 하는 그들의 갈망에 있지 **않다**. 반대로 죽음충동은 **죽음의 정반대**이며, "산죽은" 영원한 삶에 대한, 죄와 고통 속에 방황하는 끝없는 반복적 순환에 붙잡혀 있는 끔찍한 운명에 대한 이름이다. 그러므로 바그너의 영웅의 최종적 소멸(네덜란드인, 보탄, 트리스탄, 암포르타스의 죽음)은 그들이 죽음충동의 손아귀에서 해방되는 순간이다. 3막에서 트리스탄이 필사적인 것은 죽음에 대한 두려움 때문이 아니다. 그를 그토록 필사적이게 만드는 것은 이졸데 없이는 그가 죽을 수 없으며 영원한 갈망의 저주를 받는다는 사실이다. 그는 죽을 수 있기 위해서 그녀가 도착하기를 몹시 기다린다. 그가 두려워하는 가능성은 이졸데 없이 죽는 것(전형적인 연인의 탄식)의 가능성이 아니라 그녀 없이 영원히 살아야 할 가능성이다…….16)

지젝은 "여기서 죽음충동은 어디에 있는가?"라는 적실한 물음을 던지고 있다. 이는 적실하고도, 실은 매우 통렬한 질문이다. 바그너의 영웅은 한편으로 "죽음에 대한 무조건적 열망"에 사로잡혀 있다. 그리

---

16) 슬라보예 지젝, 『까다로운 주체』, 이성민 옮김, 도서출판 b, 2005, 473-474쪽.

고 다른 한편으로 "영원한 고통의 삶"으로 저주를 받는다. 여기서 죽음충동은 어디에 있는가? 요컨대 지젝은 이렇게 묻고 있는 것이다. 여기서 전자를, 즉 죽음에 대한 열망을 죽음충동으로 해석하기는 너무나도 쉬운 일이기에, 그는 "여기서 죽음충동은 어디에 있는가?"라는 물음을 별도로 던져 놓아야 하는 것이다.

여기서 바그너의 영웅을 사로잡고 있는 열망, 즉 "죽음에서 궁극적 평안과 구원을 찾고자 하는 무조건적 열망"에서 열반원리를, 혹은 열반원리에 대한 인식을 발견하기는 어려운 일이 아니다. 그리고 지젝에 따르면 "죽을 수 없으며 영원한 갈망의 저주를 받는다는 사실"은 죽음충동의 사실을 가리킨다. 그리고 이렇게 놓고 보면, 열반원리의 열망의 배후에 있는 것은, 궁극적 평안과 구원을 찾고자 하는 저 열망을 부추기는 동인은 다름 아닌 죽음충동 그 자체이다. 지젝은 바로 그렇게 말하고 있다. "그를 그토록 필사적이게 만드는 것은 이쯤데 없이는 그가 죽을 수 없으며 영원한 갈망의 저주를 받는다는 사실이다." 다시 말해서 우리가 열반원리라는 "효과"를 통해 확인하는 것은 죽음충동의 존재이다. 열반원리와 죽음충동은 동일한 것이 아니지만, 그리고 지젝은 그 둘을 대립적 관계에 놓고 있지만, 여하간 열반원리가 있는 곳에서 우리는 **동시에** 죽음충동의 존재를 확인한다.

바그너적 영웅은, 이렇게 말해 본다면, 죽음을 가지고서 죽음(충동)에 대항하는 역설적 형상이다.

> 정신분석 임상에서 우리는 종종 이 역설적 형상과 조우한다. 죽음을 가지고서, 죽음에 대항해 자신을 방어하는 주체. 일종의 죽임mortification을 통해서 "죽음충동"에 대항해 자신을 방어하는 주체. 예컨대 주체를 마비시키고 죽이는 불안은 "죽음충동"(향유)에 대한 반응이다. "죽음을-향한-존재"가 그 일체의 공명과 더불어 담지하고 있는

시적인 음조는 단순히 죽음으로 환원될 수 없는 어떤 것에 대한
방어로서 이해되어야 한다.17)

그렇다면 우리는 두 개의 죽음이 있다고 말할 수 있을 것이다. 하나는 죽음을 향한 존재, 열반원리에서의 죽음이다. 그것은 삶의 궁극적 종결을 가리킨다. 다른 하나는 오히려 삶과 일치하는 죽음, 삶의 영층위로서의 죽음, 산주검으로서의 죽음, 혹은 죽음충동 그 자체이다. 삶의 순수한 영층위로 전락한 주체가 하나 있다면 그것은 바로 고통스러운 질병을 치유할 수 없다는 선고를 받은 환자들일 것이다. "열반원리에 대한 인식"은 바로 그러한 주체들에게 발생하는 자각이다. 단지 심장의 반복적 박동만이 삶을 알려주고 있을 뿐 모든 것이 삶에 불리한 그 끔찍한 상태로부터 벗어날 수 있는 죽음에로의 길이 새삼 궁극적 가능성으로 인식되는 것은 그들이 산주검으로 전락했기 때문이며, 죽음충동과 너무 가까워졌기 때문이다. 죽음이 언제나 죽음충동에 대한 방어라면, 후자로부터 도피하려는 필사의 분투라면, 그래서 전자가 있는 곳에서 언제나 후자를 발견하게 된다면, 바로 그렇기 때문에 전자는 후자와 대립되면서도 후자와 관련하여 인식론적 가치를 지닌다. 우리는 "열반원리는 죽음충동의 경향을 표현한다"라는 프로이트의 진술을 바로 그렇게 이해해 볼 수 있을 것이다. 하지만 인식의 순서상 언제나 우리는 전자를 먼저 발견하게 될 것이고, 그곳에서 모호하게 후자를, 그 "불투명한 표면"을 감지할 것이다. 그리고 그렇다면 후자의 정체를 전자로 착각하는 것도 이상하지는 않다.

그렇게 착각한 것은 다름 아닌 지젝 자신이다. 처음에 그는 하이데거의 죽음을 향한 존재라는 개념을 가지고서 죽음충동을 파악하려고

• • • • • •
17) 주판치치, 『실재의 윤리』, 376쪽.

했다.18) 따라서 나중에 그가 "어떻게 하이데거의 죽음을-향한-존재는 프로이트의 죽음충동과 관계하는가? 그것들을 동일시하려는 (1950년대 초의 라캉 저작에서 발견되는) 몇몇 시도들과는 반대로, 우리는 그것들의 근본적 양립불가능성을 강조해야 한다"라고 했을 때,19) 여기서 라캉에게 겨누어진 화살이 동시에 지젝 자신을 향하고 있는 화살임을 잊지 말아야 한다.

앞에서도 지적했듯이, "열반원칙은 죽음충동의 경향을 표현한다"라고 말할 수 있었던 프로이트에게는 그 둘에 대한 혼동이 없었다고 말할 수 있다. 하지만 그에게는 용어상의 문제가 있었다고 볼 수 있다. 죽음충동에서의 "죽음"은 우리가 일반적으로 죽음으로 이해하는 것의 정반대를 가리킨다. "죽음"은 죽음의 정반대를, 혹은 삶과 죽음의 단순한 대립 너머에 있는 무언가를 가리킨다. 그런데 서로 반대되는 두 가지 의미를 품고 있는 단어를 유리하게 이용할 수 있었던 것은 프로이트 자신이었다. 잘 알려져 있듯이 그것은 독일어의 "unheimlich"라는 단어다. 그는 1919년에 "Das Unheimliche"라는 논문을 발표했다. 이 표현은 한국어로 "섬뜩함"이나 "기괴함"이라고 번역될 수 있는 말이다. "unheimlich"는 "heimlich"의 부정어이다. 후자는 "고향의", "친숙한", "편안한" 등을 뜻하는 말이다. 하지만 프로이트는 이 단어가 이따금씩 "unheimlich"를 뜻하기도 한다는 것에 주목했다. 그리고 "unheimlich" 역시 직접 "heimlich"를 함축할 수 있다. 믈라덴 돌라르는 독일어에 이와 같은 역설적 단어가 있는 것이 프로이트에게 행운이었음을 지적하고 있다. 그 덕분에 프로이트는 많은 것을 착상할 수 있었던 것이다. 프랑스어에는 여기에 일치하는 단일한 단어가 없으며, 그렇기 때문에

------

18) 슬라보예 지젝, 『이데올로기라는 숭고한 대상』, 이수련 옮김, 인간사랑, 2002, 205쪽 참조.
19) 슬라보예 지젝, 『까다로운 주체』, 115쪽.

라캉은 "extimite(외밀한)"라는 신조어를 발명해야만 했다.20) 이 말은 주체의 내부에 있는 어떤 낯선 이물질을 가리키기 위한 형용사이다. 오늘날 이 개념을 가장 잘 보여주는 형상이 있다고 한다면 그것은 영화 <에일리언>의 여주인공 몸속에 들어간 바로 그 외래적 사물일 것이다. 그것은 가장 친숙한 곳에 있지만 가장 섬뜩한 것이다. 그것은 불안을 일으키는 바로 그 대상이다. 라캉은 그 대상을 대상 *a*라고 불렀다. 그런데 이 대상 *a*는 충동과 무관한 것이 아니다. 오히려 그것은 다름 아닌 충동의 대상이다.

그런데 충동 그 자체와 관련하여 우리는 오늘날 "unheimlich"에 정확히 조응하는 단어가 있다는 것을 알고 있다. 그것은 바로 영어의 "undead"라는 단어다. 이 단어는 죽음에 함축된 죽음충동을 가리키는 표현이다. 나는 이 까다로운 단어를 "산죽은"이나 "죽지 않은"이나 "죽지는 않은"으로 번역해왔다. 최근에『죽은 신을 위하여』의 역자는 이 단어를 "죽지 못한"으로 번역했다. 여하간 나는 이 단어를 번역할 적절한 한국어 표현을 최종적으로 결정하지 못하고 있다. 이 단어는 그 자체 안에 "dead"를, 즉 죽음을 포함함으로써, "undead"를, 즉 죽음충동을 파악할 때 반드시 우선은 죽음을 거치도록 만든다. 이점이 이 단어의 둘도 없는 장점이다. 이제 다음과 같은 지젝의 이야기를 이해하는 것이 어려운 일만은 아닐 것이다.

> 이제 우리는 정확히 어떤 의미에서 라캉이 하이데거와 대립하는가를 알 수 있다. 라캉에게 있어 죽음 충동은, 정확히, 전통 형이상학이 **불멸성**의 차원이라고 했던 것에 대한 — 생성과 부패의 순환 너머에, "육신의 갈" 너머에 존재하는 어떤 충동이나 "추동"에 대한 — 궁극적

---

20) Mladen Dolar, "I shall be with you on your wedding-night: Lacan and the uncanny", *October*, vol. 58: 5-6.

인 프로이트적 이름이다. 다시 말해서 죽음충동에서의 "죽음"이라는 개념은 프로이트의 *unheimlich*에서의 *"heimlich"*와 정확히 동일한 방식으로, 그것의 부정과 일치하는 것으로서 기능한다: "죽음충동"은 공포 영화에서 "산주검"이라고 불리는 것의, 죽음 너머에 존속하는 이상하고 불멸적이며 파괴불가능한 생명의 차원을 가리킨다.[21]

프로이트가 죽음충동을 처음에 죽음을 통해 파악했던 것을 단순히 비판만 할 일은 아니다. 죽음에 대한 인식, 열반원칙에 대한 인식은 아무 때나 찾아오는 것은 아니며, 희귀한 것이다. 그리고 그렇다면 이 글을 시작하면서 인용했던 프로이트의 문구를 요약해서 한 번 다시 읽어보는 것도 가치가 있을 것이다.

정신생활의 지배적 경향으로서 우리가 열반원칙을 인식했다는 것, 그것은 죽음충동의 존재를 믿을 가장 강력한 동기 중 하나다.

---
21) 지젝, 『까다로운 주체』, 478쪽.

$$A - A = a$$

　프로이트는 「충동들과 그것들의 운명」이라는 1915년 논문에서 충동을 네 가지 요소로 분해한다. 그 요소 가운데 하나가 Object, 즉 대상이다. 프로이트는 충동의 대상과 관련하여 우선적으로 그것의 가변성을 지적한다.

> 충동의 대상은 충동이 그 목표에 도달하는 데 도움을 주거나 수단이 되는 것을 일컫는다. 충동과 관련된 것 가운데 가장 변수가 많은 이 대상은 애초부터 충동과 결부된 것은 아니며, 다만 충동의 만족 달성에 아주 적합하다는 이유로 충동에 지정된 것이다.[1]

　이 말은 충동 본연의 대상 같은 것은 없다는 말처럼도 들린다. 그리고 그렇다면 충동의 대상과 관련해서는 그것 자체의 유무 여부에 걸려 있는 문제가 없지 않다고 할 수 있을 것이다. 어떤 측면에서 보면

---
1) 프로이트, 『정신분석학의 근본 개념』, 열린책들, 2003, 108쪽. 번역 수정.

충동의 대상은 있는 것 같다. 그리고 어떤 측면에서 보면 없는 것도 같다. 홍준기는 『오이디푸스 콤플렉스, 남자의 성, 여자의 성』을 바로 이 문제에서 시작하고 있다(이 책의 제1장에서 홍준기는 충동과 욕망의 문제에 걸려 있는 많은 난제들을 과감하게 이론적으로 돌파하고 있다. 나는 여기서 이와 같은 선구적 성취를 이용할 것이다).

> 충동에 관한 프로이트의 논의를 논평·재해석하면서 라깡이 특히 주목하는 것은 충동 **대상의 가변성**이다. 충동(Trieb)은 **본능**(Instinkt)과 달리 (생물학적) 목적성을 갖지 않으므로 특정한 대상이 아니라 **다양한 대상에서 같은 만족**을 얻을 수 있으며, 심지어 **대상이 존재하지 않는 상황에서도 충족에 도달할 수 있다.**[2]

이것은 문제의 시작이다. 많은 것들이 바로 여기서 시작된다. 이 글을 이미 읽어본 사람이라면, 그것이 또한 어떤 논쟁의 시작임을, 어떤 비판의 시작임을 볼 것이다. 홍준기는 여기서 들뢰즈나 서동욱이 충동을 이해하는 방식을 겨냥하고 있다. 그런데 그의 비판/이론적 요점은, 충동에는 자가성애적 기관쾌락으로 환원될 수 없는 무언가가 있다는 것이다.

라깡이 "불안에는 대상이 없지 않다"라고 말한 것처럼, 홍준기는 "충동에는 대상이 없지 않다"라고 말한다.[3] 여기서 문제가 일단락되는 것이라면, 충동 대상의 가변성에서 문제가 시작되고 있다. 여기서 시작되고 있는 문제의 성격을 좀더 유리한 지점에서 바라볼 수 있도록 나는 콥젝을 길게 인용하려고 한다.

---

[2] 홍준기, 『오이디푸스 콤플렉스, 남자의 성, 여자의 성』, 아난케, 2005, 20쪽.
[3] 같은 책, 27쪽 참조.

프로이트 자신을 포함하는 오랜 전통에 따르면, 불안은 두려움과는 달리 그 어떤 대상도 가지지 않는다는 근거에서 두려움과 구별된다. 불안은 자동사적인 반면, 두려움은 타동사적이다. 그러나 라캉은 이러한 전통에 거스르며, 대신 불안은 "대상이 없지 않다"라고 단언한다. 왜? 이로써 라캉은 무엇을 얻는가? 표준적인 기준인 "대상이 있거나 없거나"는 두 개의 모순적이거나 상호배타적인 항들 사이에서의 단순한 선택을 제공하며, 이 두 항이 가능성의 장을 소진시킨다. 그 둘 사이에는 엄격한 경계가 있다. 하나나 다른 하나(대상이냐 아니냐)의 선택은 현상이 경계의 어느 편에 놓이는지를 결정한다. 프로이트는 이러한 경계가 두려움과 불안을 구분할 뿐만 아니라 과학적인 것과 이성을 비과학적인 것과 비이성적인 것으로부터 구분할 잠재성을 가지고 있다는 것을 감지했던 것 같다. 그리고 프로이트는 결코 이를 원치 않았다. 그는 그의 과학인 정신분석이 비이성적 현상들에 대한 연구로 해석되기를 결코 원치 않았다. 심리의 작동은, 아무리 골치 아픈 것이라 해도, 과학의 울타리 바깥으로 제외되지 않았다. (······) 불안의 느낌은 강한 확실성의 느낌이며, 프로이트는 이에 대해 의문시해야 한다는, 그 느낌을 망상으로 특성화해야 한다는 — 즉 이 확실성을 근거 없는 것으로, 이성에 그 어떤 토대도 없는 것으로 기각해야 할 — 그 어떤 충동도 느끼지 못했다.

라캉의 "대상이 없지 않다"라는 공식은 프로이트와 동일한 관심에서 빚어진 것이다. (······) 라캉이 불안에 대해 "대상이 없지 않다"라고 단언할 때, 사실상 그는 불안이 대상을 가지고 있다고 말하면 과소진술일 것임을 우리에게 말하고 있는 것이다. 왜냐하면 불안은 여하한 사실적 대상, 여하한 현실적 대상보다 우월한 확실성의 층위에 있는 대상과의 조우에 의해 재촉되기 때문이다.[4]

논지에서 벗어나는 듯 보이지만, 나는 여기서 마지막 문장에 있는 저 "재촉하다"라는, "precipitate"라는 동사가 실로 흥미롭다는 것을 지적하지 않을 수 없다. 우리는 그것이 어떤 독특한 작용, 독특한 관계를 포착하고 있다고 생각해볼 수 있을 것이다. 여기서 연상되는 것은 칸트이다. 칸트는 『순수이성비판』을 이렇게 시작한다.

> 어떤 방식으로 그리고 어떤 수단에 의해 언제나 인식이 대상들과 관계를 맺든지 간에, 그로써 인식이 직접적으로 대상들과 관계를 맺는 것은, 그리고 모든 사고가 수단으로 목표하는 것은 직관이다. 그런데 직관은 오로지 우리에게 대상이 주어질 때만 생기며, 다시금 그러나 이런 일은 적어도 우리 인간에게 있어서는 오로지 대상이 마음을 어떤 방식으로든 촉발함으로써만 가능하다.5)

철학사의 독자가 아니더라도, 철학 전공자가 아니더라도, 단지 지젝의 독자이기만 하더라도, 곧바로 여기에 걸려 있는 것이 무엇인지를 알아차릴 수 있을 것이다. 여기서 칸트는 "지성적 직관"이라는 것을 배제하고 있다. 지성적 직관이란 "지각하는 것을 곧바로 창조하는 직관, 즉 무한한 신적 존재의 특권"이다.6) 지젝은 예컨대 『부정적인 것과 함께 머물기』에서 지성적 직관을 "칸트에게서는 무조건적으로 금지된 단계"라고 하고 있다.7) 『순수이성비판』을 시작하는 저 유명한 구절에 걸려 있는 것이 지성적 직관의 배제라면, 지성적 직관의 배제 그 자체에 걸려 있는 것은 무엇일까? 라캉적 충동과 관련하여 나는,

・・・・・・
4) Joan Copjec, "May '68, The Emotional Month", in *Lacan: The Silent Partners*, ed. Slavoj Žižek, London and New York, 2006, pp. 98-99.
5) 칸트, 『순수이성비판 1』, 백종현 옮김, 아카넷, 2006, 239쪽.
6) 슬라보예 지젝, 『까다로운 주체』, 이성민 옮김, 도서출판 b, 286쪽.
7) 슬라보예 지젝, 『부정적인 것과 함께 머물기』, 이성민 옮김, 도서출판 b, 39쪽.

지금 충분히 해명될 수 있는 것은 아니지만, 여기 두 가지가 걸려 있다고 본다. 우선 지젝의 지적처럼, 칸트에게서 초월적 주체의 유한성이 그의 자유와 초월적 자발성에 대한 제한이 아니라 그것의 긍정적 조건인 것처럼, 라캉적 불멸성은 인간 유한성의 지평 내부에서만 출현하는 것이다.8) 앞 장에서 보았듯이, 이 라캉적 불멸성은 죽음충동에 다름 아닌 것이다. 또한 칸트의 "촉발하다"라는 동사는 콥젝의 "재촉하다"라는 또 다른 동사를 연상시킨다. 우리는 "대상으로부터의 재촉" 같은 것을 생각해볼 수 있는 것이다. 따라서 나는 여기에 충동의 대상에 관한 문제가 걸려 있다고 생각한다. 충동의 불멸성과 충동의 객관성, 이 두 가지가 지성적 직관의 배제에 걸려 있는 두 가지 문제이다.

다시 콥젝의 인용문 자체로 돌아가 보자. 인용문에 따르면, 프로이트는 한편으로 불안에 대상이 없다고 보았지만, 다른 한편으로, 그럼에도 불구하고 불안은 망상에 불과한 것이 아니라고, 근거가 **없는 것이 아니라고** 생각하고 있었다. 프로이트는 자기모순에 빠져 있는 것이 아니다. 오히려, 예리한 동요가 느껴지는 바로 이곳이 **비옥한 프로이트적 토양**이다. 이곳에서 학문은, 과학은 그 이전과 이후를 갈라놓는 어떤 도약을 할 준비를 하고 있다. 이 도약은 "대상"이라는 기본개념에서 어떤 전대미문의 반전과 발전이 이루어지는 도약이 될 것이다. 콥젝이 "여하한 사실적 대상, 여하한 현실적 대상보다 우월한 확실성의 층위에 있는 대상"이라는 표현을 썼을 때, 우리는 그것이 단지 지금까지 알려지지 않았던 대상에 대한 언급일 뿐 아니라, 지금까지 우리가 알지 못했던 대상의 차원, 대상 그 자체에 대한 새로운 접근을 전제하고 있다는 것을 알고 있어야 한다. 그리고 바로 그렇기 때문에 우리는 "대상 a"를 그냥 "대상"이라고 쓸 수도 있어야 한다. 거기서 객관성의

---

8) 지젝, 『까다로운 주체』, 286쪽.

새로운 심연이 열리고 있다.

충동 대상의 가변성에 관한 프로이트의 언급들에서 우리는 이와 같은 비옥한 토양을 발견한다. 콥젝의 표현을 빌자면, 여기서 두 개의 모순이거나 상호배타적인 항들 사이에서의 단순한 선택은, 모든 가능성을 소진시키는 바로서의 저 "대상이 있느냐 없느냐"라는 물음은 더이상 기능하지 않는다. "충동은 본능과 달리 (생물학적) 목적성을 갖지 않으므로 특정한 대상이 아니라 다양한 대상에서 같은 만족을 얻을 수 있으며, 심지어 대상이 존재하지 않는 상황에서도 충족에 도달할 수 있다." 여기서 우리는 대상의 개념에서 변화가 요구되고 있음을 읽어낼 수 있어야 한다.

"충동에는 대상이 없지 않다"는 명제는 홍준기가 제시하는 또 다른 중요한 명제, 즉 "욕망에는 대상이 없다"는 명제와 함께 이해되어야 한다. "정확히 말하면, 욕망에는 욕망의 원인이 있을 뿐 욕망의 대상은 없다."[9] 물론 이 말은, 홍준기의 지적처럼, "일반적인 의미에서" 욕망의 대상에 대해서 말할 수 없다는 뜻은 아니다. 그런데 "욕망에는 대상이 없다"는 명제는 충동과 욕망에서 대상 a가 작동하는 방식의 차이를 암시하고 있다. 나는 오늘 남은 시간을 욕망에서의 대상 a를 다루는 데 이용할 것이다. 이를 다루기 위해서 우리는 욕망의 경제 안으로, 혹은 이데올로기적인 장 안으로 들어가야 한다.

브루스 핑크의 말을 믿는다면 라캉적 대상, 대상 a는 이미 적어도 열네 개의 이름을 가지고 있다.[10] 지젝은 이로도 충분치 않다는 듯이 "시차"라는 또 다른 이름을 부여했다. 하지만 우리는 이게 다가 아니라는 것을 알아야 한다. 『부정적인 것과 함께 머물기』를 꼼꼼하게 읽은 독자라면 그가 대상 a를 또한 칸트의 초월적 대상과 등치시키고 있다는

---

9) 홍준기, 『오이디푸스 콤플렉스, 남자의 성, 여자의 성』, 38쪽.
10) 브루스 핑크, 『라캉의 주체』, 이성민 옮김, 도서출판 b, 2010, 157쪽

것을 확인할 수 있을 것이다. 나는 독일에서 칸트로 박사 학위를 받은 한 지인에게 "초월적 대상"을 우선은 어떻게 이해하면 좋을지 물어보았다. 그는 그것을 우선은 "대상의 대상성 그 자체"로 이해해 볼 수 있을 것이라고 말했다. 그런데 "대상의 대상성 그 자체"라는 말에 대해서 다시금 동일한 물음을 던져볼 수 있다. 즉 바로 이 "대상의 대상성 그 자체"라는 말을 우선은 어떻게 이해하면 좋을까? "대상을 바로 그 대상으로 만들어주는 무엇"이라고 이해할 수 있을 것이다.

사실 "어떤 대상을 바로 그 대상으로 만들어주는 것은 무엇인가?"라는 물음은 매우 오래된 물음이다. 플라톤은 이 물음에 "이데아"라고 답했다. 라캉이라면 "아"라고 답할 것이다. 지젝은 칸트가 그것을 "초월적 대상"이라고 불렀다는 사실을 알려준다. 이제 이러한 것을 이미 준비해놓고서 다음의 구절을 읽어보자.

> 유대성이라는 "초월적 대상"은 바로 "유대인을 유대인으로 만드는" 그리고 그의 실정적 속성들에서 우리가 헛되이 찾고 있는 저 난포착적 X이다. 이 순수 전환의 행위, 즉 실정적 특징들의 계열을 "유대인"이라는 기표로 통합하고 그로써 그것들을 은폐된 근거로서의 "유대성"을 드러내는 같은 수의 현시들로 변형시키는 "종합 행위"는 대상적 잉여의 — "유대인 안에 있는 유대인보다 더한" 어떤 불가사의한 X의, 즉 초월적 대상의 — 출현을 초래한다.[11]

여기서 지젝은 어떤 기표("유대인")로 지칭되는 대상(유대인)을 바로 그 대상으로 만드는 무엇(유대성)을 또한 "초월적 대상"이라고 지칭하고 있다. 물론 단지 그것만을 말한 것이 아니라, 좀더 많은 것을

---
11) 지젝, 『부정적인 것과 함께 머물기』, 293쪽.

A - A = a

말하고 있지만 말이다. 예컨대 그는 "유대인을 유대인으로 만드는"이라는 표현과 "유대인 안에 있는 유대인보다 더한"이라는 표현 또한 등치시키고 있다.

반유대주의 이데올로기라는 형태를 취하는 욕망의 경제에서 유대인을 유대인으로 만드는 것은 무엇일까? 물론 그것을 유대인의 실정적 속성들에서 찾는 것은 헛된 일이다. "유대인은 '우리처럼' 생겼다. 그들을 구별해내기란 쉽지 않다. 다시 말해 그들을 다른 이들과 구별해 주는 저 잉여, 저 난포착적 특징은 실정적 현실의 수준에서 쉽게 확인되지 않는다."12)

어떤 대상을 바로 그 대상으로 만드는 무엇을 간단히 "동일성 요소"라고, 혹은 "정체성 요소"라고 부르는 것은 어떨까? 영어로는 어느 쪽이든 "identity element"이겠지만 말이다. 나는 독자들과 마찬가지로 이 용어가 수학에서 사용되는 용어라는 것을 알고 있다. 예컨대 덧셈의 경제와 관련해서 우리는 그것이 "0"이라는 것을 알고 있고, 곱셈의 경제와 관련해서 그것이 "1"이라는 것을 알고 있다. 그렇다면 욕망과 관련해서 그것은 무엇일까? 나는 라캉이 이 마지막 물음과 관련하여 "a"라는 답을 내놓은 것이라고 말하고 싶다.

"유대인"이라는 기표, 그리고 유대성 혹은 대상 a, 이것들은 실정적 대상을 초과하는 무엇이다. 라캉에게 기표와 대상 a는 실정성을 초과한다. 일반적으로 말해서 영미의 분석철학 전통은 이 기표와 대상을 무화하려고, 환원시키려고 노력했다. 나는 그것을 "경험론의 철학적 열정"이라고 부르고만 싶다. 그들은 그곳에서 희열을 발견한다. 버클리에게도 그 희열이 있고 데이비드슨에게도 그 희열이 있다. 그곳에서 그들은 자신들의 철학을 추동할 원동력을 찾는다. 그들은 그렇게 하면

------
12) 지젝, 『이데올로기라는 숭고한 대상』, 159쪽.

서 자신들이 학문을, 과학을 지탱하고 있다고 믿는다. 하지만 그렇게 하면서 그들은 학문이 마땅히 다루어야 할 가장 핵심적인 두 가지를, 즉 **이름과 대상 그 자체**를 놓치고 만다.

존 설과 같은 기술주의자들이 어떻게 (주인)기표를 환원하려고, 무화하려고 했는지에 대한 상세한 논의를 우리는 『이데올로기의 숭고한 대상』 제3장에서 발견한다. 나는 독자들이 지젝의 논의를 읽어보기를 희망한다, 여기서 나는 오늘 기표를 다루지 않고 대상을 다룰 것이니까 말이다. 다른 한편 예컨대 길버트 라일 같은 철학자는 저 대상 a를 환원하려고 했다.

옥스퍼드나 캠브리지를 처음 방문하는 외국인이 칼리지, 도서관, 운동장, 박물관, 과학부, 행정실 등을 안내받는다. 그러고 나서 그는 묻는다. "하지만 대학교는 어디에 있지요? 나는 칼리지 멤버들이 어디에 거주하는지를 보았고 사무직원들이 어디서 일하는지를 보았고, 과학자들이 어디서 실험하는지를 보았고 그 여타를 보았습니다. 하지만 당신의 대학교 멤버들이 거주하고 일하는 대학교를 아직 보지 못했습니다." 그러고 나서 그에게는 대학교라는 것이 또 다른 별도의 시설이 아니라는 것과 그가 본 칼리지와 실험실과 사무실의 어떤 숨어 있는 상응물이 아니라는 것이 설명되어야 한다. 대학교는 단지 그가 이미 보았던 모든 것들이 조직되는 바로 그 방식이다. 그것들을 보고 그것들의 상호관계를 이해하게 되면 대학교를 보게 되는 것이다. 그 방문자는 크라이스트 처치, 보들리언 도서관, 에쉬몰린 박물관 **그리고** 대학교에 대해서 말하는 것이, 즉 "대학교"가 이 다른 단위들을 원소로 하는 집합의 추가적 원소를 나타내는 것인 양 말하는 것이 정확하다고 순진하게 가정한 데 있다. 그는 대학교를 여타의 시설들이 속하는 범주와 동일한 범주에 잘못 할당했다.13)

물론 라일의 말대로 우리는 칼리지나 도서관 같은 대학교를 이루는 개별 시설들의 층위에서 대학교를 확인할 수는 없다. 대학교는 그것들과 같은 범주가 아니다. 라일은 그래서 저 외국인이 "범주오류"를 저지른 것이라고 말한다. 하지만 이제 욕망의 경제로 들어가 보자. 흥미로운 한 가지 일치를 확인해놓고 말이다. 다시 말해서 크립키가 고정지시어의 작용을 설명하기 위해서 "금"과 "유니콘"이라는 "리비도적 함의가 물씬 풍기는" 대상들을 사용한 것에 지젝이 주목했던 것처럼 우리도 라일이 대학교의 사례로서 하필이면 "옥스퍼드"와 "캠브리지"를 들었던 것에 주목해볼 수 있을 것이다. 따라서 우리는 정확히 욕망의 경제 내에서 저 가련한 외국인의 물음을 다음과 같이 정정하여 옥스퍼드의 안내인에게 되돌려 줄 수 있을 것이다. "나는 칼리지 멤버들이 어디에 거주하는지를 보았고 사무주임들이 어디서 일하는지를 보았고, 과학자들이 어디서 실험하는지를 보았고 그 여타를 보았습니다. 별다를 것도 없더군요. 이게 다인가요? 옥스퍼드는 어디에 있지요?"

물론 이게 다가 아닐 것이다. 그래서 우리는 옥스퍼드에서 옥스퍼드의 모든 실정적 속성들을 제하더라도 남는 것이 있다고 말할 수 있을 것이다. "A - A = 0"을 또한 "A - A = a"라고 쓸 수 있다. 그냥 커피가 아니라 "진짜" 커피를 원하는 사람은 커피 말고도 무엇을 더 원하는 것일까? 나는 그/녀가 커피와 더불어 커피 a를 원한다고 말할 것이다. 혹은 커피와 더불어 그것의 이데아를 원한다고 말할 수도 있지 않을까?

"욕망에는 대상이 없다"라는 홍준기의 명제로 돌아와 보자. 앞서 언급했듯이 그는, 라캉을 따라서, "하지만 그럼에도 '일반적 의미에서' 욕망의 대상이라는 표현을 굳이 사용해서는 안 될 이유는 없다"라고

---

13) 길버트 라일, 『마음의 개념』, 이한우 옮김, 문예출판사, 1994, 20쪽. 번역 수정.

말하고 있다. 그렇다면 이 일반적 의미에서 욕망의 대상이란 무엇일까? 나는 "A = A + a"라는 등식에서 등호의 왼쪽에 있는 것을 바로 그 일반적 의미에서의 욕망의 대상이라고 말할 수 있다. 그것은 우리가 욕망하는 대상이다. 즉 그것은 "욕망한다"라는 타동사의 목적어 자리에 들어가는 대상이다. 하지만 그 대상들이 "일반적인 의미에서" 욕망의 대상들이라 하더라도, 우리 주변에 있는, 혹은 **우리의 언어가 허용하는** 일반적인 대상들이 모두 그러한 대상인 것은 아니다. 어떤 대상에서 우리의 욕망이 발생할 때 그 대상은 (일반적인 의미에서) 욕망의 대상이 되는 것이다. 그런데 그 대상에서 우리의 욕망이 발생하려면 대상 a, 즉 욕망의 **원인**이 작동하고 있어야 한다. 그것이 "A + a"의 의미이다.

얼마 전 번역된 지젝의 『How to Read 라캉』에는 지젝이 욕망의 원인과 욕망의 대상을 구별하여 설명하는 부분이 있다. 이 부분의 한국어본 번역은 이렇다.

> 우리는 여기서 욕망의 원인인 대상 a와 욕망의 대상으로서의 대상 a를 구분해야 한다. 욕망의 대상이 단순히 욕망된 대상이라면, 욕망의 원인은 그 때문에 우리가 대상을 욕망하게 되는 특질, 즉 보통은 지각되지 않고 가끔은 장애물로 인식되기까지 하지만 그럼에도 불구하고 그것을 지닌 대상을 욕망하게 되는 어떤 디테일이나 틱(tic) 같은 것이다.[14]

여기서 지젝은 욕망의 원인과 대상을 잘 구분하여 설명하고 있다. 하지만 번역에는 한 가지 혼동이 있는데, 그것은 대상 a를 욕망의 원인이자 욕망의 대상으로 본 것이다. 원문은 "We have to distinguish

---

14) 슬라보예 지젝, 『How to Read 라캉』, 박정수 옮김, 웅진지식하우스, 2007, 104-105쪽.

here between l'objet petit *a* as the cause of desire and the object of desire"이다. 대상 *a*를 지닌 대상을 다시 대상 *a*라고 하지는 않으므로, 대상 *a*는 대상 *a*를 지닌 대상이 아니므로, 이 문장은 욕망의 원인으로서의 대상 *a*(l'objet petit *a* as the cause of desire)와 욕망의 대상(the object of desire)을 구분하고 있다고 보아야 한다. 이는 라캉이 대상 *a*를 "욕망의 대상-원 인"이라고 하는 것과는 무관한 문제이다. 여기서 지젝은 욕망의 대상을 대상 *a*와 구분하여 설명하려는 것이니까 말이다.

그런데 욕망의 원인이 언제나 대상 *a*일까? 우리는 대상 *a*가 욕망의 원인이라는 것을 알고 있다. 하지만 욕망의 원인이 언제나 그것일까? 욕망은 언제나 대상 *a*에서 촉발되는 것일까? 이 물음을 흥미롭게 만드 는 것은 라캉 자신의 언급이다. 홍준기는 바로 그 언급에 주목한다.[15] 그것은 『세미나11』 18장 끝부분에 있는 질의응답에 나온다.

> 욕망의 대상이란 욕망의 원인입니다. 그런데 욕망의 원인인 그 대상 이 바로 충동의 대상입니다. (……) 욕망은 충동의 대상에 들러붙지 않습니다. 욕망이 충동 속에서 작동되는 한 욕망은 충동의 대상 주위를 맴돕니다. 그렇다고 모든 욕망이 반드시 충동 속에서 작동된 다는 것은 아닙니다. 예컨대 오로지 누군가가 무언가를 금지했다는 사실 때문에 생겨나는 욕망, 즉 텅 빈 욕망, 광적인 욕망도 있습니다. 누군가가 당신에게 그것을 금지했다는 이유만으로 한동안은 그것밖 에 생각할 수 없는 건데요. 그것도 어쨌든 욕망입니다.[16]

어쩌면 이 인용문의 첫 문장이 다시금 혼동을 불러일으킬 수 있다. 라캉은 "욕망의 대상은 욕망의 원인입니다"라고 말하고 있으니까 말이

------
15) 홍준기, 『오이디푸스 콤플렉스, 남자의 성, 여자의 성』, 41-42쪽.
16) 자크 라캉, 『정신분석의 네 가지 근본 개념』, 맹정현 옮김, 새물결, 2008, 368-369쪽.

다. 하지만 라캉은 곧이어 "그리고 욕망의 원인인 이 대상은 충동의 대상입니다"라고 분명하게 말하고 있다. 다시 말해서 라캉이 말하는 "욕망의 대상", "욕망의 원인인 이 대상"은 일반적인 의미에서의 욕망의 대상이 아니라 대상 a이다.

이제 라캉은 "욕망이 충동 속에서 작동되는 한 욕망은 충동의 대상 주위를 맴돕니다"라고 말하고 있다. 하지만 충동 속에서 작동되지 않은 욕망도 있으며, 이를 그는 "텅 빈 욕망" 혹은 "광적인 욕망"이라고 부르고 있다. 이 후자의 욕망은 무언가가 금지되었기 때문에 발생하는 욕망이다. 여기서 욕망의 원인은 충동의 대상, 대상 a가 아니라, 금지 그 자체이다. 그렇다면 우리는 이러한 텅 빈 욕망의 경우 욕망의 원인이 대상 a가 아니라고 말할 수 있을 것이다.

욕망의 원인을 이렇게 둘로 구분했을 때 우리는 우리 사회가 지난 몇 십 년 동안 겪은 변동을 좀더 잘 들여다볼 수 있는 유리한 관점을 획득하게 된다. 다시 말해서 우리는 그러한 변동을 이른바 허용성의 확장으로만이 아니라 더욱 위중하게는 대상 a의 몰기능으로도 바라볼 수 있다. 대상 a가 충동의 대상인 한에서, 대상 a의 몰기능은 욕망의 구조만이 아니라 충동의 구조에도, 그리고 향유에도 무언가 문제가 생겼다는 것을 가리킨다. 오늘날 이곳의 주체들이 겪고 있는 욕망의 상실을 우리는 일의적인 것으로 바라보지 말아야 한다. 소련의 해체와 투쟁을 통한 민주주의의 획득은 주체의 욕망과 관련하여 단일한 결과를 낳은 것이 아니다. 한편으로 그것은 금지가 없는 허용적인 사회를 가져왔다. 그리고 그것은 분명 욕망 상실의 원인이다. 하지만 이때 상실되는 것은 본연의 욕망, 만족에 도달하는 욕망이 아닌 "빈 욕망"이다. 하지만 다른 한편으로 민주화와 더불어 주체들은 대의를, 원인을, 어떤 일을 행할 때의 바로 그 "무엇 때문에"를, "무엇을 위해서"를 상실했다. 금지를 (욕망의) 원인의 소극적, 부정적 측면이라고 볼 수 있다면, 대상 a를 적극적, 긍정적 측면이라고 볼 수 있을 것이다. 금지를 재도입하는 것이 곤궁의 궁극적 돌파일 수는 없다. 그것은 반동적인 동시에 표피적인 것이다. 그렇다면 우리는 대상 a의 몰기능이 가져온 파국적 결과에 주목해야 한다.

신비와 수수께끼

철학자들이 신비스러운 것을 저버리는 자들이 아니라는 것을 우리는 종종 그들의 텍스트에서 발견한다. "세계와 이성은 문제로 되지 않는다. 사람들이 원한다면 그것들은 신비라고 말해두자. 그러나 바로 그 신비가 세계와 이성을 정의한다. 그리고 어떤 '해결책'을 통해 그 신비를 없애는 문제는 있을 수 없다. 그것은 해결의 피안에 존재하고 있는 것이다. 참다운 철학은 세계를 보는 것을 다시 배우는 것이다."[1] "사람들이 원한다면"이라는 단서를 붙이기는 하지만, 그렇다고 해서 여기서 신비가 결코 무화될 수 없는 어떤 것으로 제시되고 있다는 사실이 취소되는 것은 아니다. 물론 신비를 제거하려는 철학자들이 종종 있기는 했지만, 그들이 철학의 바깥에서도 그렇게 했을지는 알 수 없는 일이다. 왜냐하면 사실 어떤 사람이 철학을 한다는 그 자체가 신비인 것이고, 또한 신비가 없다면 사랑도 없을 것이기 때문이다. 예를 들어 철학 안에서 신비를 철저하게 환원하고자 했던 러셀도 자신

---

1) 메를로-퐁티, 『지각의 현상학』, 류의근 옮김, 문학과지성사, 2002, 32쪽. 번역 수정.

의 바로 그 작업을 철학의 이름으로 했다. 또한 그는 오톨라인 모렐에게 보내는 편지에서 이렇게 쓰고 있다. "나는 당신을 사랑하는지 몰랐습니다. 나 자신이 당신에게 그렇게 말하고 있는 것을 듣게 될 때까지는 말입니다. 일순간 나는 '큰일이다, 내가 무슨 말을 한거지?'라고 생각했으나 그러고 나서 나는 그것이 진실임을 알았습니다."2) 여기서 분명 러셀은 신비스러운 무언가 — 사랑의 발생 — 에 대한 경험을 이야기하고 있다.

메를로-퐁티에게 세계는 바로 그렇듯 신비스러운 것이다. 그리고 철학의 — 다시 말해서 현상학의 — 소임은 "세계를 보는 것을 다시 배우는 것이다." 그래서 메를로-퐁티는 『지각의 현상학』 서문의 말미에서 현상학 = 세계의 계시라는 등식을 제시한다.3) 그는 "세계의 신비"라는 표현을 구스도르프에게서 가져왔다는 사실과 구스도르프가 이 표현을 사용하는 방식이 자신의 것과 다를 수 있다는 점을 각주에서 밝혀놓았다.4) 하지만 그가 서문에서 자신의 입장을 빈학파의 입장과 대조하여 "현상학적 실증주의"라고 부르고 있다는 사실을 생각해볼 때,5) 메를로-퐁티의 "세계의 신비"를 비트겐슈타인의 "세계의 신비"와 비교해보는 것도 흥미로울 것이다. 비트겐슈타인은 『논리-철학 논고』의 말미에서 바로 이 세계의 신비라는 문제를 다루고 있다. 그곳에서 그는, 세계의 계시를 현상학의 과제로 설정하는 메를로-퐁티의 적극적 입장과는 달리, "말할 수 없는 것에 관해서는 침묵해야 한다"라고 하면서 저술을 끝맺는다.

이러한 비트겐슈타인의 입장에 서게 되면, 현상학적 과제라는 것은

- - - - - -
2) 슬라보예 지젝, 『까다로운 주체』, 이성민 옮김, 도서출판 b, 2005, 96쪽에서 인용.
3) 메를로-퐁티, 앞의 책, 33쪽.
4) 같은 곳, 주15.
5) 같은 책, 24-27쪽 참조.

전적으로 무의미한 것으로 전락할 것이다. 비트겐슈타인은 이렇게 말한다. "실로 언표할 수 없는 것이 있다. 이것은 **드러난다**, 그것은 신비스러운 것이다."6) 다시 말해서 그는 단지 말할 수 없는 것에 관해서는 침묵해야 한다고만 말한 것이 아니다. 그는 말할 수 없는 것이 스스로 드러난다고 이야기하고 있다. 그런 그 말할 수 없는 것, 그 신비스러운 것은 무엇인가? "세계가 **어떻게** 있느냐가 신비스러운 것이 아니라, 세계가 있다는 **것**이 신비스러운 것이다."7) "한계지어진 전체로서의 세계에 대한 느낌은 신비스러운 느낌이다."8) 이로써 우리는 세계의 신비에 대한 비트겐슈타인의 입장을 잘 알 수 있게 된다. 그에 따르면, 세계의 존재 그 자체가 신비한 것이다. 우리는 신비한 것에 대해서 말할 수 없다. 하지만 신비는 스스로를 드러낸다. 하지만 그렇다면, 신비를 드러내는 것을 핵심적인 과제로 삼는 메를로-퐁티의 현상학은 할 필요가 없는 일을 하려는 것이 될 터이다.

메를로-퐁티와 비트겐슈타인에게 공통점이 없는 것은 아니다. 즉 그 둘은 모두 세계의 신비를 철학적 텍스트 내부에서 인정한다. 이러한 인정은 러셀을 불안스럽게 만드는 그런 종류의 인정이다. 『논리-철학 논고』 영역본에 대한 서론에서, 하지만 비트겐슈타인 자신에 의해 거부된 서론에서,9) 러셀은 그 불안감을 드러낸다.10) 그는 그 불안감의 대상을 비트겐슈타인의 "신비주의"라고 부른다.11) 러셀이 메를로-퐁티의 『지각의 현상학』 서문을 읽었다면 모르기는 몰라도 비트겐슈타인에 대한 비판에서의 완곡함을 더이상 유지할 필요를 느끼지 않았을 것이다.

---

6) 비트겐슈타인, 『논리-철학 논고』, 이영철 옮김, 책세상, 2006, 116쪽, 6.522. 번역 수정.
7) 같은 책, 115쪽, 6.44.
8) 같은 곳, 6.45.
9) 같은 책, 10쪽 참조.
10) 같은 책, 139쪽.
11) 같은 책, 140쪽.

이렇게 말해본다면, 논리실증주의는 철학의 전당=텍스트 안에서 신비한 것을 몰아내려는 시도다. 아마 그들은, 그렇게 하지 않고서는 철학 그 자체의 신비가 유지되기 힘들다고 생각했을지도 모른다.

우리는 바로 이와 같은 것을 배경으로 해서만 메를로-퐁티 철학의 과감함을 그 정교함과 더불어 인지할 수 있을 것이다. 가령 분석철학에서 말하는 "언어적 전회"라는 것이 있다. 이 전회의 핵심은 "A는 무엇인가?"라는 물음을 "A의 의미는 무엇인가?"로 치환하는 것이다. 다시 말해서 본질을 의미로 치환하는 것이다. 메를로-퐁티는 이러한 치환을 통해 사라지는 것이 본질 그 자체만이 아니라는 것을 잘 알고 있다. 다시 말해서 여기에 걸려 있는 핵심적인 문제가 본질 그 자체가 아님을 잘 알고 있다. 바로 그렇기 때문에 그는 "여기서 본질은 목표가 아니라 수단이다"라고 말한다.12) 그런데 바로 그 수단을 통하지 않고서는, 그 수단을 생략하고서는 목표에 도달할 수가 없다. 그리고 현상학의 과제를 생각해볼 때 그 목표는 실존, 혹은 세계의 신비 그 자체이다.

그런데 메를로-퐁티의 이와 같은 정교한 현상학적 자세 그 자체로부터 어떤 핵심적인 가르침을 이끌어낼 수 있다. 우리는 그 가르침을 다음과 같은 명제로 제시할 수 있을 것이다.

명제1. 본질에 대한 공격은 본질 그 자체에 대한 공격이 아니다.

그런데 이 명제는 다음과 같은 명제에 의해 보충된다.

명제2. 본질에 대한 공격은 (철학적 텍스트 내부에서의) 신비에 대한 공격이다.

・・・・・・
12) 메를로-퐁티, 『지각의 현상학』, 24쪽.

그리고 끝으로 이 두 명제는 다음과 같은 명제를 전제로 한다.

명제3. 본질과 신비는 동일한 것이 아니다.

이러한 세 가지 명제는, 반형이상학적 태도를 좀더 정확하게 파악하는 데 분명 유용하게 이용될 수 있을 것이다.
메를로-퐁티와 비트겐슈타인을 한 군데서 더 비교해보자. 메를로-퐁티는 세계를 "문제"라고 부르기보다는 "신비"라고 불러야 한다는 생각을 가지고 있다. 이미 인용했지만, 그는 "세계와 이성은 문제로 되지 않는다. 사람들이 원한다면 그것들은 신비라고 말해두자"라고 말한다. 그런데 이 신비는 세계를 "정의"한다. 다시 말해서, 세계가 하나의 문제인 양 "어떤 '해결책'을 통해 그 신비를 없애는 문제는 있을 수 없다." 신비를 없앨 수 없다는 입장은 비트겐슈타인의 입장이기도 하다. 그런데 흥미롭게도 비트겐슈타인 역시 저 "문제"와 비슷한 어떤 것을 가지고서 이 문제를 다루고 있다. "언표될 수 없는 대답에 대해서는 물음도 언표될 수 없다. **수수께끼**는 존재하지 않는다. 도대체 어떤 물음이 제기될 수 있다면, 그 물음은 또한 대답될 **수**도 있다."[13] 메를로-퐁티의 "문제"와 공명하는 단어는 여기서 물론 "수수께끼"이다.
우선 왜 비트겐슈타인이 수수께끼의 존재를 부정하는지를 생각해볼 필요가 있다. 그에게 세계의 존재는 신비한 것이며, 신비한 것에 대해서 우리는 말할 수 없다. 신비는 언어의 영역에 있는 것이 아니다. 그런데 수수께끼는 정확히 신비를 언어의 영역 안으로 전치시키는 바로 그것

---
13) 비트겐슈타인, 『논리-철학 논고』, 115-116쪽, 6.5.

이다. 그래서 그는 수수께끼를 단적으로 내치는 것이다. 언어의 영역에 서라면, 물음이 있으면 답도 있는 것이고, 따라서 그 어떤 신비의 여지도 없다. 그런데 이를 이용해서 신비를 정의해보자면, 신비라는 것은 해결을 통해 사라지는 그런 것이 아니다. 즉 신비란 문자 그대로 "풀리지는 않는" 어떤 것이다. 요컨대 신비는 문제-해결에 있는 것이 아니라 실재-계시에 있다. 메를로-퐁티가 수수께끼, 즉 언어의 영역에서의 신비를 단적으로 부정하는지는 앞서의 메를로-퐁티 인용 자체만으로는 확인할 수 없는 일이다. 하지만 그 역시 신비를 문제의 해결 같은 것을 통해 없앨 수는 없다고 단호하게 말하고 있다.

이제 끝으로 우리는 수수께끼 그 자체의 수수께끼에 도전해볼 희망을 품을 수 있다. 아마도 비트겐슈타인의 생각과는 달리 언어의 영역에서 신비를 완전히 몰아낼 수 없다는 것을 입증하는 것이 바로 수수께끼 그 자체의 존재일 것이다. 우리가 알 수 없는 태고로부터 사람들은 수수께끼를 즐겨왔을 것이다. 어쩌면 러셀도 수수께끼를 즐겼을 것이다. 사실 아주 유명한 수수께끼 가운데 하나가 "러셀의 역설"이라고 불리기도 한다. 흥미롭게도 메를로-퐁티는 세계의 신비만이 아니라 이성의 신비에 대해서도 이야기한다. 그는 정확히 "세계와 이성은 문제로 되지 않는다"라고 말한다. 이성이 바로 로고스인 한에서, 우리는 메를로-퐁티가 언어의 신비를 놓치지 않고 있다고 말할 수 있을 것이다.

V

연인들의 윤리
사랑과 연합

연인들의 윤리

사랑은 감정과 언어가 새롭게 맞물리는 위중한 계기를 가리킨다. 사랑과 욕망은, 밀접한 연관이 있는 동시에, 같은 것이 아니다. 욕망이 감정과 기표의 어떤 특정한 맞물림의 구조를 가리킨다면, 사랑은 욕망의 구조에서의 어떤 결정적 변화를 가리킨다. 사랑이 발생하면, 사랑이 발생한 (두) 사람의 현실에 어떤 근본적인 변화가 발생한다.

감정과 언어의 결합 그 자체를 라캉은 "담화"라고 부른다. 알렌카 주판치치에 따르면, 라캉의 담화 이론은 "향유를 기표와 함께 절합하며, 향유를 모든 담화성의 본질적 요소로서 정립한다."[1] 담화는 라캉에게 사회적 결속 그 자체를 뜻한다. 따라서 그것을 "담론"이라고 번역하는 것은 부적절하다.[2] 세미나 20에서 라캉은 이렇게 말한다. "사랑은 우리

---

1) 알렌카 주판치치, 「잉여향유가 잉여가치를 만날 때」, 『ACT』 0호, 도서출판 b, 2007, 188쪽.
2) 우리가 수십 년이라는 삶과 역사의 단위를 고찰할 수 있을 때, 우리는 번역에서나 번역에 막대한 영향을 받는 학술적 용어 사용에서나 한편으로 "담화"에서 "담론"으로 이동하는 경향성을 발견하며, 다른 한편으로 그리고 최근에 "담론"에서 "담화"로 이동하는 경향성을 발견한다.

가 이유를 바꾸고 있다는 신호이다. (……) 우리는 이유를 바꾼다 — 다시 말해서, 우리는 담화를 바꾼다."3) 나는 사랑이 담화의 변화를 가리킨다는 말을 이미 했다. 그러므로 왜 또한 그것이 이유를 바꾸는 것인지를 설명할 일이 남는다.

우리는 기표를 두 가지 종류로 구분할 수 있다. 그중 한 가지는 지젝의 다음과 같은 말에서 식별된다. "우리의 통상적 품위 감각에서 보더라도, 누군가를 사랑하는 이유를 열거하는 것은 반감을 느끼게 한다. '나는 이 사람을 다음과 같은 이유로 사랑한다'고 내가 말할 수 있는 순간, 그것이 본연의 사랑이 아니라는 것은 의심의 여지없이 분명하다."4) 즉 (사랑과 관련된) 인과론적인 언어의 차원이 있는데, 이는 그 자체로는 본연의 사랑을 거스른다. 그렇다면 우리는 상대방에게 "왜" 자신을 사랑하는지를 물어보는 사람이나 그 물음에 "왜냐하면"이라고 하면서 답하는 사람이나 — 이미 진정한 사랑에 빠져 있는 것이 아니라면 — 진정한 사랑을 하고 있는 것이 아니라고 말할 수 있을 것이다. 어쩌면 "나르시시즘"이라는 용어는 그러한 사랑이 사랑이 아니라는 것을 알려주기 위해 있는 것일지도 모른다. 미란 보조비치는 숭고한 사랑의 논리를 다루는 글을 이렇게 끝맺는다. "사랑하기의 달콤함은 사랑스럽도록 유의함을 중단시킨다."5) 이는 숭고한 사랑(사랑하기)의 달콤함을 깨닫게 될 때에야 비로소 나르시스적인 사랑받기의 태도를 중단하게 된다는 말이다. 우리는 사랑스럽도록 유의하는 — 즉 애교스러운 — 여자와 그러한 여자를 차지하려는 남자 사이에 그 어떤 사랑도 발생하지 않을 것이라고 안전하게 추측할 수 있을 것이다.

---

3) Jacques Lacan, *On Feminine Sexuality: the Limits of Love and Konwledge, 1972-1973*, trans. Bruce Fink, New York and London: Norton, 1998, p. 16.
4) 슬라보예 지젝, 『부정적인 것과 함께 머물기』, 이성민 옮김, 도서출판 b, 2007, 243쪽.
5) 미란 보조비치, 『암흑지점』, 이성민 옮김, 도서출판 b, 2004, 81쪽.

이 경우 — 역설적이게도 — 사랑이 발생하기에는 사랑을 위한 이유들이 너무 많다!

하지만 다른 한편으로, 진정한 사랑이 발생할 때 이유들이 재정립된다는 것도 사실이다. "우리가 이유들에 의해 규정되더라도 오로지 사후적으로 이유로서 인지하는 그런 이유들에 의해서만 규정되는 이 순환은 헤겔이 '전제들의 정립'에 대해 이야기할 때 염두에 두고 있는 것이다."[6] 사랑에서 발생하는 것이 바로 이 전제들의 정립이라는 궁극적인 — 그리고 오늘날이므로 덧붙이자면, 고전적인 — 자유의 행위이다. 사랑에 빠진 사람들을 비이성적인 상태에 빠진 것으로 보는 어떤 흔한 관점이 있다. 하지만 좀더 정확히 말하자면 그들은 이유/이성(reason)을 상실한 것이 아니라, 오히려 이유를 바꾸고 있는 것이다. 사랑에는 이유가 없는 것이 아니라, 사랑은 이유를 바꾸는 것이다. 영어에는 "all the more"라는 표현 뒤에 어떤 이유가 오는 숙어가 있다. 문법책이 알려주는 진부한 — 하지만 진부하기 때문에 오히려 더더욱 적실한 — 예문은 "I love him all the more for his faults"이다. 이 말은 "나는 그의 결점들 때문에 오히려 더더욱 그를 사랑한다"라는 뜻이다. 우리는 이 말을 하는 사람이 지금 이유를 바꾸고 있다고 말할 수 있을 것이다. 이 말은 그녀가 그를 사랑한다는 것을 표현하는 동시에 그녀의 삶에 궁극적 변화가 찾아왔다는 것을 표현한다. 주변 사람들이 온갖 이유를 들어가며 그녀를 설득할 수 없는 것은 그녀가 사랑에 빠져 이성을 잃었기 때문이 아니라 그녀가 이유 그 자체를 바꾸고 있기 때문이다. 따라서 "사랑한다"는 말은 평범한 이유들(S_2)의 차원에 있지 않다. 사랑의 계기에서 작동하는 결단을 보여주는 이 단정적인 말은 주인기표(S_1)의 차원에 있다.

- - - - - -

6) 지젝, 『부정적인 것과 함께 머물기』, 243쪽.

스피노자의 시대인 오늘날, 금지가 사라지고 합리적인 이유들이 열거되는 시대인 오늘날, 이유(의 구조)를 근본적으로 바꾸기보다는 오히려 더 많은 이유들을 열거해야 할 필요가 있는 오늘날, 자꾸만 이유들이 무엇을 하기 위한 것이 아니라 하지 않기 위한 것이 되어가는 오늘날, 따라서 연인들 사이에서도 자꾸만 사랑의 이유들을 더 열거해 달라는 확인 요청이 빈번해진 오늘날, 저 고전적인 숭고한 자유의 사랑 행위는 가능한가? 주판치치는 "희극으로서의 사랑에 대하여"라는 제목의 글7)을 바로 이 문제에서 시작한다. 그녀는 자신의 연구를 "기능하는" 사랑에 대한 연구라고 밝히고 있다. 그리고 이는 더이상 기능하지 않는 어떤 사랑을 우선은 염두에 둔 말이다. 저 고전적인 숭고한 사랑 말이다. 이러한 사랑이 비극의 본질적 주제를 구성한다면, 주판치치는 오늘날 기능하는 새로운 사랑을 희극의 편에 위치시킨다.

우리는 잘 알고 있다. 그의 결함들 때문에 오히려 더더욱 그를 사랑했던 그녀가 결국에 가서는 그 결함들에 찔리고 말 것이라는 사실을 말이다. 우리는 그녀의 사랑의 선택을 거짓이라고 부를 수 없지만, 그럼에도 불구하고 오늘날 그러한 사랑은 기능하지 않는다. 숭고한 것은 곧 우스꽝스러운 것으로 전락하고 만다. 오늘날의 주체들이 사랑에 빠지지 않는다면 이는 그들이 너무 많은 것을 알고 있기 때문이다. 사랑이 발생하지 않으면 궁극적으로 욕망은 사라진다. 욕망 없는 사랑이 맹목적이라면, 사랑 없는 욕망은 공허하다.

"사랑"과 "욕망"이라는 단어들은 지극히 일상적인 용어들에 불과한 것이 아니다. 정신분석이 이 용어들을 이론적 장으로 끌어들이는 과제를 과감하게 떠맡았다는 사실의 이면에서 우리는 "연인들의 과제" 같은 것을 생각해보아야 한다. 연애의 윤리라는 것이 있다면 그것은

---

7) 알렌카 주판치치, 『정오의 그림자』, 조창호 옮김, 도서출판 b, 2005, 245-269쪽.

연애의 에티켓 같은 것을 가리키는 것이 아니다. 오히려 그것은 진정한 사랑과 욕망의 출현과 관련이 있을 것이다. "용기 있는 자만이 미인을 얻는다"는 옛 속담이 — 용기 있는 남성과 아름다운 여성의 나르시시즘을 만족시키면서 — 현대적 언어로 이야기되는 자리에서 우리의 연인들은 박차고 일어날 용기를 가져야 한다.

오늘날의 연인들은 이중적 과제를 부여받고 있다. 오늘날의 연인들은 한편으로 새로운 사랑을 실천해야 하며, 다른 한편으로 "욕망을 위한 자리가 없었던 곳에 욕망이 나타나게" 만들어야 한다. 물론 이것은 이중의 과제이지만, 또한 동시에 실현되어야 할 과제이다. 그것은 숭고한 과제와는 거리가 멀다. 주판치치는 이 새로운 희극적 사랑을 다음과 같이 적실하게 표현했다. "사랑의 기적은 재미있는funny 기적이다."8) 우리는 희극적 사랑이 탄생시키는 새로운 욕망을, 이 새로운 담화를 위한 명칭을 아직 가지고 있지 않다. 하지만 주판치치는 이 새로운 사랑과 욕망의 논리를 전부 말해주고 있다.

우선적으로 그녀는 사랑과 희극 사이의 근친성을 우리가 잘 아는 방식으로 예시한다. "사랑하기는 언제나, '우스꽝스러운 대상', 땀 흘리고, 코골고, 방귀뀌고, 이상한 버릇들을 가진 한 대상과 함께 있는 자신을 발견함을 뜻한다." 그리고 이것이 사랑이라면, 연인들은 여기서 "그 이상의 무엇"을 본다. 옛 연인들은 오히려 이러한 결함들 때문에 더더욱 상대방을 사랑한다고 말해왔다. 하지만 오늘날 이 말은, 주판치치의 지적처럼, "우리가 대상에 의해 완전히 눈이 부시게 되거나 '눈이 멀어서' 더이상 그것의 우스꽝스러운, 속된 측면을 보지 않게 되는" 것을 표현하는 다른 말에 불과하다. 우리는 고전적 연인들의 저 "그렇기 때문에 더더욱"이라는 애절한 표현에서 어떤 과잉을 발견한다. 고전적

---

8) 주판치치, 『정오의 그림자』, 259쪽.

인 사랑에서 우선권은 여전히 우스꽝스러운 것에 있기보다는 "그 이상의 무엇"에, 저 초월적인 것에 있다. 반면에 희극적인 사랑하기는 "이 틈 또는 어긋남을 지각함을, 그리고 그것에 대해 웃을 수 있음이라기보다는 그것에 대해 웃으려는 억누를 수 없는 충동을 뜻한다."9) 이유를 바꾸는 사랑과 관련하여 이보다 예리한 통찰은 있을 수 없다. "웃을 수 있음"은 어떤 거리두기를, 어떤 사랑할 수 없음을, 어쩌면 어떤 두려움을 가리킨다.

따라서 현대의 연인들은 평범한 것과 초월적인 것 둘 모두를 취해야 한다는 의미에서도 이중적인 과제를, 그 "재미있는" 과제를 떠맡아야 한다. 나는, 귀를 가진 사람들에게는, 비약을 무릅쓰고 이렇게 말하고 싶다. 이러한 연인들이 새롭게 창조하는 담화는, 새롭게 창조하는 욕망은, 단지 자신들의 삶을 변화시키는 것이 아니라 궁극적으로 세계 그 자체를 변화시킬 수 있을 것이라고 말이다. 그렇게 되어야 혁명은 연애를 위한 배경이기를 멈출 것이고, 연애는 혁명을 위한 희생양이기를 멈출 것이다.

・・・・・・
9) 같은 곳.

사랑과 연합

1

오늘 저는, 한 가지 생각을 비판하면서 이야기를 시작하려고 합니다. 즉, 이론과 실천은 별개의 것이라는 생각 말입니다. 얼마 전까지 저는 이 생각을 지지해야만 했습니다. 왜냐하면, 이론적 작업에 헌신해야 할 사람들이, 엉뚱하게도 실천을 동경해왔기 때문입니다. 그래서 저는, 헤겔의 시간과 레닌의 시간을 구분해야 한다고, 우리에게 필요한 것은 헤겔의 시간이라고 이야기했습니다.[1] 게다가 저는 헤겔의 시간에 관한 이야기를 끝내면서 "저는 오늘날 이론적 행위의 한 계기가 실천이 되어야 한다고 생각합니다"라고 말했습니다.[2] 그런데 오늘 다룰 문제가 바로 이것과 관련되어 있습니다. 저는 저 구분에 더이상 유효성이 없다는 이야기를 하려는 것이 아닙니다. 오히려 시야를 확장해야 할 필요가 있습니다.

──────────
1) 「헤겔의 시간」, 철학아카데미 제3회 현대사상 심포지움 발표문 (2007년 10월 6일). 이 책의 2장이 그 발표문이다.
2) 이 책의 47쪽.

저는 철학이라는 이름을 저의 정체성 속에서 버린 지가 오래되었습니다. 물론 이는 그럼에도 불구하고 제가 철학책을 읽고 있다는 사실과 전혀 모순되지 않습니다. 저는 철학이 보존해온 진리의 불씨를 꺼뜨려서는 안 된다고 생각합니다. 하지만 형식으로서의 철학이 오늘날 그 사명을 다했다고 보는 것이지요. 우리는 더 간단하고도 명료한 용어를, 즉 학문이라는 용어를 지지해야 합니다. 물론 저는 제도로서의 철학이 당장 폐지되어야 한다고 생각하지 않습니다. 오히려 정반대이지요. 저는 전략적인 고려의 가치를 폄하하는 원리주의자가 아닙니다. 다만 전략가라는 정체성을 좋아하지 않을 뿐이지요. 학자에게 철학책은 가치가 없지 않습니다. 학자가 이루어놓은 것이 아무리 적다고 해도 말입니다.

제가 이론과 실천을 별개의 것으로 보는 생각을 비판하려는 것은, 학문과 실천을 별개로 보는 생각을 비판해야 하기 때문입니다. "시차"를 알지 못하는 이러한 섣부른 판단도 물론 존재의 근거를 가지고 있습니다. 하지만 오늘 그 근거를 파고들지는 않을 것입니다. 학문과 실천은 동일한 층위에 있는 용어가 아닙니다. 물론 "학문과 실천은 별개의 것이다"라고 주장하는 사람이든 그 정반대를 주장하는 사람이든, 그 둘을 동일한 층위에 놓고 있을 것입니다. 그리고 이렇게 그 둘을 동일한 층위에 놓고 싶게 만드는 근거가 있을 것입니다. 하지만 오늘 그 근거를 파고들지 않을 것이라는 말을 금방 저는 했지요.

실천과의 관계를 풀기가 손쉬운 일은 아니었기 때문에, 철학자들은 종종 "철학"이라는 용어를 동사로 보아야 한다는 주장을 하곤 했습니다. 그래서 "철학함 그 자체" 같은 것에 대해서 이야기했습니다. 하지만 오늘날 저는 그 속에서 단 한 톨의 현실성도, 혹은 현실성의 대체물도 발견할 수 없습니다.

다시 한 번 말하지만, 저는 제도로서의 철학이 아직은 보존되어야 한다고 생각합니다. 하지만 학문적 연합을 구성하는 과도기 동안만 보존되어야 한다는 것이 또한 저의 생각입니다. 저는 이러한 생각이 시인에 대한 플라톤의 처사보다 관대하다고 생각합니다.

얼마 전 번역된 『시차적 관점』에서 지젝은 가라타니를 비판하고 있습니다. 그는 가라타니가 가장 창조적인 곳에서 가라타니를 비판하지 않지요. 요컨대 그는 그곳에서 가라타니를 읽지 않기를 멈추지 않지요. 단적으로 그는 그곳을 지각할 수 없습니다. 가라타니가 가장 창조적인 곳은, 그가 아나키스트에서 연합주의자로 넘어가는 곳입니다. 아나키즘과 맑스주의는 사실, 어떤 역사의 갈림길에서, 서로의 거울상이 될 운명이었지요. 각자가 반쪽의 진리를 담지한 채로 말입니다.

저의 가장 궁극적인 근심은 "과연 학문이 연합에 적합한가"라는 물음에 걸려 있습니다. 이 물음은 학문적 연합이 성공적으로 구성된다고 하더라도 사라지지 않을 물음입니다. 이 물음은 학문의 존재 근거 자체를 와해시킬 수 있는 물음입니다. 그래서 저는 이 물음을 무기한 억압할 것입니다.

학문과 실천이 동등한 층위에 있지 않다면, 그 둘의 관계는 무엇일까요? 학문이 공동체로서 존재하지 않는 한에서 저는 실천이 바로 그 학문 자체 안에 있다고 말할 것입니다. 저의 이 말을 "학자는 열심히 살아야 한다" 정도의 뜻으로 이해하지는 말아야 합니다. **학문 내적 실천**은 그보다는 더 구체적인 무엇입니다.

얼마 전 저는 "학문 공동체"라는 우스꽝스러운 표현과 조우했습니다. 인터넷을 통해서라면 과연 온갖 것들과 조우하게 됩니다. 그중 하나가 저에게는 "학문 공동체"라는 용어였습니다. 이 말은 저에게 "아나키스트 공동체"라는 말만큼이나 우스꽝스럽게 들립니다. "학문 공동체"란 같이 공부도 하고 식사도 한다는 뜻일까요? 아마 공부를 하고 식사를 하는 데 필요한 일체의 부수적인 일들도 같이 한다는 뜻일 것입니다. 그러면서 그 공동체원들은 우애를 나눌 것입니다. 사랑을 나누는지는 확실하지 않겠지만 말입니다. 공동체가 진정한 사랑의 발생을 저어한다는 사실은 오랫동안 은폐되어 왔습니다. 저는 사랑과 조우한 어떤 남자의 이야기를 알고 있습니다. 그는 공동체의 동료 구성원들이 다 있는 곳에서 사랑과 조우했고, 그래서 당혹한 그는 사랑을 준 상대방에게 왜 자신만 그것을 받아야 하는지 항의했습니다. 그 순간 그는 사랑의 향유를 선물로 환원시켜버렸습니다. 우리가 알고 있는 가장 퇴락한 의미에서의 선물, 즉 때가 되면 주어야 할 사람에게 주어야 하는 어떤 것으로 말입니다. 일정한 조직 안에서 노동운동이나 학생운동을 했던 사람들은, 그 조직이 사랑의 발생에 매우 민감하다는 것을 한 번쯤은 경험했을 것입니다. 구성원들 사이에서의 사랑의 발생은 조직을 와해시킬 수 있는 것이기에, 그들은 남몰래 사랑을 할 수밖에 없었지요. 어쩌면 저 유명한 "남몰래 하는 사랑"이 태어난 것도, 그리고 사랑에 은밀함의 속성이 거의 본질의 차원에서 귀속되는 것도, 공동체 안에서 아닐까요? 이와 관련하여 저는 여러분이 한 저자의 이름을 알고 있기를 바랍니다. 그의 이름은 이종영인데, 제가 이 이름을 알리는 이유는 그의 저서 『성적 지배와 그 양식들』에 다음과 같은 제목의 장이, 즉 "사랑에 맞서는 남성공동체"라는 제목의 장이 있기 때문입니다.

   대학의 내부에 있을 때 학문 내적 실천이라는 것에 대한 감각을 획득하기는 힘든 일입니다. 왜냐하면 대학은 학문 내적 실천의 구체적 항목들을 다 인지하지는 못하며, 따라서 그 항목들의 일부를 비본래적인 것으로 취급하기 때문입니다. 반면에 저는 번역일과 출판일을 하면서, 이 두 가지 작업이 학문 내적 실천의 구체적이고 본질적인 항목이어야 한다는 생각을 갖게 되었습니다. 학회의 경우도 대학과 사정은 엇비슷합니다.

예전에 저는 출판일이 학문 유관적이기는 하지만 학문 외적인 일이라고 생각했습니다. 하지만 지금은 그런 생각을 버렸으며, 학문적 연합이 자신의 본질적 요소들 가운데 출판을 포함하고 있어야 한다고 생각합니다. 사람들이 출판업을 그 자체 독립적인 업종으로 생각하게 만드는 주관적이거나 객관적인 조건이 물론 없지 않습니다. 헤겔은 직업단체를 시민사회와 국가의 매개항으로 생각합니다. 시민사회든 국가든 공동체의 국면들이라고 보았을 때, 헤겔은 실로 절묘한 지점에 직업단체를 배치하고 있는 셈입니다. 여하간 이러한 매개항의 자리에 딱 들어맞는 업종이 하나 있다면 그것은 출판업일 것입니다. 우리는 공동체성의 유지 그 자체에 기여도가 높은 직업들을 생각해볼 수 있을 것입니다. 연합 구성의 관점에서 볼 때, 그와 같은 직업들은 연합 내부의 실천성으로 환원되어야 하며, 독립적인 직업으로 간주되지 말아야 합니다. 아마 언론의 기능도 궁극적으로 그러한 방식으로 각 연합들 속으로 "해체"되어야 할 것입니다.

흥미롭게도 가라타니 고진은 연합의 또 다른 가치를 생각했습니다. 그는 국가의 문제를 근본적으로 사유했습니다. 그는 "국가의 방해"라는 것을 실로 심각하게 생각했지요. 그래서 그는 군사적 주권을 국제연합에 양도해야 한다는 착안을 하게 되었습니다.[3] 이러한 제안이 아무리 실현불가능하게 보여도, 저는 이러한 제안을 할 줄 아는 사람의 이름을 진정 인정하지 않을 수 없지요. 제가 가라타니주의자인 것은 바로 그 때문입니다.

얼마 전 북한은 우주를 향해 거대한 남근을 쏘아 올렸습니다. 그것은 문자 그대로 "남근"입니다. 그 행위는 즉각 주변 국가의 남근을 가진

---
[3] 가라타니 고진, 『세계공화국으로』, 조영일 옮김, 도서출판 b, 2007 참조.

자들을 자극했지요. 자극을 받은 자들이 "우리도 그것을 가졌다는 것을 보여주어야 한다"고 생각하는 것에 이상할 것은 없습니다. 그런 가운데 한국의 언론들은 북한이 가진 남근과 남한이 가진 남근의 성능을 비교하는 일을 잊지도 않고 했습니다.

전쟁과 남근의 연관성과 관련하여 우리는 다음과 같은 이종영의 언급을 참조할 수 있을 것입니다. 그는, 데리다에 맞서 헤겔의 텍스트를 눈부시게 해명하면서, 이렇게 말합니다. "전쟁은 '여자의 호감을 사는 젊은이', 무사의 지배를 가능하게 하는 것이고, 그리하여 여성은 무사들의 정치공동체로부터 축출되어 가족으로 유폐되어버리는 것이다. 다른 한편으로 이러한 무사의 지배가 가능한 것은 그 지배가 무사들에 대한 '여자들의 호감'에 토대하고 있기 때문이다. 여자들은 무사들에 대한 사랑에 의해 정치공동체로부터의 축출을 감내하는 것이다."4) 바로 여기에, 전쟁의 한 가지 비밀, 즉 남성지배 재생산의 기능이 있다는 것이지요.

그런데 남근의 형상이 실은 도처에 있다는 것을 우리는 어쩌면 자각하고 있지 못합니다. 예컨대 동일한 출판사에서 출간된 『다중』이라는 책과 『그대들을 희망의 이름으로 기억하리라』라는 책의 표지에서 남근 형상을 발견하지 못하는 일은 어려운 일입니다. 하지만, 그 책들이 무엇을 다루는지를 반추해 보건데, 자각되지 못했던 한에서 저 형상은 표지에 등장할 수 있었을 것입니다. 예전에 히로키 씨는 지적이 온갖 곳에서 대상 a를 발견한다는 데 대해서 불평을 한 적이 있었습니다. 아마 그는 훨씬 더 나쁜 사실을, 즉 실은 온갖 곳에 대상 a에 못지않게 남근 형상이 있다는 사실을 알지는 못할 것입니다. 이러한 평상시의 남근 형상들은 언젠가 도래할 전쟁을 위해, 남근에 대한 감각을 잊지

---

4) 이종영, 『성적 지배와 그 양식들』, 새물결, 2001, 317쪽.

않도록 하기 위해 있는 것도 같습니다.

저는 여자들 사이에는 우애가 없다는 생각을 해본 적이 있습니다. 아무래도 참된 우정의 사례 같은 것을 우리는 남자들 사이에서 손쉽게 발견하기 마련이지요. 여자들 사이에 우애가 없다고 하더라도, 이는 여자들 사이에 아무런 관계도 없다고 말하는 것은 물론 아닙니다. 저는 여자들 사이에 아무래도 우애 같은 것은 없다고 생각했고, 하지만 동시에 바로 그 없는 곳의 자리에서 다른 무언가를, 즉 평등을 발견했습니다. 저는 여자들이 자신들 사이의 관계에서 우애보다는 평등을 선택했다고 생각합니다. 우애를 발견한 것이 남자라면, 평등을 발견한 것은 여자일 것입니다.

그런데 바로 여기에 어려운 문제가 있습니다. 즉 평등을 관계를 수식하는 형용사가 아니라 관계 그 자체로 인식하는 것, 그것이 어려운 문제입니다. 우리는 어떤 관계가 평등하다든가 평등하지 않다든가 하는 식으로 말하는 버릇이 있습니다. 그렇게 되면 평등이라는 관계가 있는 것이 아니라, 평등과는 상관없는 어떤 관계가 우선은 주어져 있고, 그 관계가 그런데 평등한 관계인지 아닌지를 따지는 것이 문제가 됩니다. 이러한 습관 때문에 우리는 평등을 하나의 관계 그 자체로 인식하고 기입하는 데 실패합니다. 그리고 바로 그렇기 때문에 우리는 평등관계에 단도직입적으로 진입할 수 없게 됩니다. 관계로서의 평등은 우리가 그 안에 있거나 아니면 밖에 있거나 둘 중 하나인 그런 것입니다. 예를 들어 스승과 제자의 관계가 있다고 할 때, 우리는 그 관계를 상대화하지 않습니다. 즉 그 관계의 더나 덜을 따지지 않습니다. 평등의 관계에서도, 더와 덜이 문제될 수 없으며, 오로지 진입만이 문제될 수 있습니다.

평등의 관계 속에 진입한다는 것은, 더이상 권위의 인정이 문제가 되지 않는다는 뜻입니다. 제가 이종영 씨와 가라타니 씨를 인정할 때, 저는 매우 정확한 의미에서 그들의 권위를 인정합니다. 이는 제가 그들과의 평등을 단적으로 받아들이기 때문입니다.

평등이 아닌 우애에 기초하고 있는 인간 집단을 저는 공동체라고 부를 것입니다. 프랑스혁명이 자유와 평등과 우애의 기치를 내걸었다는 사실은 두 가지를 함의합니다. 첫째는 프랑스혁명이 공동체성을 저버리지 않았다는 것이고, 둘째는 평등을 하나의 관계로 파악하지 않았다는 것입니다. 가끔씩 저는 오늘날의 유럽이 실로 하나의 거대한 공동체가 아닐까 하는 생각을 하곤 합니다. 물론 유럽에 문명적 요소가 있다는 것을 저는 인정하지만, 공동체적 요소도 있을 것입니다. 제가 평등을 하나의 관계로 놓으려는 것은, 공동체의 깃발이 아닌 연합의 깃발을 만들기 위해서입니다. 저는 연합의 깃발을 다음과 같이 제시할 것입니다 — 자유, 권위, 평등. (2009년 4월 9일)

2

사랑은 왜 지속적일 수 없을까요? 오늘은 이 문제를, 여러분의 관심사가 아닐 수 없을 이 문제를 다루도록 합시다. 이 문제를 다루면서 우리는 분명 어떤 오래된 문제를 다루는 것입니다. 하지만 결국 새로운 문제 또한 다루게 될 것입니다.

사랑은 지속적일 수 없을 뿐더러, 일반인의 언어 속에서 순간적인 것으로 나타납니다. 그러니 왜 일시적이거나 순간적인 사랑은 있어도, 항구적인 사랑 같은 것은 없는 것일까요?

이 물음에 접근하기 위해서 우리는 또 다른 물음을 던져야 합니다. 하나의 물음 옆에서 또 하나의 물음을 이렇게 던져놓아야, 우리는 문제의 지평을 획득할 수 있습니다.

아무리 순간적인 사랑이라고 하더라도, 종종 사랑의 결실이 없지 않은 경우가 있습니다. 그 결실을 우리는 "아이"라고 부르지요. 그러니

아이란 무엇일까요? 물론 우리는 아이가 부모의, 즉 한 남자와 한 여자의 반반씩을 물려받은 존재라는 것을 잘 알고 있습니다. 하지만 그러한 존재로서 우리는 아이 말고 무엇을 더 확인할 수 있을까요? 아이 말고 무엇이 남자와 여자의 협업을 통해 태어나는 것일까요? 물론 저는 직접적인 협업을, 사랑의 협업을 말하는 것입니다.

이제 저는 여러분이 실로 이상한 곳에 발을 들여놓았다는 느낌을 갖기를 바랍니다. 왜냐하면 이곳에서 우리는 남자와 여자의 직접적인 협업의 결실로 아이 말고는 거의 아무것도 확인할 수 없기 때문입니다. 저는 사랑을 하는 남자와 여자가 함께 무언가를 산출하는 사례를, 그렇게 산출되는 것이 또 하나의 (예비적) 인간인 경우를 제외하고는, 찾아볼 수가 없습니다.

물론 사랑을 하는 사이가 아니라면 얼마든지 같이 일을 할 수 있지요. 하지만 같이 일을 하다가 사랑을 하게 된다면 말입니다, 그럴 경우 그 커플에게는 어떤 예감이, 즉 그 공동의 작업을 더이상 함께 할 수 없을 것 같다는 어떤 예감이 들게 마련입니다. 이는, 하나의 예감으로서의 근친상간 금지와도 같이, 실로 심오한 예감입니다.

하지만 이 예감은 어쩌면 사랑이 개시되는 바로 그 시점에서 발견되는 예감이지 않을까요? 저는 "사랑은 왜 지속적일 수 없을까?"라는 물음에서 오늘의 이야기를 시작했습니다. 그런데 이 물음이 품고 있는 사실성, 즉 사랑의 비지속성 그 자체가 사랑이 개시되는 바로 그 시점에 연인들의 예감 속에 들어 있는 것 아닐까요? 즉 시작은 종말을 이미 예감하고 있는 것 아닐까요?

제가 연인들의 윤리를 제시할 수 있는 것은 바로 그 때문입니다. 즉 지속성의 양태에서의 사랑을 발명하는 것, 저는 그것을 연인들의 의무에 기입하려고 합니다.

이러한 예감, 혹은 예감들은 심오한 것입니다. 그렇다면 심오함의 감정이란 무엇일까요? 심오함의 감정은 실은 가장 친숙한 것들에서 옵니다. 가장 친숙한 것들이 그 원리의 층위에서 우리에게 불러일으키는 감정이 심오함의 감정입니다. 예를 들어 가정의 원리에는 어떤 심오함이 있습니다.

가정을 이루는 남자와 여자에게는, 언젠가 가정을 그렇게 이루기 전에, 사랑이 발생한 적이 있다고 가정됩니다. 종종 그들의 아이들은 그때가 정확히 언제였는지를 부모에게 질문하기도 하지요. 그런데 그 아이가 한 명의 주체라면 말입니다, 그 아이가 주체라는 사실 그 자체는 부모의 저 한 순간의 사랑에 의해 확보되는 것이 아니라, 가정 그 자체에 의해서, 어떤 지속성에 의해서 확보되는 것입니다. 더 나아가 이러한 지속성이 없다면 이 지속성 그 자체도 재생산될 수 없을 것입니다.

이제 우리는 두 가지를, 즉 사랑의 한시성과 가정의 지속성을 발견합니다. 실제로 결혼의 서약에는 심오한 거짓말이 있습니다. 즉 우리는 영원한 사랑을 맹세하지요. 하지만 사랑은 구조적으로 영원할 수 없는 것이기 때문에, 이 거짓말에는 어떤 뚜렷한 기능이 있다고 보아야 합니다. 이 거짓말을 통해서 말하자면 "순간에서 영원으로"가 달성됩니다. 우리는 이를 결혼의 기적이라고 부를 수 있습니다.

저는 이미 공동체가 사랑의 발생에 민감하다는 말을, 더 나아가 사랑의 발생을 저어한다는 말을 했습니다. 그렇다면 사랑의 발생을 저어하는 공동체란 어떤 공동체일까요? 물론 여유가 없는 공동체지요. 하지만 어떤 여유가 없는 공동체일까요? 사랑을 받아줄 만한 여유가 없는 것일까요? 이러한 그럴듯한 대답은 우리가 정답을 놓치는 한에서 그럴듯합니다. 사실 사랑의 발생을 저어하는 공동체는 가족을 받아줄 만한 여유가 없는 공동체입니다. 역으로 국가가 사랑에 무관심할 수 있는 것은 가족이 있기 때문이며, 국가가 가족을 품을 수 있기 때문입니다. 가족을 품지 못하는 국가는 조만간 멸망할 것입니다.

종종 인간을 동물로 환원하는 것을 즐기는 사람들이 있습니다. 하지만 그러한 환원이 궁극적으로 의존하고 있으면서 동시에 은폐하고 있는 사실이 있습니다. 그것은 인간이 동물이라는 사실이 아닙니다. 오히려 그것은 인간의 문명이 동물성의 흔적을 지우지 못했다는 사실입니다. 바로 그렇기 때문에 인간은 종종 동물처럼 보이는 것이지요.

따라서 사랑의 순간성을 인간이 동물이라는 사실에서 이끌어낼 수는 없습니다. 실로 동물들의 사랑은 순간적입니다. 이는 사랑의 기능이 무엇보다도 종의 유지에, 재생산에 매달려 있기 때문입니다. 인간의 경우 사랑의 순간성은, 동물성 그 자체인 것이 아니라, 문명 속의 동물성의 흔적입니다. 인간은 매우 불완전하고 무기력한 존재로 태어나며, 바로 그렇기 때문에 동물들이 본능을 통해 비교적 손쉽게 해결하는 과제를 문명을 통해 해결해야 합니다. 그 문명적 해결책을 프로이트는 "오이디푸스 콤플렉스"라고 불렀지요. 하지만 사랑을, 아이와 대타자가 공모하는 이 드라마로 환원해야 할까요?

저는 그렇게 생각하지 않습니다. 오히려 저는 남자와 여자가 아이를 낳는 과제와는 다른 과제를 위해 사랑의 관계를 맺을 수 있다고 생각합니다. 그게 가능하다면, 바로 그 과제 자체가 과제에 부합하는 만큼의 사랑의 지속성을 보증할 것입니다. 하지만 사랑은 구조적으로 한시적이기 때문에, 이러한 새로운 유형의 사랑은, 어떤 구조를 극복하는 것이어야 합니다. 저는 그 구조의 이름을 공동체라고 부를 것입니다.
(2009년 4월 14일)

VI

기능하는 윤리
주체의 진리와 자리
주체와 윤리
상상적 전회를 통한 들뢰즈의 내기: 주체 없는 공동체
연합의 길

기능하는 윤리

1

저는 오늘 "기능하는 윤리"에 대해서 이야기할 것입니다. 이 명칭에 대한 영감은 주판치치에게서 온 것입니다. 그녀는 "기능하는 사랑"이라고 말해보았습니다.[1] 더이상 기능하지 않는 어떤 사랑의 판본을 아마도 염두에 두면서 말입니다. "사랑이란, 비록 언제나 궁정식 사랑의 경우처럼 철저한 형태를 띠지는 않는다 해도, 언제나 숭고한 대상을 숭배함이 아니던가?"[2] 일반적으로 오늘날 이와 같은 사랑의 판본은 더이상 유효하지 않습니다. 사람들이 그러한 사랑에 여전히 매혹을 느끼고 있더라도 말입니다. 그러한 이끌림에는 아쉬움이나 안타까움이 동반됩니다. 그런데 그 안타까움은, 더이상 어떤 우연적인 실패에 대한 안타까움이 아니며, 이미 성공의 구조적 불가능성에 대한 자각에서 말하자면 덧붙여지는 것입니다. 우리는 되돌아갈 수 없다는 것을 알고 있습니다. 그리고 이는 우리가 사랑에 관해 무언가를 또한 알고

------
1) 알렌카 주판치치, 『정오의 그림자』, 조창호 옮김, 도서출판 b, 2005, 245쪽.
2) 같은 책, 247쪽.

있기 때문입니다. 오늘날 우리는 숭고한 사랑이 환상에 의해 지탱되고 있다는 것을 — 라캉을 읽지 않았더라도 — 알고 있습니다. 이점을 알고 있는 사람들이 일반적으로 그리고 전적으로 그와 같은 사랑에 헌신할 수는 없습니다. 전적으로 헌신하는 사람이 있다면 그는 심지어 그를 예전에 사랑했던 사람에게도 우스꽝스럽거나 제 정신이 아닌 사람으로 보일 것입니다. 사실 사랑과 관련하여 일이 이렇게 된 것이 오늘날인지는 의심스럽습니다. 우리는 그렇지 않은 적이 있었는지 알지 못합니다.

사랑의 경우와 마찬가지로, 기능하는 윤리에 대해 말할 때 우리는 더이상 기능하지 않는 어떤 윤리의 판본을 염두에 두고 있습니다. 주판치치는 그것을, 라캉을 따라서, "고전적 윤리"라고 부릅니다. 고전적 윤리는 주인 담론이 지배적일 때 기능하는 윤리를 가리킵니다. 고전적 윤리가 오늘날 기능하지 않는다는 것은, 오늘날 지배적인 담론이 주인 담론이 아니라는 것을 함축합니다. 주판치치는 고전적 윤리를 체현하는 형상으로서 안티고네라는 비극의 주인공을 제시합니다.

안티고네와 관련해서는 언제나 "안티고네의 유혹"이라고 불러야 할 것이 있어왔고, 바로 그러한 유혹에서 비롯된 동요가 있어왔습니다. 물론 안티고네는 윤리의 어떤 전형이나 지위에 못 미치는 인물이 아닙니다. 주판치치는 이점에서 물러서지 않습니다. 그녀는 "고전적 윤리" 혹은 "주인의 윤리"를 또한 "환상의 윤리"라고도 부릅니다. 이는 우리가 오늘날 많은 것을 알고 있기 때문입니다. 하지만 그럼에도 불구하고 그녀는 그것을 여전히 윤리라고 부릅니다.

> 안티고네의 형상을 "환상의 논리"와 연결하는 것은 역설적으로 보일 수도 있을 것이다. 오히려 그녀는 탁월한 윤리적 형상이지 않은가? 물론 그녀는 그렇다. 하지만 정확히 우리가 어떤 "환상의 윤리"가

있다는 것을 인정해야만 하기 때문에 그렇다. 욕망의 윤리는 환상의 윤리(혹은 주인의 윤리라 부를 수 있는 것)이다. 자신의 환상을 실현하기 위해 죽을 (혹은 죽일) 준비가 된 누군가에게 일체의 윤리적 존엄을 인정하지 않을 수는 없는 일이다.3)

우리가 주판치치의 정확성에 감탄하는 것은 그녀가 바로 이렇게 말할 수 있기 때문입니다. 우리는 안티고네를 탁월한 윤리적 형상으로서 인정하면서 동시에 상징적 배치에서의 변화가 일어났다는 것을 인정할 수 있습니다. 이 둘을 동시에 인정하면서 우리는 고전적 윤리가 윤리이지만, 오늘날 작동하지 않는 윤리라고 말할 수 있습니다. 일반적으로 이 윤리를 지탱해주는 관점은 더이상 우리에게 존재하지 않습니다.

하지만 안티고네가 여전히 매력을 발휘한다는 것 역시 사실입니다. 그리고 이와 관련하여 흥미로운 동요를 보여주는 것은 다름 아닌 지젝입니다. 다음의 두 인용문을 비교해봅시다. 첫 번째 것은 1989년에 출간된 지젝의 『이데올로기의 숭고한 대상』에 나오는 것이고 두 번째 것은 십 년 뒤에 출간된 『까다로운 주체』에 나오는 것입니다.

> 안티고네는 극단까지 나아가며, "자신의 욕망에 대해 양보하지 않는다". 그녀는 "죽음 충동", 죽음을 향한 존재에 있어서의 이와 같은 고집을 통해, 일상적인 감정들과 고려사항들, 열정들과 두려움들의 순환에서 벗어나, 무섭도록 무자비해진다.4)

‥‥‥
3) 알렌카 주판치치, 『실재의 윤리』, 이성민 옮김, 도서출판 b, 382쪽.
4) 슬라보예 지젝, 『이데올로기라는 숭고한 대상』, 이수련 옮김, 인간사랑, 2002, 205쪽. 번역 수정.

어떻게 하이데거의 죽음을-향한-존재는 프로이트의 죽음 충동과 관계하는가? 그것들을 동일시하려는 (1950년대 초의 라캉 저작에서 발견되는) 몇몇 시도들과는 반대로, 우리는 그것들의 근본적 양립불가능성을 강조해야 한다: "죽음 충동"은 "산죽은" 라멜르를, 존재의 존재론적 열림에 선행하는 충동의 "불멸약" 주장을 가리키는 반면에, 인간 존재는 "죽음을-향해-있음"의 경험 속에서 존재의 유한성과 대면한다.5)

첫 번째 인용문에서 지젝은 죽음 충동과 죽음을 향한 존재를 동일시하고 있지만, 두 번째 인용문에서는 그 둘의 양립불가능성을 강조합니다. 지젝 스스로도 이와 같은 차이에 대해 반성적으로 언급합니다. 그는 『그들은 자기가 하는 일을 알지 못하나이다』의 제2판 서문에서 "『숭고한 대상』은 (……) 자발적으로 자신의 죽음을 받아들인 안티고네에서 구현된 순수한 욕망의 윤리학에 집착했다"라고 쓰고 있습니다.6) 아마 우리는 지젝이 처음에는 죽음을 향한 존재에서의 안티고네 형상에 매혹 당했다고 말할 수 있을 것입니다. 그리고 이러한 이끌림은, 죽음 충동과 죽음을 향한 존재의 동일시를 통해, 이론적 실패로서도 나타난 것입니다.

하지만 이와 같은 반성을 통해 안티고네의 행위가 전적으로 거부되는 것은 아닙니다. 예를 들어 최근에 출간된 『이라크』에서 지젝이 "안티고네는 죽음을 무릅쓰거나 상징적 질서를 중지시키는 것(정치적 행위에 대한 나의 규정)뿐만 아니라 능동적으로 죽음을 향해, 상징적이고 실재적인 죽음을 향해 분투하며 그로써 그 어떤 사회-정치적 변형

---
5) 슬라보예 지젝, 『까다로운 주체』, 이성민 옮김, 도서출판 b, 2005, 115쪽.
6) 슬라보예 지젝, 『그들은 자기가 하는 일을 알지 못하나이다』, 박정수 옮김, 인간사랑, 2004, 19쪽.

활동도 넘어선 욕망의 순수성을 드러낸다고 하는 비난은 어떤가?"7)라는 물음을 던질 때, 이는 마치 이제는 취소된 과거의 자신의 입장을 또한 겨냥하고 있는 듯 보이지 않습니까? 여하간 이에 대한 응답으로 지젝은 안티고네의 행위의 정치성을 온전히 인정합니다. 그리고 이렇게 말합니다. "그녀의 자살은 죽음을 향한 순수한 상징적 분투가 아니었으며 특수한 상징적 의례에 대한 무조건적 고집이었다."8)

죽음 충동을 죽음을 향한 존재와 동일시할 수 없더라도, 그리고 안티고네를 한낱 죽음을 향해 돌진하는 형상으로 보기를 멈추더라도, 안티고네가 죽음을 무릅쓴다는 사실에는 변함이 없습니다. 분명 안티고네는 그녀의 행위에, 그녀의 욕망의 실현에 죽음 자체를 걸어놓고 있습니다. 물론 우리는 어떤 사람이 병으로건 자연적으로건 때가 되어 죽게 될 때, 거기에 아무런 윤리적인 것도 없다는 것을 알고 있습니다. 우리는 물리적 죽음이 그 자체로 윤리적 심급과 무관하다고 말할 수 있을 것입니다. 주판치치는 안티고네의 행위와 관련하여 죽음의 역할에 대해 이렇게 말합니다. "상징적 질서의 도래에 의해 도입된 그 무엇 때문에, 죽음은 단순히 더 일찍이든 더 늦게든 우리에게 발생하는 (그리하여, 그 자체의 자율적 삶을 갖는 상징적 질서로부터 우리를 '경험적으로' 떼어놓는) 어떤 것이 아니며, 오히려 그 자체로 상징적 질서 내에서 내기(a stake or a wager)가 될 수 있다."9) 우리는 이러한 죽음을 어떤 사람이 "······보다는 차라리 죽음을"이라고 할 때 발견합니다. 주인과 노예의 변증법에서 주인이 선택하는 것 말입니다. 예를 들어 "돈이냐 생명이냐"라는 강제된 선택에 직면하여 노예는 "굴복"하

---

7) 슬라보예 지젝, 『이라크』, 박대진 외 옮김, 도서출판 b, 2004, 109쪽.
8) 같은 책, 109쪽.
9) Alenka Zupančič, "Ethics and Tragedy in Lacan", in *The Cambridge Companion to Lacan*, ed. Jean-Michel Rabaté, Cambridge: Cambridge University Press, 2003, p. 186.

고 생명을 선택하지만, 주인은 "그 핵심에 있어서 고전적 윤리의 준칙이라고 할 수 있는 '……보다는 차라리 죽음을!'이라는 준칙을 고수"합니다.10) 우리에게 죽음이 단 하나만을 의미한다면, 즉 그것이 한낱 생물학적 죽음만을 의미한다면, 주인의 윤리는 기능하지 않았을 것입니다.

우리는 고전적 사랑(궁정식 사랑)에서건 고전적 윤리에서건 승화의 논리가 작용하고 있다는 것을 알 수 있습니다.『정신분석의 윤리』에서 라캉은 "승화는 대상을 (……) **사물**의 존엄으로 고양시킵니다"라고 말합니다.11) 이러한 승화 공식을 지젝은 이렇게 풀어 씁니다: "승화에서는 어떤 것 ― 우리의 일상적 현실의 일부인 어떤 대상 ― 은 주체가 생명 자체보다 더 가치 있다고 여기는 무조건적인 대상으로 고양된다."12) 승화의 메커니즘을 더 잘 이해하기 위해서 칸트가『실천이성비판』에서 제공하는 유명한 사례를 검토해보겠습니다. 라캉이 참조하는 이 사례는 또한 주판치치에 의해 반복해서 언급되는 사례(들)이기도 합니다.

> 누군가가 그의 성적 쾌락의 경향성에 대해, 사랑스런 대상과 그를 취할 기회가 그에게 온다면, 그로서는 그의 경향성에 도저히 저항할 수가 없다고 그럴듯하게 둘러댄다고 가정해보자. 그러나 그가 이런 기회를 만난 그 집 앞에, 그가 그러한 향락을 누린 직후에, 그를 달아매기 위한 교수대가 설치되어 있다면, 그래도 과연 그가 그의 경향성을 이겨내지 못할까? 그가 어떤 대답을 할지는 오래 궁리할 필요도 없다. 그러나 그에게, 그의 군주가 그를 지체 없이 사형에

......
10) 주판치치,『실재의 윤리』, 331쪽.
11) Jacques Lacan, *The Ethics of Psychoanalysis*, New York and London: Norton, 1997, p. 112.
12) 슬라보예 지젝,『전체주의가 어쨌다구?』, 한보희 옮김, 새물결, 2008, 243쪽.

처하겠다고 위협하면서, 그 군주가 기꺼이 그럴듯한 거짓 구실을 대 파멸시키고 싶어 하는, 한 정직한 사람에 대하여 위증할 것을 부당하게 요구할 때, 그의 목숨에 대한 사랑이 제아무리 크다 하더라도, 그때 과연 그가 그런 사랑을 능히 극복할 수 있다고 생각하는지 어떤지를 물어 보라. 그가 그런 일을 할지 못할지를 어쩌면 그는 감히 확정하지는 않을 것이다. 그러나 그런 일이 그에게 가능하다는 것을 그는 주저 없이 인정할 것임에 틀림없다. 그래서 그는, 무엇을 해야 한다고 의식하기 때문에 자기는 무엇을 할 수 있다고 판단하며, 도덕 법칙이 아니었더라면 그에게 알려지지 않은 채로 있었을 자유를 자신 안에서 인식한다.[13]

이로써 칸트는 어떤 주장을 하고 싶었던 것일까요? 도덕법칙 말고는 우리가 우리의 안녕과 정념적 이해에 반하여 행위하도록 만들 수 있는 그 어떤 힘도 없다는 것이 이 두 사례로부터 따라 나오는 것으로 가정되고 있습니다. 요컨대 첫 번째 일화에서는 도덕법칙이 작용하지 않는다는 것이지요. 무슨 일이 있더라도 여자와 함께 밤을 보내는 것, 그것을 칸트는 도덕법칙의 편에 놓지 않았습니다. 오히려 정념적인 것의 편에 놓았지요. 반면에 친구를 위해 목숨을 걸고서라도 위증을 거부하는 것, 그것을 그는 도덕법칙의 편에 놓았지요. 오로지 도덕법칙만이 그와 같은 자유의 행위를, 자신의 정념적 이해에 반하는 자유의 행위를 가능하게 한다는 것입니다. 승화에 대한 라캉의 정식화를 가지고 이 두 사례에 접근할 경우 곧바로 여기서 칸트가 우리를 속이고 있다는 것이, 혹은 적어도 모든 것을 드러내지 않는다는 것이 밝혀집니다. 두 번째 사례에서 칸트는 너무 많은 것을 말하며, 그로써 우리를

- - - - -
13) 임마누엘 칸트, 『실천이성비판』, 백종현 옮김, 아카넷, 2002, 85-86쪽.

기만합니다. 첫 번째 사례에서 칸트는 너무 적은 것을 말합니다. 우선 두 번째 사례부터 살펴보겠습니다. 이 경우 칸트는 무엇을 더 말한 것일까요? 여기서 칸트는 군주의 비겁함과 친구의 정직함을 은근슬쩍 끌어들입니다. 독자들로 하여금 칸트에게 동의하도록 만들 정념적인 "비원칙적 이유들"을 말입니다.14) 독자들은 "더 강한 이유에서(a fortiori)" 칸트에게 동의하게 되는 것입니다. 칸트의 이 사례에 나오는 군주와 친구를 『안티고네』에 나오는 크레온과 폴리네이케스와 비교해 봅시다. 크레온은 단지 어떤 선량한 사람을 파멸시키고 싶어 하는 비열한 군주가 아니었습니다. 오히려 그는 공동선의 편에 있었지요. 또한 안티고네가 폴리네이케스의 장례식을 고집한 것은 그의 어떤 고결한 성품 때문이 아니었고 단지 그녀의 가족이었기 때문입니다. 그래서 차라리 이 사례를 조금 수정하는 것이 더 좋았을 것입니다. "그리하여 라캉은 우리에게 진실된 증인의 사례를 고찰해 볼 것을 권한다. 예컨대 공동체의 안전을 위협하는 행동을 한 내 이웃이나 형제를 고발하라는 요청을 받았을 때 생겨나는 양심의 사례를 말입니다."15)

우리는 소포클레스가 안티고네의 윤리적 선택에 그 어떤 다른 "더 강한 이유"도 끌어들이지 않는다고 말할 수 있을 것입니다. 흥미롭게도 주판치치는 안티고네에게서의 승화만이 아니라 소포클레스에게서의 승화도 이야기합니다.

> 만일 안티고네가 그의 오라버니의 장례식을 **사물**의 존엄으로까지 상승시킨다면, 소포클레스는 자신의 행위에서 안티고네를 지탱하는 바로 그 정열과 욕망을 **사물**의 존엄으로까지 상승시킨다. 희곡 『안티

----
14) 주판치치, 『실재의 윤리』, 93쪽.
15) 같은 곳.

고네』에는 안티고네의 행위가 있지만, 또한 소포클레스의 행위도 있는데, 이는 안티고네의 행위의 "비합리적 정열"에 논쟁의 여지가 없는 가치를 부여하는 데 있다.16)

칸트의 첫 번째 사례를 승화의 사례로 변경하기 위해서 필요한 것은 이와 같은 소포클레스적 제스처입니다. 사실 우리는 내용상 아무것도 변경할 필요가 없습니다. 단지 "귀부인을 문 앞에 교수대가 세워져 있는 이 야릇한 집에 홀로 내버려두지 않는 것이 '명예'의 문제나 원칙의 문제가" 되는 주체를 생각해보기만 하면 됩니다.17) 그것은 불가능한 것이 아닙니다. 오히려 여기에는 어떤 가외의 정념적 요인들이 작용하지 않기 때문에, 즉 비열한 얼굴을 한 군주도 가련한 여인도 없기 때문에, 이를 승화의 완벽한 사례라고 부를 수 있는 것입니다.

2

흥미롭게도 주판치치가 환상의 윤리라고 부르는 것과는 다른 어떤 것을— 하지만 그것과 꼭 무관하다고만 할 수는 없는 어떤 것을— 지젝은 환상의 윤리라고 부른 적이 있습니다. 지젝은 "환상의 윤리를 향하여"라고 말합니다. 1991년에 출간된 『삐딱하게 보기』에서 말입니다. 지젝이 제시하는 환상의 윤리는 기본적으로 인간 존재의 존엄성에 대한 존중이라는 전통적 노선을 따르고 있습니다. 하지만 그는 그 존엄성을— 따라서, 그의 환상의 윤리를— 상상적 차원에도, 상징적 차원에도 놓지 않습니다. 다시 말해서 우리를 닮은 한에서의 이웃을 자기 자신처럼 사랑하라는 것도, 혹은 인류로까지 확장될 수 있는 동일한 상징적 공동체에 속하기 때문에 존중해야 한다는 것도 아닙니

---

16) 주판치치, 『정오의 그림자』, 118쪽.
17) 같은 책, 114쪽.

다. "'인간'의 존엄성을 타인에게 수여하는 것은 여하한 보편적-상징적 특징이 아니며, 바로 그에게서 '절대적으로 특수한' 그 무엇, 그의 환상, 우리가 결코 공유할 수 없다고 확신할 수 있는 그의 그 부분이다."[18] 지젝은 어떤 개인의 정념적 중핵에 대한 존중을 윤리의 차원으로 끌어올리고 있는 것입니다.

그런데 그는 이 환상의 윤리를 "당신의 욕망에 대해 타협하지 말라"라고 하는 욕망의 윤리에 대한 보충물로서 제시하고 있습니다. 다시 말해서 지젝은 정신분석의 궁극적 목표가 근본적 환상의 통과라는 것을, 환상에 대한 거리를 획득하는 것임을 잘 알고 있습니다. 하지만 자신의 환상에 대해 거리를 획득한다는 것이 자신의 환상의 궁극적 우연성을 경험한다는 것이 아니라면 무엇을 의미하겠습니까? 지젝은 바로 거기서, 자신의 환상의 우연성에 대한 경험에서, 동일한 구조인 타인의 환상 공간에 대한 존중의 여지를 발견합니다. "우리는 우리 자신의 환상에 대해 일종의 거리를 취함으로써만, 그러한 환상의 궁극적인 우연성을 경험함으로써만, 모든 사람이 각자 고유의 방식으로 자신의 욕망의 궁지를 은폐하는 방식으로서 환상을 이해함으로써만

---

[18] 슬라보예 지젝, 『삐딱하게 보기』, 김소연 옮김, 시각과 언어, 1995, 311쪽. 번역 수정. 혐오 표현의 폭력성에 대한 분석에서 레나타 살레츨은 이와 동일한 방식에서 문제에 접근하고 있다: "혐오 표현에서 우리는 모든 종류의 폭력에서 발견되는 것과 동일한 논리를 만나는데, 그것은 언제나 상처를 받거나 심지어 고문을 당하는 그 사람의 정체성을 지탱하고 있는 환상 시나리오를 황폐화시키는 것을 목표로 하고 있다. 폭력의 표적은 타자 속에 있는 상징화불가능한 중핵인 대상 a ─ 욕망의 대상 원인 ─ 이다. 주체는 바로 이 대상 둘레에서 자신의 환상을, 즉 잠재적 전체성의 시나리오를 형성한다. 혐오 표현에서 우리가 다루고 있는 것은 희생양의 이와 같은 전체성의 지각에 대해, 즉 자신의 정체성에 대한 감각에 대해 의문을 품어야 한다는 공격자의 요구인 것이다. 모욕당한 사람이나 인종은, 자신의 정체성이 대상 a에 그 뿌리를 두고 있기 때문에, '진리'에 의지함으로써 혹은 모욕자의 공격을 지탱하고 있는 이데올로기에 대한 비판에 의지함으로써 방어를 취할 수가 없다. 혐오 표현이 그토록 교활한 것은 바로 희생양의 구조적인 '무방비'를 이용하도록 고안되어 있기 때문이다"(레나타 살레츨, 『사랑과 증오의 도착들』, 이성민 옮김, 도서출판 b, 2003, 194쪽).

다른 이의 환상에 대한 존엄감을 획득할 수 있다."19)

그런데 1994년에 출간된 『향유의 전이』에서 지젝은 이러한 환상의 윤리에 대해 자기비판적 자세를 취하게 됩니다. 거기서 지젝은 이 잠정적 윤리를 순수한 욕망의 윤리와 다음과 같이 대비시키고 있습니다.

> 공동선과 관련 없이 우리의 욕망을 고집하라는 이러한 윤리는 불가피하게 불안을 유발한다. 그와 같이 근본적인 태도는 몇몇 "영웅들"의 몫인 반면에, 우리 보통 사람들은 또한 생존의 권리를 갖는 것 아닌가? 결론적으로 우리에게는 "공동선"이라는, 다수의 요구를 만족시키는 분배적 정의라는 "보통의" 윤리가 또한 필요한 것 아닌가?20)

이렇게 말하고 나서 지젝은 여기에 주석을 붙였는데, 그 내용은 다음과 같습니다: "나 자신 또한 『삐딱하게 보기』의 마지막 장에서 이러한 유혹에 굴복했다. 거기서 나는 욕망을 고집하라는 라캉의 윤리학에 대한 보충물로서 '타자의 환상-공간을 침해하지 말라'는 준칙을 제안하고 있는 것이다."21) 지젝이 여기서 제시하고 있는 것은 정확히 안티고네라는 전형적 사례를 갖는 순수한 욕망의 윤리와 잠정적 윤리 사이에서의 대립입니다. 이 대립에서 놓치지 말아야 할 핵심적 요점은 다름 아닌 바로 그 대립이 잠정적 윤리(지젝이 "환상의 윤리"라고 부르는 것)의 유혹에 대한 굴복을 설명하고 있다는 사실입니다. 다시 말해서 우리는 그와 같은 굴복을 안티고네가 갖는 그 "남근중심적" 태도의 이면이라고까지 할 수 있는 것입니다. "그와 같이 근본적인

19) 지젝, 『삐딱하게 보기』, 311-312쪽. 번역 수정.
20) 지젝, 『향락의 전이』, 인간사랑, 2001, 142쪽. 번역 수정.
21) 같은 책, 171쪽, 주18. 번역 수정.

태도는 몇몇 '영웅들'의 몫인 반면에, 우리 보통 사람들은 또한 생존의 권리를 갖는 것 아닌가?"라는 물음이 지닌 일체의 수사학은 바로 여기에 걸려 있습니다. 흥미로운 것은 『실재의 윤리』에서 주판치치가 안티고네에 의해 체현되는 욕망의 윤리를 또한 바로 그 이름으로, 즉 "환상의 윤리"로 부르고 있다는 사실입니다. 말하자면 지젝은 『삐딱하게 보기』에서 하나의 환상의 윤리에 또 다른 하나의 환상의 윤리를 보충물로서 제시했던 셈입니다.

라캉의 네 가지 담론에서 주인담론은 다음과 같은 도식으로 표현됩니다.

$$\frac{S_1}{\$} \qquad \frac{S_2}{a}$$

이는 환상에 의해 지탱되는 상징계를 나타냅니다. 우리는 하단부($\$$-a)가 바로 환상의 공식을 구성한다는 것을 알고 있습니다. 상단부는 상징계 자체의 내속적 구별을, 그리고 그러한 구별을 통해 큰 타자의 구성을 나타냅니다. S_2는 상징적 질서를, 기표연쇄를 나타내고, 주인기표인 S_1는 바로 그 상징적 질서의 창조적 힘을, 상징적 담론성의 작인을 나타냅니다. 『삐딱하게 보기』에서 지젝은 타인의 존엄성을 이른바 "주체는 대상이다"의 한 판본에 걸고 있습니다. 대상이란 바로 주체 안에 있는 주체가 소유하고 있는 모든 것보다 더한, 다름 아닌 주체 자신이 그것인 그 무엇입니다. 환상 속에서 그것은 사물의 지위로 고양됩니다. 환상 속에서 그것은 주체가 자신의 목숨을 걸고서라도 고수하는 그 무엇입니다. 말하자면 주체는 자신의 유의미한 전 존재를 거기에 걸고 있는 것입니다. 주인담론에서 작동하는 윤리의 모든 핵심

은 바로 여기에 있습니다. 환상 속에서 그것은 주체의 소유의 차원이 아닌 주체의 존재의 차원에 등록됩니다. 그것은 말하자면 소유하고 있기에 줘버릴 수도 있는 그런 것이 아닙니다. 지젝이 말한 환상의 윤리는 주인담론의 바로 이 하단부에 대한, 바로 이 환상의 논리에 대한 이해의 요청에 다름 아닙니다. 그런데 이러한 요청은 주인담론의 유효성을 암묵적으로 인정하는 한에서만 이루어질 수 있었던 것입니다. 또한 안티고네의 행위가 행위일 수 있는 것은 역설적이게도 그녀의 행위가 이루어지는 공간이 **타자**에 대한 관련성을 전적으로 저버리지는 않았기 때문이라고 할 수 있을 것입니다. 이점에서 "안티고네는 전제군주의 (의사-)법에 대립되는 바로서의 (상징적 의식儀式을 수행하고 그녀의 죽은 오빠를 올바로 매장하고자 하는) 큰 타자의 욕망에 대한 참조를 유지한다"고 한 지젝의 지적은 타당한 것입니다.22) 여기서 욕망은 확실히 타자의 욕망입니다.

환상의 윤리가 오늘날 작동하지 않는다는 사실을 설명하는 한 가지 방법은 무신론과 유물론을 구분하는 것입니다. 환상의 윤리가 오늘날 작동하지 않는다는 것은 오늘날의 주체가 무신론자라는 것을 말하는 다른 방식입니다.

형이상학적 계기가 무엇인가를 설명하면서 쾨르너는 이론-대체물로서의 철학이 왜 매혹적인 힘을 지니고 있는지에 대한 설명을 동시에 제공했을 수도 있습니다.

> 우리들 대부분은 때때로 반성을 통하여, 특별히 단절된 문제나 또는 우리들이 가진 경험의 특별한 측면이 아니라 전체로서의 경험이나 삶이나 또는 존재에 직면하고 있는 것처럼 보인다. 이러한 것들은

---
22) 지젝, 『까다로운 주체』, 516쪽.

우리들의 형이상학적 계기들이라고 일컬어질 수 있다. (……) 전체로서의 경험이나 삶이나 또는 존재가 문제로 발생하지 않는다면 종교에는 아무런 핵심이 없을 것이며 또한 수많은 예술 및 철학 작품도 중요치 않을 것이다.23)

쾨르너의 설명에 한 가지 이상한 점이 있다면 그것은, 이렇게 말해본다면, 표상의 영역에 있는 것의, 즉 2차적 층위에 있는 것의 중요성을 통해 표상되는 것의 영역, 즉 1차적 층위에 있는 것의 존재를 "증명"하려 하고 있다는 점일 것입니다. 그는 마치 "이 유니콘 그림은 중요하므로, 그림 속의 유니콘은 분명 존재(해야)한다"고 말하는 것과도 같습니다. 어쩌면 이 열거된 목록에, 즉 종교, 예술, 철학에, "사랑"을 첨가해야 할지도 모릅니다.

우리가 우리의 "진정한 사랑"을 만났을 때, 마치 우리가 그것을 평생 기다려 온 것처럼, 어떤 신비스러운 방식으로 우리의 이전의 삶 전체가 이 만남으로 이끌리게 된 것처럼 보인다. "사랑"은 (……) 실재의 무의미한 외부적 우연성이 의미를 지닌 채 "내면화"되고 상징화되는 순수하게 형식적인 변환 행위에 대한 한 가지 이름이다.24)

그런데 만일 우연성 그 자체와 파편화된 삶이 가장 근본적인 의미에서의 "사실"이며, 철학이나 예술이나 종교는 그와 같은 사실의 궁극적 곤궁에 대한 한 가지 대응이자 "해결책"이라면 어찌할 것인가요? 라캉주의 정신분석의 궁극적 교훈은 바로 여기에 있습니다. 칸트의 두 가지 이율배반, 혹은 두 가지 숭고와 관련하여 콥젝과 지젝이 우선권을

------

23) S. 쾨르너, 『칸트의 비판철학』, 강영계 옮김, 서광사, 1983, 13쪽.
24) 슬라보예 지젝, 『나눌 수 없는 잔여』, 이재환 옮김, 도서출판 b, 2010, 157쪽.

부여하는 것은 바로 세계의 비존재에 관련된 수학적 이율배반/숭고입니다.25) 지젝은 더 나아가 바로 여기서 새로운 유물론을 위한 자리를 정위시키고 있습니다. 유물론과 관념론의 대립이라는 레닌적 문제틀을 끌어들이면서 그는 레닌 자신의 부정확성을 다음과 같이 교정하고 있는 것입니다. "레닌 자신에 의해 부정확하게 지지된 이런 지배적 통념과는 반대로, 칸트의 '유물론'은 오히려 **수학적 이율배반의 우선성을 역설함**에 있으며, 또한 역학적 이율배반을 이차적인 것으로서, 현상들의 구성적 예외로서의 예지적 법칙을 통해 '현상들을 구출'하려는 시도로서 파악하는 데 있다."26) 우리는 수학적 숭고를 **세계의 비존재의 사실**에 직면했을 때 발생하는 느낌이라고 볼 수 있을 것입니다.

독일어로 "Weltanschauung"이라고 하는 것, 즉 우리가 "세계관"이라고 번역할 수 있는 것을 다루면서 프로이트는 실천적 맑스주의를, 즉 볼셰비즘을 비판합니다. 우리는 볼셰비즘이 어떻게든 유물론적 세계관에 토대를 두고 있는 역사적 운동이라는 것을 상식으로 알고 있지만, 프로이트는 거기서 다름 아닌 종교와의 유사성을 발견합니다. "종교와 아주 흡사하게도 볼셰비즘은 그것의 신자들이 겪는 현재적 삶의 고통과 박탈을 충족되지 않은 욕구가 더이상 존재하지 않을 보다 나은 미래에 대한 약속으로 보상해줄 수밖에 없습니다."

종종 사람들은 건강에 도움이 되는 음주와 건강을 망치는 음주를 구분하는 것처럼 "합리적인" 신앙과 "미친" 신앙을 구분합니다. 우리는 지젝이 통찰하고 있는 것처럼 그 합리적인 신앙이라는 것이, 그 광기 없는 신앙이라는 것이 사실은 카페인 없는 커피나 니코틴 없는 담배처럼 자신의 바로 그 실재적 핵심이 제거된 어떤 것임을, 오늘날의 주체성

---

25) 이에 대한 상세한 논의는 『성관계는 없다』, 도서출판 b, 2005 제1부에 실린 콥젝과 지젝의 논문 참조.
26) 지젝, 『까다로운 주체』, 70-71쪽.

은 바로 그와 같은 것을 원한다는 것을 알고 있어야 합니다. 하지만 그전에 이미 좌표가 변한 것이며, 프로이트는 그 점을 잘 알고 있었기 때문에 연이어 이렇게 이야기하고 있습니다. "그렇지만 이 낙원은 어디까지나 현세적인 것으로서 이 지상 위에 세워져야 하고, 가까운 기간 내에 열려야 하는 것입니다." 그리하여 그는 신앙과 광신이라는 소박한 구분을 가지고서 문제를 다루는 대신, 곧바로 그가 말하는 종교에 무엇이 포함되는 것인지를 이야기합니다. "그러나 유대인들의 종교 또한 내세에 대해서는 아무것도 모르며 이 땅 위로 메시아가 오기를 기대했고, 기독교적인 중세는 하느님의 나라가 바로 가까이 있음을 계속적으로 믿어왔다는 사실을 기억해야 합니다."

따라서 우리는 볼셰비즘이 신앙을 가지고 있다는 사실을, 볼셰비즘과 기독교가 무신론을 공유하고 있다는 사실을 배경으로 이해해야 합니다. 오늘날의 무신론에는 일반화된 차원이 있으며, 니체는 이를 "신은 죽었다"라고 말함으로써 표현했습니다.[27] 바로 그 이유 때문에 니체는, 우리가 그와 동시대적이지 않은 것이 아니라면, 우리와 동시대적인 인간입니다. 오늘날은 "신은 죽었다"는 말을 굳이 할 필요가 없는 시대인 것입니다.

이와 관련해서, 비록 지금까지는 "유물론"이라는 말을 느슨하게 사용하는 것이 허용되었더라도, 이제부터는 유물론과 무신론을 구분해야 합니다. 무신론이 유물론의 편에 있지 않다는 점은 오로지 그와 같은 구분에 의거해서만 주장할 수 있습니다. 알렌카 주판치치는 유물

---

[27] 이와 관련하여 다음과 같은 주판치치의 언급을 참조하는 것은 핵심적이다: "니체의 테제는 실제로 양면적이다. '신은 죽었다'와 '기독교는 신의 죽음 이후에도 살아남았다'. 앞으로 보게 되겠지만, 금욕주의적 이상은, 그 가장 순수한 형태에서, 정확히 이 신 없는 기독교의 본성과 관계한다"(주판치치, 『정오의 그림자』, 55쪽). 주판치치가 "앞으로 보겠다"고 한 것은 신의 죽음과 관련한, 혹은 근대성의 바로 그 핵심과 관련한 매우 탁월하고 정교한 논변의 전체를 구성한다.

론적 태도가 무엇인지를 다음과 같이 훌륭하게 묘사하고 있습니다. "이 우주 속에서 전혀 생각도 할 수 없는 일은 신의 존재를 의심하지 않는 누군가가 신을 전적으로 무시하면서 살아가는 것이다."[28] 또한 그녀는 무신론적 태도가 정확히 무엇인지를 못지않게 훌륭한 방식으로 묘사합니다. "무신론자는, 우리가 '진짜 증거'를 그에게 제공할 수만 있다고만 한다면, 실제로는 단지 믿음을 추구하고 있는 것이다. 무신론자가 신성한 존재에 대한 입수가능한 최초의 '물질적' 증거를 탐욕스럽게 '움켜잡으려' 하고 그리하여 열정적 신자가 되는 것은 무신론자의 태도에 내재하는 것이다."[29] 유물론과 무신론을 구분하려고 할 때의 모든 핵심은 바로 여기 있습니다. 지젝 역시 동일한 핵심을 취급하면서 유물론을 "종교 없는 종교"라고 표현하기도 했습니다. 인간에게 믿음이란 자연스러운 상태이며, 오히려 가장 견디기 힘든 것은 세계가 존재하지 않는다는 인식 그 자체인 것입니다. 우리는 이러한 인식 그 자체에 대한 부정적 대체물을 다름 아닌 "세계관"이라고 부를 수도 있을 것입니다. 오늘날의 우리들이 무신론자라는 것은 이미 잘 알려진 사실입니다. 우리가 무신론자라는 사실은 오늘날 왜 주인의 윤리, 환상의 윤리가 작동하지 않는지를 설명합니다. 하지만 그것은 우리가 또 다른, 초자아라는 형상으로 다시금 신을 도입하는 것을 가로막지는 못할 것입니다. 즉 오늘날의 주체가 유물론자인지는 아직 알려져 있지 않습니다.

3

안티고네가 고전적 윤리를 체현하는 형상이라면 근대적 윤리를 체현하는 형상으로서 주판치치는 클로델의 『볼모』의 여주인공 시뉴 드

---
[28] 주판치치, 『실재의 윤리』, 195쪽.
[29] 같은 책, 193쪽.

쿠퐁텐을 제시합니다. 이 두 형상은 서로 다른 방식으로 욕망을 실현하고 있습니다. 주판치치는 이를 다음과 같이 정식화하고 있습니다.

안티고네의 경우
- 생에는, 포기할 수 없는 한 가지 것이 있다("절대적 조건").
- 이 사물을 위해 모든 것을 (심지어 생마저도) 포기할 준비가 되어 있다.
- 희생할 준비가 되어 있는 "모든 것"을 단 한 번의 제스처로 희생함으로써 절대적 조건을 실현한다.

시뉴의 경우
- 생에는, 포기할 수 없는 한 가지 것이 있다("절대적 조건")
- 이 사물을 위해 모든 것을 포기할 준비가 되어 있다(하지만 이 "모든 것"에는 그 어떤 예외도 없다).
- 절대적 조건을 실현할 유일한 방법은 예외로서의 그것(의 예외라는 성격)을 희생하는 것이다. 30)

이 두 정식화에서 우리는 "모든 것"과 "예외 없음"의 차이를 발견합니다. 다시 말해서 "모든 것을 희생한다"라는 말 그 자체의 애매성을, 혹은 그 말에 내속하는 어떤 균열을 말입니다. 주인이 하인에게 "모든 걸 말해봐, 다 들어주겠다"라고 말할 때, 하인은 정말로 모든 걸 말해야

---

30) 이 둘의 차이를 지적을 따라서 다음과 같이 풀어쓸 수 있다: "전통적 영웅은 대의를 위해 자신을 희생한다. 그는 전제군주의 압력에 저항하며 어떠한 대가를 치르고라도 자신의 의무를 완수한다. 그런 것으로서, 그는 인정받는 것이며, 그의 희생은 그에게 숭고한 아우라를 부여하며, 그의 행위는 본받아야 할 모범으로서 전통의 등록부에 기재된다. 사물을 위한 희생의 바로 그 논리가 우리로 하여금 이 사물 자체를 희생하도록 강요할 때, 우리는 근대적 비극의 영역으로 들어간다"(지젝, 『까다로운 주체』, 515쪽).

할까요? 하인은 그 말을 믿어야 할까요? 주인의 그 말을 말 그대로 이해하고 반응하는 하인은 혹시 매우 불행한 상태에 빠지게 되지 않을까요? 그가 주인의 마음을 잘 알고 대답한다면 주인은 분명 미소를 지으면서 "그게 다인가?"라고 되물을 것입니다. 우리는 예외에 근거하고 있는 전부라는 것이 있다는 것을 인정해야 하지 않을까요? 다시 말해서 "예외 없는 규칙은 없다"는 말은 규칙의 보편성이 바로 그 예외와 관련되어 있다는 것을 말하는 또 다른 방식이 아닐까요?

시뉴가 하는 것은 정확히 이와 같은 "전부"를 망쳐놓는 것입니다. 그녀는 대상들로 이루어진 전부 속에 사물을 집어넣음으로써, 사물을 쥐버림으로써, 바로 그 전부를 망쳐놓습니다. 이와 같은 결정적 전환이 일어나는 곳을 주판치치는 정확히 지적하고 있습니다. 그것은 시뉴와 바딜롱의 대화에서 나타납니다.

> 시뉴: 신이 제게 생을 주셨지요. 그리고 전 그 생을 신에게 되돌려 줄 준비가 되어 있고 또 간절히 원하고 있어요. 하지만 이름은 제 것이에요. 나의 여자의 명예는 제 것이에요. 오로지 제 것이에요!
>
> 바딜롱: 자신만의 어떤 걸 소유하는 것은 좋아요. 왜냐하면 그렇게 되면 우리는 줄 수 있는 어떤 것을 소유하는 것이니까요.[31]

바딜롱은 시뉴에게 여기 걸려 있는 선택이 "명예냐 생이냐"가 아님을 정확히 지적합니다. "명예"를 존재의 심급에서 소유의 심급으로 이동시킴으로써 말입니다. 종종 우리는 "그게 다가 아니다"라고 말하

・・・・・・
31) Paul Claudel, *Three Plays: The Hostage, Crusts, The Humiliation of the Father*, trans. John Heard, Boston, MA: Luce, 1945, pp. 54-55. 주판치치, 『실재의 윤리』, 351쪽에서 재인용.

곤 하는데, 여기서 바딜롱은 시뉴에게 바로 그렇게 말하고 있는 것이 아닐까요? 물론 그가 그렇게 하기 전에 시뉴 자신이 그 점을 확인해 준 셈이지만 말입니다. 시뉴가 처한 선택은 "생의 희생이 더이상 적실성을 가지지 않는 그러한 선택"입니다. 다시 말해서 이 선택은 "그들이 그들의 원인 — 그들의 존재 층위에서 그들을 결정하는 바로 그 원인 — 을 구출하기를 원한다면, 바로 이 존재를, 그들의 명예를 희생해야 한다"는 사실에 있는 것입니다.32)

분명 주판치치는 『볼모』를 비극의 장에서 접근하고 있습니다. 그녀는 그것을 "현대 비극"이라고 부르고 있습니다. 하지만 우리는 이미 시뉴와 비딜롱의 대화에서 고유하게 희극적인 것의 출현을 보고 있는 것이 아닐까요? 라캉은 희극의 본질에 대해 이렇게 이야기합니다. "주체의 진실은 이 주체가 주인의 입장에 있을 때조차 주체 자신이 아니라 대상 속에, 본성상 베일 속에 감춰져 있는 대상 속에 있습니다. 바로 이 대상을 불쑥 드러나게 하는 일이야말로 순수하게 희극적인 것의 기본이 되겠지요."33) 바딜롱은 시뉴의 경우에 사정이 바로 그러하다는 것을, 대상이 이미 백일하에 드러났다는 사실을 그녀에게 재확인시키고 이를 또한 자신의 논변에 이용하고 있습니다.

여기서 우리는 두 개의 아니오를 구분해야 합니다. 혹은 누군가가 "아니오"라고 말할 때 우리가 기대할 수 있는 전혀 다른 두 가지를 말입니다. 저는 여기서 지젝이 들고 있는 사례를 사용해보겠습니다. "그는 백치 같은 사람이다"라는 말에 대해 누군가가 "아니오"라고 응답했다고 합시다. 우리는 여기서 무엇을 더 기대할 수 있을까요? 통상적으로라면 물론 아니오라고 한 사람이 "그는 백치 같지 않은 사람이다"라고 말할 것을 기대할 것입니다. 하지만 우리는 고유하게

---
32) 주판치치, 『실재의 윤리』, 352쪽.
33) 자크 라캉, 『정신분석의 네 가지 근본 개념』, 맹정현 옮김, 새물결, 2008, 17쪽.

희극적인 부정을, 다가 아닌 것이 무엇인지를 아는 자의 부정을, 즉 "그는 백치 같은 특질들로 가득하되 개인이지는 않다"를 생각해볼 수 있습니다.34) 우리는 시뉴의 경우 "절대적 조건을 실현할 유일한 방법은 예외로서의 그것(의 예외라는 성격)을 희생하는 것이다"를 바로 이와 같은 방식으로 읽어야 합니다. 시뉴는 자신의 존재의 중핵인 바로 그 사물을 바로 그러한 것으로서 내준 것이 아니라, 좀더 정확히 말해서 그 사물의 바로 그 성격을, "예외라는 성격"을 부정한 것입니다. 안티고네의 경우 그것은 소유하고 있기에 줘버릴 수도 있는 그런 것이 아니었습니다. 하지만 시뉴에게 그것은 궁극적으로 바로 그러한 것이 됩니다. 우연의 일치인지는 모르겠지만, (비극이 아닌) 희극의 본질을 이야기하면서 주판치치는 지젝과 유사한 사례를 들고 있습니다. 그것은 막스 브라더스의 영화에 나오는 다음과 같은 대사입니다. "이 녀석을 보게나. 천치 같아 보이고, 천치처럼 행동하지. 하지만 속지 말게나, 그는 천치거든!"35) 이와 같은 부정은, 이와 같은 아니오는, 정확히 술어가 아닌 주어/주체를 겨냥한 것입니다.

지젝은 이처럼 환상이 붕괴되는 상황에 대한 또 다른 탁월한 묘사를 데이빗 린치의 <멀홀랜드 드라이브>에서 발견합니다. "베티와 리타가 성공적으로 사랑을 나눈 후 가는 실렌시오에서, 한 가수가 로이 오비슨의 「크라잉」을 스페인어로 부른다. 가수가 쓰러지나 노래는 계속된다. 이 지점에서 환상도 또한 무너진다."36) 우리는 "가수가 쓰러지나 노래는 계속된다"가 앞서 말한 아니오의 두 번째 판본의 결과와 동일하다는 것을, 즉 "사람은 아니지만 여전히 바보다"와 동일한 논리를 따른다는 것을 어렵지 않게 알 수 있습니다. 라캉적 용어로 우리는 이 순간이

---

34) 슬라보예 지젝, 『부정적인 것과 함께 머물기』, 이성민 옮김, 도서출판 b, 2007, 218쪽.
35) 주판치치, 『정오의 그림자』, 250쪽.
36) 슬라보예 지젝, 『신체 없는 기관』, 박제철 외 옮김, 도서출판 b, 2006, 318쪽.

욕망의 대상-원인이 충동의 부분대상(즉 신체 없는 기관)으로 전환되는 순간이라고 할 수 있을 것입니다.

> 바디우가 "자신만의 것을 소유하는 것은 좋아요. 왜냐하면 그렇게 되면 우리는 줄 수 있는 어떤 것을 소유하는 것이니까요"라고 응답할 때 그는 그녀의 환상의 대상-지탱물이 "시각장"에, 이 환상의 바로 그 틀에 나타나도록 만들며 또한 그것을 줄(줘 버릴) 수 있는 어떤 것으로 만든다. (······) 배제된 대상이 다른 ("평범한") 대상들 사이에서 나타나는 바로 이 순간 시뉴는 엄밀히 욕망의 영역을 떠나서 충동의 영역으로 들어간다. 욕망의 절대적 대상-원인은 부분 대상, 충동의 대상이 된다.37)

주판치치는 바로 이 순간에 대한 유일무이한 묘사로서 주체의 신체에서 나타나는 일그러짐(grimace)의 형상을 반복해서 참조합니다.38) 이는 안테고네가 죽음을 맞이하는 숭고한 광채의 순간과 대조되는 것입니다. 이와 유사하게 지젝 역시 실재 개념에 대한 자신의 초기의 이해방식에 대해 반성하면서 "실재 그 자체는 현실의 일그러짐에 다름 아니다"라고 이야기합니다.39) 이를 또한 주판치치는 『실재의 윤리』를 마무리하면서 "욕망의 원인의 실재인 '맥동하는 송장'"이라고도 부릅

------

37) 주판치치, 『실재의 윤리』, 371-372쪽.
38) 여기서 주판치치는 라캉의 다음과 같은 구절에 의거하고 있다: "이는 요컨대 마지막 장면에서······ 시뉴는 그녀의 얼굴에 있는 신경성 안면경련으로 동요하는 모습으로 우리에게 제시되며, 이런 방식으로 아름다운 것의 운명을 봉인한다. 이는 우리에게 다음과 같은 것을 보여준다. 즉 여기서 우리가 발견하는 것은 내가······ 사드 자신에 의해 존중되는 어떤 것 ─ 침범에 무감각한 아름다움 ─ 으로서 지칭했던 그 항목 너머로 나아간다는 것을 말이다."(Jacques Lacan, *Le Séminaire, livre VIII: Le transfert*, Paris: Seuil, 1991, p. 324. 주판치치, 『실재의 윤리』, 326쪽에서 재인용.)
39) 지젝, 『그들은 자기가 하는 일을 알지 못하나이다』, 33쪽.

니다. 우리는 이 지점에서 갑작스럽게 그녀의 책이 중단되었다고도 말할 수 있을 것인데, 왜냐하면 궁극적으로 시뉴가 무엇을 성취한 것인지가 독자에게 알려지지 않기 때문입니다. 요컨대 주판치치는 『실재의 윤리』에서 우리가 기능하는 윤리라고 불러야 할 어떤 것으로 나아가지 않습니다.40)

이제 오스틴처럼 말해보자면, "부분 대상을 가지고 어떻게 일을 할 것인가?"라는 물음이 아직 남아 있습니다. 최근에 지젝은 이에 대한 한 가지 답변을 제공합니다. "죽음 너머에서도 존속하는 이 완고한 [부분 대상의] 고집은 가장 기본적인 차원에서의 자유 ― 죽음 충동 ― 이지 않은가? 이를 비난하기 보다는 오히려 우리의 저항의 궁극적 지평으로서 그것을 축복해야 하지 않을까?"41) 이러한 결론으로 이어지는 논의의 시작에 있는 것은 (부분) 대상이 말하기 시작하는 계기입니다. 즉 부분 대상이 자율화되는, 스스로 말하기 시작하는 계기 말입니다.

> 젊은 작곡가들을 위한 조언에서 리하르트 바그너는 일단 작곡하고 싶은 곡의 윤곽을 세공한 후에는 모든 것을 지우고 정신을 오직 어두운 허공 속에서 자유롭게 부유하는 고독한 머리에 집중하고 이 백색 환영이 입술을 움직여 노래하기 시작하는 순간을 기다려야 한다고 썼다. 이 음악이 작곡되어야 할 작품의 씨앗이 되어야 하는 것이다. 이러한 절차는 바로 부분 대상이 노래하게 만드는 절차 아닌가? 인격체(주체)가 아니라, 대상 그 자체가 노래하기 시작해야 한다.42)

---

40) 주판치치는 이 책의 서론 말미에서 이 책의 목적을 이렇게 기술한다: "이 책은 주인 담론에 토대를 둔 윤리이기를 거부하며 동시에 윤리적인 것의 궁극적 지평을 '자기 자신의 생'으로 환원시키는 것에 근거하고 있는 '(후)근대적' 윤리라는 불만족스러운 대안을 똑같이 거부하는 어떤 윤리를 위한 개념적 틀을 제공하려는 시도이다."

41) 지젝, 『신체 없는 기관』, 331쪽.

지젝이 인용하고 있는 이 이야기는, 단지 여기에 개재된 부정이 앞서 언급한 희극 고유의 부정에 해당한다는 점에서 뿐만이 아니라, 특히나 "기능하는" 윤리와 관련하여 그것이 무엇일 수 있는지에 대한 단서를 제공한다는 점에서 유익합니다. 여기서는 분명 "대상이 노래하기 시작한다"가 성취의 양태로, 성공의 표시로 제시되고 있습니다. 여기서 핵심적인 것은 "대상이 말하기 시작한다"의 두 판본이, 즉 성공의 표시로서의 판본과 한낱 환상이 횡단되었음을 알려주는 판본이 따로 있다는 것이 아닙니다. 오히려 문제는 우리가 어떻게 대상이 말하기 시작하는 순간을 **또한** 성공적 행위의 순간으로 포착할 것인가에 있습니다.

우리는 이와 같은 정황을 배경으로 지젝이 "훈육적 충동"이라고 부르는 것을 긍정할 수 있습니다. 지젝은 데이빗 핀처의 <파이트 클럽>에 나오는 주인공의 자기구타를 다음과 같이 해석합니다.

> 우리가 정치적 폭력을 노동의 반대로 규정하지 않고 정확히 "부정의 노동" — 헤겔적인 *Bildung*의 과정, 교육적 자기형성의 과정 — 의 궁극적인 정치적 판본으로 규정한다면, 이때 폭력은 일차적으로는 자기폭력으로서, 주체의 존재의 바로 그 실체의 폭력적 재형성으로 파악되어야 한다. 여기에 <파이트 클럽>의 교훈이 있는 것이다.[43]

이와 같은 지젝의 언급은 앞서 『삐딱하게 보기』에서 제출했던 "환상의 윤리"와 무한하게 차이가 납니다. 여기서 지젝은 타인의 환상에 대한 침입이라고 비난했던 바로 그것과 동일한 논리를 따르고 있는,

------
42) 같은 책, 320쪽.
43) 같은 책, 327쪽.

즉 환상의 바로 그 중핵을 건드리는 자기구타를 다름 아닌 "노동"의 편에 위치시키고 있습니다. 그 "환상의 윤리"가 기본적으로 타자에 대한 존중이라는 전통적 노선을 따르고 있었던 한에서, 우리는 여기서 겉보기에 결코 조응할 수 없을 것처럼 보이는 두 항목인 폭력과 존중의 가능한 관계를 식별할 수 있습니다.

끝으로 우리는 환상 공간에 대한 침입이 승인될 수 있는 공간을 어떻게 창출할 것인가라는 마지막 물음을 던져야 합니다. 저는 주판치치가 『정오의 그림자』에서 바로 이와 관련된 작업을 하고 있다고 생각합니다. 특히 희극과 "기능하는 사랑"의 논리를 다루고 있는 첨부글에서 말입니다. 그녀는 소포클레스의 승화와 관련해서 다음과 같은 의미심장한 언급을 했습니다. "소포클레스는 도덕성의 주어진 기준들에 도전하고 궁극적으로 새로운 다른 기준들을 공식화하는 것이 가능해지는 공간을 창조한다." 그런데 분명 그것은 비극적 공간이었습니다. 그 비극적 공간은 안티고네의 행위를 윤리적 행위로 바라볼 수 있는 가능성을 열어놓았습니다. 하지만 이 공간은 좀더 일반적으로 말해서 바로 승화의 공간입니다. 『정신분석의 윤리』에서 라캉은 승화를 바로 그렇게 정의했습니다. "승화는 (……) 현실 원칙에 반하여 또 다른 도덕성의, 혹은 심지어 동일한 도덕성의, 다른 기준을 (……) 정식화할 가능성으로 우리의 주의를 끌어당기는 욕망의 어떤 관계이다."44) 우리는 이미 "소포클레스의 승화"라는 것이 있다는 이야기를 들었습니다. 주판치치는 일반적으로 승화의 자리인 곳에 특별히 "소포클레스의 승화"를 집어넣었는데, 이는 그녀가 안티고네를 다루고 있었기 때문입니다. 하지만 『실재의 윤리』에 나오는 시뉴에 대한 분석에서 주판치치가 그다지 성공적이지 못한 것은, 다시 말해서 그 분석을 통해 그녀가

- - - - - -
44) Jacques Lacan, *The Ethics of Psychoanalysis*, New York and London: Norton, 1997, p. 109.

기능하는 윤리를 제출하지 못한 것은, 아직은 폭력에 대한 승인이 가능해지는 새로운 승화적 공간을 발견하지 못했기 때문일 것입니다. 그리고 궁극적으로 그녀는 그것을 비극이 아닌 희극에서 발견하는 것처럼 보입니다.

주체의 진리와 자리

주체의 진리에 대한 확인을 통해서 주체의 자리를 — 그것의 이론적 자리를 — 확보하려는 것이 이 글의 목적이다. 금방 그렇게 불렀지만, 그것을 "이론적 자리"라고 불러야 하는 이유가 있다. 그것은 이론을 통해서가 아니라면 하나의 자리로 확보될 수 없다. 현실에서 그것은 오히려 비-자리이며, 따라서 이론과 현실은 주체의 자리라는 문제에서 모순을 구성한다. 우리는 비-자리인 것을 또한 하나의 자리로 볼 수 있는 관점을 가져야 한다. 환상 속에서가 아니라면 그것은 이론 속에서 주어질 수 있다.

사회주의 운동의 역사에서, 아나키즘과 맑스주의로 이중화될 수밖에 없었던 사회주의 운동의 역사에서, 그 역사의 초기에, 프루동은 "아나키"라는 비규정을 통해서 우선은 이에 대한 탐구가 가능해지는 공간을 열어놓았다. 우리는 그 탐구의 궁극적 열매를 언젠가 『연맹의 원리』에서 확인할 수 있을 것이다. 프루동은 사유가 가장 성숙했을 때, 궁극적으로 아나키스트라기보다는 연맹주의자였는데, 이는 정확히 그의 아나키즘이 전대미문의 탐구를 위한 공간을 열어놓았기 때문

이다. 아나키스트로 시작해서 연합주의자가 되었다는 점에서 가라타니 고진은 프루동과 다르지 않다.1)

아나키즘과 권위의 문제

에릭 홉스봄은 아나키즘을 성찰하는 글에서 다음과 같은 말들을 던진다. "실제로 아나키즘 이론을 위한 진정한 지적 공간은 없는 것처럼 보였다." "요컨대 아나키즘의 주요 호소력은 지성이 아니라 감성에 있었고, 이는 무시할 만한 것이 아니었다." "아나키즘 이론의 자산은 그 원시성에 있다."2) 그런데 아나키즘에 대한 이와 같은 평가나 이미지는 통념적인 것에서 벗어나 있지 않다. 1969년에 쓰여진 이 글을 그는 "오늘날 아나키즘에 대한 관심이 다시 생겨난 것은 흥미롭고 일견 예상치 못한 현상이다"라고 하면서 시작하고 있지만, 정작 아나키즘에 대한 새로운 이론적 성찰을 제공하지는 않는다. 아나키즘이 현실에서 감성적으로 호소력이 있었다는 것은 아마 사실일 것이다. 따라서 나는 아나키즘 이론의 자산이 그 원시성에 있다는 판단만을 다룰 것이다.

아나키즘에 대한 진정으로 새로운 성찰을 제시하는 것은 가라타니 고진이다. 나는 독자들이 예컨대 『트랜스크리틱』의 "맑스와 아나키스트"라는 제목의 절3)을 읽어보기를 권한다. 가라타니의 글을 읽어본 독자라면 "아나키즘 이론의 자산은 그 원시성에 있다"라는 홉스봄의

------

1) 가령 가라타니는 맑스에 대한 존경심을 밝히면서도 "정치적으로 보면 나는 오히려 아나키스트로, 맑스주의적 정당이나 국가에 공감한 적이 한 번도 없었다"라고 말한다(가라타니 고진, 『트랜스크리틱』, 송태욱 옮김, 한길사, 2005, 17쪽). 하지만 그는 또한 이런 저런 연합에 대한 구상들을 밝혀왔다. 따라서 가라타니의 행로에서 "아나키스트에서 연합주의자로"를 추출해내는 것이 불가능하지 않다. 그렇지만 가라타니가 원리적 수준에서 "연합"을 어떻게 이해하고 있는지를 추출해내는 것은 쉬운 일이 아니다.
2) 에릭 홉스봄, 「아나키즘에 대한 성찰」, 『혁명가: 역사의 전복자들』, 김정한·안중철 옮김, 도서출판 길, 2008, 123, 124, 127쪽.
3) 가라타니 고진, 『트랜스크리틱』, 송태욱 옮김, 한길사, 2005, 277-312쪽.

평가가 얼마나 용감한 평가인지를 알 수 있을 것이다. 여기서 가라타니는 세 명의 아나키스트를 다루고 있다. 그는 프루동과 슈티르너를 높이 평가하며, 바쿠닌을 상대적으로 폄하하고 있다.

아나키즘에 대한 나의 사유는 우선은 가라타니의 글에서 촉발되었다. 나는 다음과 같은 가라타니의 이야기에서 촉발되었다. "따라서 맑스가 바쿠닌을 비판했을 때, 권위주의자로서 비판했던 것이 아니다. 오히려 맑스는 프루동이 발견한 '권위와 자유'의 이율배반이라는 문제를, 바쿠닌보다 심각하게 받아들였던 것이다."4) 나는 권위와 자유의 이율배반이라는 것이 참으로 흥미롭다는 생각을 하게 되었다. 자유와 권위를 연결시키기보다는 자유와 평등과 연결시키는 어떤 경향이, 언어적 습관으로까지 굳어진 경향이 있다는 것을 배경으로 해서 생각해볼 때 특히 흥미롭다.5)

바쿠닌은 「맑스와 엥겔스에 대한 회상」이라는 글에서 맑스에 대해서 이렇게 쓰고 있다. "그는 머리에서 발끝까지 권위주의자로 남아 있다."6) 하지만 가라타니는 맑스가 권위주의자로서 바쿠닌을 비판한 것이 아니라고, 오히려 권위와 자유의 이율배반이라는 문제를 바쿠닌보다 심각하게 받아들인 것이라고 말하고 있다. 그렇다면 이 이율배반은 무엇일까? 가라타니는 이 이율배반을 프루동의 텍스트에서 추출하고 있다.

> 프루동은 "권위와 자유"를 단순히 대립이 아니라 이율배반으로 파악하고 있었다. 이를테면 "중심이 있어서는 안 된다"와 "중심이 없으면

---

4) 가라타니, 앞의 책, 300-301쪽.
5) 예를 들어 발리바르는 단적으로 "평등자유"라는 개념을 내놓았다.
6) Mikhail Bakunin, *Bakunin on Anarchism*, ed. Sam Dolgoff, Montreal: Black Rose Books, 2002, p. 26.

안 된다"는 두 명제가 성립한다는 것이다. 예를 들어 아나키스트는 "권위"를 부정하지만 그것이 단지 혼돈과 혼란을 초래할 뿐이라면 오히려 반대로 "권위"가 부활하고 말 것이다. 프루동은 이 이율배반을 해결하는 "원리"를 어소시에이션 — 말년에 프루동은 그것을 "연맹"(Fédération)이라고 불렀다 — 에서 찾았다.7)

그런데 프루동의 해결책은 궁극적으로 권위를 부정하는 해결책일까? 가라타니가 곧이어 『연맹의 원리』에서 인용하는 프루동의 말은 그게 그렇지 않다는 것을 알려준다. "두 힘(권위와 자유)이 균형을 이루도록 하는 것, 그것은 권위와 자유를 서로 경외하게 하고 화해하게 하는, 하나의 법에 권위와 자유를 한정시키는 일이다."8) 프루동의 목적은 자유를 위해 권위를 폐지하는 것이 아니라, 자유와 권위가 균형을 이루도록 하는 것이다. 이와 같은 프루동의 언급은 아나키스트에 대한 통념적 이미지를 간직해온 — 나 자신을 포함하는 — 사람들에게 놀라움일 수 있을 것이다. 하지만 이러한 놀라움은 아나키즘에 대한 진정으로 새로운 관심을 촉발할 수도 있다. 68년의 주역들은 분명 아나키즘의 이와 같은 이성적 차원에 이끌린 것은 아닐 것이다. 아나키즘이 그들에게 감성적으로 호소했을 것이라는 홉스봄의 이야기는 아마 맞을 것이다. 하지만 그것이 이야기의 전부가 될 수도 없다.

가라타니는 바쿠닌에 대해서 비판적이고 그럴만한 이유를 가지고 있다. 하지만 바쿠닌의 글을 읽는 것 자체도 프루동을 읽는 것만큼이나 흥미로울 수 있다. 바쿠닌은 『신과 국가』(1871)에서 권위를 다루면서 이렇게 말하고 있다.

------
7) 가라타니, 앞의 책, 300쪽.
8) 같은 책, 300쪽에서 재인용. 또한 P.-J. Proudhon, *The Principle of Federation*, trans. Richard Vernon, Toronto: University of Toronto Press, 1979, p. 44.

그렇다면 내가 모든 권위를 거부한다는 것인가? 그와 같은 생각은 나와는 거리가 멀다. 장화의 문제에서 나는 장화 만드는 사람의 권위를 참고한다. 집이나 수로나 철도에 관해서 나는 건축가나 엔지니어의 권위를 참고한다. 이런저런 전문적인 지식에서 나는 이런저런 학자에게 의뢰한다. 하지만 나는 장화 만드는 사람이든 건축가든 학자든 자신의 권위를 내게 강요하는 것을 허용하지 않는다. 나는 자유롭게 그리고 그들의 지성과 성격과 지식에 합당한 일체의 존경을 가지고서 그들의 말을 경청한다. 논쟁의 여지가 없는 비판과 견책의 권리를 아껴놓고서 말이다.9)

바쿠닌은 모든 권위를 거부하지는 않는다. 그는 외부로부터 강요되는 권위를 거부한다. 예컨대 국가의 권위가 그러한 권위일 것이다. 아나키스트들이 프롤레타리아 독재의 필요성을 인정한 맑스와 엥겔스에게 의혹의 눈초리를 보내는 것은 당연하다. 하지만 그렇다고 모든 아나키스트들이 일체의 권위를 부정하는 것이라고 볼 수는 없다.10)

그렇다면 이렇게 말할 수 있을까? 즉 프루동이나 바쿠닌 같은 아나키스트들은 실천에서 감성적이고 급진적이지만 이론에서는 오히려 더 권위주의적이거나 보수적이라고 말이다. 반면에 맑스와 엥겔스가 프롤레타리아 독재를 인정한 것은 오히려 더욱 철저하게 실질적으로 권위를 종식시키기 위한 것이지 않을까? 하지만 문제는 복잡하다. 어떻게 권위를 단순히 폐지해야 한다고 말할 수 없는 것인지에 대한

---

9) Bakunin, *Bakunin on Anarchism*, p. 229.
10) 또한 역으로 오늘날 비웃음의 대상이 되고 있는 "프롤레타리아 독재"라는 착상에 아무런 진리도 없다고 생각할 수는 없다. 그것은 분명 정신분석적 통과의 계기를, 그 계기의 필연성을 전치된 방식으로 포착하고 있다.

성찰을 엥겔스는 「권위에 관하여」(1872)라는 글에서 보여준다. 사회주의의 갈림길에, 아나키즘과 맑시즘의 갈림길에 권위를 두고 논쟁이 있었다는 사실은 실로 흥미롭지 않을 수 없다. 결국 "권위"가 모든 것을 갈라놓은 것이다.

여하간 이 글에서 엥겔스는 두 가지의 권위를 다루고 있다. 하나는 가령 대공업이 필연적으로 요구하는 권위이며, 이러한 권위는 결코 거부될 수 없는 것이다. "대공업에서 권위를 폐지하기를 바라는 것은 산업 자체를 폐지하고자 하는 것이다. 물레로 되돌아가려고 증기 방적기를 부수고자 하는 것이다."11) 또 다른 권위는 아나키스트와 엥겔스 모두가 폐지에 동의하는 권위, 즉 정치적 권위 혹은 국가이다.

> 반권위주의자들은, 권위적인 정치적 국가가 생겨나게 되는 사회적 조건을 무너뜨리기에 앞서 그러한 국가는 일격에 폐지되어야 한다고 주장한다. 그들은 사회 혁명의 첫 번째 행위가 권위의 폐지이어야 한다고 주장한다. 이 양반들은 혁명을 한 번도 본 적이 없단 말인가? 분명히 혁명은 존재하는 가장 권위적인 것이다. 그것은 인구의 일부가 존재할 수 있는 가장 권위적인 수단인 소총, 총검, 대포로 또 다른 일부에게 자신들의 의지를 강요하는 행위이다.12)

물론 엥겔스는 국가의 폐지를 궁극적으로 반대하는 것이 아니다. 다만 곧바로 폐지할 수 없다고 말하고 있다. 엥겔스가 보기에는 한편으로 폐지되어서는 안 되는 권위가 있으며, 다른 한편으로 폐지되어야 하지만 단번에 폐지할 수는 없는 권위가 있다.

엥겔스의 논변 전략은 손쉽게 파악될 수 있는 종류의 것이다. "반권

---

11) 엥겔스, 「권위에 관하여」, 『맑스 엥겔스 저작 선집 4』, 박종철 출판사, 1995, 277쪽.
12) 같은 글, 278쪽.

위주의자들"을 엥겔스는 이중적으로 논박한다. 한편으로 일체의 권위를 폐지해야 한다는 주장에 폐지되어서는 안 되는 권위가 있다고 말한다. "왜 반권위주의자들은 정치적 권위, 즉 국가에 반대하여 외치는 데 그치지 않는가?" 다른 한편으로 그는 모든 사회주의자들이 폐지에 동의하는 권위와 관련하여, 정치적 권위와 관련하여, 반권위주의자들의 성급하고 소박한 전략을 비판한다. "이 양반들은 혁명을 한 번도 본 적이 없단 말인가?" 그런데 이와 같은 이중적 논박을 통해서 자신이 권위를 어떻게 이해하고 있는지를 드러내는 것은 다름 아닌 엥겔스 자신이다. 바로 이점이 놓쳐서는 안 될 것이다. 즉 여기서 엥겔스는 권위를 외적인 권위로만 사유하고 있다. 폐지되어서는 안 되는 권위이건 궁극적으로 폐지되어야 하는 권위이건, 엥겔스는 일체의 권위를 타자의 편에 놓고 있다.

바쿠닌이 일체의 권위를 폐지해야 한다고 주장하지 않는다는 것은 분명하다. 우리는 이미 다음과 같은 그의 말을 들어서 알고 있다. "그렇다면 내가 모든 권위를 거부한다는 것인가? 그와 같은 생각은 나와는 거리가 멀다." 바쿠닌이 부정하는 것은 모든 권위가 아니라, 모든 외적인 권위다. 『신과 국가』에서 그는 이렇게 말한다.

> 인간의 자유는 오로지 다음에 있다. 즉 신적이건 인간적이건, 집단적이건 개인적이건 여하한 외부의 의지에 의해 그에게 외적으로 부과되었기 때문에 자연법칙들을 따르는 것이 아니라, 그 스스로가 자연법칙들을 그 자체로서 인지했기 때문에 자연법칙들을 따른다는 데 있다.

바쿠닌에 따르면 "이러한 법칙들은, 일단 인지되면, 인간 대중에 의해 결코 논박될 수 없는 권위를 발휘"한다. 여기서 바쿠닌이 말하는 권위는 자유와 상반되는 권위가 아니다. 오히려 이와 같은 권위가 발휘되는 상태가 바로 자유라고 그는 말하고 있다.

엥겔스와의 비교를 통해서 발견하게 되는 권위에 대한 바쿠닌의 사유에서 가장 두드러지는 특징은 권위의 문제를 던져버렸다는 데 있는 것이 아니라 **권위의 문제를 주체 편으로 가져왔다**는 데 있다.13) 요컨대 그는 "그 자체로서 인지했기 때문에"라든가 "일단 인지되면" 같은 표현을 사용하고 있다. 나는 "인지"라는 표현 그 자체가 흥미롭기 때문에 이렇게도 말하고 싶다. 즉 스피노자가 신에 대한 앎과 사랑을 이야기하는 곳에서 바쿠닌은 — 어쩌면 놀랍게도 — 법칙에 대한 인지(recognition)와 복종을 이야기한다고 말이다. 여기서 우리는 욕망이 타자의 욕망이지 않은 곳에서 작동하는 recognition 같은 것을 생각해볼 수 있을 것이다. 하지만 나는 이 논점을 여기서 전개하지는 않을 것이다. 일반적으로 아나키즘은 권위에 대한 전적인 거부로서 알려져 있다. 여기서는 꼭 그렇지만은 않다는 것을 지적하는 것으로 족하다. 이것만으로도 아직은 족한 것은, 우리가 어떤 이분법에서 벗어나야 하기 때문이다. 우리는 권위와 자율이 대립하는 이분법에서 벗어나야 한다. 우리는 권위주의에서도 벗어나야 하지만 자율주의에서도, 자율의 감옥에서도 벗어나야 한다.

---

13) 솔 뉴먼에 따르면 "맑스주의와 대조하여 아나키즘은 권력을 그 자체로 분석하고 맑스주의 그 자체 안에서 권력의 자리를 — 그것이 국가 권위를 재단언할 잠재성을 — 폭로한다는 점에서 혁명적이었다. (……) 아나키즘은 정치적 개념으로서의 권력의 자리를 창안한 철학이다"(Saul Newman, *From Bakunin to Lacan*, Lanham: Lexington Books, 2007, 6쪽). "아나키즘과 맑스주의의 대화는 아나키즘을 권력의 철학으로서 도입하기 때문에 중요하다"(같은 책, 8쪽). 아나키즘 덕분에 권력과 권위를 그 자체로 다루는 것이 가능해졌다는 뉴먼의 지적은 그 자체로 의의가 있지만, 그 역시 권위를 타자의 편에 놓고 있다는 점에서 권위에 대한 전면적인 사유의 전회를 이루어내지는 못하고 있다. 궁극적으로 그는 아나키즘을 반권위주의와 등치시키는 전통 내에 머물러 있다.

민주주의와 주권

우연만은 아닌 어떤 일치에 의해서 영국에서의 자본주의의 개시와 더불어 시작된 환원주의가 하나의 강력한 경향으로 존재한다. 그것은 고유명사와 대상을 환원하려는, 무화하려는 경향성이다. 달리 말하자면 어쩌면 그것은 신의 존재를 부정하려는 무신론적인 경향성이다.14) 철학의 역사에서 그러한 전통은 영국에서 시작되었고, 오늘날 미국에서 만개하고 있다. 그것을 경험론이라고 부르든, 분석철학이라고 부르든, 실용주의라고 부르든 이점에서는 궁극적으로는 다를 바가 없다. 다른 한편으로 "니체의 아주 특별한 경험론과 실용주의"15)를 알고 있었던 들뢰즈의 철학이 낳은 정치사상은, 오늘날 네그리에 의해서 미국의 언어로 주창된 정치사상은 주권을 단적으로 부정하고 있다. 『다중』의 저자들은 새로운 "과학"의 제1의 의제를, 한국어판의 혁명의 숫자가 매겨진 쪽에서, 이렇게 이야기한다. "다중은 오늘날 전지구적 차원에서 주권을 폐지할 필요가 있다."16) 이는 (다중의) 민주주의를 위한 것으로 제안되고 있다.

주권에 대한 전면적 부정은 현실 민주주의에 대한 어떤 인식에 근거하고 있다. 그것은 민주주의가 주권에 근거하고 있는 한, 군주제나 귀족제와 다를 바가 없다는 인식이다. 다시 말해서 군주이건 국가이건 민중이건 당이건 "일자"의 지배라는 차원에서 다를 바가 없다는 것이다.17)

그런데 내가 보기에 민주주의가 군주제나 귀족제와 단절하는 지점

---

14) 나는 이 장에서 대상의 문제를 다루지는 않을 것이다. 대상의 환원에 대해서는 이 책의 12장 참조.
15) Gilles Deleuze, *Nietzsche and Philosophy*, trans. Hugh Tomlinson, London: The Athlone Press, 1983, p. ix.
16) 안토니오 네그리·마이클 하트, 『다중』, 조정환 외 옮김, 세종서적, 2008년, 419쪽.
17) 같은 책, 391-392쪽.

이 없지 않다. 그것이 주권의 문제라고 하더라도 말이다. 주권자가 예컨대 국왕일 때 그의 신민들은 아직은 주권자의 자리를 구조적인 공백으로 지각하지 않는다. 이때에는 아직 주권자와 주권자의 자리가 분리가능한 것으로 생각되지 않는다. 하지만 민주주의의 도입과 더불어, 이 구조적인 텅 빈 자리는, 이른바 저 "큰타자 속의 구멍"은 그 자체로서 인식된다. 그곳을 차지하려는 후보들은 선거라는 우연성에 자신을 내맡겨야 한다. 그리고 투표를 하는 사람들은 자신들이 자신들의 대표를 뽑는다는 생각을 갖게 된다. 그런데 이러한 생각은 주권자와 주권자의 자리 사이에 있는 틈새에 대한 인지를 필연적으로 전제하는 것이다. 그래서 민주주의적 단절은 이러한 되돌이킬 수 없는 인식론적 단절이기도 하다.

  이렇게 생각해볼 때 한국에서 저 우연성을 먼저 깨달은 사람들은 이른바 우파 쪽 사람들이다. 그들은 김대중 씨가 대통령으로 당선되었을 때 이를 좌파 쪽 사람들보다 먼저 깨달았을 것이다. 그리고 이명박 씨가 이번에 대통령으로 당선되었을 때 이번에는 좌파 쪽 사람들이 뒤늦게 민주주의에 핵심적인 저 우연성을 깨닫게 되었을 것이다. 역설적이지만 내가 보기에 민주주의를 먼저 알게 된 것은 민주주의를 먼저 원했던 사람들이 아니라 오히려 우파 쪽 사람들이다. 그리고 또 다시 역설적이지만, 한국에서 민주주의는 이명박 씨의 당선과 더불어 비로소 성취되었다. 나는 지금 민주주의를 민주주의의 탈을 쓴 저열한 무엇으로 환원하려는 것이 아니다. 오히려 나는 오늘날 민주주의가 완성되었다는 것을 인정하는 것이 무엇보다도 중요하다는 이야기를 하는 것이다. 이른바 근본적 민주주의를 기획해보려는 노력 그 자체를 위해서라도 이러한 인정은 중요하다. 현실 민주주의에는 민주주의 본연의 무엇이 있으며, 나는 그것을 "민주주의적 단절"이라고 표현했다. 민주주의는 좌파만을 위한 것이 아니며, 또한 우파들이 저 민주주의적 단절을 먼저 깨달았다는 점에서 보편적인 것이다.

이와 관련하여 한국의 민주주의 역사에서 가장 흥미로운 정치인은 노무현 씨일 것이다. 그는 매우 역설적인 정치인이다. 그렇다고 그가 본연의 정치인이 아니었다는 말은 아니다. 그는 사실 누구보다도 정치인이었다. 그는 정치인만이 가지고 있는 본연의 정치적 욕망을 가지고 있었다. 나는 그가 욕망의 실현에 필요한 고집이나 주장을 통해서, insistence를 통해서, 자신의 욕망을 실현했다고 보는 쪽이다. 그는 주권자의 자리에서 권위를 몰아내려고 했으며, 스스로의 말과 행동을 통해서 실로 그렇게 했다. 한국의 민주주의에 기여한 주권자 편에서의 단 한 명이 있었다면 그것은 바로 그일 것이다. 그는 정치적 행위를 통해 정치적인 것을 제거하려고 한 인물이었다. 이것이 그의 가장 성가신 측면이었을 것이다. 그는 스스로의 권위를 떨어뜨림으로써 권위 그 자체에 돌이키기 힘든 어떤 작용을 가했다.

네그리의 생각에는 내가 말한 저 "민주주의적 단절"에 대한 고려가 들어 있지 않다. 이는 그가 주권을 파괴하거나 넘어서려는 생각에 골몰해 있기 때문일 것이다. 이미 언급했지만, 그는 "다중의 민주주의는 '새로운 과학', 즉 이 새로운 상황과 대면할 수 있는 새로운 이론적 패러다임을 필요로 한다. 이 새로운 과학의 제1의 의제는 민주주의를 위해 주권을 파괴하는 것이다"라고 말하고 있다. 나는 바로 이러한 정도로까지 그가 주권의 파괴라는 생각에 골몰하고 있다고 생각한다.

그런데 주권을 넘어서려는 이와 같은 생각은 주권의 외부란 없다는 생각과 대립되는 것처럼 보인다. 주권의 외부가 없다면, 물론 주권을 넘어서는 길은 없을 테니까 말이다. 아니, 주권의 외부가 없다면, 어쩌면 주권을 전면적으로 파괴하는 작업이 가능할 수도 있을 것이다. 그런데 이렇게도 저렇게도 생각하는 가운데 우리는 주권을 그려보는 한 가지 방식을 발견한다. 그것은 주권을 어떤 완결된 공간 같은 것으로 그려보는 방식이다. 주권을 넘어서려는 사람이건 주권의 외부는 없다고 생각하는 사람이건 주권에 대한 그와 같은 시각화에서는 다를 바가 없다.

이와 관련하여 중요한 인식론적 단절을 제공하는 사람은 다름 아닌 라캉이다. 오늘날 라캉을 읽는 정치학자는 거의 없겠지만, 그럼에도 불구하고 나는 민주주의와 주권을 이야기하면서 라캉을 끌어들이지 않을 수 없다. 주권과 관련한 그의 핵심적인 통찰을 간과하는 것은 지젝을 말을 빌자면 "우리 학계가 자기-파괴의 모호한 의지에 사로잡혀 있다"는 사실을 입증하는 지름길이 될 것이다.

『정신분석의 이면』이라는 세미나에서 라캉은 "그 어떤 **타자**도 존재하지 않으므로, 기표의 개입이 **타자**를 하나의 장으로서 출현하게 만드는 한에서"라고 말한다.18) 그래서 이 말 어디에 "주권"이 있다는 것일까? 읽을 수 있는 모든 독자들은 라캉의 이 언급에 "주권"이라는 단어가 없다는 것을 알 것이다. 하지만 대신 "기표"라는 단어가 있다. 라캉은 그 기표를 "주인기표"라고 부른다. 라캉은 주권을 주인기표라고 부른다.

나는 이미 주권을 넘어서려는 사람이건 주권의 외부는 없다고 하는 사람이건 주권을 하나의 완결된 공간으로 — 라캉의 표현으로는 하나의 "장"으로 — 생각한다는 점에서 다를 바가 없다는 말을 했다. 그런데 라캉이 우선적으로 말하는 것은 "그 어떤 **타자**도 존재하지 않는다"는 사실이다. 그렇다면, 즉 그 어떤 **타자**도 존재하지 않는다면, 어떻게 그것이 하나의 장으로서 출현할 수 있는 것일까? 라캉은 이를 설명한다. 라캉은 주인기표의 개입을 통해 **타자**가 하나의 장으로서 출현한다고 말한다.

그런데 그렇다면, 주권을 하나의 완결된 공간 같은 것으로 생각하는

---

18) Jacques Lacan, *The Other Side of Psychoanalysis*, tras. Russell Grigg, New York and London: Norton, 2007, p. 15.

사람들은 주권의 개입과 더불어서 비로소 출현하는 어떤 것의 특성을 오히려 주권의 특성으로 주권에 부여한다는 점에서, 잘못된 그림을 그리고 있는 것이다. 라캉은 주권을 "주인기표"라고 부름으로써 주권을 하나의 공간 같은 것이 아니라 점 같은 것으로 그려볼 수 있도록 해준다. 따라서 나는 "주인기표"라는 단어에 장점이 없지 않다고 말할 것이다.

혹시 기표 같은 것은, 혹은 이름 같은 것은 아무것도 아니라고 생각하는 사람이 있을지도 모른다. 유물론이 아니라 무신론이 지배하는 세계에서 이와 같은 생각이 드물지 않은 것은 이상할 것도 없다. 이런 생각을 하는 사람들은 아마 쿠퐁텐의 여주인공 시뉴가 하는 다음과 같은 말에서 그 어떤 의미도 찾을 수 없을 것이다. "신이 제게 생을 주셨지요. 그리고 전 그 생을 신에게 되돌려 줄 준비가 되어 있고 또 간절히 원하고 있어요. 하지만 이름은 제 것이에요. 나의 여자의 명예는 제 것이에요. 오로지 제 것이에요!" 이름 같은 것은 아무것도 아니라고 생각하는 사람들에게, 이런 말을 하는 시뉴보다 더 비합리적인, "미친" 사람도 없을 것이다. 하지만 나는 그들이 이름 없이 사는 법을 알고 있는지를 알지 못한다. 그들은 이름 없이 살아도 달라질 것이 없다고 생각할 것이므로, 혹시 정작 이름이 없어질 때 가장 못 견딜 자들이 그들 아닐까?

그런데 그들이 이름 같은 것은 아무것도 아니라고 생각하는 데는 어떤 이유가 있을 것이다. 왜냐하면 실로 오늘날 이름들은 예전만 못하지 않은가? 그런데 오히려 실로 그러한 것이라면, 이름 같은 것은 아무것도 아니라고만 할 것이 아니라, 본연의 학문적 자세에서, 언어 그 자체에 생긴 어떤 변화에 주목해볼 수도 있을 것이다. 언어 그 자체에 생긴 어떤 변화라고 한다면 실로 — 심지어 이름 그 자체를 경시하는 사람에게도 — 아무것도 아닐 수는 없지 않을까? 그들도 이제

―파괴의 과학 이전에 ― 또 다른 과학을 해야 할 이유를 찾을 수 있지 않을까?

언어 자체에서 생겨난 변화를 감지하는 것은 어려운 일이 아니다. 예컨대 근대문학의 종언의 사실에 대한 가라타니 고진의 단언은 그와 같은 변화를 염두에 두고 있는 것이다. 그는 그것을, 근대문학의 종언을, 중요성이나 영향력의 상실로서 파악하고 있다. 그는 "근대문학이 끝났다는 것은 소설 또는 소설가가 중요했던 시대가 끝났다는 것입니다"라고 말한다.

소설의 중요성이 그 수명을 다했다는 말은, 소설이 언어적 활동의 일부인 한에서, 소설 고유의 언어적 수행성이 그 유효성을 다했다는 말이다. 서유럽에서는 50년대 말에 오스틴이라는 언어철학자가 언어의 수행성을 발견했다. 그는 예를 들어 "내일 6시까지 여기에 나오겠다"라는 문장이 단순히 무언가를 진술하는 것이 아니라 하나의 행위를, 약속이라는 행위를 하고 있다는 점에 주목했던 것이다. 그리고 이를 언어의 수행성으로 보고, 자신의 화행론을 펼쳤다. 그런데 어떤 것이 인지되는 때가 바로 그것에 문제가 생긴, 그것에 위기가 닥친 때라는 어떤 오래된 교훈을 따라서, 서유럽에서 5, 60년대가 바로 언어의 수행성에 문제가 생기기 시작한 때라고 볼 수도 있지 않을까? 가라타니 스스로가 사르트르의 나라에서의 소설의 종언을 60년대에서 찾고 있다는 사실을 보건데,[19] 그가 말한 근대문학의 종언을 내가 화행적 유효성의 상실과 연결시키는 것은 결코 무리가 아닐 것이다.

서유럽에서 60년대에 권위에 대한 도전이 광범위하게 이루어졌다는 것은 잘 알려져 있다. 서유럽의 1960년 전후와 관련하여 우리는 두 가지를 알고 있다. 한편으로 우리는 그때 언어의 수행성이 발견되었다

---

19) 가라타니 고진, 『근대문학의 종언』, 조영일 옮김, 도서출판 b, 2006, 46쪽.

는 것을 알고 있다. 그리고 다른 한편으로 그때 권위에 대한 도전이 광범위하게 이루어졌다는 것을 알고 있다. 그런데 이 둘은 별개일까? 앞에서 나는 어떤 것이 인지되는 때가 바로 그것에 문제가 생긴 때라는 어떤 오래된 교훈을 따라서, 서유럽에서 5, 60년대가 바로 언어의 수행성에 문제가 생기기 시작한 때라는 이야기를 했다. 그런데 이 오래된 교훈의 이면이 있지 않을까? 즉 우리가 어떤 것에 도전하기 시작한다는 것은 그 어떤 것 자체에 문제가 생겼다는 말이 아닐까? 우리는 권위로서 인지한 그 무엇에 대해서 도전할 수 있다. 그리고 권위가 권위로서 인지된다는 것은 그것에 문제가 생겼다는 말이다. 권위는 사람들이 권위를 권위로서 생각하기 시작하는 순간부터 말하자면 죽음의 길에 들어선다.20)

이 권위를 부르는 잘 알려진 단어가 있다. 우리는 그것이 "아버지"라는 것을 잘 알고 있다. "아버지"가 권위에 대한 또 다른 이름인 한에서 우리는 오늘날 아버지는 죽었다고 말할 수 있다. 나는 가라타니의 단호한 제스처를 따라서 "아버지의 종언은 오늘날 내가 소리 높여 말하고 다닐 사항은 아닙니다. 단적인 사실입니다"라고 말하고 싶다. 더이상 존재하지 않는 부성적 권위에 여전히 도전하고 있는 진보를 자처하는 자들이야말로, 저 종언의 사실과 현실을 부인하는 것 아닐까? 그들은, 애도자들을 틀림없이 자극하면서, 송장과 대결하고 있는 것 아닐까? 그리하여 차라리 아버지가 있었으면 하는 소망을 끊임없이 소생시키는 것이 아닐까? 그리고 그렇다면 또한 역으로, 오늘날 아버지의 죽음을 단적으로 받아들이는 것이야 말로 진보를 위한 최초의 한

---

20) 물론 "상징적 동물"인 인간의 세계에서, 권위의 죽음이란 권위의 종언을 가리킬 수 없다. 오히려 우리는 권위의 죽음을 상징적 권위의 몰락으로 보아야 한다. 상징적 권위가 몰락할 때 권위의 생은 이제 상상계 안으로 전락한다. 권위는 이제 이미지를 통해 지탱되거나 조롱당한다.

걸음이지 않을까? 물론 아직 죽지 않은 아버지 형상들이 집안에서도 직장에서도 학교에서도 여전히 군림하고 있다. 하지만 그 군림자들도 오로지 아버지의 사망 사실이 알려지지 않게 하기 위해서 필사의 노력을 하고 있는 것 아닐까?

권위가 자연적인 것으로서 생각되어질 때, 권위가 권위로서 아직 인지되지 않을 때, 권위는 언어의 힘의 보증자였다. 오늘날 우리가 광범위하게 겪고 있는 언어에서의 어떤 근본적인 변화의 이면에서 우리는 이 권위의 종언을, 아버지의 종언을 볼 수 있어야 한다. 그리고 우리는 아버지에 대한 도전을 또한 아버지의 위기에 대한 반응으로서도 읽어낼 수 있어야 한다. 1969년 12월에 뱅센느에서 라캉은 그가 강연하고 있는 곳으로 들어와 그의 강연을 집요하게 방해했던 학생들에게 이렇게 말했다. "혁명가로서 여러분이 열망하는 것은 주인입니다. 여러분은 얻게 될 것입니다."21)

권위의 종언을 민주주의적 계기로서 볼 수 있다면, 그것은 그러한 종언이 타자 안의 텅 빈 공백을 드러내 보여주기 때문이다. 우리는 민주주의의 도래와 더불어 가시적인 된 저 공백을 민주주의적 공백이라고 부를 수도 있을 것이다. 주권자에게서 아버지의 형상을 벗겨내자, 이제서야 주권자와 그의 자리 사이의 메울 수 없는 틈새가 확인된다.

그런데 우리는 어쩌면 이 1960년대라는 특정한 숫자에 집착할 필요가 없다. 가라타니 고진은 오히려 근대의 성립과 더불어서 무언가가 반복되고 있다는 데 주목한다.

> 문제가 되는 것은 근대에 인류가 획득한 의회제(대의제)가 현실에서 눈으로 확인할 수 있는 왕이나 대통령이나 황제라는 존재자와는

---
21) Lacan, *The Other Side of Psychoanalysis*, p. 207.

별도로 결코 메울 수 없는 구멍을 가지고 있으며, 그것이 "억압된 것의 회귀"로서 반복되고 있다는 것이다.22)

  그리고 그렇다면 우리는 이 공백을 민주주의적 공백이 아니라 근대 그 자체의 공백이라고 부를 수도 있을 것이다.
  이제 타자 안의 텅 빈 공백을 견뎌낸다는 것을 처음으로 주제화해보자. 그것은 세계의 소멸을, 세계의 비존재를 견뎌낸다는 말과 같은 말이다. 그런데 사람들은 그것을 좀처럼 견뎌내지 못한다. 예전에 노무현 대통령이 탄핵을 당했을 때 사람들이 보인 반응을 보면 이를 어렵지 않게 알 수 있다. 실로 그것은 진귀한 경험이었다. 그때 우리는 저 텅 빈 권력의 공백을 노골적으로 가시화하는 일이 사람들에게 얼마나 견디기 힘든 일인지를 목격할 수 있었다.
  그런데 역으로 질문해보자. 만약 사람들이 세계의 비존재를 견뎌낼 수 있다면, 이로부터 무엇이 결과될 수 있을까? 이것이 오늘날 궁극적인 물음이며, 궁극적인 사고실험이다. 앞서 나는 주인기표의 개입이 **타자**를 하나의 장으로서 출현하게 만든다는 라캉의 언급을 인용했다. 이 말은 큰타자로서의 세계는 주인기표의 개입을 통해 존재하게 된다는 말이다. 그런데 우리가 타자 안의 공백을 견딜 수 있다면, 우리는 또한 무엇을 새삼 발견하게 될까? 그때 우리는 다름 아닌 용도를 상실한 주인기표를 발견하게 된다. 왜냐하면 이제 주인기표는 타자의 구멍을 메우는 데 이용되지 않으니까 말이다. 주인기표는 타자 편에서 있을 곳을 잃게 된다. 바로 이 주인기표가 아마도 세계의 비존재를 견뎌낸 주체를 위한 궁극적인 선물일 것이다. 그 선물은 그 견뎌냄의 과정 그 자체에 의해 산출되는 그 무엇이다. 그 견뎌냄은 말하자면 **타자**로부

---

22) 가라타니 고진, 『역사와 반복』, 조영일 옮김, 도서출판 b, 2008, 20쪽.

터 주인기표를 궁극적으로 쥐어짜내는 과정이다. 그렇게 하면 어쩌면 많은 이들에게 넉넉한 만큼의 주인기표들이 생겨날 것이다. 그리고 이를 기적으로 부르고 싶은 사람도 틀림없이 생기게 될 것이다.

네그리의 정치적 사유에서 주인기표의 새로운 용도에 대한 사유는 발생하지 않는데, 왜냐하면 그는 주권을 전적으로 거부하기 때문이다. 슬라보예 지젝은 『이데올로기라는 숭고한 대상』에서 고유명사를 평범한 기술문구로 환원하고자 하는 존 설 같은 기술주의자(descriptivist)를 비판한 적이 있다.23) 그런데 네그리는 오히려 정치적 영역에서의 기술주의자라고 볼 수 있지 않을까? 정치적 영역에서는 물론 주권이라는 것이 단순히 무화될 수는 없는 일이기에, 그는 그것을 파괴해야 한다고 말하고 있지만 말이다. 하지만 한때 기술주의자들도 자신들의 작업을 혁명이라고 생각한 적이 있었다. 그들은 그 작업이 무수히 많은 작은 주인들을, 언제 어디서나 우리를 감시하는 작은, 보이지 않는 주인들을 생성하게 될 줄은 꿈에도 몰랐을 것이다. 타자의 토양에서 자라난 저 작은 주인들을 주체들이 수확할 날이 올 것이다.

이제 한 가지 오래된 관념에 대해서 이야기하려고 한다. 세계를 변혁한다는 관념에 대해서, 혹은 유토피아의 성취 같은 것에 대해서 말이다. 흔히 세계를 변혁한다는 관념은 변혁 이전이든 이후든 전체로서의 어떤 세계가 있다는 것을 가정하고 있다. 그리고 이러한 가정은 세계의 비존재를 겪어내고 살아가는 주체의 항구적인 형상을 처음부터 침식한다. 이러한 가정이 세계의 비존재를 혹시라도 인정한다면, 아마도 하나의 세계에서 또 하나의 세계로의 이행기에 잠시 열리게 된

------

23) 슬라보예 지젝, 『이데올로기라는 숭고한 대상』, 이수련 옮김, 인간사랑, 2002, 159-163쪽 참조. 여기서 지젝은 단어의 내포를 강조하는 존 설 같은 기술주의자와 고유명사의 환원불가능성을 고수하는 솔 크립키 같은 반기술주의자의 논쟁을 다루고 있다. 이 대립에서 지젝은 후자의 손을 들어준다. 그는 기술주의자와 반기술주의자의 이 논쟁 속에서 진리는 후자의 편에 있다고 말한다(169쪽).

세계의 비존재를, 그 틈새를 견뎌야 한다는 정도에서일 것이다. 세계의 비존재는 **일차적인** 사실로서 결코 인정되지 않는다. 하지만 라캉은 세계의 비존재를 일차적인 사실로서 진술하면서 "타자는 존재하지 않는다"라고 말했다.

이와 관련하여, 그리고 동시에 유물론과 무신론의 근본적인 구분과 관련하여, 신과 세계의 대립은 실로 인상적으로 두드러진다. 하지만 나는 곧바로 신은 유물론자의 편에 있고 세계는 무신론자의 편에 있다고 말하려는 것이 아니다. 오히려 정확을 기하기 위해서 우리는 무신론자가 신의 비존재를 고집하는 사람이라면, 유물론자는 세계의 비존재를 고집하는 사람이라고 말해야 한다. 신은 이러한 방식으로만 유물론자의 편에, 주체의 편에 있을 수 있다. 어쩌면 우리는 스피노자의 신은 세계 편에 있다고 말할 수도 있을 것이다.

영화 <밀양>을 탁월하게 분석하면서 정혁현은 이렇게 쓰고 있다. "신은 파괴자인데, 이때 파괴되는 것은 신을 참칭하는 대타자 혹은 상징계라고 할 수 있다."[24] 이 말은 훌륭한 통찰을 담고 있다. 이 말은 신과 대타자가 같은 편에 있지 않다는 통찰을 담고 있다. 하지만 그것은 세계를 파괴하는 것이 주체 자신이라는 사실을 은폐하고 있다. 세계의 비존재를 성공적으로 견뎌낸 주체를 위한 선물이 바로 주체가 떠맡아야 하는 신, 즉 주인기표다. 그렇다면 이렇게 말해볼 수 있지 않을까? 즉 신을 믿지 않는 사람들은 두 번을 노력해야 유물론자가 될 수 있고, 신을 믿는 사람들은 한 번을 노력하면 유물론자가 될 수 있다고 말해볼 수 있지 않을까?

삼성특검 최종수사 결과가 발표되던 날, 김용철 씨는 "평생 할 만한 일을 찾았다"고 말했다. 그는 거짓을 정면에 두고, 곧바로 항의하기

---

[24] 정혁현, 「<밀양>: 그녀의 목에 걸린 가시」, 『라캉과 한국영화』, 김소연 엮음, 도서출판 b, 2008, 111쪽.

전에, 바로 이와 같은 말을 했다. 오늘날의 도발자들이나 항의자들은 이처럼 평생 할 만한 일을 찾은 것일까? 혹시 그들의 정의감조차도 우울한 일상의 소일거리를 위한, 감내함과 떠맡음의 회피를 위한 방편이지 않았던가? 나는 오늘날의 주체들이 직업을 통해 세계 속으로 들어가는 잘 알려진 길 너머에서, 세계의 비존재를 살아가기 위한 업무를 발견할 수 있기를 바란다. 나는 그것을 vocation이라고, 소명이라고 부르지는 않을 것이다.

그게 각자에게 무엇이 될지를 누군가에게 물어보는 것은 소용이 없는 일이다. 그것을 이미 알고 있는 것은 바로 자기 자신이다. 왜냐하면 바로 그것을 가지고서 우리는 이미 저 큰타자의 지위를 지탱해주고 있었으니까 말이다.

고유명과 주인기표

가라타니 고진은 『탐구 2』의 제1부에서 고유명을 다룬다. 제1부의 제목은 "고유명에 대하여"이다. 한동안 라캉주의적 문헌들을 독서해온 경험을 통해, 나는 가라타니를 읽으면서 그의 고유명이 라캉의 주인기표라는 생각을 갖게 되었다. 다시 말해서, 나의 그러한 생각에 따르자면, 『탐구 2』의 1부에서 가라타니는 실은 주인기표를 다루고 있는 것이다.

프레게에 따르면 "고유명 = 주인기표"라는 등치는 "매우 가치 있는 우리 인식의 확장"을 내포할 수 있다.[25] 이는 "고유명"과 "주인기표"가 지칭은 같아도 뜻은 다른 덕분이다. 프레게의 예로 말해보자면, "저녁별"과 "아침별"은 지칭이 동일하다. 하지만 그 둘의 뜻은 동일하지 않다. 그리고 그렇기 때문에 "저녁별 = 아침별"이라는 등치는 하나의

---

25) Gottlob Frege, "On Sense and Reference", *Translations from the Philosophical Writings of Gottlob Frege*, trans. Peter Geach and Max Black, Oxford: Basil Blackwell, 1970, p. 56.

새로운 발견인 것이며, 인식의 확장인 것이다. 고유명과 주인기표에 대해서도 비슷한 이야기를 할 수 있을 것이다.

그런데 우리는 프레게의 이야기에서 멈출 수는 없다. 왜냐하면 가라타니는 고유명을 나름대로 탐구했고, 라캉은 주인기표를 나름대로 탐구했기 때문이다. 그리고 이렇게 탐구된 내용이 일치하지는 것만은 아니다. 저 두 단어의 뜻만 다른 것이 아니다. 그 둘을 놓고 이루어진 탐구도 다르다. 하지만 이 두 탐구는 같은 것에 대한 탐구였다. 그렇다면 우리는 이 두 단어의 등치를 통해, 두 탐구의 생산적인 결합을 이루어낼 수 있을 것이다. 이것이 내가 떠맡은 "탐구"다.

가라타니는 "고유명 자체가 내포하고 있는 수수께끼 같은 문제"가 있다고 말한다.26) 한국어에는 "수수께끼"의 형용사가 없다. 그래서 나는 차라리 "수수께끼 같은 문제"를 그냥 "수수께끼"라고도 하고 싶다. 대상에도 수수께끼가 있고, 이름에도 수수께끼가 있다. 예컨대 내가 어떤 대상을 욕망할 때, 그 대상에는 수수께끼가 있게 된다. 하지만 그 대상의 이름에도 수수께끼가 있게 된다. 우리는 이 수수께끼를 또한 "신비"라고 부를 수도 있을 것이다. 가라타니는 이 수수께끼를, 이 신비를 제거하는 일이 실은 얼마나 힘든 일인지를 잘 보여준다. 이를 위해 그는 우선 이렇게 말해둔다.

> 현대 논리학에 따르면 개체를 지시하는 표현으로 고유명과 기술(확정 기술)이 있다. 예컨대 "후지산"은 고유명이며 "일본에서 제일 높은 산"은 확정 기술이다. 뒤에서 말하겠지만 러셀은 이 경우 고유명은 확정 기술로 번역 또는 환원될 수 있다고 생각한다. 또한 이러한 생각은 현대 논리학에서 지배적이다. 이 생각은 결국 고유명에 의해

---

26) 가라타니 고진, 『탐구 2』, 권기돈 옮김, 새물결, 1998, 24쪽.

지시되는 개체를 집합 또는 집합 묶음으로 환원(번역)할 수 있다는 생각과 같다.27)

이제 이렇게 말해둔 후에 가라타니는 고유명을 이처럼 환원하는 일이 실로 얼마나 힘든 일인지를 다음과 같이 보여주고 있다.

> 그러나 위의 예에서 "일본에서 제일 높은 산"이라고 할 때도 여전히 "일본"이라는 고유명은 남아 있다. 이것을 지구상에서 위도 얼마, 경도 얼마의 지점에 펼쳐져 있는 열도로 바꾸어 말해도 실은 "지구"라는 고유명은 여전히 남게 된다. 그리고 어떤 의미에서는 우주 자체, 물질 자체가 고유명이다. 고유명을 제거하고 일반적인 자연법칙을 찾아내려 했던 물리학의 첨단적인 노력도 결국은 이 물리학 자체가 "이 우주"라는 역사에 속한 것일 뿐임을 발견했다. 자연 과학도 "역사"에 속한다. 즉 궁극적으로 고유명을 제거할 수는 없는 것이다. 비트겐슈타인의 말을 흉내 낸다면 우주 속에 신비가 있는 것이 아니라 "이 우주"가 있는 것이 신비로운 것이다.28)

이제 "이 우주"가 있는 것이 신비라면, 같은 이유에서 "지구"가 있는 것도 신비라고 말하지 못할 이유는 없다. 그리고 그렇다면 또한 "일본"이 있는 것도 신비일 것이고 "후지산"이 있는 것도 신비일 것이다. 하지만 "위도"와 "경도"가 있는 것도 신비일 사람이 있을 것이다. 사실 영어를 가르치는 사람들이 오랫동안 이용해왔기 때문에 우리에게 익숙해진 고유명사와 보통명사의 구분이 그렇게 잘 된 구분은 아닐 것이다. 우리는 동일한 명사를 고유명사로도 보통명사로도 볼 수 있다. 그것은

---

27) 같은 곳.
28) 같은 책, 24-25쪽.

말하자면 우리의 태도에 달려 있는 것이다. 가라타니 고진은 "고유명은 단지 개체에 대한 명명이 아니다. 그것은 '개체'를 어떻게 보는가와 관련되어 있다"라고 말하고 있다. 그래서 수천 마리의 소를 기르는 사람에게 소는 소라는 집합의 일원일 뿐이지만, 집에서 한 마리나 여러 마리를 키우는 사람의 경우 그가 자기 소를 그냥 "소"라고 부르더라도 그것은 고유명일 수 있는 것이다.[29]

가라타니가 비트겐슈타인의 말을 전치시키는 방식은 참으로 흥미롭다. 왜 그것이 그토록 흥미로운지를 확인하기 위해서 비트겐슈타인이 『논리-철학 논고』 말미에서 하고 있는 못지않게 흥미로운 이야기들을 고찰할 필요가 있다.

우선 그는 더 높은 존재에게는, 즉 신에게는 세계가 어떠한지는, 어떠한 방식으로 존재하는지는 전적으로 무관심한 일이라고 말한다. 즉 "신은 자신을 세계 **속에서** 드러내지 않는다"라고 말한다(6.432).[30] 이는 스피노자의 생각과 비교할 때 그 입장이 더욱 선명해지는 말이다. 스피노자는 "우리는 자연현상에 대한 지식을 더 많이 얻을수록, 신에 대한 더 크고 완벽한 지식을 획득한다"라고 말한다.[31] 하지만 비트겐슈타인이 보기에, 신은 자신을 세계 안에서 계시하지 않으므로, 세계의 어떠함에는 신비로울 것이 아무것도 없다. 그래서 그는 "세계가 **어떻게** 있느냐가 신비스러운 것이 아니라, 세계가 있다는 **것**이 신비스러운 것이다"라고 말한다(6.44). 다시 말해서, 영원의 관점에서의 세계, 한계 지어진 전체로서의 세계에 대한 느낌, 바로 그것이 신비로운 느낌인 것이다(6.45). 이 마지막 말은 세계가 존재한다는 사실 그 자체가 신비하

---

29) 같은 책, 25쪽.
30) 루드비히 비트겐슈타인, 『논리-철학 논고』, 이영철 옮김, 책세상, 2006.
31) Spinoza, *Theological-Political Treatise* in *Spinoza, Complete Works*, trans. Samuel Shirley, Indianapolis: Hackett Publishing Company, Inc., 2002, p. 428.

다는 말과 다를 것이 없는 말이다.

이렇게 말해놓은 후에 비트겐슈타인은 자신의 입장을 드러낸다. 이를 위해 그는 우선 이렇게 말한다. "언표될 수 없는 대답에 대해서는 물음도 언표될 수 없다." 그는 이 말을 이렇게도 다시 풀어 표현한다. "도대체 어떤 물음이 제기될 수 있다면, 그 물음은 또한 대답될 **수**도 있다." 물음이 있다면 답도 있는 것이다. 따라서 답 없는 물음은 있을 수 없다. 그래서 그는 — 답 없는 물음이 수수께끼인 한에서 — 이렇게 말한다. "**수수께끼**는 존재하지 않는다"(6.5). 이는 『논리-철학 논고』에서의 비트겐슈타인의 철학적 입장을 선명하게 표현하고 있다. 이는 예컨대 가라타니 고진의 입장과 대조된다. 왜냐하면 가라타니는 신비를 또한 수수께끼라고 부르고 있으니까 말이다. 하지만 비트겐슈타인은 신비를 인정하고 수수께끼를 인정하지 않는다.

비트겐슈타인은 예컨대 러셀과는 달리 신비한 것의 존재를 인정한다.32) "실로 언표될 수 없는 것은 있다. 그것은 스스로를 **드러낸다**, 그것은 신비스러운 것이다"(6.522). 하지만 그럼에도 불구하고 그는 말할 수 없는 것에 대해서는 침묵해야 한다고 말한다. 그는 말할 수 없는 것, 스스로를 드러내는 것, 신비한 것 앞에서 침묵해야 한다고

------

32) 사정을 좀더 들여다보자. 러셀은 『논리-철학 논고』의 영역본을 위한 서론을 썼다. "러셀의 서론은 『논고』가 출판되는 데 결정적인 도움을 주었으니, 그 내용에 만족하지 못한 비트겐슈타인이 서론으로 싣기를 거부하였을 정도로 중요한 문제점을 안고 있기도 하다"(비트겐슈타인, 『논리-철학 논고』, 11쪽, 옮긴이의 말에서). 러셀의 서론은 한국어본에 부록으로 실려 있다. 그런데 러셀의 이 서론에서 흥미로운 점은 그가 신비에 대한 비트겐슈타인의 입장을 아주 불편해 하고 있으며 사실상 비판하고 있다는 것이다. "비트겐슈타인 씨는 윤리학의 전체 주제를 신비스러운, 표현 불가능한 영역 속에 둔다. 그럼에도 불구하고 그는 자신의 윤리적 견해를 전달할 수 있다. 그는 자기가 신비스러운 것이라고 부르는 것이 비록 말해질 수는 없지만 보여질 수는 있다고 변명할 것이다. 이러한 변명이 적절할지도 모른다. 그러나 나로서는, 그런 변명은 나에게 어떤 지적 불안감을 남겨 놓는다는 것을 고백해 둔다"(139쪽). 또한 러셀은 비트겐슈타인의 "신비주의"를 확인한다 (140쪽).

말한다.

언뜻 보기에 비트겐슈타인은 존 맥컴버가 말하는 "헤겔에 대한 거부"와 유사한 무언가를 하고 있는 것도 같다.

> 헤겔에 대한 거부들은 통상 인식론과 논리학의 언어로 표현된다: 그들이 주장하기를, 철학적 체계는 (이런 저런 이유에서) 불가능하다. 하지만 도덕적인 어조가 종종 슬그머니 기어들어온다: 체계는 성취하기 불가능할 뿐만 아니라 (이런 저런 이유에서) 착수되지 말아야 한다. 그렇다면 체계에 대한 이러한 이중적 반감은 헤겔 이후로의 철학의 기조이며, 우리는 그의 사유에 대한 우리의 거부에 의해 철학적으로 규정된 채로 머물고 있다.[33]

어떻게 보면 비트겐슈타인도 말하기 불가능한 것에 대해서 침묵해야 한다고 말할 때 저 헤겔의 거부자들과 유사한 일을 하고 있는 것도 같다. 하지만 우리는 좀더 세밀해질 수 있으며, 저 "침묵"이라는 용어를 가볍게 보지 않을 수도 있다.

사실 여기에는 거부가 있는 것이 아니라 오히려 결단 같은 것이 있다. 비트겐슈타인은 신비에 대한 반감을 가지고 있는 것이 아니다. 오히려 그는 그것에 대한 경외감 같은 것을 가지고 있는 것도 같다. 말하기 불가능한 것에 대해서는 침묵해야 한다는 말에는 그것을 섣부르게 다루지 말라는 경고가 들어 있는 것 같다. 어쩌면 바로 이와 같은 침묵의 과정 덕분에 그는 궁극적으로 다시 앞으로 나아갈 수 있었는지도 모른다.

가라타니는 전체로서의 세계라는 신비를 "이 세계"라는 기표의 신

---

[33] John McCumber, *The Company of Words*, Evanston, Illinois: Northwestern University Press, 1993, p. 2.

비, 고유명의 신비로 전치시킨다. 나는 이점이 흥미롭다고 말했다. 전체로서의 세계라는 것이 없다는 것을 잘 알고 있는 사람에게 이점이 흥미롭지 않을 수는 없는 일이다. 가라타니는 "우주 속에 신비가 있는 것이 아니라 '이 우주'가 있는 것이 신비로운 것이다"라고 말한다.34) 이렇게 말해보자면, 신비는 어떤 정확한 감정이다. 신비는 불안이 정확한 감정인 것처럼 정확한 감정이다. 라캉을 통해서 우리는 불안이 어떤 정확한 감정이라는 것을 잘 알고 있다.35) 하지만 아직 우리는 신비 역시 그러하다는 것을 모르고 있다. 신비가 어떤 정확한 감정이라면 우리는 그에 걸맞게 그것을 취급해야 하는데, 가라타니는 바로 그러기 위해서 "우주 속에 신비가 있는 것이 아니라 '이 우주'가 있는 것이 신비로운 것이다"라고 말했다고 볼 수 있다. 이로부터 우리는 신비가 **고유명과 관련된 감정**이라고 말할 수 있을 것이다.

    고유명과 관련한 가라타니의 결정적 제스처 가운데 하나는 고유명을 주체와 연결시키는 것이다. 이러한 연결을 위해 그는 고유명과 상관적인 주체 역시 이론적으로 세공한다. 그는 이를 단독적 주체라고 명명한다. 이러한 세공 작업은 근대 철학사에 대한 그의 과감한 독서 작업을 통해 이루어지는데, 우리는 이 작업을 그의 저술 곳곳에서 확인할 수 있다.36) 그리고 그는 고유명을 타자의 편이 아니라 단독적

· · · · · ·
34) 비트겐슈타인은 "세계가 어떻게 있느냐가 신비스러운 것이 아니라, 세계가 있다는 것이 신비스러운 것이다."라고 했다. 여기서 "우주 속에 신비가 있는 것이 아니라"라는 말과 "세계가 어떻게 있느냐가 신비스러운 것이 아니라"라는 말은, 앞에서 이미 다루었듯이, 결국 같은 말이다. 따라서 가라타니의 전치는 정확히 "A가 신비한 것이 아니라 B가 신비한 것이다"를 "A가 신비한 것이 아니라 'B'가 신비한 것이다"로 변경한 데 있다.
35) 이점에 대해서는 다음의 문헌을 참조할 수 있다. 맹정현, 『리비돌로지: 라캉 정신분석의 쟁점들』, 문학과지성사, 2009, 제3장. 알렌카 주판치치, 『실재의 윤리』, 224-226쪽.
36) 우리는 가령 가라타니 고진의 『탐구 2』(권기돈 옮김, 새물결, 1998)의 제1부("고유명에 대하여"), 『언어와 비극』(조영일 옮김, 도서출판 b, 2004)의 14장("고유명을 둘러싸고") 등을 참조할 수 있다.

주체의 편에 놓는다.

> 고유명사(Proper Name)는 흔히 사유재산(Property)과 결부된다. 따라서 고유명사에 대한 공격은 반부르주아적으로 보인다. 텍스트는 고유명사를 가진 "작자"에게 소유(appropriate)된다. 또는 저자(Author)의 이름에 의해 권위화(authorize)된다. 바르트는 그러한 "작자"를 부정하는 것과 텍스트를 간 텍스트적인 다양성 안으로 되돌릴 것을 주장했다. 그러나 그것은 텍스트를 고유명사가 없는 세계, 또는 "일반적"인 구조로 환원하는 것이 아니다. 오히려 어떤 텍스트가 "작자"로 환원되지 않으며 소유되지 않는 의미의 과잉성을 가질 때, 우리는 그 단독성을 고유명사로 부를 수밖에 없다. 예를 들어 내가 칸트라고 부르는 것은 "작자"를 가리키지 않는다. 또 서양이나 독일에 의해 전유(appropriate)된 철학자를 가리키는 것도 아니다. 칸트의 텍스트는 "공공적"(public)으로 열려 있다. 나는 그 가능성을 칸트라고 부른다.37)

여기서 가라타니는 "칸트"라는 고유명을 다루고 있다. 그런데 여기서 단독적 주체는 가라타니 자신이다. 그는 단독적 주체로서 "나는 그 가능성을 칸트라고 부른다"라고 하면서 고유명을 다루고 있다. 이러한 제스처를 통해서 그는 칸트를 타자의 편에, 권위의 편에 놓지 않고 주체의 편에 놓는다. 여기서 가라타니는 어떤 정확한 방식으로 말하고 있다. 다시 말해서 그는 작자에 대한 부정이 곧바로 텍스트를 고유명사가 없는 세계로 환원하는 것은 아니라고 말하고 있다. 여기서 우리는 가라타니가 네그리가 범하고 있는 우를 범하고 있지 않다고 말할 수 있을 것이다. 네그리는 권위와 주권의 부정에 골몰한 나머지,

---
37) 가라타니 고진, 『트랜스크리틱』, 송태욱 옮김, 한길사, 2005, 188쪽.

그것을 말하자면 "고유명사가 없는 세계"로의 환원과 등치시키고 말았던 것이다.

이 인용문에서 한 가지 흥미로운 점을 집고 넘어가도록 하자. 즉 가라타니는 저 인용문으로 끝나는 "단독성과 사회성"이라는 제목의 절을 "공공적"이라는 칸트의 개념을 다루면서 시작하는데, 이때 「계몽이란 무엇인가」에 나오는 칸트 자신의 말을 인용한다. "여기서 내가 이성의 공적 사용이라고 말하는 것은, 어떤 사람이 학자로서 일반 독자 전체 앞에서 자신의 이성을 사용하는 것을 가리킨다."[38] 우리는 칸트라는 단독적 주체의 학문적 발표들을 바로 이러한 "이성의 공적 사용"의 사례라고 볼 수 있을 것이다. 그런데 가라타니 고진은 칸트의 텍스트의 단독성을 "고유명사로 부를 수밖에 없다"라고 말한다. 따라서 우리는 칸트라는 단독적 주체의 공적인 이성 사용과 관련하여, 바로 그에 합당한 자유로운 독자로서 가라타니가 저 "칸트"라는 고유명을 — 오랜 시간이 지나서, 그리고 멀리 떨어진 곳에서 — 떠맡았다고 말할 수 있을 것이다. 가라타니는 "칸트의 텍스트는 '공공적'(public)으로 열려 있다. 나는 그 가능성을 칸트라고 부른다"라고 말하면서 그것을 떠맡았다. 우리는 또한 가라타니가 "마르크스 그 가능성의 중심"이라는 제목의 책에서 바로 그렇게 "마르크스"라는 고유명을 떠맡은 것이라고 볼 수 있다.

하지만 고유명을 주체의 편에 놓기 위해서라도 그는 우선은 고유명을 환원하려는 이런 저런 시도들을 비판해야만 한다. 이를 위해 그는 어쩌면 기술주의적 환원만을 비판하는 것은 아니다. 내가 "우주 속에 신비가 있는 것이 아니라 '이 우주'가 있는 것이 신비로운 것이다"라는 가라타니의 말을 흥미롭게 생각하는 것은 또한 바로 그 때문이다.

------
[38] 같은 책, 170쪽에서 인용.

이러한 전치는 하나의 온전한 비판을 — 비록 가라타니에 의해 의식적으로 의도된 것은 아닐지라도 — 구성할 수 있다. 즉 이것은 고유명의 신비를 타자의 신비로 환원하려는 것에 대한 비판을 구성할 수 있다.

앞에서 나는, 민주주의와 주권을 다루면서, 오늘날 "아버지는 죽었다"는 테제를 제출했다. 나는 이로써 유일무이한 고유명, 고유명의 고유명으로서의 아버지의 이름의 종언에 대해서 이야기하려고 했다. 그런데 나는 이러한 테제를 가지고서 또한 오늘날 형성되고 있는 라캉에 대한 어떤 통설을 비판할 수 있다고 생각한다.

이러한 통설에 따르면 라캉은 초기에 상상계에 집중했으며, 중기에 상징계에 집중했으며, 후기에는 실재에 집중했다. 이러한 통설은 라캉의 후기 작업을 강조하는 지젝의 작업과 더불어 유통되고 있기도 하다. 이와 더불어 이론적으로 중요한 라캉의 개념적 변화에 대한 관심은 실재 개념에서의 변화나 상징계에서 실재로의 강조점의 이동에 집중된다. 그리고 그러는 가운데 우리는 상징적인 것 자체에서 일어난 — 현실적일 뿐 아니라 개념적인 — 변화를 간과하게 된다. 이렇게 말해보자면, 지젝은 이 변화를 현실에서 포착하고 있으며, 이론에서 놓치고 있다.

이러한 간단치 않은 사정과 관련하여, 최근에 키에사는 『주체성과 타자성』이라는 책에서 라캉의 작업에 대한 독해의 역사에서 매우 중요한 이론적 돌파들을 성취했다.39) 그는 특히 1950년대 후반에 상징계와 관련하여 라캉의 이론에 일어난 "근본적인 변화"에 주목한다.

> 라캉이 "**타자의 타자는 없다**"는 사실을 최종적으로 떠맡고 그와 같은 공식에 대한 정교한 설명을 제공해내고 있는 어떤 특정 텍스트를 선택한다면, 내가 믿기로 그것은 분명 「주체의 전복과 프로이트적

---
39) Lorenzo Chiesa, *Subjectivity and Otherness*, Cambridge, Mass.: The MIT Press, 2007.

무의식에서의 욕망의 변증법」(1960)이다. 이 논문은 세미나 III, IV, V의 가장 중요한 결론들 가운데 하나를 재해석한다. 이 논문에서, 아버지의 이름은 비록 오이디푸스 콤플렉스의 해소에서 그 핵심적 역할을 보존함에도 불구하고 더이상 기표들의 타자의 "외적인" 메타보증자로서 간주될 수 없다는 것은 실로 명백하다. 라캉 자신의 말로: "기표들의 자리로서의 **타자**라는 생각에서 시작해보자. 권위의 그 어떤 진술도 그것의 언표행위 그 자체 말고는 다른 어떤 보증물도 가지지 않는다. 그것이 **또 다른 기표**에서 보증물을 찾는 것은 무의미한 일인데, 이 다른 기표는 **여하간 이 자리 외부에서 나타날 수 없을 것이다**. 내가 그 어떤 메타언어도 말할 수 없다고 혹은 좀더 경구적으로 **타자**의 **타자**는 **없다**고 말할 때 내가 의미한 것이 바로 이것이다." 이와는 대조적으로 세미나 IV에서 라캉은 "상징적 아버지[부성적 법/아버지의 이름]는 **너머**에만 위치시킬 수 있는, 감히 말하건데 **초월성**에만 위치시킬 수 있는, 상징적 구성물의 필연성이다"라고 분명하게 주장한다. 확신하건데, 이러한 구절들을 피상적으로만 비교해보더라도 1950년대 후반에 상징계에 대한 라캉의 개념화가 근본적인 변화를 겪었다는 데는 의심의 여지가 거의 없다.40)

이 근본적인 변화는 라캉의 이론에서 아버지의 이름의 지위에 발생한 변화를 가리킨다. "(상징적) 타자의 (상징적) 타자가 있다는 사실은 기표들의 질서로서의 타자가 또 다른 초재적 타자에 의해 보증된다는 것을 가리킨다. 법으로서의 타자, 타자의 타자는 아버지의 이름에 해당한다."41) 라캉은 1950년대 후반의 어느 시점까지는 타자의 타자가 있다는 입장을 놓지 않았다. 오히려 끝까지 밀고 나아갔다고도 말할

------

40) 같은 책, pp. 115-116.
41) 같은 책, p. 107.

수 있을 것이다. 그는 보수주의자라는 소리를 들을 때까지 끝까지 밀고 나아갔다. 끝까지 밀고 나아가는 자만이 근본적 전회에 도달한다는 의미에서 라캉은 어떤 이론적 전회를 이룬다. 기표들의 기표로서의, **타자**의 **타자**로서의, (기표들의 질서로서의) **타자**의 궁극적인 보증물로서의 아버지의 이름은 이제 그의 이론에서 그 초월성의 지위를 상실한다. 아버지의 이름은 아버지의 이름**들**로 상대화된다. 그런데 나는 아버지의 이름의 이 초월성의 상실을 아버지의 죽음이라고 불렀다.

이 초재적 타자는 궁극적으로 주체가 곧바로 실재에 노출되는 것을 막아준 타자였다. 하지만 이제 "아버지의 이름 그 자체가 '에워쌈'을 통해 지탱하고 있었던 필연적으로 차이적인 기표적 구조는 열린 구조가 되며, 이제 실재에 곧바로 노출되게" 된다.42) 타자 편에서의 대상 a의 출현은 바로 이러한 국면과 연관이 있을 것이다. 나는 현실에서 1960년대를 전후한 서유럽의 사회가 바로 이러한 국면을 통과하고 있었다고 생각한다. 이론적 층위에서 이러한 사정에 대한 반응은 예컨대 오스틴의 화행론의 출현이나 알튀세르의 호명 이론의 출현을 통해 확인될 수 있을 것이다. 기표의 차원에서 보면 이러한 국면은 주인기표가 더이상 아버지의 이름의 체현물로서 기능하지 않게 되는 사태를 가리키며, 대상의 차원에서 보면 그것은 타자 편에서 대상이 등장한 사태를 가리킨다. 따라서 우리는 알튀세르의 호명 이론에서 대상 a에 대한 고려가 빠져 있다는 지적의 비판을 다른 방향으로 비틀어 볼 수 있을 것이다. 즉 알튀세르의 호명 이론은 어떻게 보면 대상 a의 타자 편에서의 출현을 다루는 한 가지 방법이었으며, 좀더 정확하게 말하면 대상 a 없이 대상 a에 의해 제기된 문제를 해결해보려는 시도였다.

---
42) 같은 책, p. 116.

고유명으로서의 주인기표를 주체의 편에 위치시키는 가라타니의 제스처는 바로 이러한 것을 배경으로 읽어보아야 하고 음미되어야 한다. 주인기표가 아버지의 이름의 체현물이라는 말은 주인기표가 아직은 타자의 편에 있다는 말인데, 왜냐하면 아버지의 이름은 타자의 보증물에 다름 아니기 때문이다. 아버지의 이름이 타자의 보증물인 한에서, 신비는 세계의 존재에, 타자의 존재에 있다. 따라서 우리는 "우주 속에 신비가 있는 것이 아니라 '이 우주'가 있는 것이 신비로운 것이다"라는 가라타니의 말을 "문제가 되는 것은 우주가 아니라 '이 우주'다"로 읽어볼 수도 있을 것이다. 문제가 되는 것은 이제 고유명 그 자체다.

그런데 라캉주의적 문헌들에서 이 고유명의 새로운 용도를 놓고 이루어지는 논의를 찾아보기는 힘든 일이다. 이는 라캉주의자들이 주인기표를 타자의 편에 놓기를 멈추지 않기 때문이다. 하지만 우리는 라캉의 말기 작업에서 아버지의 이름에 새로운 용도가 부여되고 있다는 것을 모르지 않는다. 라캉은 조이스와 그의 문학 작품을 분석하면서, 그것을 주체의 편에 위치시키려는 시도를 한 적이 있다. 앞으로 우리는 이러한 시도를 재해석할 필요가 있을 것이다.

라캉주의적 문헌들에서 고유명과 주체의 관계에 대한 사유가 부족한 것은 다음과 같은 핑크의 언급과 무관하다고 볼 수 없다. "하지만 바로 이렇듯 라캉의 작업에서 구조나 타자성의 개념이 최대한으로 확장되기 때문에 우리는 구조가 그만 멈추고 다른 어떤 것이, 구조에 거스르는 어떤 것이 시작되는 곳을 볼 수 있다. 라캉의 저술에서 구조에 거스르는 것은 이중적이다. 주체와 대상(욕망의 원인으로서의 대상 a)."[43] 이러한 언급이 은연중에 주체와 대상을 동일한 층위에 위치시키

---

43) 브루스 핑크, 『라캉의 주체』, 이성민 옮김, 도서출판 b, 2010, 10쪽.

고 있다면, 나는 지젝이 "코기토 에르고 숨에서 절대적 확실성의 지점에 도달할 때 데카르트는 아직 코기토를 현실 전체에 상관적인 것으로서 파악하지 않는다"라고 했던 언급을 꺼내들고 싶다. 나는 구조에 거스르는 것이 이중적이라는 핑크의 말에 동의하지만, 어떻게 이중적인지에 대해서는 동의하지 않는다. 내가 보기에 구조에 거스르는 것은 정확히 주인기표와 대상 a이며, 주체는 오히려, 지젝의 지적처럼, 구조 전체에 대해 상관적인 것으로서 파악되어야 한다.

주체의 담화

아나키즘의 잊혀진 의의가 권위를 타자의 편에서가 아니라 주체의 편에서 사고할 수 있는 길을 탐색했다는 데 있다면, 가라타니 고진의 중요한 이론적 공헌은 이러한 잊혀진 의의를 다시 우리에게 보여주고, 또한 이와 더불어 고유명을 주체와 연결함으로써 한 걸음 더 나아갈 길을 보여준다는 데 있다.

고유명과 연관된 주체를 가라타니는 단독적 주체라고 부른다. 가라타니는 근대 서양의 철학사와 사회주의 역사에서 이 단독적 주체들과 단독적 주체에 대한 사유들을 발견한다. 예컨대 가라타니가 "보통선거와 함께 인민 주권이라는 생각이 정착한다. 그러나 이 인민이란 이미 국가에 의해 '도야'된 국민이다. 슈티르너가 말한 것처럼, 거기서는 각자가 주권자(에고이스트)일 수 없다."[44]라고 말할 때, 이 슈티르너적인 에고이스트, 주권자는 단독적 주체에 다름 아니다. 또한 "나는 비판한다"의 칸트가 또한 단독적 주체이며, "나는 의심한다"의 데카르트가 단독적 주체이다. 종종 가라타니는 단독적 주체를 "가능성의 중심"이라고 하면서 recognize한다. 칸트와 맑스에 대해서 가라타니는

---

44) 가라타니, 『트랜스크리틱』, 456쪽.

명시적으로 그렇게 했다.

우리가 어떤 작품을 그 저자의 이름으로 부를 수밖에 없는 것은 그것이 "저자"의 "소유"이기 때문은 아니다. 어떤 작품이 다양한 인용의 직물이라고 해도 그 작품들이 실제로 이렇게 짜맞추어졌다는 사실의 일회적인 양상을 고유명사로 부르는 것 외에 달리 보여줄 방법이 없기 때문이다. 또한 내가 이 책에서 논하고 있는 "맑스"도 그러한 고유명사로 존재하는 것은 말할 것도 없다. 사실 맑스의 작업은 그에게 선행하는 저작이나 그와 동시대의 저작 없이는 있을 수 없는데, 그것이 맑스의 "유일성"을 지워버리는 것은 아니다.[45]

여기서 가라타니는 맑스라는 이름을 단독적 주체의 이름으로, 고유명으로 사용한다. 그는 이 이름을 아버지의 이름으로 사용하는 것이 아니다. 가라타니는 맑스의 단독성을 인지하고, recognize하고 있다. 이 말은 그가 맑스를 어떤 외적인 권위로서 인정했다는 말이 아니다.[46] 어떤 의미에서 정신분석이 본연의 주체로서 유일하게 인정하는 것

---

45) 같은 책, 286쪽.
46) 지젝이 '레닌'이라는 기표를 가져올 때도 마찬가지다. 그는 그것을 고유명으로서 가져오고 있다. "사실 '레닌'이라는 기표가 그 전복적인 날카로움을 얼마나 유지하고 있는지는 금세 알 수 있다. 예를 들어 오늘날의 민주주의는 역할을 다했고, 중요한 결정은 거기서 이루어지지 않는다는 '레닌주의적' 주장을 하면 바로 '전체주의'라고 비난을 받는다. 그러나 사회학자나 심지어 바츨라프 하벨이 비슷한 주장을 하면 그들은 깊은 통찰을 보여주었다는 찬사를 받는다……. 이런 저항에 부딪히는 것이야말로 '왜 레닌인가?'라는 질문에 대한 답이다. 다른 곳에서 발견되는 그런 내용을 형식화하고, 일련의 일반적인 개념들을 전복적인 이론적 구성체로 바꾸는 것은 '레닌'이라는 기표이기 때문이다"(슬라보예 지젝 · 블라디미르 일리치 레닌, 『지젝이 만난 레닌』, 정영목 옮김, 교양인, 2008, 565쪽). 여기서 지젝이 '레닌'이라는 고유명을 아버지의 이름으로, 외적인 권위의 이름으로 사용하고 있지 않다는 것은 분명하다. 우리는 외적인 권위의 이름에 대해서 "전복적 날카로움" 같은 것을 이야기하지 않는다. 오히려 여기서 외적인 권위의 이름인 것은 "바츨라프 하벨"일 것이다.

은 히스테리적 주체일 것이다. 그런데 히스테리적 주체는 분열된 주체이지만 단독적 주체는 아니다. 정신분석 이론에 단독적 주체의 자리는 있는 것일까? 요컨대 "통과" 이후의 주체는 어떤 주체이며 그 주체의 자리는 어디일까? 슈티르너 식으로 말해서, 어소시에이션의 주체들인 에고이스트들은 어떤 주체이며 그들의 자리는 어디일까?

나는 지금 예컨대 가라타니가 말하는 "주체의 장소"를 말하려는 것이 아니다. 가라타니로 말하자면 그는 그것을 공동체 내부에서 찾지 않았다. 오히려 그는 주체의 장소를 공동체와 공동체 사이에서 발견한다. 본연의 주체는 현실 전체에 상관적이라고 말했을 때 지젝이 의미한 것도 이와 유사한 것이다. 현실 전체에 상관적이라는 말은 현실 내부에 있지 않다는 뜻이다. 가라타니는 예컨대 데카르트가 단독적 주체의 사례이지 않을까 하는 생각으로 데카르트를 읽다가 자신의 생각이 맞다는 것을 발견했고, 또한 그러한 주체의 자리가 현실 내부에 있다기보다는 현실과 현실 사이, 공동체와 공동체 사이라는 것을 확인했다.

내가 단독적 주체의 자리에 대한 물음을 던지는 것은 정신분석 이론 그 자체와 관련해서다. 즉 정신분석 이론의 어디에 저 단독적 주체를 위한 자리가 있을까? 내가 단독적 주체의 현실적 자리가 아니라 이론적 자리에 대한 물음을 던지는 것은, 어떤 의미에서 이론은 현실보다 더 넓기 때문이다. 나는 이론에서의 주체의 위치를 세공한 후에, 그러한 위치에 있는 주체들이 정확히 누구인지를 확인하려고 할 것이다. 그리고 나는 이 문제를 라캉의 담화 이론과 관련하여 풀어보려고 한다.

라캉의 (네 가지) 담화 이론에서 주체는 단 한 곳에서 행위자의 자리에 있다. 주체가 행위자의 자리에 있는 담화를 우리는 통상 "히스테리자 담화"라고 부른다. 이 명칭은 그 자체로 적지 않은 것을 우리에게 알려준다. 즉 그것은 환상에 의해 지탱되는 현실에서 주체가 마주하는 타자가 주인(기표)임을 알려준다. 어쩌면 우리는 바로 이 사실을 알려주기 위해서 — 혹은 적어도 잊지 않게 하기 위해서 — 이 담화가 그렇게 불린다고 말할 수도 있을 것이다.

라캉이 제시하는 담화 매트릭스에는 네 개의 자리가 있다. 그 네 개의 자리는 각각 행위자, 타자, 진리, 산물의 자리다. 그리고 이 네 개의 자리를 차지할 수 있는 네 개의 요소들이 있는데, 그것들은 주체(S), 주인기표(S_1), 지식(S_2), 잉여향유(a)이다. 이 요소들이 열거된 이 순서로 앞서 열거된 순서대로의 네 개의 자리를 차지할 경우, 우리는 그렇게 해서 얻어지는 담화를 통상 히스테리자 담화라고 부른다.

$$\frac{\$}{a} \qquad \frac{S_1}{S_2}$$

라캉의 담화 이론에서 주체는 한 곳에서 행위자 자리에 있으며, 한 곳에서 타자의 자리에 있다. 주체가 타자의 자리에 있는 담화를 우리는 통상 "분석가 담화"라고 부른다. 이 명칭 역시 그 자체로 적지 않은 것을 알려준다. 즉 그것은 현실에서 대상이 마주하는 타자가 주체임을 알려준다. 이 경우도 어쩌면 우리는 바로 이 사실을 알려주기 위해서 — 혹은 적어도 잊지 않게 하기 위해서— 이 담화가 그렇게 불린다고 말할 수도 있을 것이다.

$$\frac{a}{S_2} \qquad \frac{\$}{S_1}$$

분석가 담화에서 행위자의 자리에 있는 것은 "분석가"로서의 대상(a)

이며, 타자의 자리에 있는 것은 "분석자"로서의 주체이다. 전통적으로 이 담화에서 그 두 요소들은 그렇게 특화되어 불려왔다. 그래서 우리는 어쩌면 "분석적 세계"라는 것이 있을 수도 있다고 가정해볼 수 있다. 사실 다른 곳에 있는 사람들은 적어도 프랑스에 그러한 세계가 있다고 가정하고 있다.

이제 잘 알려진 것처럼 라캉은 **적어도** 이론적 장에서 다시금 주체를 문제가 되게 만들었다. 하지만 우리는 현실에서 주체가—심지어 주체로부터 벗어나려고 했던 사람들에게조차도—**언제나** 문제가 되어왔다는 것을 모르지 않는다. 이 둘 사이에는 어떤 간극이 있다. 이론적으로 주체가 다시금 문제가 된다는 것과 현실에서 그것이 언제나 문제였다는 것 사이에는 간극이 있다. 요컨대 라캉은, 주체라는 개념을 "부활"시키면서, 주체가 사실은 언제나 문제였다는 것을 어느 정도로까지 고려하고 있는 것일까? 이에 대한 한 가지 답을 제공하는 것은 조운 콥젝인데, 그녀는 최근의 논문에서 이에 대해서 "주체에게 수치심을 불러일으키는 정도로까지"라고 답했다. 사실 이것은 라캉의 세미나 17 『정신분석의 이면』에서의 라캉의 최종적인 답이기도 하다.

> 대부분의 경우, 세미나의 표제에 언급된 반전이나 뒤집기는 정신분석과는 다른 무언가를, 또 다른 종류의 담화를, 즉 주인 담화나 히스테리자 담화나 대학 담화를 생산한다. 즉 표제에 언급된 그 특별한 "반전"이라는 작용은 '4분의 1 회전', 즉 네 가지 담화를 생산하는 회전들인데, 정신분석은 이 담화들 가운데 단지 하나에 불과한 것이다. 그러나 또 다른 의미에 볼 때 반전은 정신분석 그 자체 내부에서 발생한다. 즉 라캉은 고전적인 프로이트 이론을 뒤엎고 뒤집어서 그것의 좀더 혁명적인 판본을 생산하며 그리하여 "분석가 담화"를 어떤 새로운 사회적 결속으로서 재정의한다. 세미나 말미에서 이러한 사회적

결속은 어떤 증류된 공식 속에서 표현되고 있는데, 이 공식은 (분석가라는 불가능한 역할 속에서 분석자에게 작용하는) 분석가의 궁극적 야망을 다소 무례한 것으로서 드러내고 있다. 정신분석의 최종 목적은 수치심의 산출로 판명된다.47)

하지만 이제 여기서 우리는 라캉의 담화 공식에서 (네 개의) 자리와 그 자리를 차지하는 (네 개의) 요소 간의 차이가 함축하는 결과를 숙고해 보아야 한다. 예를 들어서 히스테리자 담화는 **행위자로서의 주체**의 담화이다. 우리가 알고 있는 한 그것은 라캉적 담화 이론에서 행위자의 자리에 주체가 있는 유일한 담화이다. 그것이 그러한 한에서 주판치치는

> 히스테리자 담화는 관점적 환영이기도 한 다음과 같은 거대 서사에 자신의 반란을 토대짓는 (행위자로서의) **주체의 담화**이다. 즉 주인기표는 주체를 빗장 아래로 밀어 넣고, 주체를 억누르고, 주체를 은폐하고, 그러한 은폐 위에 자신의 지배를 건설한다.48)

라고 말할 수 있었을 것이다. 그런데 라캉에게서 담화는 우선적으로 사회적 결속을 뜻한다. 콥젝은 앞의 인용문에서 정신분석의 이면을 "어떤 새로운 사회적 결속으로서 재정의"된 분석가 담화로서 해석한다. 하지만 물론 그렇다고 해서 이렇게 재정의된 분석가 담화에서, 그 사회적 결속의 행위자가 분석가라는 사실에 어떤 차이가 생기는 것은

------

47) Joan Copjec, "May '68, the Emotional Month", in *Lacan: Silent Partners*, ed. Slavoj Žižek, London and New York: Verso, 2006, pp. 90-91.
48) Alenka Zupančič, "When Surplus Enjoyment Meets Surplus Value", in *Jacques Lacan and the Other Side of Psychoanalysis*, eds. J. Clements and R. Grigg, Durhand and London: Duke University Press, 2006, pp. 163-164. 강조는 덧붙임.

아니다. "행위자"에 얼마간의 강조점을 찍으면서 이렇게 말해 본다면, 그것은 분석가들의 세계이며, 주체들의 세계가 아니다. 그 속에서 실현되는 ― 혹은 작용하는 ― 것은 "분석가의 야망"이다. 우리는 새로운 사회의 도래가 그러한 분석가의 야망이 작동했음을 ― 즉 성공했음을 ― 증명하겠지만 그것이 행위자로서의 분석가의 세계를 의미하는 것은 아니라고 말함으로써 어떤 구분선을 그을 수 있을 것이다. 그래서 나는 정신분석의 이면에 대해서 더 말해야 할 것이 남아 있는 것이다.

콥젝 자신도 그것을 말하고 싶었던 것인지 모른다. 왜냐하면 그녀는 주석에서 이렇게 말하고 있으니까 말이다.

> 라캉은 "4분의 1 회전"이라는 개념을 수학의 군 이론에서 차용한다. 군 이론에서 그와 같은 회전으로 여덟 가지가 있다는 점에 주목하는 것은 흥미롭다. 즉 네 항은 한 장의 종이처럼 "뒤집어" 놓거나 "반전시켜" 놓을 수 있는 것이다. 라캉은 그 가능성들 가운데 절반만을 전개한다. 어쩌면 그의 추종자들 가운데 한 명이 언젠가……[49]

"그 추종자들 가운데 한 명"이라면 그렇게 문자 그대로 "뒤집어" 본 후에 무엇을 발견하게 될까? 콥젝은 그것을 한 장의 종이를 뒤집는 것에 비유했다. 그리고 그것은 그 이면이나 뒤집기의 축어성을 가리킨다. 예전에 나는 갤러리 <정미소>에서 세 명의 젊은 작가들이 자신들의 작품을 직접 설명하는 자리에 참석할 기회가 있었다. 그곳에서 한 작가는 한 인물의 가슴 부위가 큰 원으로 뚫려 있는 것을 그린 자신의 작품을 다음과 같이 설명했다. "언젠가 가슴에 구멍이 뚫린 느낌이 들었는데, 그냥 그것을 말 그대로 표현해보았다." 그런데 우리는 바로

---
[49] Joan Copjec, 앞의 글, p. 112, n. 2.

그 화가처럼, 라캉이 정신분석의 이면 혹은 뒤집기라고 말한 것을 말 그대로 실행해 볼 수 있을 것이다. 요컨대 분석가 담화를 뒤집어보는 것이다. 그리고 그때 우리는 주체가 행위자의 자리에 있는 — 지금까지는 볼 수 없었던 — 또 다른 담화의 형식을 발견하게 된다. 다시 말해서 이 담화의 상단부는 다음과 같을 것이다.

$$\$ - a$$

이 부분을 주체가 행위자의 자리에 있는 또 다른 담화인 히스테리자 담화와 비교했을 때 두드러지는 것은 주체의 타자가 더이상 주인기표가 아니라 대상 a라는 점이다. 덧붙여서 우리는 주체와 대상의 이 쌍이 주인 담화에서는 하단부에 위치하고 있으며, 그러한 것으로서 환상의 공식을 구성한다는 것을 지적할 수 있을 것이다.

라캉에게서 담화에 대한 명칭 부여에서 직간접적으로 결정적인 역할을 하는 것은 — 비록 라캉이 담화의 명칭을 결과적으로 어떤 일관된 방식으로 정하지는 않았지만 — 행위자의 자리에 있는 요소다. 이점을 고려하면서 나는 분석가 담화의 이면으로서 새롭게 발견된 담화를 "주체의 담화"라고 부를 것이다.

$$\frac{\$}{S_1} \qquad \frac{a}{S_2}$$

여기서 주인기표는 더이상 타자의 편에 있지 않다. 그것은 주체의 진리의 자리에 있다. 우리는 이 주체를 가라타니가 말하는 단독적 주체로 볼 수 있을 것이다(단독적 주체 = $\$/S_1$). 그런데 이 담화를 주체의 담화라고 부른다면, 우리는 히스테리자 담화가 사실은 또 하나의 주체의 담화였다는 것을 알 수 있다(히스테리적 주체 = S/a). 앞선 주판치치의 인용문에서 우리는 "히스테리자 담화는 …… (행위자로서의) 주체의 담화이다"라는 구절이 있었음을 상기해볼 수 있을 것이다. 하지만 그럼에도 불구하고 우리에게 알려지지 않은 것은 이 두 개의 주체의 담화를 낳는—주체의 담화를 이렇듯 이중화하는—바로 그 작용이, 즉 우리로 하여금 정신분석의 이면으로서의 주체의 담화의 존재를 알려준 이 반전의 작용이 정확히 무엇인가 하는 것이다. 그리고 그것이 정확히 알려지지 않는 한 우리의 발견은 작위적인 것으로, 혹은 적어도 모호한 것으로 남아 있을 것이다.

그런데 이렇듯 아직은 모호한 안개로 가려진 듯한 영역으로 곧바로 진입하는 것을 미루고 나는 그와 같은 전도가 기존의 라캉적 담화 이론과 관련하여 무엇을 더 가시화하는지 지적할 것이다. 담화의 종류를 네 가지로 한정한 라캉의 이론은 현실에서의 다음과 같은 조우를 배제시킨다: 지식과 주인, 주인과 주체, 대상과 지식, 주체와 대상. 그리고 나는 이렇듯 배제된 것들 가운데 "정신분석의 이면"이라고 할 수 있는 것—즉 분석가의 욕망이 아닌, 주체와 대상의 조우, 혹은 라캉이 "튀케"라고 불렀던 조우—만을 집어내어 이를 "주체 담화"에 위치시켰다. 하지만 분석가 담화의 이면을 일단 생각해 볼 수 있는 한, 우리는 또한 주인 담화, 히스테리자 담화, 대학 담화의 이면을 생각해보는 것으로 나아갈 수 있다.

이와 관련하여 흥미로운 사례는 지젝이 대학 담화를 예시하기 위해 끌어들인 사례이다. 대학 담화는 행위자의 자리를 지식이, 그리고 진리의 자리를 주인기표가 차지하고 있는 담화인데, 이 주인기표를 진리로 하는 지식의 범례로서 지젝은 의사라는 사례를 들고 있다.

표면적인 수준에서 우리가 다루고 있는 것은 주체-환자를 연구, 진단, 치료의 대상으로 환원함으로써 탈주체화하는 순수한 객관적 지식이다. 그렇지만 그 밑에서 쉽게 식별할 수 있는 것은 불안에 사로잡혀 의사를 자신의 주인으로 대하고 그에게서 안도감을 청하는 근심어린 히스테리적 주체다. 여타 과학자들과 똑같이 대우받는 것에 대한 의사들의 저항은 그들이 자신들의 위치가 여전히 주인의 위치라고 자각한다는 사실에 있다고 주장하고도 싶다.50)

여기서 어쩌면 지젝이 어떤 한정된 이론틀 내에서 사고하고 있는 것 같다는 것을 감지할 사람이 있을 수 있다. 그런 의구심이 생겨난다면, 이는 분명 지젝이 의사와 여타 과학자들을 구별하고 있는 곳에서 연원할 것이다. 왜냐하면 그는 의사를 (다른) 과학자들과 분리시키면서, 한편으로 의학적 담화를 대학 담화에 편입시키고 있지만, 다른 한편으로 과학자들을 아무 곳에도 위치시키지 않고 — 혹은, 아무 곳에나 위치시키고 — 있기 때문이다. 여기서 우리는 소박한 물음을 던져볼 수 있다. 그렇다면 그 여타의 과학자들의 담화는 어떤 종류의 담화인가?

이 물음은 사실 두 가지 물음이다. 첫째, 과학적 담화를 대학 담화라고 부르지 않는다면 다른 어떤 담화라고 불러야 하는가? 둘째, 과학적 담화를 대학 담화라고 부르지 않는다면 다른 어떤 담화를 대학 담화라고 불러야 하는가? 이러한 유효한 물음들은 지젝이 단순히 잘못만 했다는 인상을 주기 쉽다. 하지만 지젝은 일반적인 학자의 위치와 의사의 위치의 차이를 정당하게 식별하고 있으며, 그렇기 때문에 단순히 그가 잘못된 사례를 들고 있다고 말함으로써 소멸시킬 수 없는 무언가가 남는 것이다. 즉 지젝은 자신이 정당하게 식별해낸 이 차이를

---

50) 슬라보예 지젝, 『이라크』, 박대진 외 옮김, 도서출판 b, 2004, 181쪽.

어떤 한정된 이론틀(혹은, 라캉이 세미나 17에서 제시한 바로 그 이론틀) 내에서 사고하고 있다고 말할 수 있는 것이다.

다른 한편으로 지젝은 주인으로서의 의사의 위치에서 어떤 동요를 식별하고 있다. "여타 과학자들과 똑같이 대우받는 것에 대한 의사들의 저항은 그들이 자신들의 위치가 여전히 주인의 위치라고 자각한다는 사실에 있다고 주장하고도 싶다." 하지만 그는 또한 이러한 저항이나 동요를 "대학 담화의 구성적인 기만은 그것이 실상 권력에 기초한 정치적 결단에 상당하는 것을 사실적 사태에 대한 단순한 통찰처럼 제시하면서 그 수행적 차원을 부인한다는 점이다"51)에 이론적으로 걸어두고 있다. 즉 그는 의사의 심적 저항이나 동요를 단순히 대학 담화의 구성적인 기만으로 환원하고 있다. 하지만 진실로 어려운 것은 이러한 "구성적인 기만"이나 "수행적 차원의 부인"으로부터 "의사의 저항"을 도출해내는 일이다. 주판치치(와 니체)에 따르면, 대학 담화의 새로운 주인들은 "어떤 실증적 특징이나 내용으로 그들의 지배를 **합법화**하기를, 그것을 '합리화'하기를 바란다."52) 그리고 니체는 "합법적 힘"이라는 바로 그 관념을 외설적이라고 생각했다.53) 하지만 우리는 의사들의 저항과 관련하여 왠지 무언가 고전적인 것을 발견하며, 그 어떤 외설성도 발견하지 못한다.

그리하여 지젝은 어쩐지 대학 담화를 설명하면서 가장 비전형적인, 즉 대학 담화에 속할 것 같지만 그럼에도 불구하고 여하간 대학 담화의 저 가장자리에 속해 있는 것 같은 사례를 끌어들이고 있는 것만 같다. 또한 그가 "여전히 주인의 위치"라고 한 것에서 어쩐지 새로운 주인이 아닌 고전적 주인 — 즉 담화 공식의 하단부가 아닌 상단부에 있어야

---

51) 같은 곳.
52) 알렌카 주판치치, 『정오의 그림자』, 조창호 옮김, 도서출판 b, 2005, 70쪽.
53) 같은 곳.

할 주인 — 의 냄새를 맡지 않을 수가 없다. 여하간 그것이 새로운 주인이라면 새로운 주인의 면모를 갖추었어야 하지 않았겠는가?

이제 우리는 의사의 저항이나 동요가 대학 담화 내부에서의 저 "구성적 기만"에 해당하는 것이 아니라, 오히려 주인 담화 자체와 대학 담화 자체 사이에서의 동요일 수도 있다고 봄으로써 곤란을 피해갈 수 있다고 생각할 수 있을 것이다. 요컨대 의사들은 어쩌면 더이상 고전적 주인이 아니지만 그렇다고 아직 새로운 주인의 자리에 완전히 적응을 한 것도 아닌 것일 수도 있다. 하지만 이는 오늘날 의사들의 그와 같은 지위에 분명 기능적 필연성이 없지 않다는 사실을 놓치고 있다. 우리는 사실 행위자의 자리를 주체가 차지하는 두 개의 담화가 있을 수 있다는 것을 이미 보았다. 이는 분명 우리가 이전에 확인하지 못한 더 많은 종류의 담화가 있을 수 있음을 함축한다. 의사의 담화를 경계적 담화로 간주함으로써 우리는 이러한 새로운 이론적 가능성을 재빨리 폐쇄시키는 것일 수 있다. 따라서 "경계"라는 말에 너무 빨리 자리를 내주지 않도록 유념하자.

"경계"라는 개념의 유혹은 종종 우리가 직면한 어떤 무한한 이론적 무력감을 은폐한다. 이와 관련하여 우리는 지젝 자신의 충고를 따를 수 있다. 지젝은 본연의 정치적 행위를 가능성과 불가능성의 좌표 그 자체를 변경하는 것으로 규정한다. 우리는 이론적 작업의 장에서도 이와 같은 행위에 대한 규정에 정확히 조응하는 그 무엇이 있으며, 그것이 바로 "정신분석의 이면"이 궁극적으로 지향해야 할 것이라고 말할 수 있다.

이제 우리는 정신분석의 이면으로서 주체의 담화를 이끌어낸 반전의 작용을 좀더 일반화시킬 수 있다. 그리고 이러한 반전은 히스테리자 담화의 이면이 다음과 같이 공식화될 수 있음을 알려준다.

$$\frac{S_1}{S_2} \qquad \frac{\$}{a}$$

이러한 담화 공식은 주인을 진리로 하는 지식만이 아니라, 지식을 진리로 하는 주인이 있을 수 있다는 것을 알려주며, 또한 그러한 주인이 현실에서 조우하는 타자가 다름 아닌 주체임을 알려준다. 나는 지젝이 대학 담화의 사례로 본 의학적 담화가 사실은 아직 명명되지 않은 이러한 담화의 사례라고 말하고 싶다. 지식을 진리로 하는 주인의 사례를 현실에서 더 찾아보는 것이 어렵지만은 않은 일이다. 예를 들어 변호사라는 직업이 여기에 해당할 것이다. 의사와 마찬가지로 일반적으로 변호사는 "대학"에서 활동하지 않으며, 하지만 학자들에 못지않은 전문적 지식을 보유하고 있다. 하지만 대학에서 배우게 되는 그러한 전문적 지식이 곧바로 그들을 의사나 변호사로 만들어주는 것은 아니다. 그들에게는 장차 "현실" 혹은 "현장"이라고 불리는 곳에서 조우해야 할(즉 학교의 학생이나 실험실의 피실험자가 아닌) 까다로운 주체들이 기다리고 있다. 잘 알려져 있듯이 그들에게는 "주인"이 되기 위한 일정 기간의 수련 기간이 요구된다(그 기간 동안 그들이 배우는 것은 한낱 학문적 지식에 불과한 것이 아니다!).

이제 우리는 (재)명명의 필요성을 느낀다. 한편으로 우리는 기존의 명명법에 있는 비일관성을 교정해야 한다. 그리고 다른 한편으로 아직 명명되어야 할 담화들의 존재를 자각한다. 기본적으로 라캉은 담화들을 행위자의 자리를 차지하는 요소를 이용해서 명명한다. 하지만 좀더 일관적이고 철저했다면, 네 개의 담화들을 각각 "주인 담화", "주체 담화", "지식 담화", "대상 담화"라고 불렀어야 했다. 우리는 라캉과 달리 바로 그렇게 부르기로 한다. 이제 다음의 표는 우리에게 남은 작업이 무엇인지를 알려준다.

$$\frac{S_1}{\$} \qquad \frac{S_2}{a}$$

$$\frac{S_2}{a} \qquad \frac{S_1}{\$}$$

주인 담화1("주인 담화")   지식 담화2

$$\frac{\$}{a} \qquad \frac{S_1}{S_2}$$

$$\frac{S_1}{S_2} \qquad \frac{\$}{a}$$

주체 담화1("히스테리 담화")   주인 담화2

$$\frac{S_2}{S_1} \qquad \frac{a}{\$}$$

$$\frac{a}{\$} \qquad \frac{S_2}{S_1}$$

지식 담화1("대학 담화")   대상 담화2

$$\frac{a}{S_2} \qquad \frac{\$}{S_1}$$

$$\frac{\$}{S_1} \qquad \frac{a}{S_2}$$

대상 담화1("분석가 담화")   주체 담화2

이 확장된 표를 토대로 우리는 몇 가지 흥미로운 새로운 관찰을 해볼 수 있다. 우선 우리는 행위자가 동일한 담화에서 산물 역시 동일하다는 것을 확인할 수 있다. 주인 담화의 산물은 모두 대상이며, 주체 담화는 지식, 지식 담화는 주체, 대상 담화는 주인기표이다. 따라서 행위자와 산물이 동일할 때 그것이 어떤 담화인지를 결정하는 것이 자동적으로 주어지는 것이 아니다. 예를 들어 행위자가 대상이고 산물이 주인기표일 때 우리는 그것이 분석가 담화인지 아닌지를 구분해야 한다. 흥미롭게도 우리는 분석가 담화와 동일한 행위자와 산물을 가지는 담화로서 도착적 담화를 알고 있다. 따라서 우리는 도착적 담화가 분석가 담화와 같은 것인지 아니면 대상 담화2에 해당하는지를 결정해야 한다. 이와 관련하여 우리는 대학 담화의 시대가 또한 도착적 담화를 우리에게 알려주었다는 것을 염두에 두어야 한다. 도착적 담화 행위자의 일체의 시도들은 주인기표 없는 상징계에 주인기표가 나타나도록 만들려는, 법을 법답게 만들려는 노력일 수 있다.[54] 그리고 또한 우리는

---

[54] 이와 관련하여 우리는 도착증에 대한 핑크의 통찰을 참조할 수 있을 것이다. "신경증자는 법과의 관계에서 욕망한다. 아버지가 아이에게 너는 어머니를 가질 수 없다고 말하면, 아이는 무의식적으로 어머니를 욕망한다. 다른 한편 도착증자는 법의 기능으로서 욕망하지 않는다. 다시 말해 금지된 것을 욕망하지 않는다. 대신에 그는 **법이 존재하게 만들어야 한다**." (브루스 핑크, 『라캉과 정신의학』, 맹정현 옮김, 민음사, 2002, 313쪽. 번역 수정.)

프로이트 시절에 분석가가 주인 담화2의 행위자 위치에 있었다고 생각해볼 수도 있을 것이다.

주체와 윤리

인간을 인간이라고 전제하고, 세계에 대한 인간의 관계를 인간적 관계라고 전제한다면 너는 사랑을 사랑과만, 신뢰를 신뢰하고만 등등으로 교환할 수 있다. 네가 예술을 향유하기를 원한다면 너는 예술적인 소양을 쌓은 인간이어야 한다; 네가 다른 사람에게 영향력을 행사하고자 한다면 너는 현실적으로 고무하고 장려하면서 다른 사람에게 영향을 끼치는 인간이어야만 한다. 인간 — 그리고 자연 — 에 대한 너의 모든 관계는 너의 의지의 특정한 대상에 상응하는, 너의 **현실적·개인적** 삶의 **특정한 표출**이어야 한다. 네가 사랑을 하면서도 되돌아오는 사랑을 불러일으키지 못한다면, 즉 사랑으로서의 너의 사랑이 되돌아오는 사랑을 생산하지 못한다면, 네가 사랑하는 인간으로서의 너의 **생활 표현**을 통해서 너를 **사랑받는 인간**으로 만들지 못한다면 너의 사랑은 무력하며 하나의 불행이다.

— 칼 맑스 『경제학 철학 수고』

주인이라고 가정되는 자들이 주인이 갖추어야 한다고 가정되는 행동의 방식으로 행동하지 않을 때, 그때는 바로 주체가 무엇인지를 조사해야 하는 절호의 시점이다. 바로 그때 주체는 움직임을 시작한다. 바로 그때가 움직일 때라는 것을 말해주지 않아도 알고 있기 때문에, 그래야 한다고 주체에게 따로 외칠 필요는 없다. 오히려 그렇게 움직임을 시작하면서 주체가 또한 무엇을 하고 있는지를, 혹은 무엇을 하지 않고 있는지를 신중하게 들여다보아야 한다. 주체로서의 나 자신이 포함되어 있는 그곳을 말이다.

주체의 기능과 윤리의 기능

오늘날 자연스러운 듯 받아들여지고 있는 주체와 연관된 윤리에 대한 논의에, 혹은 바로 그와 같은 주어진 자연스러움에 개입하는 것이 이 글의 목적이다. 주체와 연관된 윤리의 문제, 오늘날 이 문제를 다루지 않는 학술적 정파가 있는가? 푸코적 윤리, 들뢰즈적 윤리, 정신분석적 윤리, 바디우적 윤리, 레비나스적 윤리, 가라타니적 윤리 등등. 이 정파들이 아무리 서로 상반되는 주장을 하더라도, 윤리를 놓지 않는다는 점에서는 일치한다. 그런데 이렇게 광범위하게 논의되는 윤리는 분명 주체와 연관된 윤리, 혹은 단적으로 주체의 윤리지 않겠는가? 그들이 주인과 관련된 윤리를 이야기하고 있는 것은 아니지 않겠는가?[1] 지금 긴요한 것은, 그것이 다만 윤리라는 이름으로 논의되도록 놓아두지 않는 것, "주체의 윤리"라는 표현의 매 글자를 또박또박 발음하는 것이다.

라캉주의의 진정한 추문은 이중적이다. 첫째, 라캉은 주인의 기능을 기표의 기능으로 환원시켰다. "주인기표"라는 표현은 그 자체로 추문

---

[1] 들뢰즈의 경우는 곧바로 "주체의 윤리"를 이야기하기 힘들다. 이는 그가 주체 개념을 거부하기 때문이다. 하지만 한편으로 그는 전통적인 주체 개념을 거부하고 있다. 그리고 다른 한편으로 그는, 그렇다고 해서 주인의 편을 드는 것은 아니다.

적이다. 주인은 주체가 아니며, 인간도 아니다. 자본가가 다만 자본을 체현할 뿐인 것처럼, 주인은 다만 주인기표를 체현할 뿐이다. 둘째, 라캉은 주체를 최소한의 주체성으로, 히스테리적 주체성으로 환원시켰다. 주인과의 관계에서 히스테리적 주체는 최소한의 주체성을 확보하고 있으며, 역으로 바로 그 때문에 단순히 노예라고 부를 수만은 없다.

그렇다면 이제 우리는 저 유명한 주인과 노예의 쌍이 아니라 주인과 주체의 쌍에서 시작해볼 수 있는 관점을 얻게 된다. 그것의 초월론적 차원이 (주인)기표와 주체의 쌍에 있다는 것을 염두에 두면서 말이다. 라캉이 이야기했듯이, "주인기표의 효과를 따름에 있어서, 히스테리자는 노예가 아니다."[2] 그런데 이 주인-주체의 쌍은 이제는 "전통적"이라고 불러도 좋을 공동체의 윤리-정치적인 기본틀을 구성한다.

철학적 체험, 혹은 본연의 형이상학적 체험이 바로 이 기본틀의 구조와 무관하지 않다는 것을 지적해두어야 한다. (그 이름에 부합하는) 철학자를 삶에서 지탱해주는 저 체험은 정신분석에서 은유적 의미효과(signification)로 지칭하는 무엇이다. 들뢰즈 철학의 가장 큰 특징 중 하나는 그의 텍스트에서 바로 이와 같은 형이상학적 체험이 계시되지 않는다는 데 있다. 이는 새로운 유형의 철학자가 등장했다는 말이다. 하지만 들뢰즈의 철학이 반공동체적인지는 의심스럽다. 왜냐하면 그는 어쩌면 공동체를 살리기 위해서 주체를 버리는 쪽으로, 즉 주체 없는 공동체를 선택하는 쪽으로 내기를 건 것일지도 모르기 때문이다. 이를 통해서 그는 존재의 일의성을 확보할 수 있었을 것이다. 왜냐하면 존재의 일의성에서 궁극적인 걸림돌은 바로 주체의 존재 그 자체일 것이기 때문이다. 주체라는 개념이 살아 있는 한, 존재의 일의성에

---

[2] Jacques Lacan, *The Other Side of Psychoanalysis*, trans. R. Grigg, New York and London: Norton, 2007, p. 94.

대한 의구심은 계속해서 되살아날 것이다. 우리는 들뢰즈적 시도의 일관성과 아름다움을 칭송하지 않을 수 없다. 그것은 본연의 도착적 태도이다. 지젝의 지적처럼, "전면적 도착의 철학자가 한 명이라도 있다면 그가 바로 그런 철학자일 들뢰즈(……)의 '오이디푸스적' 정신분석에 대한 비판은 히스테리에 대한 도착적 거부의 전형적 사례"이다.3) 지젝은 예리하게도 도착증자가 거부하는 것이 ― 구조나 법이 아니라 ― (히스테리적) 주체 그 자체임을 지적하고 있다. 들뢰즈의 철학에서 배제된 바로 그것 말이다.

김소연은 스스로 "히스테리적 혁명성"이라고 명명한 것을 다루면서 1980년대 민주화의 주체가 히스테리적 주체였음을 주장한다.4) 여기서 김소연은 주인/대타자와의 관계에서 히스테리적 주체가 갖는 이중성을 다루고 있다. 한편으로 히스테리적 주체는 끊임없이 주인에게 도전하는 반면에, 그러한 도전은 역으로 주인에 대한 히스테리적 주체의 의존성을 드러낸다. "히스테리적 담화는 한마디로 말해 저항의 논리를 가리키는 담화이다."5) 그러나 "이것이 히스테리적 주체가 곧바로 라캉주의적 의미에서의 '주체', 즉 기존의 사회적 질서가 실패하는 지점에서 돌연히 상징적 그물망을 끊어내는 '행위act'로써 윤리성을 담보하는 주체라는 뜻은 아니다. 라캉주의적 주체의 탄생은 오직 분석가 담화를 통해서만 가능한데, 이는 히스테리 담화가 갖고 있는, 대타자에 대한 의존성 때문이다."6)

여기서 김소연은 히스테리적 주체성의 이중성을 다루면서도 "라캉

---

3) 슬라보예 지젝, 『까다로운 주체』, 이성민 옮김, 도서출판 b, 2005, 401쪽.
4) 김소연, 『실재의 죽음: 코리안 뉴 웨이브 영화의 이행기적 성찰성에 관하여』, 도서출판 b, 2008의 "80년대성과 90년대성의 이접과 히스테리적 혁명성의 퇴행"이라는 제목의 절(70-90쪽) 참조.
5) 같은 책, 86쪽.
6) 같은 책, 88쪽.

주의적 주체"와 히스테리적 주체를 구분한다. 전자는 "'행위'로써 윤리성을 담보하는 주체"이다. 따라서 "라캉주의적 주체"는 윤리적 주체라고 말해도 무리는 아닐 것이다. 윤리적 주체는 오늘 내가 다루려는 것이기도 하다. 그렇다면 히스테리적 주체에게도 모종의 윤리성이 있는 것일까? 이것이 즉각 떠오를 수 있는 물음이다.

히스테리적 주체의 윤리는 좀처럼 주제화되지 않는 무엇이다. 그런데 80년대를 되돌이켜보면, 당시의 히스테리적 주체, 즉 민주화의 주체는 "윤리"라는 말에 극히 예민해 있었다. 오늘날 주체와 윤리를 이야기하는 것이 일반적인 경향이라면, 당시의 상황은 오히려 정반대였다. 그때는 "윤리"라는 말에 대한 거부가 주체의 일반적인 태도였다. 물론 (대학을 포함하는) 학교에서 "국민윤리"라는 이름의 과목을 학생들에게 가르쳤다는 사실이 이와 무관하지는 않을 것이다. 하지만 이러한 우연적인 정황이 있었던 것과는 별개로, 혹은 바로 그러한 정황에 대한 설명을 위해서라도, 우리는 이렇게 물어볼 수 있을 것이다: 혹시 히스테리적 주체성의 바로 그 중핵에 윤리에 대한 거부가 심어져 있는 것은 아닐까? 이 물음에 대한 단서를 얻기 위해서 김소연이 88쪽에서 인용하고 있는 지젝의 말을 좀더 길게 인용해보도록 하자.

> 실재적 아버지는 현실적으로 자신의 상징적 위임에 걸맞게 살 수 없는 사기꾼인 것으로 언제나 판명난다. 잘 알려진 것처럼, 히스테리증자의 문제는 바로 거기에 있다. 그의 우주의 중심 형상은 "굴욕스러운 아버지"이다. 즉 히스테리증자는 실재적 아버지의 연약함과 실패의 표지들에 강박적으로 붙잡혀 있으며 그가 자신의 상징적 위임에 걸맞게 살지 않는다는 이유로 그를 끝없이 비난한다. 그리하여, 부성적 권위에 대한 히스테리증자의 반란과 도전 밑에는 갱신된 부성적 권위에 대한, 실제로 "진정한 아버지"이고 그의 상징적 위임을 적합하

게 체화할 아버지에 대한 숨은 요청이 있는 것이다.7)

여기서 히스테리적 주체에게 윤리와 관련한 어떤 문제가 걸려 있다고 가정해보자. 그리고 단적으로 이렇게 물어보자. 즉 아버지와의 관계에서 히스테리적 주체는 스스로 윤리를 떠맡는 주체인가, 아니면 윤리를 아버지에게로 떠넘기는 주체인가? 이렇게 질문을 구성했을 때, 그 답은 분명해 보인다. 이렇게 말해본다면, **히스테리적 주체는 윤리를 떠맡지 않기를 멈추지 않는 주체이며, 그것을 언제나 — 주체의 문제가 아닌 — 주인의 문제로 간주하는 주체이다**(테제1). 나는 이 테제를 잠정적으로 히스테리적 주체에 대한 새로운 정의로 제출하고 싶다. 물론 입증되어야 할 것이 아직 많이 남아 있지만 말이다.

하지만 그렇다 하더라도 80년대에 히스테리적 주체가 민주화의 주체였다는 사실은 남는다. 바로 이 사실 때문에 김소연은 "히스테리적 혁명성"이라는 표현을 과감하게 제출할 수 있었을 것이다. 하지만 이 히스테리적 혁명성을, 주인의 기능에 전적으로 의존적인 이 혁명성을 히스테리적 주체의 윤리성으로 번역하려는 유혹을 참아내고, 저 사실을 어떤 새로운 구분을 위한 발판으로 삼아보자.

80년대가 알려주는 것은 오늘날과는 달리 히스테리적 주체가 긍정적으로 기능했다는, 주체의 기능이 살아 있었다는 것이다. 다시 말해서, 그 주체가 민주화의 주체였다는 사실은 기능하는 주체를, 혹은 주체의 기능함을 추출할 수 있게 해준다. 히스테리적 주체의 사회적 성취를 확인할 수 있는 곳에서 우리는 주체의 기능이라는 관념을 얻을 수 있다. 기능으로서의 주체라는 것이 있다. 그런데 주체의 기능과는 구별되는 바로서 윤리의 기능이라는 것을 생각해볼 수 있다면, 민주화의

---

7) 지젝, 『까다로운 주체』, 539쪽.

주체에게서 발견할 수 있는 것은 윤리의 기능이 아니라 주체의 기능이다. 다시 말해서, **주인과 주체의 쌍에서 윤리 기능과 주체 기능은 분리되어 ― 혹은 분열되어 ― 있다**(테제2).

오늘날 주체는 어디에 있는가? 물론 예전에도 그랬듯이 거리에서 항의하는 주체들은 오늘날에도 여전히 있다. 하지만 단지 기능하지 않을 뿐이다. 물론 무언가를 조직하는 주체들은 여전히 있다. 하지만 그렇게 조직되는 곳에서 욕망은 금세 사라지고 만다. 껍데기에 불과한 관계들만을 앙금으로 남긴 채로 말이다. 죽은 주인을 놓고 애도하지 않고 원한을 품는 주체들은 어떤가? 그들은 공동체의 붕괴에 대한 염려를 부추김으로써, 결국 최악의 방식에서의 공동체의 복원 같은 것을 불길하게 예고하고 있지 않은가? 이 모두는, 주체적 활동의 이 모든 양태들은, 오늘날 주체가 단적으로 기능하지 않는다는 것을 보여준다. 그리고 주체와 윤리의 관계에 대한 비-사유가 이 모두를 조건짓고 있다.

오늘날 우리는 한편으로 ― 전통적 주체들이 여전히 존재함에도 불구하고 ― 전통적 주체 기능의 광범위한 몰락을 겪고 있으며, 다른 한편으로 새로운 주체는 도래하지 않고 있다. 전통적 주체 기능의 몰락에는 밝은 측면과 어두운 측면이 동시에 있다고 할 수 있다. 또한 새로운 주체가 도래하지 않는 가운데, 도착증적인 태도가 마치 그 새로운 주체성의 모델인 양 유행하고 있기도 하다.

주체의 윤리의 가능성의 조건

테제1. 히스테리적 주체는 윤리를 떠맡지 않기를 멈추지 않는 주체이며, 그것을 언제나 주체의 문제가 아닌 주인의 문제로 간주하는 주체이다.

테제2. 주인과 주체의 쌍에서 윤리 기능과 주체 기능은 분리되어
있다.

이 두 예비적 테제들에서 무엇을 얻을 수 있는가? 첫째, 우리는 주체의 윤리를 곧바로 다루기에 앞서 주체의 윤리의 가능성의 조건을 다루어야 한다. 히스테리적 주체, 혹은 전통적 주체와 관련하여 주체의 윤리에 대해서 이야기할 수 있는 공간은 발견되지 않는다. 둘째, 주체와 윤리를 연관시키고 주체의 윤리에 대해 이야기할 수 있다는 것이 이론적으로 그렇게 자명한 것은 아니다. 다시 말해서, 주체의 윤리에 대해서 말할 수 있는 이론적 권리가 별다른 노력 없이 주어질 수 있는 것은 아니다. 우리가 주체의 윤리에 대해서 오늘날 다룰 수 있다면, 이는 전에 없던 새로운 일에 해당한다.

그런데 바로 그렇기 때문에 오늘날 주체의 윤리에 대한 온갖 이야기들에는 그대로 놓아두었을 때 미심쩍은 무언가가 있다. 다시 말해서 여기엔 전적으로 새로운 일이 발생하고 있다는 이론적 자각이 결여되어 있다. 우리는 말하자면 "주체의 윤리에 대해 이야기하는 것이 어떻게 가능한가?"라는 물음을 우선적으로 던지는 것을 망각한 채 주체의 윤리에 대해 열심히 이야기하고 있는 셈이다.

"히스테리적 혁명성의 퇴행"은, 김소연이 라캉의 담화 이론을 통해 잘 보여주었듯이, 주인 담화의 몰락과 관련이 있다. 히스테리적 혁명성이 주인 담화의 몰락을 초래한 장본인이라면, 이번에는 주인 담화의 몰락이 히스테리적 혁명성의 퇴행을 가져왔다. 이러한 고찰은 이미 이론적으로 정교한 맥락 속에 배치되어 있다. 예컨대 호엔스는 "라캉이 주인의 담화라고 부르는 것은 주체의 가능성의 조건이다"라고 한다.[8]

・・・・・・

8) Dominiek Hoens, "Toward a New Perversion: Psychoanalysis", in *Jacques Lacan and the Other Side of Psychoanalysis*, eds. J. Clemens and R. Grigg, Durham and London: Duke

하지만 주인 담화의 몰락 이후에도 여전히 히스테리적 주체가 살아가고 있다는 사실을 염두에 둘 때, 우리는 주인 담화가 주체 그 자체의 가능성의 조건이 아니라 주체 기능의 — 저 히스테리적 혁명성의 — 가능성의 조건이라고 말해야 한다.

주인 담화의 몰락은 라캉의 이론에서 "타자의 타자는 있다"에서 "타자의 타자는 없다"로의 이행과 연동되어 있다. 키에자에 따르면, 라캉이 마침내 타자의 타자는 없다는 사실을 떠맡는 특정한 텍스트는 1960년 논문인 「프로이트적 무의식에서 주체의 전복과 욕망의 변증법」이다.9) 키에자도 직접 인용하고 있지만, 이 논문에서 라캉은 이렇게 쓰고 있다.

> 기표의 장소로서의 **타자**의 개념에서 시작하자. 권위를 갖는 그 어떤 진술도 그것의 언표 이외에는 다른 아무런 보증도 갖지 않는다. 그 진술이 보증을 또 다른 기표에서 찾는 것은 무의미한 일인데, 왜냐하면 그 다른 기표는 결코 이 장소 외부에서 출현할 수는 없을 것이기 때문이다. 바로 이것이 내가 그 어떤 메타언어도 말해질 수 없다고 말할 때, 혹은 좀더 경구적으로 **타자**의 **타자**는 없다고 말할 때 의미하는 것이다.10)

직관적으로 말해서, 라캉의 "타자의 타자"라는 용어법에서 첫 번째 타자(=기표의 장소)는 이를테면 세계를 가리키며, 두 번째 타자(=타자의 타자)는 세계의 존재, 세계의 닫힘을 보증해주는 이를테면 신을

University Press, 2006, p. 91.
9) Lorenzo Chiesa, *Subjectivity and Otherness*, Cambridge, Mass.: The MIT Press, 2007, p. 115.
10) Jacques Lacan, *Écrits*, trans. Bruce Fink, New York and London: Norton, 2006, p. 688.

가리킨다. 그 초월적인 신을 라캉은 (대문자) "아버지의 이름"이라고 불렀다. 「주체의 전복」에서 그는 첫 번째 타자에서 권위를 보증해주는 두 번째 타자, 즉 아버지의 이름이 존재하지 않는다고 공언한다. 키에자는 이러한 이론적 — 그리고 더 나아가 현실적 — 사태의 필연적 귀결과 관련하여 다음과 같이 예리하게 진술한다. "**타자**의 **타자**가 있을 때, 개별 주체의 상징계는 그것을 궁극적으로 지탱하고 포함하는 보편적 상징적 구조의 어떤 특수한 '부분'이다. **타자**의 **타자**가 없을 때, 개별 주체들의 상징계 그 자체는 어떤 특수한 (남근적) 방식으로 보편적 구조를 지탱한다."11) 요컨대 보편적 구조가 개개인을 지탱해주는 것이 아니라, 개개인이 그 구조를 지탱한다. 이 요점을 주판치치는 "**타자**의 **타자**는 주체다"라는 문장으로 간명하게 요약하고 있다.12)

앞에서도 말했지만, 주인 담화의 기능은 히스테리적 주체의 기능에 대해 해명적인 바가 있다. 또한 민주화 과정은 오로지 주체의 기능을 통해서만 설명되어야 하고, 달리 말해서 주체 편에 추가적인 윤리적 부담을 더할 필요가 없다. 민주화의 주체는 또한 윤리적 주체이어야 할 필요가 없는데, 왜냐하면 민주화의 주체 기능 그 자체가 윤리 기능을 주체에게서 면제해주기 때문이다. 하지만 타자의 타자가 없다는 사실에 직면하여 모든 것이 전과 동일할 수만은 없다.

정신분석적 윤리가 아리스토텔레스적 윤리와의 단절에 기반하고 있다는 것은 잘 알려져 있다. 이는 또한 선=쾌락=행복의 윤리로부터의 단절로도 알려져 있다. 하지만 우리는 이러한 단절을 다른 관점에서 바라볼 수도 있을 것이다. 이를 위해 『니코마코스 윤리학』의 서두에 나오는 다음의 구절을 읽어보는 것이 도움이 될 것이다.

------

11) Chiesa, *Subjectivity and Otherness*, p. 116.
12) 알렌카 주판치치, 『실재의 윤리』, 이성민 옮김, 도서출판 b, 2004, 65쪽.

젊은이는 정치학에 적합한 수강자가 아니다. 젊은이에게는 인생의 여러 행위들에 대한 경험이 없는데, 정치학의 논의는 이런 것들로부터 나오고 이런 것들에 관련된 것이기 때문이다. 게다가 젊은이는 자신의 감정에 따르기 쉬워서 강의를 들어봐야 헛되고 도움도 되지 않을 것이다. 정치학의 목적은 앎이 아니라 행위이니까. 또 그가 나이에 있어 젊은이이건 품성에 있어 풋내기이건 간에 아무 차이가 없다. 그 모자람은 세월로부터 오는 것이 아니라 감정에 따라 살며 무엇이든 감정에 따라 추구하는 데서 오는 것이기 때문이다.[13]

여기서 아리스토텔레스는 자신의 윤리학 강의에 적합한 수강자가 누구인지를 제시하고 있다. 그런데 특이한 것은 젊은이들을 수강자에서 제외시킴에 있어서 그가 보이는 단호함이다. 가령, 젊은이들이 비록 감정에 따라서 행동한다는 것이 인정된다고 하더라도, 자신의 강의를 들음으로써 그와 같은 경향성이 조금이라도 교정될 수 있는 가능성이 있을 터인데, 이를 그는 여기서 단적으로 배제하고 있는 것이다.

그렇다면 이제 그의 윤리학이 중용의 윤리학인 것과는 별도로, 금방 읽은 구절로부터 그의 윤리학을 수식할 어떤 다른 표현을 찾아볼 수는 없는 것일까? 키에자는 라캉의 세미나 7의 내용을 요약하면서, 칸트-사드적 윤리와 등치될 수 있는 현대 과학의 담화가 "아리스토텔레스적인 선의 제공의 막대한 왜곡을 내포"하며, "결코 아리스토텔레스적인 주인의 도덕과 양립될 수 없다"고 진술한다.[14] 이는 다음과 같은 라캉의 언급에 기반하고 있다.

---

13) 아리스토텔레스, 『니코마코스 윤리학』, 이창우·김재홍·강상진 옮김, 이제이북스, 2006, 16쪽.

14) Chiesa, *Subjectivity and Otherness*, p. 178.

아리스토텔레스는 그가 주인에게 제안하는 선의 상이한 형태들 사이에서 선택을 하며, 이들 가운데 일정한 것들만이 전념할 가치가 있다고 주인에게 말한다. 반면에 주인의 변증법은 우리가 살고 있는 역사 시기와 관련이 있는 역사적 이유들 때문에 우리들 눈에 불신을 받아왔다.15)

여기서 우리는 "주인의 도덕"이나 "주인의 변증법" 같은 표현에 방점을 찍어볼 수 있다. 이렇게 말해보자면, 젊은이들이 — 그리고 나이와 무관하게, "품성에 있어 풋내기"인 자들이 — 아리스토텔레스 윤리학의 수강생이 될 수 없는 것은 아직 주인의 길을 걸어갈 준비가 되어 있지 않기 때문일 것이다. 다시 말해서 윤리의 길은 또한 주인의 길이기도 한 것이다.

칸트를 읽다보면, 설사 칸트의 이론적 서술을 읽는 것이 아니라 사례를 살펴보는 것으로도, 무언가 전혀 다른 윤리학적 분위기가 지배하고 있다는 것을 알 수 있다. 라캉이 직접 참조하는 사례는 『실천이성비판』에 나오는, "법의 무게를 입증"하기 위해 칸트가 끌어들이는 사례이다.

> 누군가가 그의 성적 쾌락의 경향성에 대해, 사랑스런 대상과 그를 취할 기회가 그에게 온다면, 그로서는 그의 경향성에 도저히 저항할 수가 없다고 그럴듯하게 둘러댄다고 가정해보자. 그러나 그가 이런 기회를 만난 그의 집 앞에, 그가 그러한 향락을 누린 직후에, 그를 달아매기 위한 교수대가 설치되어 있다면, 그래도 과연 그가 그의 경향성을 이겨내지 못할까? 그가 어떤 대답을 할지는 오래 궁리할

---

15) Jacques Lacan, *The Seminar VII: The Ethics of Psychoanalysis, 1959-1960*, London: Routledge, 1992, p. 292.

필요도 없다. 그러나 그에게, 그의 군주가 그를 지체 없이 사형에 처하겠다고 위협하면서, 그 군주가 기꺼이 그럴듯한 거짓 구실을 대 파멸시키고 싶어 하는, 한 정직한 사람에 대하여 위증할 것을 부당하게 요구할 때, 그의 목숨에 대한 사랑이 제아무리 크다 하더라도, 그때 과연 그가 그런 사랑을 능히 극복할 수 있다고 생각하는지 어떤지를 물어보라. 그가 그런 일을 할지 못할지를 어쩌면 그는 감히 확정하지는 않을 것이다. 그러나 그런 일이 그에게 가능하다는 것을 그는 주저 없이 인정할 것임에 틀림없다. 그래서 그는, 무엇을 해야 한다고 의식하기 때문에 자기는 무엇을 할 수 있다고 판단한다.16)

실로 여기엔 두 개의 이야기가 있으며, 라캉은 칸트가 이 사례들에서 실패하고 있다고 주장한다.17) 나의 관심은 칸트가 실패하는 지점에 있지 않으며, 아리스토텔레스와 칸트를 갈라놓는 어떤 윤리학적 분위기의 변화에 있다. 『순수이성비판』에 있는 "왕국 대신 폰 체틀리츠 남작 각하께"와 함께 시작하는 헌정사가, 말하자면 주인에게 바치는 헌정사가 『실천이성비판』에는 없다는 것을 관찰하는 것도 물론 흥미로울 수 있을 것이다. 하지만 저 사례에서 윤리적 행위자가 더이상 주인이 아니라는 것을 확인하는 것도 못지않게 흥미로울 수 있다. 여기서 군주는 이미 부당한 무언가를 요구하는 누군가로 등장하며, 주체의 윤리를 위한 배경으로 물러나 있다.

우리는 물론 "칸트가 전환점을 마련하며 벗어날 수 있었던 기존의 전통적인 윤리학은 바로 아리스토텔레스의 윤리학을 말한다"는 진술18)에 전적으로 동의할 수 있다. 하지만 곧이어 "아리스토텔레스의

---
16) 임마누엘 칸트, 『실천이성비판』, 백종현 옮김, 아카넷, 2002, 85-86쪽.
17) Lacan, The Seminar VII, pp. 188-190. 또한 주판치치, 『실재의 윤리』, 91-93쪽 참조.

윤리학은 덕목들에 기초한 중용의 윤리학이다"[19]라고만 말하는 데서 멈추지 않을 수도 있다. 즉 더 나아가 우리는 그의 윤리학이 주인의 윤리학이라는 점을 명시할 수 있어야 한다. 아리스토텔레스와 단절하면서 칸트가 마련해놓은 윤리를 위한 토양은 다름 아닌 주체의 윤리를 위한 토양이다.

그런데 주판치치는 이와 같은 주체의 윤리가 타자의 타자의 비존재와 직접적으로 관련되어 있다는 것을 지적한다. 한편으로 "주체가 스스로를 자율적이라고 믿을 때, 칸트는 **타자**의, 그녀의 통제를 벗어난 인과적 질서의 환원불가능성을 강조한다."[20] 주판치치는 이를 다음과 같이 정식화한다: 인간은 자신이 믿고 있는 것보다 훨씬 더 자유롭지 못하다. 다른 한편으로 "주체가 **타자**에 대한 그녀의 의존성을 깨닫게 되고 스스로에게 '이건 걱정할 만한 일이 아니야'라고 말하면서 기꺼이 단념할 준비를 할 때, 칸트는 **타자** 속에 있는 '틈새'를 지적하며, 바로 그 틈새 속에 주체의 자율과 자유를 위치시킨다."[21] 이는 다음과 같이 정식화된다: 인간은 자신이 알고 있는 것보다 훨씬 더 자유롭다. 이러한 설명에서 우리는 다음과 같은 것을 다시금 확인한다. 즉 타자에 대한 주체의 의존성이 있는 곳에서 주체적 윤리를 논할 수는 없다. 타자에게 의존하는 주체가 "기꺼이 단념할 준비를" 하는 것은 다름 아닌 윤리 그 자체(=자유)다. 나는 이것이 히스테리적 주체의 태도라는 테제를 제출한 바 있다. 이제 주판치치가 무엇을 더 말하고 있는지를 보자.

자유에 대한 칸트의 정초 작업에 대한 이러한 개략적 설명에서도

---

18) 맹정현, 「라깡과 사드」, 『라깡의 재탄생』, 김상환·홍준기 엮음, 창작과비평사, 2002, 197쪽.
19) 같은 곳.
20) 주판치치, 『실재의 윤리』, 56쪽.
21) 같은 책, 56-57쪽.

"**타자**의 **타자**는 없다"는 라캉의 유명한 주장에 대한 반향을 식별하는 것이 가능하다. 다시 말해서 **타자** 그 자체가 비일관적이며 어떤 결여에 의해 표식되어 있다. 칸트가 말하고 있는 바는, **원인의 원인은 없다**는 것이다. 그리고 바로 이것이 주체의 자율과 자유를 위한 여지를 마련해주는 것이다. 그는 인과적 결정 너머 어딘가에 있는 주체의 자유를 드러내려고 노력하지 않는다. 반대로 그는 인과적 결정의 지배를 최후까지 고집함으로써 주체의 자유가 현시될 수 있도록 해준다. 인과적 결정 속에는 원인과 결과 사이의 관계에 "걸림돌"이 있음을 그는 보여준다. 바로 이것에서 우리는 가장 엄밀한 의미에서 (윤리적) 주체와 조우한다.22)

여기서 우리는 윤리적 주체와 관련하여 새로운 테제를 어렵지 않게 도출할 수 있다. 주판치치는 타자의 타자(혹은, 원인의 원인)의 비존재 그 자체가 주체의 자율과 자유를 위한, 즉 여기서 주체의 윤리와 등치되어야 하는 어떤 것을 위한 여지를 마련해준다고 말하고 있다. 이로부터 도출될 수 있는 테제는 다음과 같다: **타자의 타자의 비존재는 주체의 윤리의 가능성의 조건이다**(테제3).

이점은 그동안 대부분의 저자들에게 최선의 경우에 다만 전제되어 있었을 뿐, 그 자체로 다루어지지 않았다. 하지만 우리는 라캉이 정신분석의 윤리에 대한 세미나(세미나 7)를 진행한 것이 1959년 말부터라는 것을 상기해야 한다. 키에자가 확인해주는 바에 따르면, 세미나 5(1957-1958)에서 라캉은 여전히 타자의 타자는 있다고 가정한다. 하지만 세미나 6(1958-1959)에서 라캉은 타자의 타자는 없다고 공언한다.23) 그리고 윤리에 대한 세미나인 세미나 7을 시작하면서 그는 정신분석의 윤리를

---
22) 주판치치, 『실재의 윤리』, 57쪽.
23) Lorenzo Chiesa, *Subjectivity and Otherness*, p. 107.

다루기로 결심하게 된 것이 "그 주제가 나의 작년 세미나로부터 곧바로 따라 나오기 때문"이라고 명기한다.24) 나는 이와 같은 정황상의 증거가 테제3을 어느 정도는 지지해주고 있다고 생각한다.25)

두 개의 길: 분석가와 주체

테제3은 무엇을 함축하는가? 그것은 타자의 타자의 비존재를 떠맡는 길에서가 아니라면 그 어떤 주체의 윤리도 불가능하다는 것을 함축한다. 또한 이것은 오늘날 그 어떤 곳에서도, 심지어 주체적 윤리가 실천되고 있다고 가정되는 곳에서도 주체의 윤리는 좀처럼 발견되고 있지 않다는 것을 함축한다. 왜냐하면 그러기 위해서는 타자의 타자의 비존재에 대한 주체적 떠맡음이 발생해 있어야 하기 때문이다.

나는 작년에 이러한 떠맡음에 기반하는 주체를 히스테리적 주체(S/a)와 구분하여 ― 그리고 가라타니 고진을 따라서 ― 단독적 주체(S/S_1)라고 명명하면서 이론적으로 세공한 적이 있다.26) 나는 여전히 이 주체의 공식을 고수하고 있지만, 그때는 그곳에서 윤리의 문제를 보지 못했다. 다시 말해서 주체의 기능과 윤리의 기능을 개별자의 층위에서 결합하는 문제를 고려하지 않고 있었다.

아리스토텔레스의 이야기를 다시 음미해보는 것에서 더 나아갈 수 있는 실마리를 찾아보자.

> 젊은이는 정치학에 적합한 수강자가 아니다. 젊은이에게는 인생의
> 여러 행위들에 대한 경험이 없는데, 정치학의 논의는 이런 것들로부

---

24) Lacan, *The Seminar VII*, p. 1.
25) 세미나 6에 대한 면밀한 독서를 통해서 이에 대한 실질적인 입증 작업을 하는 일이 여전히 남아 있다는 것은 물론의 사실이다.
26) 이성민, 「주체의 진리와 자리」, 『라깡과 문화』, 한국 라깡과 현대정신분석학회 정기학술대회 자료집, 2008년 12월. 이 책의 17장.

터 나오고 이런 것들에 관련된 것이기 때문이다. 게다가 젊은이는 자신의 감정에 따르기 쉬워서 강의를 들어봐야 헛되고 도움도 되지 않을 것이다. 정치학의 목적은 앎이 아니라 행위이니까. 또 그가 나이에 있어 젊은이이건 품성에 있어 풋내기이건 간에 아무 차이가 없다. 그 모자람은 세월로부터 오는 것이 아니라 감정에 따라 살며 무엇이든 감정에 따라 추구하는 데서 오는 것이기 때문이다.

여기서 아리스토텔레스는 두 가지 길을, 즉 주인의 길과 주체의 길을 구분하고 있다. 주체의 길은 아직은 주인의 길일 수 없다는 의미에서 말이다. 아리스토텔레스에 따르면 주체의 길을 걷고 있는 자들은, **아직은**— 혹은 어떤 저주를 벗어날 수 없다면, 언제까지나— 그 길을 걷고 있는 자들이다. 라캉은 어쩌면 근대적 우주 안에 두 개의 길보다 더 많은 길이 있다는 주장을 담화 이론을 통해 한 것일지도 모른다: 주인의 길, (히스테리적) 주체의 길, 지식의 길, 그리고 분석가의 길. 라캉은 행위자가 이 네 가지 길 가운데 하나를 선택할 수 있다고 말하고 있는 것 같다.

아리스토텔레스는 두 개의 길 가운데 어느 하나에 윤리를 부여해야 할 때, 주인의 길을 택했다. 그는 주인의 길을 걷는 자들만이 윤리학 수업을 들을 수 있다고 미리 말해두었다. 철학자인 자기 자신이 걸어가는 길에 대해서 언급하지 않은 채로 말이다. 그래서 이미 그 당시에도— 라캉도 잘 알고 있었지만— 길은 두 개만 있었던 것은 아닐 것이다.

나는 앞에서 라캉이 주인의 기능을 기표의 기능으로 환원시켰다고 말했다. 이로써 주인 그 자체에 대한 정의가 이루어진 것은 아니다. 왜냐하면 주인 그 자체는 기표가 아니기 때문이다. 주인은 물론 주체도 인간도 아니다. 주인은 다만 주인기표를 체현할 뿐이다. 하지만 주인이 주인기표를 체현한다는 말의 정확한 의미는 무엇인가? 「주체의 진리와 자리」에서 주인기표와 관련해 세공했던 내용을 바탕으로 이렇게 말해 볼 수 있을 것이다. 즉 주인의 존재는 주인기표가 타자 편에 있다는 사실을 알려주는 지표다. 다시 말해서 우리는 주인기표와 윤리의 문제를 떨어뜨려서 생각할 수 없는 것이다. 내가 예전에 주인기표를 타자의 편에서 주체의 편으로 가져오는 것이 관건이라고 말했다면, 오늘 나는 윤리를 바로 그렇게 주체의 편으로 가져와야 한다고 말하고 있다. 이러한 기획은 외부에서 부과되는 윤리에 반대하는 반권위주의적 자세에 합치하지만, 또한 그것으로 전적으로 환원되지도 않는데, 왜냐하면 이번에는 윤리 그 자체가 환원될 수 없기 때문이다.

주인은 주인기표와 윤리가 타자의 편에 있다는 것을, 주체의 편에 있지 않다는 것을 알려주기 위해 존재한다. 주인과 히스테리적 주체가 함께 살 수 있는 것은 바로 이와 같은 주인의 기능 때문이다. 반면에 라캉은 분석가로서의 자신의 존재를 분명하게 자각하면서, 라캉의 세미나에 그토록 많은 청중들이 있는 것은, "내가 마침 여러분을 수치스럽게 만들기 때문"이라고 말하면서 세미나 17을 끝맺는다.[27] 여기서 우리는 무엇을 볼 수 있는가? 주인의 기능과는 정반대되는 무언가를 보고 있지 않은가? 다시 말해서 분석가의 기능은 윤리가 타자의 편에 있지 않다는 것을, 주체의 편에 있다는 것을 알려주는 데 있지 않은가?

여기서 핵심적인 물음은 이렇다. 분석가의 기능은 생략될 수 있는가? 다시 말해서 주체가 윤리를 스스로 떠맡는 것이 가능한가? 우리는 이와 유사한 물음이 사회주의 운동의 역사에서 제기된 적이 있다는 것을 알아차려야 한다. 아나키스트들과 대결하면서 맑스가 놓지 않고 있었던 물음이 그 핵심에서는 바로 이 물음, 즉 이행의 계기에 관한 물음이었다. 라캉이 맑스주의자라면, 오로지 이러한 의미에서만, 즉

---

27) Lacan, *The Other Side of Psychoanalysis*, p. 193.

자기분석의 불가능성을 고수한다는 점에서만 맑스주의자일 것이다. 우리는 주인과 주체의 분리만큼이나 분석가와 주체의 분리를 본질적인 것으로 생각해야 한다. 이 분리는 분열이라기보다는 차라리 생산적인 분업이며, 무언가를 준비하는 새로운 공동체를 향하는 길로 수렴될 두 개의 길이다.

    라캉과 맑스에게 유사한 무언가가 있다는 사실 때문에, 사회주의 운동의 분열, 즉 맑스주의와 아나키즘의 분열을 라캉과 들뢰즈의 분열에 비교하려는 유혹에 빠져서는 안 된다. 후자의 분열은 훨씬 더 치명적인 무엇이다. 왜냐하면 들뢰즈의 철학은 분석가와 주체의 생산적인 쌍이라는 어떤 새로운 전망을 흐려놓은 바로 그것이었기 때문이다. 들뢰즈는 분석가만을 비판할 수 없다는 것을 알고 있었을 것이다. 분석가와 주체는 어떤 정확한 쌍을 형성하고 있었기 때문에 그는 주체 또한 버리지 않을 수 없었을 것이다. 하지만 어쩌면 그러는 가운데 그는 분석가의 기능과 주인의 기능을 등치시키는 이론적 오류를 범하고 있었다. 그런데 사실 그것은 68년의 젊은 주체들이 범했던 오류였다. 오로지 이 한 가지 점에서 들뢰즈는 그들과 공유하는 것이 있었다. 나머지는 전적으로 달랐지만 말이다. 우리는 프랑스로부터 교훈을 얻어야 한다.

상상적 전회를 통한 들뢰즈의 내기: 주체 없는 공동체

1

상상적인 것을 향하는 어떤 경향성이 있다. 정신분석은 이러한 경향성을 아버지의 상징적 기능의 몰락과 연동시킨다. 라캉주의 철학자 슬라보예 지젝의 진단을 들어보자. 그에 따르면 이 기능의 몰락으로 인해 "아버지는 더이상 **자아 이상**으로, 상징적 권위의(다소간 실패한, 부적합한) 담지자로서 지각되지 않으며, **이상적 자아**로서, 상상적 경쟁자로서 지각된다. 그리고 그 결과, 주체는 결코 실제로 '성장'하지 않는다."[1] 현대의 이와 같은 상황에는 일반적인 차원이 있다.[2] 그리고 이점을 놓지 않는 한에서 우리는 맹정현의 다음과 같은 진술을 최종적으로 수긍할 수 있다. "라캉의 정신분석은 '오이디푸스'도 아니고 '반오이디푸스'도 아닌 '탈오이디푸스'라 해야 할 것이다."[3]

---
1) 슬라보예 지젝, 『까다로운 주체』, 이성민 옮김, 도서출판 b, 2005, 539쪽.
2) 흥미롭게도 오르테가 이 가세트(『대중의 반역』, 황보영조, 역사비평사, 2005)는 주체의 이와 같은 비-성장을 대중의 출현과 연동짓는다.
3) 맹정현, 『리비돌로지』, 문학과지성사, 2009, 355쪽. 라캉은 이미 1950년대 후반부터 아버지의 이름이 갖는 초월적 지위를 부정하기 시작하며, 타자의 타자는 없다고 주장한다.

상상적인 것을 향하는 경향성에서 세태에 대한 보수적 한탄의 구실만을 찾지 않으려면 상상적인 것의 기능 그 자체에 대한 물음을 던져야 한다. 그래서 상상적인 것의 기능은 무엇인가? 가령 비틀즈의 간명한 노래 제목을 생각해보자. 그리고 그 노래의 가사를 기억해보자. 여기 상상의 어떤 전형적인 기능이 있다. 여기서 우리는 그것이 유토피아적 소망과 연동되어 있는 것을 손쉽게 확인한다.

조운 콥젝은 자신의 저술에 대한 탁월한 명명을 통해 이와 같은 소망을 뒤튼다. 그녀는 아직 — 혹은 언제까지나 — 존재하지 않는 어떤 것을 현실에 공허하게 덧붙이기 위해서가 아니라, 현실에서 무언가를 감산해보기 위해서 비틀즈의 노래 제목을 모방한다.4) 영원히 기억되어야 할 이 제목은 남성적 공동체의 — 혹은 단적으로 공동체의 — 취약점을 직접 가리킨다는 장점을 갖는다. 가령 우리는 철학사=철학공동체에 이름을 남긴 위대한 철학자들의 초상화가 사방의 벽면에 걸려 있는 — 제주도에 있는 영화박물관과도 같은 — 철학박물관을 생각해 볼 수 있다. 입장권을 사서 그곳에 들어간 관람객은 새삼 놀랄 것이다. 가령 니체가 여자와 진리를 등치시켰다는 사실을 알고 있는 독자들도 새삼 놀랄 것이 있을 터인데, 왜냐하면 이제 위대한 철학사가 단 한 명의 예외도, 단 한 명의 여자도 허용하지 않았다는 사실이 눈으로 확인되고 있기 때문이다. 아마도 가장 최근의 인물군이 있는 곳에서도 끝자리에서 우리는 들뢰즈의 초상을 발견할 수 있을 것이다. 그는 동물-되기, 아이-되기와 더불어서 여자/소녀-되기를 주장한 철학자다. 그로써 그는 사실상 동물과 아이와 여자를 하나의 계열로 묶은

<small>이에 대한 상세한 논의는 Lorenzo Chiesa, *Subjectivity and Otherness*, Cambridge, Mass.: The MIT Press, 2007, pp. 115-116 참조.

4) Joan Copjec, *Imagine There's No Woman: Ethics and Sublimation*, Cambridge, Mass.: The MIT Press, 2002.</small>

셈인데, 이는 사실 공동체에서 잘 알려져 있는 계열이다.5)

이제 우리는 비틀즈와는 달리 콥젝이 상상을 낭만적-유토피아적으로 사용한 것이 아니라 폭력적으로 사용했다고 말할 수 있다. 또한 우리는 비밀이 소녀의 편에 있을 수도 있겠지만, 진정한 사유가 여자의 편에 있을 수도 있다는 것을 발견한다. 여자가 없다고 상상해보라는 제안은 사실상 공동체 그 자체를 황폐화시키는 제안이며, 따라서 그 제안이 품고 있는 사유는 근본적인 지점에서 폭력적이다.

상상력의 폭력이라는 것이 있다.6) 하지만 공동체를 지탱하는 바로서의 상상적인 것도 있다. 이때 상상적인 것은 이를테면 분열의 치유제 같은 것이다. 우리는 가령 베네딕트 앤더슨의 "상상의 공동체"를 떠올려볼 수 있다. 사실 여기엔 근대 그 자체가 몰고 온 분열의 문제가 걸려 있으며, 근대의 철학은 이 문제를 소홀히 다루지 않았다. "주의해야 하는 것은 18세기 후반 유럽에서 앤더슨이 말하는 '상상된 공동체'가 형성되었을 뿐만 아니라, 바로 '상상력' 그 자체가 특수한 의의를 가지고 출현했다는 것입니다. 네이션이 성립하는 것과 철학사에서 상상력이 감성과 오성(지성)을 매개하는 지위에 놓이는 것은 같은 시기입니다."7)

철학자를 우리는 이렇게도 저렇게도 정의할 수 있겠지만, 이상적

---

5) 알렌카 주판치치는 여자(Woman)는 존재하지 않는다"는 라캉의 악명 높은 명제를 풀이하면서 상반된 입장을 내놓는다. "'여자는 존재하지 않는다'고 한다면(……) 그것은 '그녀'가 엄밀한 의미에서 주체이기 때문이다. 그리고 **남자**는 존재한다고 한다면, 그것은 그가 아직 전적으로 주체는 아니기 때문이다. (……) 남자들이 있고, 주체들이 있다. 여기서 더 나아가 일종의 보편주의의 실천적 정언명령을 도출할 수 있을 것이다. '남자들을 주체가 되게 하라!'"(알렌카 주판치치, 「구멍 뚫린 시트의 사례」, 김영찬 외 엮고 옮김, 『성관계는 없다』, 도서출판 b, 2005, 225쪽).
6) 지젝의 『까다로운 주체』 제1장에 있는 한 절의 제목이 바로 "상상력의 폭력"이다. 여기서 지젝은 상상력이 지닌 해체적 속성을 상상력의 가장 근본적인 차원으로 보고 있다.
7) 가라타니 고진, 『세계공화국으로』, 조영일 옮김, 도서출판 b, 2007, 171-172쪽.

국가를 기획한 플라톤을 최선의 전범으로 취했을 때 철학자를 공동체의 이념적 수호자로 볼 수 있다. 더 나아가 철학이 무엇에 대한 학문이라면, 철학에 어떤 유일무이한 대상이 하나 있다고 한다면, 그것은 다름 아닌 공동체 그 자체다. 가령 현상학 운동의 개시자인 후설을 생각해보자. 그는 1935년의 비엔나 강연에서 이점을 명확히 했다. 거기서 그는 유럽 공동체가 위기에 놓여 있다고, 병들어 있다고 진단하며, 이에 대한 철학적 처방을 제시하려 한다.[8] 철학자는 공동체의 위기에 가장 예민하게 반응하는 사람들이다. 바로 이 지점에서, 대척점에 놓여 있다고 가정되곤 하는 플라톤과 들뢰즈의 차이는 무한하게 줄어든다. 들뢰즈가 "공동체"라는 표현을 잘 사용하지 않으며, 또한 가족이나 국가 같은 기존의 공동체에 대해서 비판적인 것은 사실이다. 하지만 그러한 제스처들이 도래할 새로운 공동체를 위한 준비로서 기능한다는 것을 확인하면서 어빙 고는 다음과 같은 결론을 이끌어낸다. "그렇다면 들뢰즈와 가타리에게서, 그리고 적어도 『천 개의 고원』에서 (……) 철학은 언제나 공동체의 문제다. 들뢰즈와 가타리에게 있어서 우리는 철학과 더불어 언제나 **어떤**(a) 공동체에 도착하고 있거나 그것을 향해 움직이고 있다."[9]

철학자는 공동체의 위기에 예민한 만큼이나 오만을 경계한다. 우리는 플라톤이 『국가』 5권에서 철학을 지혜의 소유가 아닌 지혜에 대한 사랑으로서 제시하고 있다는 것을 알고 있다. 철학의 명칭 그 자체는 현자를 참칭하는 소피스트에 대한 경계심을 나타낸다. 이 5권에서 플라톤은 공동체에 대한 구상을 가장 구체적으로 ― 하지만 처음에는

・・・・・・
8) 에드문트 후설, 「유럽 인간성의 위기와 철학」, 『유럽학문의 위기와 선험적 현상학』, 이종훈 옮김, 한길사, 1997.

9) Irving Goh, "The Question of Community in Deleuze and Guattari (I): Anti-Community", in *Symplokē* vol. 14, nos. 1-2, 2006, p. 226.

주저하면서 — 들려준다. 처음에 주저하는 이유는 거기서 여자와 양육/교육에 관해 그야말로 혁명적인 주장을 피력하게 되기 때문이다.10) 그래서 그는 사실 인간의 오만을 징벌하는 아드라스테이아 여신에게 미리 경배를 드려야 했던 것이다.11) 들뢰즈도 이 점을 잘 알고 있었다. "다른 문명들은 현자들을 갖고 있었지만, 그리스인들은 단지 좀더 겸허한 현자들만은 아닌, (……) '친구들'을 제시하는 것이다. 현자의 죽음을 공언하고, 그 대신 끊임없이 지혜를 추구하되 형식상으로 소유하지 않는, 지혜의 친구들로서 철학자들을 대체시킨 것은 아마도 그리스 사람들일 것이다."12) 들뢰즈가 "다른 문명들은 현자들을 갖고 있었지만"이라고 하는 말은 과도한데, 왜냐하면 철학은 다른 문명이 아니라 그리스 자체의 현자들인 소피스트를 염두에 두면서 자신의 이름을 발견했기 때문이다. 또한 들뢰즈가 모호하게 "그리스 사람들"이라고 지칭하는 것을 우리는 "플라톤"이라고 특칭할 수 있다. 철학자가 오만을 경계한다면 그것은 그 어떤 철학자도 공동체의 완전한 해체를 원하지 않기 때문이다. 그것은 철학자의 본질적 성향을 거스르는 것이다. 인간은, 전적으로 새롭게 공동체를 구상할 수는 있어도, 공동체 없이 살 수는 없다 — 이것이 철학의 바로 그 내기다. 공동체가 인간적 공동체가 아니어도 좋다. 그리고 그렇기 때문에 비인간적 공동체를 구상하는 철학자는 역설적이게도 극한에 이른 공동체주의자일 수 있다. "비-

---

10) 아내와 자식의 공유에 대한 그의 주장들이나 양육과 교육에 대한 제안들은 실로 너무나도 추문적으로 보일 수 있어서, 그가 이데아 이론을 바로 그 추문을 잠재우기 위해 고안한 것이 아닌가 하는 생각이 들 정도다. 가령 그는 남녀 평등적인 수호자 계급의 교육과 관련해서 여자도 똑같이 옷을 벗고 신체 단련을 해야 한다는 주장을 펼치는데, 이때 이러한 주장을 우스꽝스럽게 여길 사람들을 미리 반박하기 위해서 이데아 이론을 설득력 있게 활용한다(플라톤, 『국가·정체』, 박종현 옮김, 서광사, 1997, 321-333쪽 참조).

11) 플라톤, 『국가·정체』, 320쪽.

12) 질 들뢰즈·펠릭스 가타리, 『철학이란 무엇인가』, 이정임·윤정임 옮김, 현대미학사, 1995, 9-10쪽.

인격적인 물질과 초인적인 눈의 상호관계, 이것은 변증적인 것 그 자체다. 왜냐하면 이는 물질의 공동체(community)와 인간의 공산주의 (communism)의 동일성이기 때문이다."13) 비-인격적인 물질과 물질의 공동체, 그리고 초인적인 눈과 인간의 공산주의. 어빙 고가 『천 개의 고원』에서 찾아보려고 했으나 찾지 못했던14) "공동체"의 긍정적 용법을 우리는 들뢰즈의 영화 책에서 발견한다.

여기 공동체에 대한 새로운 구상으로서의 물질의 공동체가 있다. 이와 같은 구상은 또 하나의 구상과, 이미지의 존재론이라고 부를 수 있는 것과 병행하고 있다. 그런데 그것은 또한 상상적인 것을 향하는 경향성 속에서 새로운 구상으로서 출현한다. 새롭다는 것은 가령 알튀세르와 비교했을 때 새롭다는 것이다. 왜인가?

이에 답하기 전에, 알튀세르에 대한 독서의 역사 그 자체에서 상상적인 것을 향하는 하나의 경향성이 발견된다는 사실을 지적해두자. 가령 최근에 진태원은 알튀세르에 대한 독해에서 라캉보다는 스피노자를 — 특히 상상계에 대한 스피노자의 이론을 — 알튀세르의 주된 준거점으로 내세우고 있는데,15) 이러한 시도는 근거가 있는 만큼이나 상상계를 향한 어떤 전회를 구성한다. 그가 사용하는 핵심적인 표현 가운데 하나는 "상상적 실재성"이다. 그리고 그는 "이데올로기가 상상적 실재성을 지니고 있다는 것, 또 스피노자에서 상상은 인식의 한 가지 '능력'이 아니라 인간의 삶의 조건 자체, **인간학적 장 그 자체**라는 것"을 역설한다.16) 여기 상상적인 것과 실재적인 것의 어떤 연동이 — 하지만

---

13) 질 들뢰즈, 『시네마 1. 운동-이미지』, 유진상 옮김, 2002, 79쪽. 번역 수정.
14) Irving Goh, "The Question of Community in Deleuze and Guattari (I): Anti-Community", p. 217 참조.
15) 진태원, 「스피노자와 알튀세르에서 이데올로기의 문제: 상상계라는 쟁점」, 『근대철학』 3권 1호, 2008.
16) 같은 글, 19쪽. 우리는 이러한 주장이 근거가 있다는 바로 그 사실에 근거해서 맑스주의의

아직은 이미지의 존재론이라고 부를 수는 없는 형태로 — 있다.

하나의 경향성을 하나의 전회로 읽어낼 때, 우리는 새로운 물음을 발견한다 — 무엇으로부터 무엇으로의 전회인가? "무엇으로"에 대한 답은 주어져 있다. 그것은 이미지 혹은 상상계다. 그렇다면 무엇으로부터인가? 가장 손쉬운 답은 이렇다: 언어로부터 혹은 상징계로부터. 언어/상징계로부터 이미지/상상계로의 전회. 앞서 보았듯이 지젝은 그것이 이론적 전회일 뿐 아니라 우리의 공동체적 현실 속에서 오늘날 발생하고 있는 어떤 것임을 지적했다. 이른바 언어적 전회라는 것을 우리는 알고 있으니, 이제 "상상적 전회"라는 것을 새롭게 명명할 수 있다. 다시금 전회를 경향성으로 읽어낼 때, 상징적인 것으로부터 벗어나서 상상적인 것을 향하는 어떤 경향성이 있다.

이 경향성은 또한 어디에서 강렬하게 혹은 최종적인 방식으로 확인되는가? 가령 우리는 들뢰즈가 추천하는 『물질과 기억』을 책상 위에 올려놓을 수 있다. 그리고 그가 "눈부신 첫 장"[17]이라고 부른 곳을 읽는다. 이제 우리는 베르그손이 어떤 엄청난 가설과 더불어서 여정을 시작하려 한다는 것을 발견한다. "잠시 동안 우리가 물질에 관한 이론들과 정신에 관한 이론들에 관해, 외적 세계의 실재성이나 관념성에 관한 논의들에 대해 아무것도 알지 못한다고 해보자. 그러면 나는 사람들이 사용할 수 있는 가장 막연한 의미에서의 이미지들, 즉 내가 나의 감관들을 열면 지각되고, 내가 그것들을 닫으면 지각되지 않는 이미지들 앞에 있게 된다."[18] 언뜻 무구해 보이는 이러한 이야기가 엄청난 것은 그가 곧 "내가 우주라고 부르는 이 이미지들의 총체"라는 표현을 사용할 참이기 때문이다.[19] 우리는 여기서 다만 "인간학적

역사에서 알튀세르가 차지하는 미묘한 위치를 재음미해볼 수도 있을 것이다.
17) 질 들뢰즈, 『시네마 1. 운동-이미지』, 115쪽. 번역 수정.
18) 앙리 베르그손, 『물질과 기억』, 박종원 옮김, 아카넷, 2005, 37쪽.

장"을 확인하는 것이 아니라 "우주" 자체를 확인한다. 이제 상상적인 것과 실재의 연동은 전면적인, 보편적인 것이 된다. 이미지와 관련하여 거대한 존재론이 구상된다. 메타시네마적 우주에서 들뢰즈가 한층 더 적극적으로 펼치고 있는 것이 바로 이것인 한에서, 우리는 상상적인 것을 향한 경향성 속에서 새로운 구상이 출현하는 것을 확인한다.

주지하듯이 베르그손은 영화에 대한 저술에서 들뢰즈의 주된 준거점이다. 『시네마 1. 운동-이미지』에서 우리는 베르그손적 등식들을 발견한다. 사실 "운동-이미지"라는 표현 자체가 하나의 등식에서 유래한다. 이 책의 4장 첫 절을 위해 들뢰즈가 제공하는 제목은 바로 "이미지와 운동의 동일성"이다.20) 이 등식은 더 많은 등식들 가운데 일부를 구성한다.

> 모든 이미지들의 이 무한 집합은 일종의 내재성의 평면이 된다. 이 평면 위에서 이미지는 즉자적으로 존재한다. 이미지의 이 즉자는 바로 물질이다: 이미지 뒤에 숨겨진 그 무엇이 아니라, 반대로 이미지와 운동의 절대적 동일성. 이미지와 운동의 동일성은 곧바로 운동-이미지와 물질은 동일하다는 결론을 내리게 한다. "나의 신체를 물질이라고 말할 수도 있고 이미지라고 말할 수도 있다." **운동-이미지**와 **흐름-물질**은 엄밀하게 동일한 것이다.21)

여기서 우리는 "이미지 = 운동 = 물질"이라는 등식을 얻는다. 우리는 이미 물질의 공동체에 대한 구상이 또 다른 구상과 병행하고

---
19) 같은 책, 39쪽.
20) 들뢰즈, 『시네마 1. 운동-이미지』, 112쪽. 한국어본에서 이 제목은 "이미지와 운동의 정체성"이라고 잘못 번역되어 있다.
21) 같은 책, 116-117쪽. 번역 수정.

있다고 말했다. 그것은 이미지의 존재론이다. 이미지의 존재론 속에서 우리는 이미지와 물질의 동일성에 관한 등식을 얻는다. 따라서 물질의 공동체를 또한 이미지의 공동체라고 부를 수 있다. 물질의 공동체, 혹은 이미지의 공동체 — 이것은 공동체에 대한 들뢰즈적 이름이며, 공동체에 대한 어떤 극한적 관점이다. "물질적 우주, 내재성의 평면은 운동-이미지들의 기계적 아상블라주이다."22) 들뢰즈는 이제 물질의 공동체에 대한 다양한 이름들을 열거한다.

2. 주체 없는 공동체

지젝은 상징적 권위의 몰락과 더불어 주체 편에서 어떤 결과가 발생했음을 지적한다. "그리고 그 결과, 주체는 결코 실제로 '성장'하지 않는다." 그런데 성장 그 자체는 근대의 출발점에서 철학자들이 고민했던 바로 그 문제다. 우리는 데카르트의 『성찰』을 소박한 한 인물이 지적으로 성장해가는 과정을 그린 책으로 읽어낼 수 있다.23) 또한 헤겔의 Bildung은 성장에 대한 또 다른 이름이다. 우리는 또한 계몽의 기획이 성장의 기획이었음을 칸트의 육성을 통해 알고 있다. "계몽이란 우리가 마땅히 스스로 책임져야 할 미성년 상태로부터 벗어나는 것이다."24) 이처럼 근대 초기에 성장의 문제가 대두된 이유 가운데 하나는 전통적인 신분 사회의 붕괴에 있다. 주체는 자신의 정체성을 확보하는 과정에서 공동체의 안정된 외적 권위에 기대기가 점점 힘들어졌다. "자연적인" 정답은 사라지고 있었다. 이는 물론 새로운 기회이기도 했지만, 또한 주체 편에서 감당하기 힘든 재촉을, 무언가로부터의 재촉

----
22) 같은 책, 117쪽.
23) 실제로 프랭크퍼트는 그렇게 읽고 있다. Harry G. Frankfurt, *Demons, Dreamers, & Madmen*, Princeton and Oxford: Princeton University Press, 2008 참조.
24) 임마누엘 칸트, 「계몽이란 무엇인가에 대한 답변」, 『칸트의 역사철학』, 이한구 편역, 서광사, 2009, 13쪽.

을 의미할 수도 있다. 새로운 기회였다는 것을 우리는 헤겔에게서 정점에 달하는 노력들에서 발견할 수 있다. 하지만 곧 헤겔의 거대한 기획은 처참하게 무너졌으며, 거기서 교훈을 얻었던 맑스적 시도들이 있었다.25) 하지만 혁명의 세기가 휩쓸고 간 후 남은 20세기를 통해 우리가 목격한 것은 저 감당하기 힘든 재촉의 회피, 즉 주체화에 대한 거부다.

지젝은 라캉을 따라서 주체화의 핵심을 "촉발한 동일화"로 설명한다. "상징적 자리가 우리에게 할당되기를 단지 기다리기만 한다면 우리는 생전 그것을 보지 못할 것이다. 즉 상징적 위임의 경우 우리는 단지 우리가 [그것]인 그 무엇을 확인하는 것이 결코 아니다. 우리는 촉박한 제스처를 통해 '우리가 [그것]인 그 무엇이 된다.' 이 촉박한 동일화는 대상에서 기표로의 이행을 내포한다."26) 지젝은 바로 이것이 이데올로기적 호명에 대한 설명에서 알튀세르가 빠뜨리는 것이라고, 다시 말해서 이데올로기적 호명의 핵심에 있는 것이라고 말한다. 그렇

----

25) 테일러가 지적하듯이, 헤겔은 분업과 교환의 체계로서의 시민 사회를 — 즉 자본주의 그 자체를 — "무의식적이고 맹목적인 운명" 혹은 "소원한 힘"이라고 묘사한다(찰스 테일러, 『헤겔철학과 현대의 위기』, 박찬국 옮김, 서광사, 1988, 210쪽. 또한 헤겔, 『인륜성의 체계』, 김준수 옮김, 울력, 2007, 133-134쪽 참조). 헤겔은 이렇듯 "근대 사회의 파괴적인 잠재력의 한 측면"을 간과하고 있었다. 하지만 헤겔은 이성적인 국가가 이 힘을 제어할 수 있다고 생각했다. 다시 말해서 헤겔은 이 문제에서 낙관적이었다. 이 헤겔의 낙관론을 맑스는 간과했다고 보아야 할 것이다. 이 위대한 스승의 낙관은 스스로의 비참한 몰락을 낳게 될 것인데, 이를 맑스는 다음과 같이 흥흥하게 묘사하고 있다. "슈트라우스로부터 시작된 헤겔 체계의 부패 과정은 세계적 발효 상태로까지 발전하였고, 모든 '과거의 열강들'은 이 발효 상태 속으로 끌려 들어갔다. 그러한 전반적 혼돈 속에서 강력한 제국들이 세워졌다가는 곧 다시 몰락하였고, 영웅들이 잠깐 출현했다가는 더 용감하고 더 강력한 경쟁자들에 의해서 다시 암흑 속으로 되던져졌다. 그것은 거기에 비하면 프랑스혁명도 어린애 장난인 혁명, 그 앞에서는 디아도코스들의 투쟁들도 하찮게 보이는 세계적 투쟁이었다"(칼 맑스, 『독일이데올로기』, 『맑스-엥겔스 저작선집 1』, 박종철 출판사, 1991, 193쪽). 맑스가 경제의 문제에 관심을 갖게 된 것은, 그리고 궁극적으로 『자본』을 집필하게 된 것은 바로 이와 같은 헤겔의 낙관론과 몰락을 보았기 때문일 것이다.
26) 슬라보예 지젝, 『부정적인 것과 함께 머물기』, 이성민 옮김, 도서출판 b, 2007, 149쪽.

다면 우리는 주체화에 대한 거부로 특징지어지는 오늘날 이 이데올로기적 호명이 더이상 작동하지 않는다고 말할 수 있을 것이다. 실로 우리가 들뢰즈에게서 발견하는 것은 촉박한 동일화의 정반대 과정, 즉 기표에서 대상으로의 이행이다.

따라서 우리는 이미지의 존재론을 낳는 상상적 전회를 이중적으로 파악해야 한다. 한편으로 그것은 상징적인 것으로부터의 전회이며, 다른 한편으로 주체성으로부터의 전회이다. 그리고 사실 이 둘은 동전의 양면과도 같은 것이다.

이제 우리는 들뢰즈의 일의적 존재론을 염두에 두면서 상상적 전회가 주체를 겨냥하고 있다고 말할 수 있다. 자기의식으로서의 전통 철학적 주체에 비해서 현상학적 주체가 좀더 약화된 주체라고 하더라고, 그 후자가 들뢰즈의 겨냥을 피할 수 있는 것은 아니다.

> 여기서 빛을 정신의 편에 두었던, 그리고 의식을 사물들을 그것들의 선천적인 어둠으로부터 끌어내는 광선으로 여겼던 모든 철학적 전통과의 단절이 존재한다. 현상학은 아직도 완전히 이 낡은 전통에 편승하고 있었다; 단지 빛을 내적인 빛이라고 하는 대신, 흡사 의식의 지향성이 전등의 빛이라도 되는 것처럼 빛을 외부를 향해 열어놓았을 뿐이다("모든 의식은 어떤 것에 **대한** 의식이다"). 베르그손에게서는 정반대다. 사물들은 그 자체로 빛나는 것이며, 그것들을 비추는 아무 것도 없다: 모든 의식은 어떤 것**이다**."[27]

여기 두 개의 명제가 있다.

---

27) 같은 책, 119-120쪽. 번역 수정.

1) 모든 의식은 어떤 것에 대한 의식이다(All consciousness is consciousness *of* something).

2) 모든 의식은 어떤 것이다(All consciousness *is* something).

그리고 두 번째 명제에서 우리가 확인하는 것은 어떤 강력한 등치이다. 존재의 일의성을, 존재의 평등과 "아나키즘"을 확보해주는 궁극적인 등치. 우리는 현상학이 여기서 존재의 일의성에 이르지 못했다는 바로 그 이유에서 비판되고 있다고 말할 수 있을 것이다. 혹은 달리 말해서, 현상학적 주체는 아직 충분히 약화되지 않은 어떤 것이며, 아직은 사물이 아닌 어떤 것이다. 현상학은 주체가 사물과 본성상 차이가 있다고, 저 "of"에는 건널 수 없는 간극이 있다고 여전히 가정한다. 여기서 우리는 상상적 전회가 다만 상징적인 것으로부터의 멀어짐만을 함축하지 않으며, 또한 주체로부터의 멀어짐을 함축한다는 것을 확인할 수 있다.

이제 들뢰즈는 이렇게 말하고 있다. "이미지와 운동의 동일성은 물질과 빛의 동일성을 그 논거로서 갖는다. 물질이 빛인 것처럼 이미지는 운동이다."[28] 그리고 그렇기 때문에 우리는 "이미지 = 운동 = 물질 = 빛"이라는 확장된 등식을 얻는다.[29] 게다가 우리는 들뢰즈가 빛을 정신의 편이 아니라 물질의 편에 놓는다는 것을 알고 있다. 이미지, 운동, 물질, 빛, 의식, 이 모두는 정신=주체와 상대하여 같은 편에 있다.

주체에 대한 거부는 주체성에 대한, 주체의 심적 공간에 대한 거부를 함축한다. 또한 우리는 이미 들뢰즈가 반-공동체주의자가 아니라는

------

28) 같은 책, 118쪽.
29) 이지영, 「들뢰즈의 『시네마』에 나타난 영화 이미지 존재론」, 『철학사상』, 22권, 서울대학교 철학사상연구소, 2006, 258쪽 참조.

것을 확인했다. 이 두 사실을 함께 읽을 때 우리는 들뢰즈가 **주체 없는 공동체**를 꿈꾸었다고 말할 수 있을 것이다. 실제로 어빙 고는 『천 개의 고원』에서 들뢰즈(와 가타리)가 지지하는 "새로운 비유기적인 사회적 관계"에 대해서 이렇게 진술한다. "이 **다른** 사회적 관계, 이 새로운 공동체주의적(communitarian) 아상블라주가 '비유기적'인 것은 아마도 그것이 비인간적인 공동체일 것이기 때문인데, 비인간적이라고 하는 것은 주체성의 불안들, 표상적 충동, 형이상학적인 인간 **존재**의 의식 등으로부터 자유롭기 때문이다."30)

주체 없는 공동체, 바로 이것이 들뢰즈의 철학에서 추출할 수 있는 궁극적인 관점이다. 주체가 없다면 그 공동체에서 살아가는 자들은 누구일까? 그가 『철학이란 무엇인가』를 끝내면서 호명하는 "도래할 인민"31)은 누구일까? ― 혹은, 무엇일까? 우리는 그것을 주체라기보다는 대상이라고 불러야 할 것이다. 이는 "모든 의식은 어떤 것이다"라는 명제로부터 도출된다.

이와 관련해서 들뢰즈와 정신분석이 어떻게 동일한 대상에 대하여 전혀 다른 관점을 취하고 있는지를 살펴보자. 가령 어머니의 젖가슴이 "아기의 입과 연결된, 욕망하는 기계의 일부분으로 존재한다"는 들뢰즈의 주장32)에 대해서 홍준기는 이렇게 비판한다.

> 반면 라깡에게 어머니의 가슴은 **충동의 대상**이지 아이의 욕망하는 기계의 일부가 아니다. 어머니의 가슴(대상, 객체)이 욕망하는 기계 (주체)의 일부가 될 수 있는 것은 오직 **환상** 속에서 뿐이다. 아이의

・・・・・・
30) Irving Goh, "The Question of Community in Deleuze and Guattari (I): Anti-Community", p. 226.
31) 질 들뢰즈・펠릭스 가타리, 『철학이란 무엇인가?』, 314쪽.
32) G. Deleuze & F. Guattari, *Anti-Oedipus*, Mineapolis: University of Mineapolis Press, 1977, p. 47.

입과 어머니의 가슴이 분리되지 않은 상태로 유지될 수 있는 곳은 환상밖에 없다는 것이다. 환상 속에서는 주체와 객체의 구분이 없기 때문이다. "환상적" 만족이라는 허구를 주장하는 사람은 라깡이 아니라 오히려 들뢰즈라고 할 수 있다.33)

여기서 우리는 커다란 관점의 차이를 발견한다. 정신분석의 관점에서 볼 때 주체의 무의식적 환상은 주체성의 중핵에 위치하고 있는 욕망의 지탱물이다. 반면에 환상의 내용을 구성하고 있는 것을 들뢰즈는 기계적 아상블라주로서의 우주론적 장으로 전치시킨다. 다시 말해서 들뢰즈에게 그것은 주체성의 문제라기보다는 곧바로 존재론적 문제가 된다. 두 개의 자연(즉 대자연과 인간)이 있다고 할 때, 혹은 두 개의 우주 즉 대우주와 소우주가 있다고 할 때, 정신분석이 소우주의 장에서 다루고 있는 것을 들뢰즈는 분명 대우주의 장에서 다루고 있다. 이 소우주적인 것을 물론 들뢰즈는 베르그송을 따라서 대우주 속의 덧붙임이 아니라 대우주로부터의 감산이라고 볼 것이다. 하지만 우리는 들뢰즈의 이미지 존재론에서, 소우주에서 대우주로의 거대한 투사가 일어나고 있는 것이 아닌지 의심해볼 수도 있다.

이제 우리는 이 커다란 관점의 차이를 영화에 대한 설명에서 추적해보고자 한다. 흥미롭게도 지젝과 주판치치를 포함하는 슬로베니아 학파의 학자들이 주목하는 영화들과 들뢰즈가 영화 저술에서 다루는 영화들은 상당부분 겹칠 뿐 아니라 언뜻 그 설명들이 유사하기까지 하다. 여기서 우리가 주목할 것은 이 양자 모두가 영화 분석에 적용하는 "최소 차이"라는 개념이다.

그런데 흥미로운 것은 주판치치가 희극적 영화를 다루면서 이 개념

---

33) 홍준기, 『오이디푸스 콤플렉스, 남자의 성, 여자의 성』, 아난케, 2005, 29쪽.

과 관련해서 들뢰즈를 직접 인용하고 있다는 사실이다.

> 채플린의 <위대한 독재자>를 떠올려보자. 여기서 "히틀러라고 불리는 사물"은 독재자 힝켈과 유대인 이발사라는 이중적 형태를 취한다. 질 들뢰즈가 지적했듯이, 이것이 탁월한 채플린적 제스처이다. 우리는 이를 <살인광 시대>에서도 발견하고 또한 <시티 라이트>에서도 발견한다(떠돌이 찰리와 부자로 여겨지는 찰리). 채플린의 천재적 재능은 "두 행동 간의 최소 차이를 고안"하고 "서로를 소거하거나 감소시키지 않으면서, 전자는 미소한 차이를 그리고 후자는 거대한 거리를 지시하는 웃음-감정의 회로"를 창조할 수 있다는 데 있다고 들뢰즈는 진술한다.34)

이러한 들뢰즈의 진술을 놓고 주판치치는 "이는 사랑의 메커니즘뿐만 아니라 희극의 메커니즘을 특정화하는 데 도움을 주는 매우 중요한 통찰이다"라고 평가한다.35) 하지만 들뢰즈에 대한 이야기는 거기서 멈추며, 그녀는 최소 차이라는 개념을 "더 정확히 정의"하는 일로 나아간다.

들뢰즈의 경우 영화들은 주체성이 점점 소멸하는 방식으로 배치된다. 가령 키튼은 채플린 다음에 배치되어야 하고, 이는 키튼의 사회주의가 "아나키즘적-기계적"인 반면에, 채플린의 것은 "공산주의적-인간주의적"이기 때문이다.36) 하지만 채플린에게서 이미 행동들의 최소 차이가 상황들 사이의 무한한 거리로 나아가고 있다는 사실이 확인된

---

34) 알렌카 주판치치, 『정오의 그림자: 니체와 라캉』, 조창호 옮김, 도서출판 b, 2005, 249쪽. 주판치치가 인용하는 부분은 들뢰즈, 『시네마 1. 운동-이미지』, 312-313쪽이다.
35) 같은 책, 249-250.
36) 들뢰즈, 『시네마 1. 운동-이미지』, 321쪽.

다.

　들뢰즈가 지각에 대해서건 정서에 대해서건 행동에 대해서건 "이미지"라는 명칭을 부여하는 것은 주체로부터의 독립성을 강조하기 위해서다. 이미지들, 그것은 어떤 대상을 주체에게 표상하는 무엇이라기보다는, 주체로부터 분리된 대상 그 자체다. 가령 변용-이미지와 관련해서 앱스탱의 이야기를 다음과 같이 차용할 때 들뢰즈는 이점을 염두에 두고 있다. "도망치고 있는 겁쟁이의 이 얼굴, 우리가 그것을 근접화면으로 보자마자, 우리는 실물의 비겁함, '감정-사물', 존재자를 본다. 영화 이미지가 항상 탈영토화되는 것이 사실이라면, 결국 변용이미지 고유의 매우 특별한 탈영토화가 있다."37) 하지만 이미 운동-이미지를 다루면서 들뢰즈는 이렇게 말하고 있다. "그러나 그 누구를 위한 것도 아니고, 아무에게도 건네지지 않는 즉자적 이미지에 대해 이야기하는 것이 어떻게 가능한가? 바라볼 눈도 없는데 어떻게 나타남(Apparaître)에 대해 이야기하는 것이 가능한가?"38)

　이 물음은 반-베르그손적인 물음이 될 수 있다. 혹은 이 물음은 베르그손적인 이미지의 존재론에 ― 따라서 들뢰즈 자신의 그것에 ― 치명적인 것으로 판명날 수 있다. 그것은 『물질과 기억』을 읽는 순진한 아이의 의혹일 수 있다. 우리는 이미 이 존재론이 어떤 엄청난 가설과 더불어 시작한다는 것을 보았다. "잠시 동안 우리가 물질에 관한 이론들과 정신에 관한 이론들에 관해, 외적 세계의 실재성이나 관념성에 관한 논의들에 대해 아무것도 알지 못한다고 해보자. 그러면 나는 사람들이 사용할 수 있는 가장 막연한 의미에서의 이미지들, 즉 내가 나의 감관들을 열면 지각되고, 내가 그것들을 닫으면 지각되지 않는 이미지들 앞에 있게 된다." 이제 이 가설이 맞다면, 우리는 이미지들이

------
37) 같은 책, 183쪽. 번역 수정.
38) 같은 책, 118쪽.

사람들의 눈앞에 나타난다는 것을 인정해야 한다. 하지만 이 가설이 맞지 않다면, 다시 말해서 바라볼 눈도 없는데 나타남이 가능하다면, 우리는 이미지의 존재론을 지탱하는 최초의 가설을 기각해야 한다. 하지만 이미지의 존재론이 위태로워질 수 있는 이 지점에 대해서는 다른 기회에 논의하기로 하자.

들뢰즈에게서 최소 차이는 행동과 상황의 쌍인 AS의 배치 속에 등장한다.39) 이 쌍에서 최소 차이는 A의 편에, 즉 이미지=대상의 편에 있다. 반면에 주판치치는 최소 차이를 주체와 대상의 쌍에서, 역시 대상 편에 위치시킨다. A가 대상(object)인 한에서 우리는 AS를 OS로 다시 쓸 수 있다. 반면에 정신분석의 주체가 분열된 주체, 즉 $\$$인 한에서, 주체와 대상의 쌍을 우리는 $\$$O라고 쓸 수 있다.40)

$$\$ - O - S$$

이제 우리는 최소 차이와 관련해서 정신분석과 들뢰즈의 관점 차이를 다음과 같이 쓸 수 있다.

$$\$ - O / O - S^{41)}$$

일반적으로 우리는 주체와 대상의 쌍에서 능동성이 주체 편에 있다고 생각한다. 반면에 대상은 일방적으로 주체의 작용을 감수하는 것으로 간주된다. 하지만 들뢰즈의 운동-이미지나 행동-이미지 개념은

──────
39) 이에 대해서는 들뢰즈, 『세미나 1. 운동-이미지』 제10장 참조.
40) 라캉은 대상을 소문자 *a*로 쓴다.
41) 좀더 엄밀하게 말해서, 라캉의 경우 대상 *a*는 주체성 내부에서 주체와 세계 사이에 놓인다.

이러한 통념을 반박한다. 하지만 대상의 능동성이 문제라면 정신분석 역시 유사한 통찰을 보여준다.

> 주체와 대상의 차이는 이에 상응하는 두 개의 동사들, 즉 자신을 복종(종속)시키다(to subject (submit) oneself)와 반대하다(항의하다, 대립하다, 장애물을 만들다)(to object(protest, oppose, create an obstacle))의 차이로도 표현될 수 있다. 주체의 기초적이고 정초적인 제스처는 **자신을 복종시키는 것**이다. 물론 자발적으로 말이다. (……) 그래서 주체의 행동/능동성(activity)이 가장 근본적인 차원에서는 자신을 불가피한 것에 복종시키는 행위라면, 대상의 수동성, 대상의 수동적 현전의 근본적인 양태는 우리(주체들)를 움직이게 하고 화나게 하고 교란시키고 외상을 입히는 것이다: 가장 근본적인 차원에서 대상은 **반대하는 것**(that which objects)이며 일들의 순조로운 진행을 교란시키는 것이다. 그러므로 역설은 (능동적 주체가 수동적 대상에 작용한다고 하는 표준적인 개념에서 볼 때) 역할들이 뒤바뀐다는 것이다: 주체는 근본적인 수동성에 의해 정의되고, 운동은 대상으로부터 온다.[42]

지젝의 진술에서 우리는 그 근본적인 차원에서 대상은 주체와의 관계에서 단지 수동적인 위치에 있지 않다는 것을 확인한다. 물론 이 대상은 라캉적 대상, 즉 대상 a를 가리킨다. 지젝은 그것을 시차적 대상이라고 부르며, 또한 최소 차이 개념을 통해 파악한다. "대상들 사이의 단순한 차이와 반대로 **순수한 차이는 그 자체가 대상이다**. 그러므로 시차적 간극의 또 다른 이름은 **최소 차이**이다. 실증적이며

------

42) 슬라보예 지젝, 『시차적 관점』, 김서영 옮김, 마티, 2009, 39쪽.

실체적인 속성들에 근거지을 수 없는 '순수한' 차이 말이다."43)

　최소 차이를 발생시키는 행동/능동성으로서의, 혹은 최소 차이 그 자체로서의 대상. 하지만 동일한 영화를 분석하면서도 방점은 다르다. 가령 루비치의 <죽느냐 사느냐>에 대한 분석을 보자. 이제 우리는 이 영화를 분석하는 두 개의 긴 인용문을 제시하려고 한다. 하나는 들뢰즈의 영화 책에 나오는 것이고 다른 하나는 주판치치가 희극을 다루는 곳에 나오는 것이다.

> 행동 속의 또는 두 행동 사이의 아주 작은 차이는 두 상황 사이의 상당히 큰 거리를 끌어들인다. (……) 그것은 더이상 결핍의 지표가 아니라 다의성 또는 거리의 지표다. 이 상황들 중 하나가 반박되거나 부정된다는 것은 중요하지 않다. 왜냐하면 그런 일은 이 상황의 기능이 끝난 뒤에야 일어나기 때문이며 또한 그러한 부정이나 반박이 지표의 다의성과 환기된 상황들 간의 거리를 없애버릴 만큼 충분치 않기 때문이다. 루비치가 이 복합적인 지표들을 완벽하게 다루게 되는 것은 의심할 바 없이 <죽느냐 사느냐>에서였다. 때로는 풀 수 없는 이미지들 속에서 그런 경우를 볼 수 있다: 예컨대 한 관객이 배우의 독백이 시작되자마자 자리를 뜬다. 지겨웠기 때문일까, 아니면 배우의 아내와 약속이 있었기 때문일까? 때로는 몽타주 전체를 도박으로 거는 전체적 복선에서 그러한 경우를 본다: 몸짓 속의 아주 작은 차이는 역시 두 상황 사이의 커다란 거리가 된다. 즉 일단의 배우들이 관객들 앞에서 독일인들의 역을 연기하는 것이거나, 반대로 자신들의 역할을 연기하고 있는 듯이 보이는 독일인들 앞에서 독일인들인 척하고 있는 것이거나 둘 중의 하나이다. 사느냐 죽느냐

─────
43) 같은 책, 41쪽.

의 문제인 것이다: 모든 것이 행동 속의 매우 작은 차이들에 달려 있다는 것을 인물들이 알고 있을수록 상황들 사이의 거리는 벌어진다.44)

영화의 서두에, 일단의 배우들이 히틀러가 등장하는 한 연극을 예행연습하고 있는 기막힌 장면이 있다. 연출가는 히틀러를 연기하는 배우의 외관에 대해 불평하면서, 분장이 나쁘고 그가 전혀 히틀러처럼 보이지 않는다고 주장한다. 그는 또한 자기 앞에 보이는 것은 그저 한 명의 평범한 남자라고 말한다. 이에 대한 응수로 배우들 중 한 명이 히틀러는 그저 한 명의 범상한 남자라고 대꾸한다. 만일 이것이 다라면, 우리는 어떤 진리를 전달하지만 우리를 웃기지는 않는 설교적인 언급을 다루고 있는 것이 될 터인데, 왜냐하면 그것은 진리를 전달하는 매우 다른 방식을 갖는 희극적 특질을 결여하기 때문이다. 그래서 장면은 계속된다. 연출가는 여전히 만족하지 않고, 자기 앞에 있는 배우의 외관으로부터 히틀러의 외관을 구별시켜주는 불가사의한 "그 이상의 어떤 것"의 이름을 대려고 필사적으로 노력한다. 그는 찾고 또 찾는다. 마침내, 그는 벽에 붙어 있는 히틀러의 초상(사진)을 알아채고 의기양양하게 외친다. "저거야! 히틀러는 바로 저렇게 생겼지!" 그러자 그 배우가 대답한다. "하지만 저건 제 사진인데요!" 앞의 경우와는 반대로 이 경우는 꽤나 재미있는데, 특히 관객으로서의 우리 자신이 이 불쌍한 배우(……)와는 아주 다른 무언가를 그 사진에서 본 연출가에 의해 속았기 때문이다. 여기서 우리는 "최소 차이", "단지 무"일 뿐이지만 매우 실재적인 무이며 그것과의 관계에서 우리가 우리의 욕망의 역할을 과소평가해

---

44) 들뢰즈, 『시네마 1. 운동-이미지』, 301쪽.

서는 안 되는 차이의 뜻을 매우 잘 파악할 수 있다.45)

두 분석 모두에서 "관객"이라는 표현이 등장한다. 하지만 들뢰즈의 관객이 영화 속에 등장하는 관객인 반면에, 주판치치의 관객은 영화를 관람하는 우리들을 가리킨다. 들뢰즈는 이를테면 영화 내부로 들어가서 설명을 전개한다. 그는 영화와 영화를 관람하는 관객 사이에서 발생하는 일을 문제로 삼지 않는다. 반면에 주판치치는 희극이 정확히 관객(의 욕망)과의 관계에서 정의되어야 한다는 것을 분석을 통해 분명히 한다. "이 경우는 꽤나 재미있는데, 특히 관객으로서의 우리 자신이 이 불쌍한 배우(……)와는 아주 다른 무언가를 그 사진에서 본 연출가에 의해 속았기 때문이다." 우리는 들뢰즈에게서 영화와 일반적인 영화 관객 사이의 관계에 대한 분석이 부재함을 확인할 수 있다(이는 결코 우연적인 부재가 아닐 수도 있다).

들뢰즈의 경우 행동 속의 최소 차이는 다의성이나 거리에 대한 지표다: O → S. 반면에 주판치치는 동일한 영화의 어떤 다른 장면에 대한, 하지만 최소 차이가 유효하게 작용하고 있는 장면에 대한 분석에서 대상 속의 최소 차이에서 주체의 욕망으로 나아간다: O → S.

이제 들뢰즈에 따르면 두 개의 상황 가운데 하나가 현실적으로 부정된다고 하더라도 지표의 다의성이나 상황들 간의 거리가 제거되는 것이 아니다. 이와 유사하게 주판치치는 최소 차이가 단지 무에 불과하더라도 매우 실재적이라고 말한다. 한편으로, 상황이 부정되더라도 그 상황이 자기 기능을 다했다는 사실은 남는다. 그리고 다른 한편으로, 관객인 우리 자신이 연출가에 의해 속임을 당했다면, 바로 그 속에서 우리의 욕망이 역할을 한 것이다. 따라서 부정된 상황의 여전한 실재성

---
45) 주판치치, 『정오의 그림자』, 252-253쪽.

은 들뢰즈의 경우 상황의 편에 있으며, 주판치치의 경우 주체성에 있다.

이제 끝으로 주체 없는 공동체라는 관념에서 하나의 이론적 물음과 하나의 실천적 결론을 이끌어내자.

들뢰즈의 근본적인 관점이 주체 없는 공동체라고 할 때, 이는 무엇을 함의하는가? 공동체의 이념적 수호자가 철학자라고 할 때, 그리고 들뢰즈가 말년에 『철학이란 무엇인가』를 쓸 정도로 본연의 철학자라고 할 때, 그것은 들뢰즈가 어떤 공동체의 구상을 위해서 주체를 버리는 내기를 감행했다는 것을 의미한다. 하지만 그렇다면, 그리고 우리의 논의가 일관성을 유지하고자 한다면, 들뢰즈가 직면한 어떤 공동체의 위기를 가정해야 한다. 가령 그것은 후설이 직면한 것과 동일한 것이며 다만 들뢰즈는 이에 달리 응답한 것인가, 아니면 유럽 혹은 인류 공동체의 위기가 새로운 국면에 진입한 것인가?

우리가 들뢰즈에게서 주체 없는 공동체라는 근본적인 태도를 추출할 수 있는 한에서, 들뢰즈에게서 새로운 주체와 새로운 공동체 모두를 취하려고 하는 시도는 폐기되어야 한다. 여전히 (신경증적) 주체로서 살아가면서 들뢰즈적 입장을 택하는 것은 자기모순적이다. 가령 지젝은 네그리와 하트를 겨냥해서 "요컨대 (정신분석적 용어로) 법 바깥에 있는 유목적 분열증자가 불가능한 요구를 퍼부으면서 주인을 자극하려 하는 히스테리적 주체로 바뀐다"라는 적실한 지적을 했다.[46]

・・・・・・
46) 지젝, 『신체 없는 기관』, 380쪽.

연합의 길

이념

가라타니 고진은 우리의 이 시대를 "이념과 상상력이 없는 시대로"라는 표현을 가지고서 진단한다. 이 표현은 『세계공화국으로』 서론을 위한 제목이다. 이 두 가지 사실을 한 데 놓고 본다면 다음과 같은 결론을 얻을 수 있다: 가라타니는 이 책에서 "이념과 상상력이 없는 시대로"라는 진단에 대해서 "세계공화국으로"라는 처방을 제시한다.

하지만 그는 저 이념이나 상상력을 다른 이름으로도 부르고 있다. "D라는 이념 혹은 상상력이 없다는 것이 이와 같은 apathy를 가져오고 있는 것이다."[1] 가라타니는 D라는 이념의 부재가 apathy를, 무관심을 낳는다고 말한다. 따라서 D는 무엇일까? 그는 그것을 정확히 "어소시에이션"이라고 부르고 있다.

여기서 그는 촘스키의 국가형태론을 참조하고 있으며, 그래서 그것을 또한 "리버테리언 사회주의"라고도 부른다. 촘스키는 국가사회주

---
1) 가라타니 고진, 『세계공화국으로』, 조영일 옮김, 도서출판 b, 2007, 20쪽.

의, 복지국가사회주의, 리버럴리즘, 리버테리언 사회주의라는 네 가지 국가형태를 임의로 선택할 수 있는 선택지처럼 제시하는데, 가라타니는 오히려 이를 "1968년"이라는 시점에 존재했던 세계의 구조라고 생각한다.2)

> 촘스키가 가장 마음에 들어 하는 형태는 리버테리언 사회주의(D)입니다. 이것은 복지국가자본주의(B)를 부정하면서 동시에 국가사회주의(A)로의 길을 거부하고 "리버럴한 사회주의"를 구하는 것입니다. 촘스키는 아나키즘이나 평의회코뮤니즘을 여기에 넣고 있습니다. 나는 다양한 명칭과의 혼돈을 피하기 위해 이것을 "어소시에이션"이라고 부르기로 했습니다. 이것이 A, B, C와 다른 점은 어느 나라에서도 실제로 존재한 적이 없다는 점입니다. A, B, C가 자본, 네이션, 국가 중 어느 쪽에든 종속되어 있는 데 반해, D는 그것들로부터 벗어나는 것을 지향합니다. 그런데 이것은 현실적으로 존재할 수 없는 것입니다. 그러나 무한히 먼 것이라고 해도, 그것에 가까워지려고 노력하는 "규제적 이념"(칸트)으로서 계속 기능하고 있습니다.3)

이제 가라타니는 "1968년" 이후로, A의 소멸과 더불어 D도 쇠퇴했다는 것을 지적한다. 그는 세상을 볼 줄 아는 사람에 속한다. 오늘날 그런 유형의 사람들이 점점 더 줄어들고 있다. 가라타니는 "어소시에이션"이 정확히 무엇인지에 대해서, 혹은 그것의 근본적인 원리가 무엇인지에 대해서 많은 이야기를 하지 않는다. 다만 그것을 규제적 이념으로 걸어두고 있다. 하지만 저 인용문에서 가장 높이 사야 하는 것은 사람들이 분명 대수롭지 않게 여길 문장이다. "나는 다양한 명칭과의 혼돈을

---

2) 같은 책, 19쪽.
3) 같은 책, 18-19쪽.

피하기 위해 이것을 '어소시에이션'이라고 부르기로 했습니다." 그는 "혼돈을 피하기 위해"라고 한다. 물론 틀린 말은 아니다. 하지만 우리는 이러한 명명법적 환원에 예리한 점이 있다는 것을 알아야 한다.

우선 "리버테리언 사회주의"라는 명칭을 들여다보자. 이 명칭을 들여다보면 데카르트의 『성찰』에 나오는 한 구절이 생각날 수도 있다. 그는 제1성찰에서 화가들이 그리는 사이렌이나 사티로스에 대해 이야기한다. 가라타니처럼 말해보자면 이것들이 다른 점은 어디에서도 실제로 존재한 적이 없다는 점이다. 하지만 그렇다면 그것들은 새로운 본성의 것일까? 데카르트는 이렇게 말한다. "사실 화가들이 사이렌이나 사티로스를 아주 기이한 모양으로 나타내려고 해보았자, 그들은 아주 새로운 본성을 그것에 부여할 수는 없으며, 다만 다양한 동물의 지체들을 이리저리 뒤섞어 놓을 뿐이다."[4] 이렇게 뒤섞어 놓을 수 있는 능력을 통상 우리는 상상력이라고 부른다. 바로 이 상상력을 동원해서 우리는 "리버테리언"과 "사회주의"를 합쳐볼 수 있을 것이고, 그래서 "리버테리언 사회주의" 같은 것을 생각해볼 수 있을 것이다. 하지만 이것이 그 본성에서 사이렌이나 사티로스와 다른 것일까? 그것은 "새로운 본성"을 갖는 것일까?

슬라보예 지젝의 『까다로운 주체』 제1장의 제목은 "초월적 상상력의 곤궁, 혹은 칸트 독자로서의 마르틴 하이데거"이다. 이 제목을 보면 여기서 지젝이 "상상력"이라는 개념을 중심에 놓고 있다는 것을 알 수 있다. 더 나아가 이 장의 한 절의 제목은 "상상력의 폭력"이다. 이 상상력의 폭력은 가령 "다양한 동물의 지체들을 이리저리 뒤섞어" 놓는 것을 말하는 것일까? 그렇지 않다. 지젝은 오히려 "상상력의 핵심적인 '부정적' 특징"이라는 것을, 즉 "어떤 유기적 전체의 일부로서만

---
[4] 르네 데카르트, 『성찰』, 이현복 옮김, 문예출판사, 1997, 36-37쪽.

유효하게 존재하는 것을 하나의 분리된 존재자로서 취급하는 '분해활동'으로서의 상상력"이라는 것을 염두에 두고 있다.5)

"리버테리언 사회주의"는 "리버테리언"과 "사회주의"를 합쳐놓은 것이다. 그런데 이와 같은 "종합"을 위한 상상력은 어떤 것일까? 분명 지젝이 말하는 저 분해활동으로서의 상상력은 아니다. 그것은 왠지 좋은 두 개를 합쳐놓은 것 같다. 가라타니가 제시한 좌표 도식(18쪽의 그림1)을 보면 그것이 또한 자유와 평등의 결합이라는 것을 알 수 있다. 여기서 우리는 의미의 풍요 같은 것을 발견한다. 하지만 정확히 이 지점에서 가라타니는 정반대의 방향으로, 즉 의미가 소멸되는 방향으로, 무의미가 등장하는 방향으로 나아간다. 사실 가라타니는 두 개의 축을 통해 네 개의 형태를 구분하는 좌표 도식을 즐겨 사용하는 편인데, 가령 『세계공화국으로』의 35쪽에 있는 네 가지 교환을 구분하는 좌표에서 D에 해당하는 교환을 그는 다만 "X"라고 부르고 있다. 보이는 것에 눈이 멀게 되면 보이지 않는 것을 놓치게 된다. 다시 말해서 우리는 다만 "연합"이라고, 혹은 "X"라고 부를 수밖에 없는 어떤 것의 추상적인 지위를 "리버테리언 사회주의"라는 말로 서둘러 채색하는 것이다. 연합은 공동체가 추상적인 만큼 추상적인 어떤 것이다.

다시 처음으로 돌아가 보자. 가라타니는 "1968년" 이후로 A의 소멸과 더불어 D도 소멸되었다고 진단한다. 그리고 이 D의 소멸과 더불어 무관심이 도래한다고 한다. 이념의 상실로 인해 무관심이 도래한다는 것이다. 그는 새로운 이념을 제시하고자 하며, 그것을 "세계공화국"이라고 부른다. 물론 이 이념은 이성적 근거를 가진 훌륭한 이념이다. "내가 이 책에서 생각하고 싶은 것은 자본=네이션=국가를 넘어서는 길, 바꿔 말하면 '세계공화국'에 이르는 길입니다. 그러나 그러기 위해

---

5) 슬라보예 지젝, 『까다로운 주체』, 이성민 옮김, 2005, 55쪽.

서는 자본, 네이션, 국가가 어떻게 존재하는 것인가를 명확히 할 필요가 있습니다."6) 그리고 실로 이 이념은『세계공화국으로』라는 책 전체에 걸쳐서 전개되는 분석을 통해 지지되고 있다. 하지만 그렇다는 것과 오늘날 만연하는 저 무관심에 대한 처방으로 그것이 유효할 것인지는 별개의 문제다. 나는 칸트주의가 새로운 욕망의 발아와 관련하여 바로 이 지점에서 취약하다고 생각한다. 가라타니가 말하는 저 apathy, 무관심은 달리 말해 욕망의 소멸이다. 칸트주의자 가라타니는 욕망과 주체의 문제에 대해서 충분한 분석을 제시하지 않는다. 좀더 공정하게 말하자면, 가라타니의 관심은 다른 곳에 있다고 말할 수 있다. 그는 이렇게 말한다. "칸트의 평화론은 국제법이나 국제정치의 문제로 환원되지 않는다. '영구평화'는 칸트 역사철학의 근간에 존재한다."7) 이러한 말은 가라타니 자신에게도 적용되는 말이다.

가라타니는 세계공화국의 성취가 당장 이룰 수 없는 어떤 것임을 잘 알고 있다. 그렇기에 그것을 규제적 이념으로 놓았다. 그러고는 "물론 그 실현은 용이하지 않지만 결코 절망적이지 않습니다. 적어도 그 루트만큼은 분명하기 때문입니다"라고 하면서 책을 끝맺는다.8) 이처럼 그가 "루트만큼은 분명하다"라고 하면서 절망하지 않을 수 있는 이유는 어디에 있을까? 혹은 그래도 조금이라도 전진했다고 생각하는 이유는 무엇일까? 루트만큼은 분명하다는 말은, 이제 함정을 피할 수 있다는 뜻이 아닐까? 가라타니는 3부의 4장에서 어소시에이션이즘을 다룬다. 그게 4장의 제목이다. 그러고는 칸트의 구상부터 시작한다. 그런데 이렇게 4장으로 넘어가기 직전에, 즉 3장의 마지막 절에서 그는 "헤겔의 함정"에 대해서 이야기한다. 그 함정은 민족을 어떻게

---

6) 가라타니 고진, 『세계공화국으로』, 27쪽.
7) 가라타니 고진, 『네이션과 미학』, 조영일 옮김, 도서출판 b, 2009, 114쪽.
8) 가라타니 고진, 『세계공화국으로』, 225쪽.

보느냐에 관한 것이다.

> 헤겔은 한편으로 민족이 가족이나 부족과 같은 감성적 기반에서 유래한다는 것을 시사하면서, 다른 한편으로 그것은 가족·공동체를 넘어선 시민사회를 다시 넘어서서 실현되는 고차원 즉 국가에서만 나타난다고 말합니다. 그의 논리는 헤르더와 마찬가지로 이미 감성의 단계에 이성의 맹아가 있으며, 그것이 차례로 실현된다는 것입니다. 그러므로 민족은 감성적인 것이지만 본래 이성적인 것이고, 그것이 최종적으로 국가로서 실현된다는 게 되는 것입니다.9)

이제 헤겔은 자본=네이션=국가라는 보로메오의 매듭을 구조론적으로 파악하고 있으며, 그렇기에 헤겔철학은 "쉽게 부정할 수 없는 힘"을 갖는다. 하지만 그러면서 헤겔은 네이션이 "상상물에 지나지 않는다"는 것을 망각한다.10) 가라타니에 따르면 헤겔의 함정은 또한 쉽게 부정할 수 없는 힘이기도 하며, 따라서 하나의 매혹이기도 하다. 헤겔의 함정은 또한 헤겔의 매혹이다.

가라타니는 함정에 빠지지 않는다. 그래서 그는 "물론 그 실현은 용이하지 않지만 결코 절망적이지 않습니다. 적어도 그 루트만큼은 분명하기 때문입니다"라고 말할 수 있다. 하지만 이는 영원한 평화를 위한 세계공화국의 이념을 받아들이고 있는 사람에게만 설득력이 있을 것이다. 이는 저 일반화된 무관심에 대한 처방이 될 수 없다. 이렇게 말해보자면, 가라타니는 **더 약한 이유에서** 우리를 설득하려고 한다. 욕망과 관련해서 말이다. 그것은 매혹조차 될 수 없으며, 무기력을 조장할 뿐이다. 그것은 올바른 길임에 틀림이 없고, 가라타니는 이점을

---

9) 같은 책, 181-82쪽.
10) 같은 책, 182쪽.

『세계공화국으로』 전체의 논의를 통해 입증한다. 따라서 가라타니의 제안이 틀렸다고 말할 수는 없다. 오히려 그의 제안과 욕망 사이에서 어긋난 조우가 발생했다고 말하는 것이 정확할 것이다.

대의

오늘날 헤겔이 다시 살아나고 있다면 물론 이는 단지 지젝의 영향 때문만은 아닐 것이다. 지젝의 출현 자체를 우리는 헤겔의 부활의 일부로 볼 수 있어야 한다. 하지만 이 새로운 헤겔은, 바디우의 친구인 헤겔은 무엇을 이야기하고 있을까?[11]

지젝은 가라타니와 유사한 방식으로 오늘날을 진단한다. 그는 오늘날을 무관심의 시대라고 본다. 지젝이 사용하는 단어는 apathy가 아니라 indifference다. 한국어로는 두 단어 모두 "무관심"으로 번역될 수 있다. 여하간 가라타니의『세계공화국으로』와 비견될 수 있는 지젝의 저작은『잃어버린 대의를 옹호하며』이다. 이 책의 서론 제목은 "대의가 말하면 로마는 끝난다"이다.

이제 지젝이 "대의가 말하면 로마는 끝난다"라는 모토를 가지고서 무슨 이야기를 하는지 들여다보자. "대의"라는 것은 영어로 "cause"이며, 이는 "대의"라고도 "원인"이라고도 번역된다. 라캉의 담화 이론에서 이 원인은 어떤 담화의 행위자 위치에 있다. 그리고 그 담화는 바로 분석가 담화다. 지젝은 분석가 담화를 혁명적 주체를 위한 모델로 삼고 있다. 이와 관련해서 지젝은 "'내가 진리를 말한다'에서 '진리 자체가 (내 안에서/나를 통해서, 분석자의 담론에 대한 라캉의 "수학소"에서 진리의 입장에서 말하는 것처럼) 말한다'로의 전환"에 대해서 이야기한다.[12] 이 번역은 엄밀하지 않은 번역이다. 원문은 이렇다:

---

[11] 지젝은 최근작『잃어버린 대의를 옹호하며』를 바디우에게 헌사했다.
[12] 슬라보예 지젝,『잃어버린 대의를 옹호하며』, 박정수 옮김, 그린비, 2009, 9쪽.

"the shift from 'I speak the truth' to 'the truth itself speaks (in/through me)' (as in Lacan's 'matheme' of the analyst's discourse, where the agent speaks from the position of truth)". 번역자가 "분석자의 담론"이라고 한 것은 우리가 "분석가의 담화"라고 부르는 것이다. 또한 번역자는 "agent"를 번역하지 않았다. 또한 괄호를 처리할 때 정교하지 않다. 정확한 번역은 이렇다. "'내가 진리를 말한다'에서 (행위자가 진리의 위치에서 말하는 분석가의 담화에 대한 라캉의 '수학소'에서처럼) '진리 자체가 (내 안에서/나를 통해서) 말한다'로의 전환". 라캉의 분석가 담화에서 행위자의 자리에 있는 것은 대상 a이다. 지젝이 "lost cause", "잃어버린 대의/원인"이라고 하는 것이 바로 그것이다.

그렇다면 이러한 대의에 대한 옹호란 무엇일까? 지젝은 이렇게 말한다.

> 잃어버린 대의에 대한 우리의 옹호는 (……) 파국적인 재앙의 불가피한 위험을 포함해서 대의/원인의 완전한 실현을 용감하게 받아들이는 것이다. 바디우가 공산주의 체제의 붕괴와 관련하여 "탈-존재보다는 재앙이 낫다"라는 준칙을 제안했을 때 그는 옳았다. 사건에 무관심한 비-존재보다는 사건에 충실한 재앙이 낫다. (……) 베케트의 유명한 문구를 말바꿈해보자면, 무관심은 우리를 아둔한 존재의 늪에 더욱 더 깊이 빠뜨리는 반면, 실패한 이후에 우리는 계속해서 더 잘 실패할 수 있다.13)

여기에는 헤겔적인 울림이 있다. 헤겔이 『정신현상학』 서론에서 말한 "절망의 길"이라고 한 것 말이다. 또한 여기서 우리는 어떤 절박함

---
13) 같은 책, 16-17쪽. 번역 수정.

이나 임박함을 느끼게 된다. 레닌적인 절박함, 레닌으로 하여금 "무엇을 할 것인가?"라고 말하게 한 절박함 말이다. 이에 비해 가라타니는 세계공화국으로 나아가는 길과 관련하여 "물론 그 실현은 용이하지 않지만 결코 절망적이지 않습니다. 적어도 그 루트만큼은 분명하기 때문입니다"라고 말한다. 나는 가라타니의 제안이 오늘날 무관심에 대한 처방이 될 수 없다고 말했다. 그렇다면 "사건에 무관심한 비-존재보다는 사건에 충실한 재앙이 낫다"라는 바디우-지젝적 처방은 어떤가? 나는 왠지 저 "재앙"이라는 말이 하나의 유혹은 아닐까, 하나의 a fortiori가 아닐까 하는 생각이 든다. 단적으로 이렇게 질문해보자. 왜 주체가 비재앙의 방식에서 존재를 획득하는 것은 가능하지 않은 것일까? 혹은, 이 지점에서 주체적 궁핍은 파국적 재앙이라는 형태로 외부로 투사되는 것 아닐까?

키르케고르가 윤리적인 것의 유혹이라고 한 어떤 유혹이 있다. 그것은 이삭을 제물로 바치라는 하느님의 시험에서 아브라함에게 던져진 유혹이다. 아브라함은 가족들에게 위로의 말을 하지 않았다. 말을 할 수 없었다. "그는 말을 할 수 없다. 그는 인간의 말을 하지 않는다."14) 여기서 윤리적인 것이란 인간의 말을 하는 것, 즉 위로의 말을 해주는 것이다. 아브라함은 그 말을 하지 않는다. 그것은 정확히 그가 처한 시련이 "윤리적인 것이 유혹인 그런 종류의 시련"이기 때문이다.15)

그런데 분명 이와 같은 키르케고르적 통찰을 참조하면서 지젝은 매우 흥미로운 다른 사례를 하나 가져온다. 그것은 그레이엄 그린의 소설『조용한 미국인』과 그것의 영화 판본이다. 런던타임즈 사이공 특파원인 영국인 파울러는 베트남 여인 퐁과 함께 산다. 그리고 파일은

---
14) 쇠얀 키르케고르,『공포와 전율/반복』, 임춘갑 옮김, 다산글방, 2007, 211쪽.
15) 같은 책, 212쪽. 또한 슬라보예 지젝,『신체 없는 기관』, 박제철 외 옮김, 도서출판 b, 2006, 342쪽 참조.

베트남에서 의료 봉사를 하는 젊고 이상주의적인 미국인이다. 하지만 그는 대규모 폭탄테러를 지원하고 이를 공산주의자들의 소행으로 몰아감으로써 베트남의 공산화를 막는 일을 하고 있는 인물이다. 파일을 알게 된 퐁은 그를 사랑하게 된다. 그러던 중 한 베트남인이 파일을 없앨 수 있도록 도와달라는 제안을 파울러에게 한다. 파울러는 그를 돕고, 퐁을 되찾는다.16) 영화는 겉보기에 선량한 미국인의 정체가 폭로된다고 하는 방식으로 전개된다. 반면에 소설은 미국인의 선한 동기를 진지한 것으로 취급한다. 지젝은 영화가 아닌 소설의 편을 든다. 왜냐하면 윤리적 행위에서 "궁극적 악안"의 이미지가 a fortiori의 역할을 하기 때문이다. 그것은 파울러의 정치적 선택을 정확한 이유에서가 아니라 "더 강한 이유에서" 올바른 선택으로 이해하게 유도한다. 그래서 본연의 정치적 선택이 당파적 선택이라는 사실을 흐려놓는다.

지젝은 파울러가 직면하고 있는 딜레마를 정확히 보고 있다. 그는 파울러가 처한 곤궁을 "윤리적인 것이 유혹인 그런 종류의 시련"이라고 본다.

> 주인공은 "잘못된 이유에서 올바른 행동을 하는" 끔찍한 가능성으로, 즉 미국인을 고발하는 것에서 이득을 얻고 그리하여 그의 어려운 정치윤리적 결정이 사적 동기에 근거하고 있었다는 의혹을 열어놓는 끔찍한 가능성으로 **교란당했어야** 했다. 바로 이러한 의미에서 주인공에게 "윤리적인 것은 유혹이다." 주된 딜레마는 정치적인 것(분명하게 편을 들고 미국인을 제거하는 것을 도와줄 용기를 낼 것인가?)이며, 사적 윤리의 층위는 정확히 하나의 유혹으로 이러한 딜레마에 작용한다 — 미덕의 유혹에 굴복하여 미국인을 배반하기를 거부할 것인가,

---

16) 영화의 좀더 자세한 줄거리는 지젝, 『신체 없는 기관』, 339-340쪽 참조.

아니면 사적 감정을 극복하고 **이득을 얻게 될 것이라는 사실에도 불구하고** 행위를 성취할 용기를 낼 것인가?17)

여기서 "이득을 얻게 될 것이라는 사실에도 불구하고"란 풍을 되찾게 된다는 것을 가리킨다. 지젝은 이런 물음을 걸어두었다. "그렇다면 우리는 어떻게 영화의 섬뜩한 이중적 '해피엔딩'을 읽을 것인가? 주인공이 정치적으로 올바른 일을 하며 또한 바로 이 제스쳐를 통해 사랑하는 여자를 되찾는다는 것을 말이다."18) 그는 공적인 것과 사적인 것을 구분하면서, 윤리적인 것의 유혹을 사적인 층위에서의 기만으로 본다. 그리고 올바른 일을 하는 것과 여자를 얻는 것이 상호 배타적이어야 하는 비극 개념을 부르주아적인 것으로서 가차 없이 내친다.19) 그러고는 여자를 되찾게 될 것이라는 사실에도 "불구하고" 행위를 성취하는 것이야 말로 사적인 감정을 극복하는 것이라고 말한다. 이로써 지젝은 행위의 성취를 통해 획득된 저 이득을 부수적인 것으로 취급한다. 하지만 내가 이 사례를 흥미롭게 생각하는 것은 바로 저 "섬뜩한 이중적 해피엔딩" 그 자체 때문이다. 왜 우리는 이 이중적 해피엔딩을 행위의 구조적 필연성으로 파악할 수는 없는 것일까? 사실 라캉주의 정신분석의 가장 근본적인 교훈 가운데 하나는 욕망을 쾌락의 편이 아니라 윤리의 편에 놓아야 한다는 것 아닐까?

나는 바디우적인 지젝의 주체론과 행위론이 어떤 매혹을 지닌다는 것을 알고 있다. 그것을 헤겔의 매혹과 구분하여 지젝의 매혹이라고 부르도록 하자. 나는 가라타니가 제안하는 "세계공화국으로"보다 지젝이 제안하는 "잃어버린 대의를 옹호하며"가 오늘날의 무관심에 대한

---

17) 같은 책, 342-43쪽.
18) 같은 책, 340쪽.
19) 같은 곳.

좀더 매혹적인 처방이라고 생각한다. 하지만 매혹은 결과적으로 더 큰 무기력을 조장하기도 한다. 지젝은 베케트를 원용해서 "실패한 이후에 우리는 계속해서 더 잘 실패할 수 있다"라고 말한다. 분명 실패를 했더라도 "더 나아진 실패"라는 것이 있기는 하다.

> "물론 그 실현은 용이하지 않지만 결코 절망적이지 않습니다. 적어도 그 루트만큼은 분명하기 때문입니다."
> "사건에 무관심한 비-존재보다는 사건에 충실한 재앙이 낫다."

이 두 언명을 비교해보자. 위의 것은 가라타니의 것이고 아래는 바디우-지젝의 것이다. 나는 칸트의 말을 이용해서, 가라타니의 것은 공허하고 지젝의 것은 맹목적이라고 말하고 싶다. 하지만 그들의 제안들이 붙잡지 못하는 어떤 다른 길이 있다. 나는 그것을 "연합의 길"이라고 명명하겠다.

공동체와 연합

가라타니는 연합을 공동체가 추상적인 만큼이나 추상적인 것으로 포착한다. 물론 언제나 그런다는 것은 아니다. 하지만 그가 종종 연합을 공동체와는 다른 어떤 원리로서 설정해놓는다는 것도 사실이다. 결과적으로 가라타니의 논의 속에서 "연합"은 미지의 영역으로 남아 있다.

연합과 공동체의 차이에 대한 최초의 감이라도 얻기 위해서 이렇게 말해보자. 월드컵에 출전한 국가대표팀과 올림픽에 출전한 김연아는 한국인들의 국민적 공동체의 결속과 정체감을 위해 봉사한다. 월드컵이나 올림픽은 국가대항전이며, 그곳에 출전하는 선수들은 하나의 민족국가를 대표한다. 하지만 또한 그들은 어떤 가족의 영광이기도 하고, 어떤 마을의 영광이기도 하고, 어떤 학교의 영광이기도 하다.

이런저런 크고 작은 공동체들의 자부심이 되는 것이다. 물론 그러는 동안 계산기를 두드리고 있는 것은 그들을 후원했던 기업들이겠지만 말이다. 김연아의 활약이 삼성의 영광과 자부심이 될 수는 없겠지만, 그래도 삼성은 실질적인 것을 챙길 수 있다. 그렇다면 이제 축구와 스케이팅의 차이 그 자체는 무엇일까? 그 둘의 차이는 작지 않다. 그래서 축구 선수가 축구를 그만두고 스케이팅을 하는 것은 그렇게 간단한 일이 아니다. 나는 이 차이를 이를테면 연합적 차이라고 부르겠다. 다시 말해서 축구계와 빙상계는 서로 다른 연합을 구성한다. 연합적 차이란 이를테면 전문직업적 차이 같은 것이다. 하지만 연합과 직업이 일치하는 것은 아니다. 직업에 따라서 오히려 공동체성이 강한 곳도 있다. 우리가 "검사집단"이라고 부르는 곳에 강한 공동체적 연대감이 있다는 것은 잘 알려진 사실이다.

얼마 전 나는 인디포럼에 초청을 받았다. 그곳에서 열린 2010 포럼에 토론자로 참석해달라는 초청을 받았다. 나는 그것을 연합적인 방식으로 받아들였다. 다시 말해서 인문학계에 속한 나로서는 잘 알지 못하는 세계인 영화계로부터 초청을 받았다고 생각했다. 나는 낯선 곳에 간다는 생각으로 그곳엘 갔다. 하지만 그곳은 연합성이 그다지 강해보이지 않았다. 정권이 바뀌고 나서 실로 독립영화계가 어떤 어려움에 처해 있는지는 잘 알려져 있다. 그래서 인디포럼은 진정한 독립을 포럼의 주제로 내걸었다. 그런데 포럼의 취지문에는 "독립적으로 살아남는 공동체"라는 문구가 있었다. 그래서 나는 그곳의 사람들이 스스로가 속한 그곳을 연합적 관점이 아니라 공동체적 관점에서 바라본다는 것을 알았다. 나는 그래서 나의 발제문[20]에 이렇게 쓰지 않을 수 없었다: "공동체라는 것은 가족이라든가 교회라든가 민족 같은 것을 지칭하

---

20) 이 책의 4장.

는 용어입니다. 알다시피 그곳에 있는 사람들은, 공동체의 구성원들은 전문직업적인 연합 속에서의 평등한 관계를 갖지 않습니다. 오히려 상상적인 동류의식을, 가족애나 동포애를, 우애의 감정을 갖지요. 하지만 인문학의 세계, 음악의 세계, 그리고 영화의 세계가 가령 가족이나 민족 같은 것일까요? 현실적으로 그럴 수도 있겠지만, 본질적으로는 그럴 수 없다고 생각합니다."

연합적 관점에서 공동체의 본성을 가장 잘 파악하고 있었던 사람 가운데 한 명은 바로 칸트이다. 이를 확인하려면 그의 「계몽이란 무엇인가에 대한 답변」을 읽어보면 된다. 실로 놀라운 통찰들로 가득한 매우 짧은 글이다. 가령 가라타니의 식별력은 칸트가 공과 사의 의미를 완전히 바꾸었다는 사실을 알아보고 그곳에서 중요한 전회를 발견한다.

> 일반적으로 공적이라는 것은 사적인 것에 비해 공동체 또는 국가 차원의 일을 말할 때 쓴다. 그런데 칸트는 공동체 또는 국가 차원의 것을 사적이라고 간주하고 있다. 중요한 "칸트적 전회"가 여기에 있다. 이 전회는 단지 공공적인 것의 우위를 말한 것에 있는 것이 아니라 공공적인 것의 의미를 바꿔버린 데 있다. 공공적이라는 것(세계 공민적이라는 것)은 공동체 안에서는 오히려 그저 개인적인 것으로밖에 보이지 않는다. 그리고 거기서 개인적인 것은 사적인 것으로 간주된다. 왜냐하면 그것은 공공적 합의에 반하기 때문이다. 그러나 칸트의 생각으로는 그렇게 개인적인 것이 공공적인 것이다.[21]

이와 관련해서 칸트가 드는 사례는 오늘날의 상황에서 특히 적실하

---

21) 가라타니 고진, 『트랜스크리틱』, 송태욱 옮김, 2005, 한길사, 170-71쪽.

다. 칸트는 "내가 말하는 이성의 공적인 사용이란 어떤 사람이 한 사람의 지식인으로서 독자 대중 앞에서 이성을 사용하는 경우이다"라고 말한다.22) 우리는 오늘날 지식인들이 자신의 논문이나 타인의 논문에 대해 취하는 태도를 이와 같은 칸트의 언급을 배경으로 해서 평가해야 한다. 가라타니의 지적처럼 오늘날 지식인들은 논문을 "그저 개인적인 것"으로 본다. 가령 도무지 어찌해볼 수 없다고 생각하는 인용 방식 가운데 하나는 자신의 논문이나 번역서를 "졸고"나 "졸역"이라고 부르는 방식이다. 이와 같은 겸양의 미덕 뒤에서 종종 공동체의 치부를 드러낼 수 없다는 어떤 의지가 읽혀지기도 한다. 칸트라면 그와 같은 겸양을 미성숙의 표지라고 생각했을 것이다.

미성숙이라는 표현이 나왔으니 한 가지 짚고 넘어가고 싶은 것이 있다. 아리스토텔레스도 잘 알고 있었지만 단순히 나이를 먹는다는 것이 성숙을 보장해주지는 않는다. 계몽 논문을 읽어보면 되겠지만, 칸트도 이점을 명확히 알고 있다. "대부분의 사람들이 외부의 지도에서 해방된 뒤에도 일생 동안 미성년 상태에 머무르는 이유는, 그리고 다른 사람들이 손쉽게 후견인으로 들어앉는 이유는 게으름과 비겁함 때문이다."23) 칸트는, 이유야 어찌되었건, 대부분의 사람들이 일생 동안 미성년의 상태에 머문다고 말하고 있다. 오늘날 방황하는 노인들을 보면 그 이유가 전쟁일 수도 있겠다는 생각이 든다. 얼마 전 <포화 속으로>라는 영화가 개봉되었다. 학도병의 이야기를 다루는 영화다. 그들은 전쟁을 통해 "학생"에서 "군인"으로 거듭난다. 말하자면 일종의 남성용 성장 영화인 셈이다. 하지만 과연 그럴까? 칸트적 전회에는 성장에 대한 통념적 의미의 전복도 포함된다. 오늘날 우리는 공원에서나 길거리에서 뭔지 모를 분노를 머금고 있는 노인들을, 특히 남자

----
22) 임마누엘 칸트, 『칸트의 역사철학』, 이한구 편역, 서광사, 2009, 16쪽.
23) 같은 책, 13쪽.

노인들을 자주 목격하게 된다. 그들 가운데는 군복을 즐겨 입는 사람도 있다. 이렇게 질문해보자. 전쟁을 통해 그들이 잃어버린 기회는 무엇일까? 철모르던 청년이 전쟁이나 군대를 겪고 나서 어른이 되었다는 전설이 있다. 간혹 공동체의 여자들도 싫어하지 않는 전설이다. 하지만 그들이 전쟁을 통해 잃어버린 기회가 다름 아닌 성장의 기회일지도 모른다. 전쟁 이후에 그들은 영원히 미성숙한 상태로 남게 될 운명이 되어버린 것이다. 그들은 고집불통이나 공격성을 포함해서 미성숙의 모든 표지들을 보여주며, 지혜로운 노인에게서 기대될 법한 그 어떤 미덕도 알지 못한다. 전쟁은 잔혹해서도 일어나지 말아야 하지만, 문명적 관점에서 볼 때 이렇듯 계몽에 대한 가장 큰 장애물이기 때문에라도 일어나지 말아야 한다. 계몽의 철학자 칸트가 영구평화의 문제에 골몰한 것은 어쩌면 이런 이유 때문이었을지도 모른다.

칸트는 자신이 살고 있는 시대를 "계몽된 시대"로 보지 않는다. 칸트에게 계몽된 시대란 영구평화가 실현되는 "세계공화국"의 시대를 가리킨다. 칸트는 오히려 자신의 시대를 "계몽의 시대", 즉 "프리드리히 왕의 세기"라고 불렀다.[24]

이는 대담한 제스처다. 결국 이것은 계몽된 시대에 군주는 더이상 필요가 없을 수도 있음을 내포한다. 실로 칸트는 계몽된 시대에 군주의 존재가 어떤 필요성을 갖는지에 대해서 적극적인 이야기를 전혀 하지 않는다. 계몽군주는 스스로 계몽된 군주이며, 민중의 계몽을 위한 후견인이다. 그는 민중들이 자신들의 이성을 공적으로 사용하는 것에 대한 후견인 역할을 맡는다. 반면에 칸트는 이러한 계몽의 과정에서 "시민적 자유의 정도를 한층 적게" 해야 한다고 주장한다.[25] 그렇기에 그는 "이러한 일의 진행 속에서는 거의 모든 것이 역설적이다"라고 말한

---

24) 같은 책, 20쪽.
25) 같은 책, 22쪽.

다.26) 이와 같은 칸트의 관점에는 전복적인 측면이 있는데, 왜냐하면 이러한 관점 속에서 **공동체 그 자체가 근본적으로 재정의/재정위되고 있기 때문이다.** 공동체 그 자체는 주체의 계몽과 성장이 이루어지는 하나의 거대한 양육의 장소로서, 어떻게 보면 하나의 거대한 "가족"으로서 사고된다. 어쩌면 장차 주체가 세계공화국이라는 욕망의 현장에서 성숙한 삶을 영위할 수 있기 위해서 준비를 하는 곳으로 그려지고 있다고도 말할 수 있을 것이다. 역으로 말해보자면, **공동체 속에서의 삶은 언제나 완전한 성숙에 아직은 이르지 못한 삶이며, 시민적 자유가 제약되어야 하는 삶이다.**

앞에서 인용했던 가라타니의 언급을 곱씹어보자. "일반적으로 공적이라는 것은 사적인 것에 비해 공동체 또는 국가 차원의 일을 말할 때 쓴다. 그런데 칸트는 공동체 또는 국가 차원의 것을 사적이라고 간주하고 있다. 중요한 '칸트적 전회'가 여기에 있다." 여기서 가라타니는 공과 사의 의미에서의 역전이 있다는 것을 지적한다. 칸트는 공동체나 국가 차원의 일을 사적인 것으로 본다는 것이다. 그렇다고 할 때 우리는 이러한 전회를 반대 방향으로도 읽어볼 수 있을 것이다. 다시 말해서 공동체나 국가 차원의 일이 사적인 것이라면, 이미 우리는 공동체나 국가 그 자체를 전혀 다르게 보고 있는 것이다. 칸트는 사실상 공동체의 의미와 관련해서 중요한 전회를 가져왔다.

이제 시선을 저 세계시민사회 혹은 세계공화국으로 돌려보자. 그곳은 성숙한 주체들이 살아가는 본연의 욕망의 현장이 될 수 있을까? 헤겔은 이에 대해 회의적이다. 사실 헤겔은 영구평화라는 개념 자체에 대해서 비판적이다. 더 나아가 그는 전쟁에 "인륜적인 요소"가 있다는 악명 높은 주장을 한다.27) 가령 그는 "오래도록 바람이 불지 않으면

---
26) 같은 곳.
27) G.W.F. 헤겔, 『법철학』, 임석진 옮김, 한길사, 2008, 563쪽. 전쟁과 영구평화에 대한

바다가 부패하듯이 지속적인 평화나 심지어 영구적인 평화는 국민을 부패시킨다"라고 말하며, 전쟁은 "민족의 인륜적인 건강을 유지시켜준다"라고 말한다.28)

헤겔은 영구평화에서 죽음을 본다.

> 평화시일수록 시민생활은 더욱 신장되면서 모든 영역에서 저마다 둥지를 틀고 들어앉게 되는데, 장기적으로는 이것이 인간을 침체의 늪에 빠져들게 함으로써 그의 분파 근성을 더욱 완고하고 경직되게 만든다. 말하자면 건강에는 신체 전체의 통일성이 필요한데, 이때 만약 모든 부분이 제각기 자기 안에서 굳어버리면 죽음이 도래하는 것이다.29)

이 말은 일리가 있다. 더구나 칸트의 『영구평화론』을 읽어보면 놀랍게도 이와 같은 헤겔의 언급을 지지해주는 구절이 있다. 바로 그 서언에 말이다. 칸트는 서언을 "묘지가 그려진 네덜란드의 어느 여관집 간판에 새겨져 있는 이 풍자적인 표제"에 대한 언급에서 시작한다.30) 저 표제란 물론 "영원한 평화를 위하여"이다. 옮긴이는 다음과 같은 주를 달아놓았다. "영원한 평화를 위하여(Zum ewigen Frieden)라는 말은 당시 묘지의 비명으로 보통 사용되었고, 따라서 영원한 평화는 사후에 얻어지는 것으로 생각되었다. 이 말이 풍자적인 의미를 갖게 된 것은 '영원한 평화의 여관'(Gasthof zum ewigen Frieden)이라는 이름이 묘지가 그려진 간판에 새겨진 데 있다."31)

헤겔의 입장에 대해서는 나종석, 「국민국가의 다수성, 전쟁 그리고 영구평화의 문제」, 『차이와 연대』, 도서출판 길, 2007 참조.
28) 같은 책, 564-65쪽.
29) 같은 책, 566쪽.
30) 임마누엘 칸트, 『영구 평화론』, 이한구 옮김, 서광사, 2008, 13쪽.

예를 들어 이와 같은 칸트와 헤겔의 대립을 전쟁 반대냐 전쟁 옹호냐라는 관점에서 바라보게 되면 모든 것은 무익한 논쟁으로 끝나버릴 것이다. 그렇기 때문에 나는 이 문제를 정신분석적으로 전유하려고 하는 것이다. 사실 저 "침체의 늪"이라든가 "인륜적 건강" 같은 표현들은, 그리고 저 바람에 대한 비유는 욕망과 우울증을 다루려는 사람이 곧바로 전유할 수 있는 것들이다.

나에게는 이제 두 가지 문제가 주어져 있다. 하나는 성장의 문제이며, 다른 하나는 욕망의 문제이다. 전쟁은 이 두 문제에서 이율배반을 구성한다. 한편으로 전쟁은 성장을 멈추게 한다. 다른 한편으로 전쟁이 없다면 건전한 욕망, 윤리적 욕망은 유지될 수 없다. 전쟁에 걸려 있는 이 중차대한 문제들을 정신분석적으로 전유함으로써 나는 다음과 같은 전망을 제안하려고 한다. 즉 칸트는 공동체에 걸려 있는 핵심적인 문제가 성장의 문제임을 보고 있다. 다른 한편 세계공화국을 연합과 등치시키는 가라타니를 따라서 나는 연합에 걸려 있는 문제를 욕망의 문제라고 보겠다. 더 나아가 나는 충분한 설명 없이 공동체에 걸려 있는 것이 또한 자유이며, 연합에 걸려 있는 것이 또한 평등이라고 말해두겠다. 공동체에서 성장하여 연합으로 진입하는 주체는 자유에 대한 완전한 감각을 획득한 상태로 진입하게 될 것이다. 그리고 이를 통해 지탱될 평등의 단적인 실현은 전쟁을 경쟁으로 번역해낼 것이다. 우리는 연합 속에서 욕망의 문제를 해결해야 한다. 내가 간단하게 제시한 이 모든 것들은 상세한 해명과 탐구를 요구한다. 나는 오늘 그 일을 할 수 없다. 다만 당장 할 수 있는 몇 가지만을 하려고 한다.

칸트는 공동체와 계몽의 과정에 걸려 있는 것이 자유라는 것을 설명하면서 계몽 논문을 마무리한다.

---
31) 같은 곳.

시민적 자유의 정도를 한층 크게 하는 것은 국민의 **정신**의 자유에 유리한 것처럼 보이지만, 실은 정신의 자유에 넘을 수 없는 한계를 설정하는 것이다. 이에 반해, 시민적 자유의 정도를 한층 적게 하는 것은 국민 각자가 자신의 능력을 충분히 발휘할 수 있는 여지를 부여하는 것이다. 그때 이런 딱딱한 껍질 밑으로부터 자연이 가장 조심스럽게 보호하는 싹을, 곧 **자유사상**에의 경향과 소명을 계발하게 되면, 이것은 점차 국민의 성격에 반작용하게 되고(이에 의해 국민은 점점 **행동의 자유**를 발휘하게 된다), 마침내는 이 반작용이 통치의 원리에까지 미치게 되어 정부는 이제야 기계 이상인 인간을 그의 품위에 어울리게 대접하는 것이 유리하다고 생각하기에 이른다.[32]

칸트의 이야기가 충분히 만족스러운 것은 아니지만, 여하튼 성장을 자유의 관점에서 바라본다는 점에서 획기적인 측면이 있다. 사실 우리는 교육을 평등의 관점에서 바라보는 습성을 갖고 있다. 나는 자유에 대한 확고한 감각을 우선적으로 획득하지 않고서는 장차 평등을 지탱할 수 없다고 생각한다. 양육과 교육은 자유의 감각을 기르는 과정으로 이해되어야 한다.

현실

세미나 17을 끝맺으면서 라캉은 그의 세미나에 그토록 많은 청중들이 있는 것은, "내가 마침 여러분을 수치스럽게 만들기 때문"이라고 말한다.[33] 이를 통해서 라캉은 윤리를 "여기 이곳"의 주체들에게 돌려

------

32) 같은 책, 22쪽.
33) Lacan, *The Other Side of Psychoanalysis*, trans. R. Grigg, New York and London: Norton, 2007, p. 193.

준다. 이와 유사한 제스처로 지젝은 이렇게 말한다. "여기 이곳에서의 그/녀의 활동은 이 어떤 다른 곳을 통해 결코 '속죄되지' 않는다."34) 나는 이 언명을 지젝이 향하는 방향이 아닌 어떤 다른 방향으로, 이미 제시한 연합의 길의 방향으로 이끌고 가려고 한다. 하지만 그 전에 이 언명이 어떤 맥락에서 나온 것인지를 보도록 하자.

> 많은 서구의 대학인들은 자신들의 존재의 그 중핵에서 그들이 한낱 냉소적인 출세 지향적 개인들에 불과한 것이 아니라 타인들을 소박하고도 진지하게 도와주려 하는 인간 존재라는 것을 입증해주는 증거로서 어떤 인간주의적 의례(가난한 아이들의 교육을 도와주는 것, 등등)에 달라붙는다. 그렇지만, 다시금 이러한 인간주의적 활동이 물신[fet-ish]이며, 권력 투쟁과 야망을 추구하면서도 자신들이 실제로는 "저렇지" 않다는, 그들의 심장은 "어떤 다른 곳"에 있다는 맑은 양심을 유지할 수 있게 해주는 거짓 거리두기라면 어쩌할 것인가? 다시 말해서, 냉소적인 서구의 대학인이 자신의 인간주의적 활동을 어떤 다른 곳에서 일어나는 일이라고 할 때, 단지 우리는 이 "어떤 다른 곳"이 여기 이곳에서 일어나는 일과 관련하여 아무런 의미도 없다고 응수해주기만 하면 된다.35)

이렇게 이야기한 직후에 지젝은 "여기 이곳에서의 그/녀의 활동은 이 어떤 다른 곳을 통해 결코 '속죄되지' 않는다"라고 말한다. 여기 "여기 이곳"과 "어떤 다른 곳"의 흥미로운 연관 혹은 비연관이 있다. 여기 이곳에서의 주체의 활동은 어떤 다른 곳을 통해 결코 속죄되지 않는다. 그렇다면 대학인들에게 여기 이곳이란 어디일까? 그것은 물론

------

34) 같은 글, 336쪽.
35) 같은 글, 335-36쪽.

대학이다.

"여기 이곳"을 나는 또한 "현실"이라고 부르겠다. 현실이 있다면, 현실로부터의 피난처 또한 있다. 즉 현실의 피안이라는 것도 있다. 오늘날 욕망은 이 현실로부터 사라지고 있다. 이를테면 현실에서 욕망의 누수가 일어나고 있다. 가라타니나 지젝은 그것을 "무관심"(apathy, indifference)이라고 부른다.

하지만 정말로 그런가? 가령 얼마 전 열린 월드컵을 생각해볼 때, 과연 그럴까? 현실에서 욕망이 누수되고 있다면, 길거리의 저 열정들은 도대체 무엇이란 말인가? 물론 누수가 발생하면, 바닥은 온통 물바다가 된다. 저 열정들은 바로 그와 같은 물바다에 불과하다. 그것은 현실에서 욕망이 기능하고 있지 않다는 바로 그 거대한 증거일 뿐이다. 그것이 거대하면 할수록 오히려 욕망의 누수가 크다는 것을 알 수 있다.

대학인들에게 "여기 이곳"은, 즉 대학인들의 현실은 대학이다. 나는 대학인들이 대학에서의 욕망의 누수에 대해서 잘 알고 있다고 생각한다. 오늘날 대학 내부에 대학 본연의 욕망이 남아 있을까? "대학 본연의 욕망"을 무엇으로 규정하건 말이다. 그런데 이러한 질문은 그 어떤 다른 현실들에 대해서도 동일하게 던져볼 수 있는 것이다.

나 자신은 오랫동안 번역을 해왔다. 따라서 나에게는 번역의 현실이라는 것이 있다. 이제 나는 현실이라는 개념을 좀더 세공하기 위해서 번역의 현실을 사례로 활용하려고 한다. 나는 그동안 슬라보예 지젝과 슬로베니아 학파의 책들을 번역해왔다. 최근에 나는 지젝과 돌라르의 오페라 책을 번역했다.

알다시피 이들은 헤겔을 많이 참조한다. 그런데 헤겔은 『정신현상학』에서 디드로의 『라모의 조카』의 한 구절을 가지고 온다. 돌라르는 저 오페라 책에서 바로 그 구절을 참조한다. 다시 말해서 디드로를 인용하지만, 헤겔이 디드로를 인용하는 곳에서 인용한다. 그런데 이 책은 영어로 집필되었고, 그래서 그는 당연히 영어판 헤겔을 인용한다.

"Then 'one fine morning it gives its comrade a shove with the elbow, and bang! crash! the idol lies on the floor,'" as Hegel (1977: 332) quotes Diderot's *Nephew of Rameau*.[36]

"Hegel (1977: 322)"는 물론 밀러가 번역해서 옥스포드에서 출간된 헤겔의 『정신현상학』 영어판과 그 쪽수를 가리킨다. 알다시피 한국에는 임석진 번역의 『정신현상학』이 있다. 그곳에 저 디드로 인용문이 다음과 같이 있다.

"어느 해맑은 아침결에 동료에게 느닷없이 팔꿈치로 일격을 가하자 쿠당탕탕 하는 소리와 함께 우상은 땅바닥에 나뒹굴었다."(디드로, 『라모의 조카』, 282쪽 이하)[37]

나는 "디드로, 『라모의 조카』, 282쪽 이하"가 정확히 어디를 가리키는지를 조사하지는 못했다. 조사를 포기해야 할 만큼 불친절하다. 그런데 여하튼 나는 평소라면 바로 이 한국어판 『정신현상학』을 번역에서 이용했을 테지만, 이 경우는 그렇게 하지 않았다. 그렇다고 해서 돌라르가 인용하는 저 영어판에서 직접 번역하지도 않았다. 저렇게도 이렇게도 하지 않은 것은 『라모의 조카』 자체가 한국어로 번역되어 있었기 때문이다. 그 번역서에 저 구절은 이렇게 번역되어 있다.

---

36) Mladen Dolar and Slavoj Žižek, *Opera's Second Death*, New York: Routledge, 2002, p. 8.
37) 헤겔, 『정신현상학 2』, 임석진 옮김, 한길사, 2005, 119쪽.

어느 날 그는 자기 동료를 팔꿈치로 밀어뜨리고, 쿵더덩, 우상이 넘어집니다.38)

나는 번역서에서 바로 이 번역을 사용했고, 출처를 밝혔다. 나는 황현산 선생의 『라모의 조카』 쪽수를, 그리고 덧붙여서 임석진 선생의 『정신현상학 2』 쪽수를 밝혀놓았다.39)

어렵지 않게 확인될 수 있겠지만, 저 두 한국어 번역 사이에는 한 가지 중요한 차이가 있다. 그것은 바로 "어느 해맑은 아침결에"와 "어느 날"의 차이다. 사실 이 차이 때문에 처음에 망설였다. 왜냐하면 헤겔은 디드로를 인용한 직후에 "그 해맑은 아침은 가고 오후가 됐지만 전염병은 벌써 정신적 생명을 지탱하는 모든 기관에 삼투되어버린 이상 피를 흘리지도 않는다"라고 쓰고 있기 때문이다.40) 여하간 나는 망설이기는 했지만, 우선은 디드로의 책이 한국어로 번역되어 있다는 사실에서, 지키고 싶은 작은 지적인 자긍심을 내 안에서 발견했고, 그래서 독자들이 내가 번역한 책을 읽고서 자극을 받아 『라모의 조카』를 읽게 될 때, 그곳에서 정확히 똑같은 문장을 발견하게 되기를 원하게 되었던 것이다.

우리는 이런 저런 방식으로 현실을 정의할 수 있다. 오늘 여기서 나는 현실이라는 것을, 반-버클리식으로, 눈을 감아도 사라지지 않는 것으로 정의해보겠다. 눈을 감아도 사라지지 않는 것은 바로 『정신현상학』과 『라모의 조카』가 한국어로 번역되어 있다는 사실이다. 나는 바로 이와 같은 현실 위에서 혹은 그 현실 안에서 번역 작업을 수행하지

------

38) 드니 디드로, 『라모의 조카』, 황현산 옮김, 고려대 출판부, 2006, 143쪽.
39) 믈라덴 돌라르·슬라보예 지젝, 『오페라의 두 번째 죽음』, 이성민 옮김, 민음사, 2010, 26쪽. 주12.
40) 헤겔, 『정신현상학 2』, 119쪽.

않을 수 없었다. 나에게 번역의 현실은 바로 그러한 것이다. 번역자는 우리가 통상 "현실"이라고 부르는 현실 — 즉 번역자의 위상을 궁핍하게 만드는 것으로 가정되는 바로 그 유명한 현실 — 속에서도 작업하는 것이겠지만, 또한 "번역의 현실" 속에서도 작업하는 것이다. 이 "번역의 현실"을 번역자가 무시할 때 번역자는 번역자의 위상을 스스로 재정립할 수 있는 기회를 내버리게 된다.

이제 나는 독자들에게 "여기 이곳"과 "어떤 다른 곳"을 이해하는 한 가지 방식을 제공했다. 번역자에게 "여기 이곳"은 번역의 현실을 가리킨다. 그리고 그런 한에서 "어떤 다른 곳"은 우리가 통상 "현실"이라고 부르는 곳을 가리킨다. 이 후자의 현실을 우리는 종종 "공동체"라고 부른다. 그곳은 윤리적인 것이 유혹이 되는 바로 그 상상적 결속의 공간이다.

이제 좀더 나아가보자. 눈을 감아도 사라지지 않는 것이 현실일 때, 또 하나의 "번역의 현실"이라는 것이 있다. 그것은 바로 많은 수의 번역 주체들이 저 번역의 현실을 실로 무시하면서 작업하고 있다는 없어지지 않는 사실이다. 이것이 또한 오늘날 우리가 직면해야 할 번역의 현실이다. 내가 우선은 번역을 통해 연루되어 있는 슬라보예 지젝의 저술들은 다양한 번역자들에 의해 번역되고 있는데, 그 번역들에서도 우리는 그러한 사례들을 수없이 발견할 수 있다.

이 문제를 다루기 전에 우선 나는 올 봄에 출간된 한 권의 책을 소개하려고 한다. 그 책은 번역서가 아니라 저서이지만, 내가 오늘 다루는 문제와 관련하여 훌륭한 참조점이 된다. 그 책은 바로 맹정현의 『리비돌로지』이다. 이 책을 읽으면서 나는 맹정현 선생이 프랑스에서 작업을 하면서도, 한국에서 출간된 저술들에 대한 감각을 놓지 않고 있다는 인상을 받았다. 그가 사용하는 개념 용어들은 전혀 자의적이지 않았고 균형이 잘 잡혀 있다. 그리고 그는 꼭 필요할 때만 스스로 발명의 방식으로 개입한다. 예를 들어 그는 "champ scopique"를 "시각적 장"이라고 번역하지 않고 "시관적 장"이라고 번역한다.41) 이러한 발명은 분명 막힌 곳을 뚫고 그리하여 더 많은 것이 흐를 수 있도록 해주는 돌파이다. 덧붙이자면 그는 한국어 번역서가 있는 경우 한국어 번역서를 반드시 참조한다. 예를 들어 이른바 프로이트 전집이라는 것이 한국어로 번역되어 있고 그 전집의 질에 대한 이유가 없지 않은 불만이 있지만, 그럼에도 불구하고 그는 그 전집을 죽이지 않는다. 이렇듯 죽이지 않는 것이 왜 중요할까? 그것은 번역의 현실이라는 것이 있기 때문이다. 장점과 결함 모두를 가지고 있는 번역의 현실이 있는 것이다.

다시 말하지만, 슬라보예 지젝의 한국어 번역들 다수는 ― 번역의 질과 상관없이 ― 이 번역의 현실을 고려하고 있지 않다. 하지만 이는 번역의 현실에서 좀더 일반적이고 만연된 관행이라고 보아야 한다. 너무나도 많은 사례들이 있기 때문에 어느 한 가지 사례를 특별히 들어야 할 필요성을 못 느끼게 하는 관행이다. 물론 이러한 관행을 따르지 않기로 결심할 때, 작업은 전보다 힘들어진다. 왜냐하면 이제 역자는 적어도 두 개의 판본을 비교해야 하기 때문이다. 하지만 우리가 정확한 관점에 있을 때, 이와 같은 방식으로 문제를 서술하는 것은 오도적이다. 다시 말해서, 일이 이제부터 더 힘들어지는 것이 아니라, 이전에 우리가 부당하게도 더 손쉽게 작업했던 것이다.

종종 우리는 번역가의 작업이 정당한 대우를 받지 못한다는 불평을 듣는다. 하지만 우리는 그렇기 때문에 번역에 뛰어드는 것이 아니라, 그럼에도 불구하고 뛰어드는 것이다. 그리고 그렇게 뛰어들 때 우리는 동시에 번역의 현실 속으로 뛰어드는 것이다. 이점이 망각되어서는 안 된다. 이는 번역의 현실에만 적용되지 않는다. 그것은 또한 좀더

---

41) 맹정현, 『리비돌로지』, 문학과지성사, 2009, 158쪽.

외연을 넓힐 때 인문학의 현실에도 적용된다. 우리는 인문학이 정당한 대우를 받지 못한다는 불평을 듣지만, 그럼에도 불구하고 그곳에 뛰어든다.

이 더 넓은 인문학의 장에서 한 가지를 더 지적하려고 한다. 번역가의 작업이 정당한 대우를 받지 못하고 있다는 불평을 통상적인 현실이 아니라 인문학의 현실 그 자체 안에 각인시키기 위해서 말이다. 다시 한 번 개인적인 사례를 들어보겠다.

나는 얼마 전 지젝을 다루는 논문 하나를 읽어보게 되었다. 물론 그곳에서 논문의 저자는 지젝의 책들을 다수 인용한다. 그 인용들 가운데는 예를 들어 내가 번역한 『까다로운 주체』의 인용도 있었다. 나는 깊은 절망감에 사로잡혔다. 그것은 단지 참고문헌의 목록에 이 책의 번역본이 전혀 명기되어 있지 않기 때문만은 아니었다. 내가 절망감에 빠진 것은 인용자가 *스스로* 번역하지 않고 내 번역을 그대로 인용하고 있었기 때문이다. 나의 번역은 인용되고 있었지만, 인용되고 있지 않았다. 물론 많은 이들이 지젝의 번역서들을 읽는다. 하지만 나는 학문적인 성취가 있는 곳에서 나의 번역이 공식적으로 참조되기를 바랐기 때문에 절망한 것이다.

이렇게 말해보자면, 저 "정당한 대우"라는 것은 외부로부터가 아니라 내부로부터 이루어져야 한다. 그런데 나는 사실 이것이 가장 시급한 문제 가운데 하나라고 생각하는 편이다. 우리 스스로가 구성하고 견실하게 만들어야 할 현실을 우리 스스로가 배반하고 있는 바로 이 문제 말이다. 이와 관련해서 나는 한 가지 고민을 하고 있는 문제가 있다. 그 문제는 나의 몇 년에 걸친 번역 경험이 어떤 시간의 변증법을 통해 제시한 문제와 관련이 있다.

나는 지금까지 내 번역서에서 저자가 한국어본이 있는 책을 참조할 때 다음과 같은 방식을 사용했다. 가령 『까다로운 주체』의 181쪽에 있는 각주32는 "Fredrich Nietzsche, On the Genealogy of Morals, New York: Vintage, 1989, p. 163. [국역본: 니체, 『선악의 저편·도덕의 계보』, 김정현 옮김, 책세상, 2002, 541쪽.]"이라고 되어 있다. 다시 말해서 나는 원서에 있는 그대로 저자가 인용하는 영어본을 먼저 표시하고, 그 다음에 한국어본을 쪽수와 함께 표시했다. 최근에 고민은 저 영어본 표시를 없애도 좋지 않겠냐는 생각에서 오는 것이다. 이는 물론 영어본과 더불어서 한국어본의 쪽수를 찾아서 표시하는 것에서 한 발 더 나아가는 것이다. 또한 한 발 더 나아가면서 작은 폭력을 행사하는 것이다. 다시 말해서 독자는 한국어본의 쪽수를 확인할 수 있으나, 이제 영어본의 쪽수를 확인할 수 없게 된다. 하지만 나는 이 방향이 궁극적으로 우리가 나아가야 할 방향이라고 생각하고 있다. 결국 연구자들은 원서를 확인할 수 있을 것이고, 또한 결국 일반적인 독자들은 한국어로 된 책만을 참조할 수 있을 테니까 말이다. 물론 나는 번역서라고 부를 수 없는 책들이 있다는 것을 알고 있다. 또한 어느 정도의 수준에서 번역을 했으나, 일방적인 신뢰를 줄 수 없는 번역서들이 있다는 것도 알고 있다. 따라서 역자나 인용자에게는 감식력이 있어야 한다.

그런데 이와 같은 고민은 번역의 현실에 대한 좀더 근본적인 고민에서 오는 것이기도 하다. 다시 말해서 나는 아직 마지막 번역의 현실, 세 번째 번역의 현실이 있다는 것을 말하지 않았다. 눈을 감아도 사라지지 않는 것이 현실일 때, 이제 나는 또 다른 번역의 현실이 있다는 것을 지적하려고 한다. 이 현실은 우리에게 가장 큰 윤리적 의무감을 부과한다. 이 마지막 번역의 현실을 도입하기 위해서, 얼마 전 있었던 우연한 만남에서 시작하겠다. 나는 얼마 전 장충동 철학아카데미 10주년 행사에서 여러 학자들을 만날 수 있었는데, 그중 변광배 선생과 나눈 대화가 인상적이었다. 내가 느끼기에 선생은 이렇게 말해보자면 프랑스의 문학과 사상의 일부에 대한 책임감을, 그것을 한국에 소개,

도입해야 한다는 소명감을 갖고 있었다. 선생은 그것이 아직 이루어지지 않았다고 보았다. 그리고 그곳에서, 번역의 현실의 그 빈 구멍, 그 틈새에서 소임을, 평생 해야 할 일을 발견했다.

소임을 갖는 것, 그것은 자신이 속해 있는 장에 대한 진정한 지도가 있는 사람만이 할 수 있는 것이다. 그것은 현실의 어느 부분이 견고한 바위 위에서 지탱되고 있고 어느 부분이 구렁텅이거나 허허벌판인지를 알고 있는 사람만이 할 수 있는 것이다. 번역의 현실은 바로 지금을 기준으로 어떤 지형을 갖는다. 그리고 탁월한 번역가들이나 형편없는 번역가들의 노력에 의해 계속해서 그 지형은 변해가며, 더 완성되어 가거나 더 망쳐지거나 한다. 하지만 여하간 번역가들은 바로 그곳에서 자신의 할 일을 발견하려고 한다. 물론 그와 같은 지형에 대한 아무런 감각도 없이, 어떤 이름에 상상적으로 매혹되어서, 혹은 "나도 내 번역서 한 권을 갖게 되었다"는 것이 너무나도 좋아서 번역일에 뛰어드는 사람도 있다. 하지만 진정한 번역가라면 지도를 가지고 있을 것이다. 나는 그 지도를 "욕망의 지도"라고 부르고 싶다. 소임을 갖는다는 것, 그것은 욕망을, 그것도 어떤 견고한 욕망을 갖는다는 것을 의미한다.

욕망이 소멸하고 있는 시대인 오늘날, 환상이 기능하고 있지 않은 시대인 오늘날, 한 마디로 우울의 시대인 오늘날, 이 욕망의 지도에 대해서 정신분석적으로 설명할 방법이 있다. 앞에서 잠시 언급했던 맹정현 선생의 글을 통해서 설명해보자. 독자들은 아마 "욕망은 타자의 욕망이다"라는 라캉의 말을 알고 있을 것이다. 이를 맹정현 선생은 이렇게 풀이한다.

> 인간적 세계는 세계에 대한 리비도적 채색과 더불어 탄생한다. 세계가 리비도라는 인간의 기관에 의해 해석되며 리비도적 의미를 띠게 된다는 것인데, 이러한 해석의 결과는 세계 자체가 인간의 리비도적

대상이 될 뿐 아니라 더 나아가 그 세계 또한 인간을 욕망하게 된다는 것이다. 이는 무엇보다 인간은 세계가 자신을 욕망하고 있다고 느끼지 않고선 그 세계를 욕망할 수 없다는 데서 비롯된 결과다. 인간은 세계의 대상이 되는 한에서만 주체가 될 수 있다.42)

그런데 어쩌면 오늘날은 바로 저 "세계에 대한 리비도적 채색"이 소멸하고 있는 때일지도 모른다. 요컨대 무의식적 환상이 잘 기능하지 않는 것이다. 이렇게 말해보자면, 자연은 점점 더 문명화되고 있지만, 그와 동시에 문명은 점점 더 자연화되고 있다. 그런데 우리는 오로지 문명 속에서만 욕망을 발견할 수 있다. 사실 바로 그것이 최초의 인류의 선택이었다.

  이 우울한 시대에, 나는 한 가지 내기를 걸 수 있다. 사실 이제는 비밀도 아닌 비밀을 말해보자면, 오늘날 자신이 속한 직업적 장에서 욕망을 유지할 수 있는 사람은 많지 않다. 그 직업이 예전부터 선망되어 온 직업이라고 말이다. 가령 나는 오늘날 대학의 교수라는 직업이 욕망을 불러일으키거나 욕망을 지탱해준다고 생각하지 않는다. 사실 많은 사람들은 직업을 불문하고 연예인들에게, 혹은 그에 준하는 이들에게, 이른바 "스타"라고 불리며 스스로를 "공인"이라고도 부르는 이들에게 마음이 가 있다. 그게 아니라면 사람들의 마음은 틀림없이 정치에 가 있을 것이다. 그런데 그들은, 우리의 마음을 가져간 그들은, 그렇게 가져간 것을 최근에 "사랑"이라고 부르고 있다. 그러고는 "여러분의 사랑"이 필요하다고, 더 많은 사랑이 필요하다고 말한다. "리비도적 채색"이 이처럼 과도하게 투여되어 있는 이곳을 무엇으로 불러야 할까? 저 직업 아닌 직업을 무엇으로 불러야 할까? 나는 이럴 때 "리비도

---

42) 맹정현, 『리비돌로지』, 112쪽.

불변의 법칙"이라는 것을 제시하고 싶기도 하다. 리비도의 총량이 불변이라면, 저곳에 리비도가 더 많이 투여되면 될수록 정작 우리의 현실은 점점 더 쪼그라들고 황량해질 것이라는 의미에서 말이다.

여하간 나는 곳곳에 있는 욕망의 전통적인 장들이 오늘날 잘 기능하지 않는다고 생각한다. 그리고 그랬을 때 나의 내기는 오늘날 우리가 "욕망의 지도"라는 것을 소유할 필요가 있다는 것이다. 정신분석을 공부하면서 또한 번역가인 사람은 어떤 욕망의 지도를 소유할 수 있을까? 혹은, 그럴 때 그에게 번역의 현실은 어떤 지형으로 그려질까? 답은 간단하다고 생각한다. 이 지형도에서 가장 큰 공백으로 남아 있는 곳은 바로 "프로이트"와 "라캉"이라는 이름이 새겨진 곳이다. 라캉의 세미나는 이제 막 한 권 번역되었다. 그리고 프로이트 전집은 새로운 욕망과 새로운 작업을 기다리고 있다. 다시 말해서 (학문적) 연합의 관점에서 볼 때 바로 이곳에서 가장 강렬하게 세계는, 타자는 주체를 욕망한다. 하지만 주체는 그 타자의 욕망을 아직 발견하지 못하고 있다. 타자의 욕망을 발견하려면 우선은 욕망의 지도를 가지고 있어야 한다. "네이버 지도"라는 표현이 주는 "지도"의 뉘앙스가 아니라 저 좋았던 옛날의 "보물 지도"라는 표현이 주었던 뉘앙스를 풍기는 지도 말이다.

이제 세 번째 번역의 현실에 대해서 이야기했다. 내가 첫 번째와 두 번째 번역의 현실을 이야기하고 있을 때, 가령 타인의 번역의 존재를 인정하고 영어본보다는 한국어본을 우선시하는 관례가 형성되어야 한다는 지적들이 의무로서의 윤리를 생각나게 할 수도 있었을 것이다. 하지만 다른 한편으로 세 번째 현실에 대해서 이야기하면서 나는 소임과 욕망이 사실은 같은 것일 수 있다는 것을 보여주었다. 그래서 나는 "의무", "윤리", "소임", "욕망" 등의 단어들을 동일한 계열에 속한 단어로 바라볼 수 있는 관점이 있을 수 있다고 생각한다.

이와 관련해서 알렌카 주판치치가 "상당히 소름끼치는 구절"이라고 하면서 소개한 칸트의 한 구절을 읽어보겠다. 칸트는 여기서 진정으로 윤리적인 것이 무엇인지를 이렇게 설명한다.

> 그것은 [그저] 사는 것과는 전혀 다른 어떤 것에 대한 존경의 작용결과로서, 이와 비교하고 대조할 때 [그저] 사는 것은 그의 모든 쾌적함과 함께 오히려 아무런 가치도 갖지 못한다. 그는 오로지 의무에[입각해]서 사는 것이지, 그가 삶에서 조금만큼의 흥취라도 발견하기 때문에 사는 것이 아니다. 순수 실천 이성의 진정한 동기는 이러한 성질을 갖는다.43)

그렇다면 칸트는 금욕주의적 윤리를 주장하는 것일까? 주판치치는 그렇지 않다고, "쾌락원칙이 윤리적 주체에게는 금지되어 있다는 것이 아니다"라고 말한다.

> 오히려, 쾌락원칙이 그러한 주체에게 그 매혹의 힘을 상실한다는 것이다. 그것은 이용가능하고 접근가능하다, 다만 더이상 매력적이지 않을 뿐이다. 게다가 우리는 겉보기에 우울한 이 관념에서 용기를 북돋는 무언가를 발견할 수도 있다. 즉 우리는, 윤리적인 것의 영역으로 들어가면 우리가 그렇게도 소중히 여기는 모든 쾌락들을 희생해야만 할 것이라는 두려움을 결코 가질 필요가 없는 것인데, 왜냐하면 그것은 상실이나 희생으로서 경험되지조차 않을 것이기 때문이다. "우리"는 이전과 동일한 사람이 아닐 것이다. "우리"는 아무것도 서운해 할 것이 없을 것이다.44)

― ― ― ― ― ―
43) 칸트, 『실천이성비판』, 백종현 옮김, 아카넷, 2002, 197쪽.
44) 알렌카 주판치치, 『실재의 윤리』, 이성민 옮김, 도서출판 b, 2004, 27쪽.

오늘날 우리는 바로 이와 같은 새로운 관점을 터득할 필요가 있다. 우리는 흔히 욕망을 쾌락의 편에 놓는다. 쾌락과 욕망을 느슨하게 동류의 것으로 보는 것이다. 즉 우리에게는 한편에 윤리, 의무, 소명 등을 놓고, 다른 한편에 쾌락, 욕망 등을 놓는 습성이 있다. 하지만 쾌락의 시대이기도 한 오늘날이 바로 증언하는 것은 쾌락과 우울(=욕망의 상실)이 같은 편에 있을 수 있다는 것이다. 정확히 이와 같은 사실을 배경으로 우리는 욕망을 윤리의 편에 놓을 수 있다.

"What is to be done?"
나는 이제 끝으로 이 계열에, 즉 "의무-윤리-소임-욕망"의 계열에 한 가지를 더 집어넣으려고 한다. 가령 누군가가 정신분석적인 번역의 현실 속에서 프로이트의 전집을 독일어본에서 번역하겠다고 마음을 먹고 실행에 들어갔다고 할 때 그것이 또한 무엇인지를 이야기하려고 한다. 다시 말해서 그것은 혁명일까? 흥미롭게도 이 물음에 답하기 위해서 우리는 어떤 구체적인 번역의 문제로 돌아가야 한다.

Что делать?, 쉬또 젤라치, "무엇을 할 것인가?" 알다시피 이 표현은 혁명의 표현이다. 그것은 레닌이 체르니셰프스키의 소설 제목에서 가져온 혁명의 표현이다. 내가 흥미롭게 여기는 것은 이 표현에 대한 영어 번역이다. 러시아 문학을 전공한 이현우 선생은 나에게 한국어 번역 "무엇을 할 것인가?"가 직역에 가깝다는 이야기를 들려주었다. 나는 오히려 영어 표현에도 익숙해 있는데, 알다시피 그것은 "What is to be done?"이다. 나는 주체의 욕망과 관련해서 이 영어 표현이 매우 흥미롭다는 생각을 하지 않을 수 없다.

욕망과 관련하여 정신분석이 제공하는 가장 근본적인 교훈은 "인간은 세계가 자신을 욕망하고 있다고 느끼지 않고선 그 세계를 욕망할 수 없다"는 것이다. 즉 욕망은 타자의 욕망이라는 것이다. 그렇다면 이때 세계 편에서의 욕망은 어떠한 방식으로 정식화될 수 있을까? 신의 부름이라는, 다시 말해서 주인의 부름이라는 것일까? 하지만 이와 같은 낡은 정식화 대신에 우리는 다른 무언가를, 좀더 정확한 무언가를 필요로 한다. 오늘날 주체의 욕망에 물꼬를 터줄 타자의 욕망을 혁명의 언어로 정식화할 수 있는 길은 없을까?

"What is to be done?"이란 "무엇을 할 것인가?"가 아니라 "무엇이 행해져야 하는가?", "무엇이 이루어져야 하는가?"이다. 이 물음은 행위를 하는 주체나 집단을 직접적으로 내포하지 않는다. 그것은 주체의 직접적인 욕망을 표현하는 물음이 아니다. 오히려 이 물음은 타자 속의 공백을, 다시 말해서 타자의 욕망을 정식화하는 물음이다. 혹은, 주체가 타자의 욕망과 조우하는 어떤 새로운 방식을 정식화한다.

VII

돌아오지 않는 강
1984 오윤

돌아오지 않는 강

1955년 5월 대구에서 전시회가 열리기 전날 맥타카트는 이중섭에게 소 그림이 스페인의 투우 같다는 말을 했다. 이 말을 들은 이중섭은 그날 밤 자신이 그린 소는 싸우는 소가 아니라 착하고 고생하는 소, 소 중에서도 한국의 소만 관찰하고 공감한 것인데 그런 말을 들으니 다 실패라고 하면서 괴로워했다고 한다. 이러한 이중섭의 태도에는 기이한 것이 있는데, 왜냐하면 그의 그림에 나오는 소는 실로 착한 소의 모습을 하고 있다기보다는 투우에 가까운 모습을 하고 있기 때문이다. 어떻게 된 것일까?

소 그림과는 달리 가족과 아이들을 그린 그림들에는 온통 평온함과 안도감이 묘사되어 있다. 이중섭의 예술 세계를 체계적으로 접근한 전인권은 소 그림과 군동화 사이의 체계적 대조를 발견했고 이를 "이중섭 예술의 큰 대조"라고 부르기도 했다.[1] 그런데 위협적인 자세로 응시하는 소와 안도감에 눈을 감고 있는 아이들, 이 양자는 그냥 별개인

---
1) 전인권, 『아름다운 사람 이중섭』, 문학과지성사, 2000, 1장 참조.

것일까? 이중섭은 소를 그릴 때는 단지 소를 그린 것이고, 아이들을 그릴 때는 단지 아이들을 그린 것일까?

그렇지 않다는 것을 보여주는 그림이 「길 떠나는 가족」(1954)이다. 그곳엔 소도 있고 가족도 있다. 여전히 소는 두 눈으로 응시하고 있으며, 소가 끄는 달구지 위에는 행복해 하는 가족이 있다. 우리는 이것을 "이중섭 예술의 큰 수수께끼"라고 부를 수도 있을 것이다. 이제 소 그림과 군동화를 따로따로 놓고 감상하면서 이런 물음을 던질 수 있다. 왜 소는 그토록 위협적인 모습을 하고 있는데 아이들은 그토록 편안한 것일까? 이 물음은 또한 오늘의 이 글 전체를 이끌고 갈 물음이기도 하다.

예술가를 위한 일화들

우선 이중섭의 어린 시절에 관한 어떤 잘 알려진 일화에서 시작해보자. 위대한 화가라면, 혹은 적어도 진정한 화가라면 그런 일화쯤 하나 있는 것도 좋을 그런 일화 말이다. 이중섭이 다섯 살이었을 때, 그러니까 아버지가 사망했던 바로 그해에 중섭은 그리기에 몰두했다. 그 무렵이거나 아니면 몇 년 후에 그 어린 아이에게 사과를 주면 그 아이는 사과를 먹기 전에 그렸다. 어린 시절에 관한 이 일화는 정반대의 시기, 즉 그가 사망하기 직전이었던 때의 또 다른 이야기와 묘하게 공명하는 듯 보인다. 사망하기 직전에도 이중섭은 역시 먹지 않았거나, 아니면 먹는 것을 거부했다. 물론 먹지 않았다는 것이 무언가를 그렸다는 것을 곧바로 의미하는 것은 아니다. 그것은 먹지 않은 대상과 그린 대상이 그 사과처럼 동일한 대상일 경우에도 마찬가지다. 즉 그 양쪽 편 사이에는 어떤 틈새가 있다.[2]

●●●●●●
2) 흥미롭게도 이중섭에게는 먹기/그리기와 관련된 또 다른 일화가 있다. 가족과 함께 제주도에 피난을 가서 살던 시기에 이중섭은 바다에서 게를 잡아 부족한 끼니를 때웠다. 그리고 나중에 그는 그 일이 마음에 걸려 게를 그렸다. 따라서 이 경우에 그는 먹고 나서 그린

이중섭 평전을 쓴 고은은 이 일화에 대해 언급하고 있다. 그는 그것을 직접적으로는 "사물과 상상력의 만남"이라고도 불렀으며, 하지만 같은 문단에서 연이어 "그는 4세가 되자 이른바 중섭적 고독을 만들어낼 만큼 독방을 사용했다"라고 쓰고 있다. 마치 사과의 일화와 이 독방 사용에 어떤 심층적 연관이라도 있는 듯한 인상을 주면서 말이다.3) 이러한 인상을 유리하게 이용해보자면, 물론 사과를 먹지 않고 그리는 중섭에게서도 그만의 어떤 "고독"을 읽어내는 것이 어려운 일은 아닐 것이다.

그런데 그 고독과 "독방"은 무엇을 위한 것이었을까? 앞으로 그의 삶에서 펼쳐질 그의 예술 그 자체를 위한 공간이었을까? 그리고 혹시 그렇다면 그에게서 삶과 예술의 관계는 무엇이었을까?

이중섭에게는 진정한 화가를 위한 일화가 하나 더 있다. 처음에는 그게 그런 것을 위한 일화인지가 잘 보이지 않지만 말이다. 생애의 종말이 가까워올 때 이중섭은 "남들은 세상과 자기를 위해서 바쁘게 일하는데 그림만 신주처럼 모시고 다니고…… 이게 뭐야"라고 말한 것으로 전해진다. 이 말은 어떤 면에서 예술을 "위한" 말이 아니라

━━━━━

것이다. 이 세 일화를 시간적으로 나란히 배열할 경우 우리는 먹기/그리기에 관한 흥미로운 삼 단계를 얻을 수 있다. 즉 그가 막 그림을 그리기로 "결심"을 했을 때의 "먹기 전에 그리기"와 더이상 그리지 않기로 했을 때의 "먹지 않고 그리지 않기"(그의 예술과 삶 모두의 궁극적 종결)가 있고, 그 중간에, 즉 그가 이미 그림을 그리고 있을 그의 "생산적" 시기에 "먹고 나서 그리기"가 있다. 이러한 삼 단계는 그의 예술적 작업과 관련한 다음과 같은 세 가지 구조적인 시간적 양태에 의해 지탱되고 있다: 아직(yet)-이미(already)-더이상(no longer/more). 논리적으로 볼 때 여기엔 "먹고 그리지 않기"가 빠져 있다. 따라서 결과적으로 볼 때 우리는 혹시 이중섭의 유명한 일화들이 한 명의 예술가를 위해, 혹은 그런 예술가를 필요로 하는 우리 자신을 위해, 짜맞춰진 것이 아닌가라는 의심을 해볼 수 있을 것이다. 하지만 "먹고 그리지 않기"가 다름 아닌 우리들의 일상적 삶 그 자체를 나타내는 바로 그 표현인 한에서, 우리는 이 세 가지의 일화의 구조를 이용해서 이중섭이 미술가의 길을, 즉 욕망의 문제에 대한 예술적 해결책을 선택했다고 말할 수도 있을 것이다.

3) 고은, 『이중섭 평전』, 향연, 2004, 24쪽.

예술에 "반反한" 말처럼도 들린다. 하지만 그렇다면 왜 이 말이 예술가를 궁극적으로 옹호하고 있는 것일까?
언뜻 이 말은 아무렇게나 내뱉은 말처럼도 보이고 앞뒤가 잘 안 맞는 느슨한 말처럼도 보인다. 하지만 그렇게 보지 않는 순간, 이 말의 논리적 근본성을 이해하는 순간, 모든 해석은 뒤바뀐다. 그 순간, 언뜻 잘 보이지 않는 어떤 비통념적이면서도 근본적인 구분이 식별가능해진다.
이중섭은 여기서 세상을 위해 일하는 것과 자기를 위해 일하는 것을 동일한 층위에 놓고 있다. 우리는 보통 그렇게 하지 않으며, 그렇기 때문에 "남들은 세상을 위해서 바쁘게 일하고 있는데 자기를 위해서만 일하고"라는 말을 자연스럽게 이해하거나 받아들일 수 있는 것이다. 하지만 "이상하게도" 이중섭은 세상을 위하는 것과 자기를 위하는 것 양자 모두를 그림과 대립시킴으로써 그 양자가 어떤 하나를 이루도록 했다. 아마도 이런 말을 할 수 있으므로 그는 진정 예술가였을 것이다. 그는 인간의 세계 속에서 이기적인 것과 이타적인 것을 대립시키지 않았고, 이 세계 자체를 예술과 대립하게 했다. 그에게는 예술이라는 가외의 차원이 있었고, 그는 그곳에 속했다. 적어도 그것의 중단을 결심하기 직전까지는 말이다. 하지만 그러한 결심을 하면서도 그는 여전히, 그 근본적 구분법을 버린 것이 아니라, 그것에 의거했다.
좀더 들여다 볼 것이 있다. 이 말에서 이중섭은 그림을 세상을 위한 것으로도 자기를 위한 것으로도 보지 않는다. 그렇다면 그에게 그림은 무엇이었을까? 이 가외의 영역인 예술이, 세상을 위한 것은 아니었다손 치더라도, 심지어 자신을 위한 것도 아니었다면 도대체 무엇이었을까? 혹시 이 질문에 이렇게 답할 수 있지 않을까? 중섭은 그림을 세계 그 자체와 대립시키고 있으므로, 오히려 어쩌면 그에게 세계는 그림이 있는 한에서 존재하거나 이해될 수 있는 어떤 것이라고 말이다. 즉 마치 그에게서 세계는 세계 + 그림인 한에서 하나의 세계라고 말이다.

어쩐지 그에게서 그림은 세계가 완성되기 위해서 메워져야 하는 세계 속의 틈새를 메우는 바로 그 사물인 것처럼 보인다.

그의 세계의 불완전성은 여러 가지로 이야기되어 왔다. 예컨대 그에게 는 아버지가 없었다. 불완전한 아버지 대체물인 형이 있었기는 하지만 말이다. 또한 그에게는 조국의 이름도 박탈되어 있었거나 분열되어 있었 다. 또한 오산중학을 다니던 무렵 중섭은 이런 말을 하고는 실천으로 옮긴 적도 있었다. "창복아, 언문을 없애면 무어가 되냐. 우리가 조선놈인 지 모르지 않겠느냐…… 그렇다. 그림으로 그려야지. 그림으로 그리면 언문이 없어지지 않는다. 언문으로 콤퍼지션을 만들어서 언문을 남기 자." 오산중학 시절의 또 다른 유명한 에피소드의 구조도 잘 들여다보면 이와 유사한데, 그것은 그가 다른 친구들과 함께 교사에 불을 지르려 했던 일이다. 그들은 그 건축물이 일본의 보험회사에 보험 가입된 사실을 알고 있었고, 전소시켜서 현대식으로 신축할 수 있게 하기 위해서 불을 지르려 했다. 흥미롭게도 중섭 자신은 최종적으로 거기서 빠졌다. 즉 실행의 단계에서 그 자신은 그 "범죄"에서 빠졌다. 그래서 오히려 우리는 중섭에게 다름 아닌 예술이 어떤 "실천적" 차원을 가지고 있는 것이 아닐까 하고 생각해볼 수도 있을 것이다. 어쩌면 이와 더불어 우리는 이중섭에게 있어서 삶과 예술의 관계가 무엇이었는가에 대한 해답의 단서를 얻는 것일지도 모른다. 이중섭의 전 생애는 현실적 삶에서의 어떤 결여의 지점에 정확히 그의 예술이 대응하고 있음을 보여주는 것이다. 한 쪽에 누락된 것은 다른 쪽에서 발견된다. 우리는 어쩌면 그가 은밀한 어떤 지점에서, 눈에 잘 보이지 않는 어떤 블랙홀을 통해 현실에서 예술로 "빠져나간" 것이라고 말할 수도 있을 것이다.

주체를 위하여

말년의 이중섭에 대한 증언이나 기록들은 의견이 갈라지거나 적어도 산만해진다. 산만해지는 이유는 궁극적으로 의견이 갈라지기 때문이다. 이러한 의견의 분기는 서로 무관한 별개의 현상이라기보다는 동일한 하나의 두 얼굴이라고 보아야 할지도 모른다. 이중섭은 여하간 말년에 정상적인 상태가 아니었고 병원 신세를 져야 했는데, 그러한 "비정상적" 상태를 정신병적인 문제로 보는 견해도 있고 육체적 질병의 문제로 보는 견해도 있다. 아마 그 당시에도 그러했던 것처럼, 오늘날에도 말이다. 전자는 모든 것을 너무나도 간단하게 처리해버리며, 반면에 후자는 너무 많은 것을 설명하지 않고 내버려둔다. 의견의 이와 같은 상호보완적 분기의 궁극적 결과는 설명되어야 할 무언가에 대한 핵심적 누락이다. 여기엔 우리가 "비해석에의 의지"라고 불러야 할 무언가가 있다.4)

하지만 우리는 사고를 금지하는 이 자물쇠를 잠시 풀어서 이중섭의 말과 행동에 좀더 가까이 접근해 볼 수 있지 않을까? 정신분석의 궁극적 교훈 가운데 하나는 가장 사소한 말실수조차도 무의미하지 않다는, 혹은 "자유롭지 않다는" 것이었으니까 말이다. 그래서 우리는 말년의 중섭에게서 어떤 불안의 장면을 찾아낼 수 있다. 그는 병원에 누워 있다가도 밖에서 자동차나 사람들의 소리가 요란해지면, 즉 "세상이 활동하는 기척만 들리면" 벌떡 일어나서 병원을 청소한다거나 밖에서 노는 아이들을 데려와 씻겨 주었다. 이 일화에서 불안을 발견하지 못하는 것보다 더 힘든 일도 없을 것이다. 그 밖의 다른 일화들에서도 우리는 말년의 중섭에게 다가간 불안을 어렵지 않게 읽을 수 있다.

불안 그 자체에 여러 가지가 있는 것은 아니지만, 불안에 대한 설명은 여러 가지일 수 있다. 특히 이 불안과 관련해서 프로이트의 설명과 라캉의 설명에는 중요한 차이가 있다. 두려움과 불안을 구분하면서

------

4) 뒤에 언급되겠지만 이러한 누락은 어쩌면 이중섭의 최후의 걸작을 시야에 포착하는 데 지장을 주었다는 점에서 사소하지 않은 비평적 결과를 낳는다고도 할 수 있을 것이다.

프로이트는 대상의 유무에 주목했다. "불안은 설령 그것이 알려지지 않은 것일지라도 어떤 위험을 예기하거나 준비하는 특수한 상태를 일컬음이다. 두려움은 두려워 할 지정된 대상을 필요로 한다."5) 이 설명에 따르면 불안은 두려움에 비해 예비적인 어떤 상태로 머문다.

라캉의 경우 진정으로 "대상적인(objective)" 것은 두려움이 아니라 불안이다. 이와 관련하여 라캉은 기만적이지 않은 유일한 감정은 불안이라고 말한다. 이 말은 두려움의 감정이 기만적임을 함축하는 말이다. 어떤 대상에 대한 두려움은 그 대상에 대해 아무것도 말해주지 않는다. 그것은 그 대상이 그 자체로 끔찍한 어떤 것임을 의미하지 않는다. 칸트의 말대로, (주관적) 감정은 대상 안에 있는 그 어떤 것도 지칭하지 않는다. 두려움은 한낱 "주관적인" 감정이다. 반면에 진정으로 "객관적"인 감정은, 진정으로 대상에 관련된 감정은 바로 불안이다. 불안은 "대상"에 가까이 왔다는 것을 지시해주는 감정이다. 라캉은 이 대상을 향유(jouissance)의 실재적 중핵이라고 한다. 이와 관련하여 주판치치는 이 "특별한" 대상을 참조함으로써 불안을 설명할 수 있는 것이 아니라 오히려 라캉의 용어법에서 "대상"이라는 단어가 갖는 그 특유의 의미를 설명해주는 것이 바로 불안이라는 개념이라고 영리하게 지적한다.6) 하지만 여기에 한 가지를 덧붙일 수 있을 것이다. 즉, 프로이트의 경우 실제로 발생할 두려운 일에 대한 어떤 방어책이 불안인 것이라면, 라캉의 경우 그 방향이 정반대가 되어야 한다는 것을 말이다. 불안이 두려움에 대한 방어인 것이 아니라 오히려 두려움이야말로 불안에 대한 방어이다. "두려움은 이미 …… 불안에서 벗어난 안도감이다."7)

1953년을 전후해서 이중섭에게는 "원공포증"이 나타났다. 그는 그것

---

5) 프로이트, 「쾌락원칙을 넘어서」, 『정신분석학의 근본 개념』, 열린책들, 2003, 276쪽.
6) 알렌카 주판치치, 『실재의 윤리』, 이성민 옮김, 도서출판 b, 2004, 224쪽.
7) 같은 글, 228쪽.

이 도너츠건 방문의 손잡이건 아니면 둥근 발가락이건 여자의 눈동자이건 원형을 만나면 "기가 막힌 듯 좋아하다가 도망쳤다." 이러한 일화들은 그에게 원이라는 두려움의 대상이 어떻게 해서 향유와 연관된 것인지를 잘 보여준다. 이 유일무이한 순간은 견딜 수 없는 실재적 불안이 "두려운" 초자아적 응시로 환원되는 순간을 가장 순수하게 보여주고 있다. 이중섭은 말년에 불안의 대상에 너무 가까이 이르게 되었다. 어쩌면 바로 그 때문에 그가 처음 그림을 그리기 시작했을지도 모르는 바로 그것에 말이다. 하지만 말년에 이르러 그림을 그리는 것도 더이상 그에게 도움이 되지 못했던 것처럼 보인다. 아니 오히려 그는 말년에 "돌아오지 않는 강"을 건너간 것일지도 모른다. 자신을 "쓰레기"라고 부르면서 말이다. 이 지점에서 대상은 그의 소 그림에서 그토록 선명하게 묘사된 두려운 초자아의 응시로 환원되지 않는다.

"돌아오지 않는 강"은 이중섭이 살아서 마지막으로 그린 여러 점의 그림들의 제목이다.[8] 이 그림들은 누군가를 기다리는 듯 창밖을 내다보는 아이와 집으로 다가오는 여인을 그리고 있다. 그중 마지막으로 그린 것으로 보이는 그림에서는 방 안에 있는 그 아이의 얼굴에서 눈, 코, 입, 귀가 모두 사라지고 없다. 그렇게 얼굴의 모든 수용 기관들이 사라진 형상은 이중섭의 전 작품들에서도 유일무이한 어떤 주체적 형상을 보여주고 있다. 이 형상이 소의 응시나 눈감은 아이의 형상과 더불어 — 혹은 그러한 형상들에 반하여 — 어떤 독특한 차원을 획득하고 있다는 점이 아직까지는 주목되지 않은 것 같다. 하지만 이 형상을 유심히 관찰해 보면, 그것이 단지 같은 제목의 다른 작품들과 비교했을 때뿐만이 아니라 이중섭의 다른 모든 작품들과 비교해서도 매우 두드

---

[8] 최석태는 당시에 상영된 한 영화의 제목이기도 했던 이 표현이 전시회에서 얻은 실망에 병까지 겹쳐 의기소침해진 이중섭의 마음을 사로잡았을 것이라고 추측하고 있다(최석태, 『황소의 혼을 사로잡은 이중섭』, 아이세움, 2002, 170쪽 참조).

러지는 것임을 알 수 있다. 최석태의 지적처럼 이 인물은 아이가 아니라 어른처럼 보인다.9) 그리고 더이상 머리는 기울어져 있거나 숙여져 있지 않고 창밖의 — 혹은, 어쩌면 그림 밖의 — 세상을 똑바로 서서 정면으로 응시하는 듯 보인다. 이러한 자세는 기다림의 그 모든 행동들이 중지되었음을 강하게 함축한다. 눈이 없는 이 응시는, 하지만 그 어떤 응시보다도 더 순수한 응시를 표현하고 있다.

이 그림은 궁극적으로 욕망과 불안의 문제에 대한 이중섭의 최종적인 답변 혹은 (윤리적) 결단이라고 볼 수 있을지도 모른다. 라캉은 불안과 관련하여 다음과 같이 말하고 있다. "아이에게 가장 큰 불안을 낳는 것은, 아이가 존재하게 되도록 해 준 — 아이가 욕망하게 만드는 결여를 기반으로 한 — 그 관계가 극심하게 교란될 때입니다. 즉 결여의 가능성이 전혀 없을 때, 엄마가 항상 아이 뒤에 있을 때 말입니다."10) <돌아오지 않는 강>에서도 어머니는 아이의 뒤에 있다. 하지만 어쩐지 다가오는 형상으로서가 아니라 점점 멀어지는 듯한, 혹은 더이상 다가올 수 없는 인상으로서 말이다. 우리는 바로 이것이 "돌아오지 않는 강"의 한 가지 의미일 것이라고 생각해볼 수 있다.

얼굴의 모든 수용 기관들이 사라진 마지막 그림의 얼굴은 또한 말년의 이중섭에 나타난 거식증을 연상시킨다. 라캉이 지적한 것처럼, 욕망의 논리에서 볼 때 거식증은 아무것도 먹지 않는 것이 아니라 아무것도 아님 그 자체를, 즉 무無 그 자체를 먹는 것이다. 동일한 논리에 따라서 우리는 감각 기관들이 사라진 그 얼굴을 아무것도 지각하지 않는 주체가 아니라 아무것도 아님 그 자체를 지각하는 주체라고 부를 수 있을 것이다. 요컨대 욕망의 주체라고 말이다. 우리는 이 순수한 욕망의

---

9) 최석태,『황소의 혼을 사로잡은 이중섭』, 170쪽.
10) 슬라보예 지젝 외,『성관계는 없다: 성적 차이에 대한 라캉주의적 탐구』, 김영찬 외 옮김, 도서출판 b, 2005, 37쪽에서 인용.

주체의 고집(insistence)에 직면하여 "당신은 도대체 무엇을 원하는 거지?"라는 오인된 물음을 던지곤 하는 것이다.11)

욕망의 주체, 혹은 분열된 주체에게 무 그 자체는 아무것도 아닌 것이 아니다. 우리는 무를 가지고서 인간을 정의할 수도 있었을 것이다. 즉 인간은 무가 문제가 되는 존재이다. 콜레트 솔레가 들려주는 흥미로운 일화가 있다. 어린 시절 그에게 나이든 수녀가 교리문답에 관한 진부한 질문을 던졌다. "하느님께서 세상을 창조하기 전엔 무엇이 있었을까요?" 솔레는 확신에 차서 "아무것도 없었어요(nothing)"라고 대답했다. 하지만 수녀가 들려준 정답은 "무(nothingness)"였다. 즉 아무것도 없었던 것이 아니라, 아무것도 아님 그 자체가 있었다는 것이 정답이었던 것이다.12) 인간의 욕망에서 문제가 되는 것은 바로 이 아무것도 아님이며, 아무것도 아님이 문제가 되기 시작할 때 욕망과 욕망의 주체가 있는 것이다.

아버지의 문제

알려진 것처럼 이중섭의 삶은 종종 정신분석적 관심의 대상이 되었다. 그중에서 특히 어머니와의 관계가 주목을 끌었다. 그 때문에 이중섭에 대한 무분별한 정신분석적 접근에 대해 비판하면서 전인권은 그것부터 비판해야만 했다.

그의 비판의 요점은 프로이트의 이론이 오해되었다는 것이다. 그의 주장에 따르면 오이디푸스 콤플렉스로 알려진 프로이트의 이론은 기본

---

11) 흥미롭게도 이중섭의 군동화에 나오는 눈을 감고 있는 아이들은 이 눈이 지워진 형상과 묘한 대조를 이루고 있다. 이렇게 말할 수도 있을 것이다. 눈을 감고 있는 아이는 말 그대로 아무것도 보지 않는 것인 반면에 눈이 없는 그 형상은 아무것도 아님 그 자체를 보고 있는 것이라고 말이다.

12) Colette Soler, "Literature as Symptom", in *Lacan and the Subject of Language*, eds. Ellie Ragland-Sullivan and Mark Bracher, London and New York: Routledge, 1991, p. 215.

적으로 어머니에 대한 열망이나 애착에 관한 것이 아니라 아버지의 기능에 관한 것이다. 어머니에 대한 아이의 열망 그 자체는 특정 문화와는 무관한 자연스러운 "생물학적 경향"이며, 그것이 오이디푸스 콤플렉스의 본질을 구성하지는 않는다. 프로이트 이론은 "아버지가 그 같은 열망을 차단하는 역할을 맡고 나설 때 벌어지는 일"을 다루는 것이다. 요컨대 전인권의 주장은 어머니에 대한 열망 그 자체가 문제인 것이 아니라, 어떤 문화나 가족 내에서 그 열망이 어떻게 다루어지는지가 문제라는 것이다.13) 한국 남자들의 성장 과정이 어떻게 서양의 경우와는 다른지에 대한 상세한 설명을 제공한 뒤에 이끌어내는 그의 결론은 전통적인 한국 사회에서 거세의 기능을 하는 아버지는 언제나 부재했다는 것이다. 따라서 한국의 오이디푸스는 언제나 "만족한 오이디푸스"로 남아 있다. 이러한 관점에서 보자면 일찍부터 이중섭에게 아버지가 없었다는 사실은 특별히 문제가 될 것이 없는 것이다. "특히 이중섭은 5세 때 아버지가 돌아가셨기 때문에 부성 가족이 관념적으로만 존재하는 상황이었다. 따라서 보통의 아이들보다 훨씬 긴밀한 모성 가족을 경험했을 가능성이 높다."14) 아버지 역할의 문화적 차이를 고려하지 않은 프로이트 이론의 무분별한 적용의 결과를 비판한 전인권의 궁극적 귀결점은 놀랍게도 여전히 어머니이다. 단지 그것이 더 이상 오이디푸스 콤플렉스의 내용을 차지하지 않게 된 것뿐이다. 따라서 그의 논문의 전 요점은 아마도 다음과 같은 그의 말로 요약될 수 있을 것이다: "사내아이가 어머니를 성적으로 열망한다"는 것은 그렇게 기괴한 주장이 아니다.15) 그는 다른 저자들처럼 어머니의 문제에 초점을 맞추었으며, 단지 그것을 오이디푸스 콤플렉스라는 틀에서 분리시

---

13) 전인권, 『아름다운 사람 이중섭』, 267쪽.
14) 같은 글, 275쪽.
15) 같은 글, 266쪽.

켰을 뿐이다.

　이러한 접근 방식은 아버지 역할의 문화적 차이를 이야기하기 전에 주체 그 자신에게 아버지가 무엇인지에 대해 이야기할 담론적 공간을 삭제한다. 전인권은 유독 아버지의 역할에 대해서만 문화적 차이를 인정하는 것처럼 보이며, 반면에 어머니에 대한 열망을 보편적인 생물학적 경향이라고 본다. 그는 아버지 기능에서 그 어떤 보편성도 발견하지 않는다. 하지만 아버지의 기능에 어떤 보편성의 차원이 있는 한에서만 그 기능의 부재나 결여는 주체에게 문제가 될 수 있을 것이다. 전인권에 따르면 프로이트 이론은 아버지가 어머니에 대한 아이의 열망을 차단하는 역할을 맡고 나설 때 벌어지는 일을 다루는 것이다. 하지만 정신분석은 아버지가 그러한 역할을 불충분하게 하거나 전혀 하지 못하는 경우에 벌어지는 일도 다룬다. 오로지 이러한 지점에서만 우리는 이중섭에게서 어머니의 문제뿐만 아니라 아버지의 문제 또한 볼 수 있다.

　아이와 어머니의 관계에서 어머니는 아이의 향유의 근원이다. 그곳에서는 아직 욕망이 발생하지 않는데, 왜냐하면 욕망은 결여로부터 산출되는 것이기 때문이다. 아이와 어머니의 사이를 가르고 들어가 아이를 욕망의 주체로 탄생하게 만드는 제3자의 기능을 우리는 아버지 기능이라고 부른다. 아이와 어머니 사이에 최소한의 틈새가 발생하지 않는다면, 즉 아이에게 결여가 없다면 이는 궁극적으로 아이의 운명에 유리한 것일까? 이것은 문명 속에 태어나는 인간의 운명과 관련된 심오한 정신분석적 물음이다. "만약 모든 필요들이 미리 충족된다면, 즉 아이가 배고픔, 축축함, 추위 혹은 그 밖의 어떤 불편을 느끼기도 전에 아이의 보모가 먹여 주고, 갈아 주고, 온도를 잘 맞춰 준다면, 아이가 왜 수고스럽게 말을 배우려 하겠는가?"[16] 이 문제는 곧바로 앞서 말한 불안의 문제와 연관되는 것인데, 이와 관련해서 라캉은

"결여의 가능성이 전혀 없을 때, 엄마가 항상 아이 뒤에 있을 때" 생겨나는 것이 다름 아닌 불안이라고 말했던 것이다.

이 문제를 주체가 타자와 맺고 있는 관계에서 살펴봄으로써 우리는 이중섭 예술의 수수께끼의 핵심에 이를 수 있다. 앞에서 지적했듯이 두려움은 주관적 감정이다. 주관적 감정이란 표상을 필요조건으로 하는 감정이다. 달리 말해서 표상이 없다면 그 어떤 (주관적, 기만적) 감정도 없다. 이론적으로 말할 때, 라캉이 두려움을 기만적이라고 할 수 있었던 것은 표상과 표상의 대상을 구분할 수 있기 때문이다. 그리고 이와는 달리 불안은 대상에 근접함을 신호하는 감정이다. 대상에 근접하는 지점은 또한 타자 속의 결여의 지점이기도 하다. 절대적 타자 속에 뚫린 구멍에 직면하는 주체는 필사적으로 그곳을 메우려고 할 것이다.17) 그러한 행위는 또한 불안에 대한 방어 행위이기도 하다. 타자 속의 결여를 메우는 이상적 대상, 즉 더할 나위 없는 라캉적 대상은 다름 아닌 응시와 목소리이다. 정신분석은 그 관찰하고 말하는 법(타자)을 "초자아"라고 부른다. "모든 것을 보는 동시에 또한 결코 말하기를 멈추지 않으며, 연달아 명령을 내리는 것이 정의상 초자아다."18)

이제 우리는 응시로서의 초자아가 이중섭 그림에서 어떻게 묘사되고 있는지를 알고 있다고 해도 좋을 것이다. 그것은 그가 평생 동안 집요하게 작업한 소 그림이다. 대중적으로 잘 열려진 <흰 소>와 <떠받

---

16) 지젝 외, 『성관계는 없다』, 36-37쪽.
17) 이와 관련하여 우리는 다음과 같은 지적의 통찰을 환기해볼 수 있을 것이다. "우리의 '자연적' 상태는 믿음의 상태이고, 진실로 파악하기 힘든 것은 무신론자의 입장이다"(슬라보예 지젝, 『그들은 자기가 하는 일을 알지 못하나이다』, 박정수 옮김, 인간사랑, 2004, 35쪽. 번역 수정). 즉 인간에게 궁극적으로 불가능한 것이 있다면 그것이 바로 믿지 않는 것이다.
18) 주판치치, 『실재의 윤리』, 228쪽.

으려고 하는 소>에서 초자아의 응시를 보지 못하는 것은 쉬운 일이 아니다. 또한 일본 유학시절에 그린 <서 있는 소>에 대해서 최석태는 "노려보는 듯한 눈빛과 자세가 금방이라도 그림을 보는 사람을 들이받을 태세"라는 설명을 덧붙이고 있다. <황소>에 대해서 최석태는 "마치 소의 울부짖는 소리가 바로 귓전에서 들리는 것 같은 느낌"을 준다고 설명하고 있는데, 여기서 "울부짖는 소리"를 "명령하는 목소리"로 대체할 수만 있다면 나머지 일체에 우리는 동의할 수 있을 것이다. 덧붙여, 이 그림에서 묘사된 황소의 눈은 울부짖음보다 더 강렬한 어떤 것에 해당한다. 목소리와 응시는 타자를 복구한다. 따라서 법의 목소리와 응시 앞에 서있는 자신을 발견하는 사람의 전율은 이미 불안의 원래 감정에 비할 때 안도감이다. 두려움은 이미 불안에서 벗어난 안도감이다.19) 탁월하게도 이중섭은 이 안도감 또한 집요하게 묘사했다. 그의 작품의 상당 부분을 차지하는 군동화나 가족 그림을 통해서 말이다.

두려움 속의 평온함

이중섭의 작품 가운데 가족과 아이들을 다룬 것들은 양적으로 상당한 부분을 차지하고 있다. 이중섭 작품 내부에서의 이러한 경향성을 지적하는 것 말고도 우리는 어떤 화가가 가족적 주제에 대해서 그처럼 많은 작품을 남긴 것 자체의 특이성을 지적할 수도 있을 것이다. 이런 작품들의 공통적 특징 가운데 하나는 작품에서 풍겨 나오는 무구한 평온함이다. 그러한 평온함은 우선적으로 합리적인 분석적 눈에서 발견되는 것이라기보다는 차분한 관조의 눈에서 발견될 수 있는 것이다. 예컨대 그것은 안락의자에라도 앉아 있기 때문인 평온함이 아니다.

이와 관련하여 우선은 그림 속에 나오는 인물들의 자세가 결코 편안

......
19) 같은 곳.

하거나 자연스러운 자세가 아니라는 것을 지적할 수 있을 것이다. 예컨대 머리가 과도하게 돌아가 있거나 몸통이 부자연스럽게 뒤틀려 있다. 혹은, 전인권의 표현에 따르면, "매우 비효율적인 자세"를 취하고 있다.[20] 그럼에도 불구하고 전체적으로 보면 그러한 자세들이 어떤 점에서는 전혀 부자연스러워 보이지 않게 묘사되었다는 사실 때문에 우리는 이중섭의 능력에 감탄할 수도 있을 것이다. 여기엔 해부학적 자연스러움이라기보다는 해부학적 재구성의 자연스러움이라고 해야 할 무언가가 있다. 좀더 나아가 본다면, 예컨대 <꽃과 어린이와 게>를 보면 게가 아이의 성기를 거의 자를 것만 같은 자세를 취하고 있지만 아이는 오히려 그 곳에서 안도감에 눈을 감고 누워 있으며, 심지어는 무언가를 즐기고 있는 듯한 표정을 하고 있다. 따라서 눈을 감으면 세상이 더이상 존재하지 않는다고 하는 (속류) 버클리식 주장을 눈을 감으면 향유가 찾아온다라는 명제로 대체해야 할지도 모르는 일이다.

불안으로부터 갓 벗어난 이러한 평온함을 무엇이라고 불러야 할까? 아직은 합리적인 우주적 질서에 속하지는 않지만 그럼에도 불구하고 더이상 끔찍한 실재의 불안이 아닌 이것을 말이다. 우리에게 남은 일은 어쩌면 콜럼버스의 과제라고 불러야 할 것이다. 군동화에서 표현된 바로 저 안도감을 명명해야 할 일이 남아 있으니까 말이다. 혹은 이브의 과제라고 해야 할지도 모른다. 마크 트웨인의 『이브의 일기』에서 이브는 "나는 사물들을 명명하는 일을 그의 손에서 넘겨받았다. 그리고 이것은 그에게 큰 안도감을 주었다. 그는 그런 쪽에는 영 소질이 없었던 것이다. 그는 분명 이에 대해 매우 감사하게 여기고 있다"고 말하고 있으니 말이다. 물론 여기서 "그"는 아담을 가리킨다.

프로이트는 1919년에 "Das Unheimliche"라는 논문을 발표했다. 이

---

20) 전인권, 『아름다운 사람 이중섭』, 36쪽.

표현은 한국어로 대략 "섬뜩함"이나 "기괴함"이라고 번역될 수 있는 말이다. "unheimlich"는 "heimlich"의 부정어이다. 후자는 "고향의", "친숙한", "편안한" 등을 뜻하는 말이다. 하지만 프로이트는 이 단어가 이따금씩 "unheimlich"를 뜻하기도 한다는 것에 주목했다. 그리고 "unheimlich" 역시 직접 "heimlich"를 함축할 수 있다. 믈라덴 돌라르는 독일어에 이와 같은 역설적 단어가 있는 것이 프로이트에게 행운이었음을 지적하고 있다. 그 덕분에 프로이트는 많은 것을 착상할 수 있었던 것이다. 프랑스어에는 여기에 일치하는 단일한 단어가 없으며, 그렇기 때문에 라캉은 "extimité(외밀한)"라는 신조어를 발명해야만 했다.21) 이 말은 주체의 내부에 있는 어떤 낯선 이물질을 뜻한다. 그것은 가장 친숙한 곳에 있지만 가장 섬뜩한 것이다. 그건 불안을 일으키는 바로 그 대상이다.

불안에 대한 방어의 층위에도 못지않은 애매성이 있다. 그래서 이중섭의 그림들을 보면서 우리는 두려움과 평온함을 동시에 의미할 수 있는 단일한 단어가 없는 것이 프로이트의 행운과 비교했을 때 우리의 원천적 불운이라고 말해야 할지도 모르겠다. 두려움은 이미 안도감이다. 불안에 비한다면 말이다. 물론 두렵지 않은 안도감도 있다. 그것은 이상적 동일화의 지점으로서의 자아이상이 주체에게 제공하는 합리적인 안도감이다. 초자아의 경우에는 그렇게 간단치 않으며, 따라서 초자아의 역설적 안도감을 위한 그 어떤 단일한 단어를 발견할 때까지, 우리는 그것을 "두려움 속의 평온함"이라고 별도로인-한에서-함께 불러야만 할 것이다. 그리고 어쩌면 이중섭 역시 그렇게 했던 것일지도 모른다.

· · · · · ·
21) Mladen Dolar, "I shall be with you on your wedding-night: Lacan and the uncanny", *October*, vol. 58: 5-6.

1984 오윤

오윤은 몇 점의 그림과 다수의 판화와 한 편의 글을 남겼다. 종종 우리는 작가에게 그/녀의 작품 "세계"라는 말을 쓰곤 하는데, 오윤은 그 단어에 실로 부합하는 작가가 아닐 수 없다. 오윤의 작품 세계 속으로 우리가 진입하는 것이 쉽지만은 않았다면 그것은 오윤과 관련된 이런 저런 선입견들과 성급한 비평적 판단들이 그의 작품들에 대한 표면적인 혹은 상상적인 감상만을 허용했기 때문일지도 모른다. 하지만 가만히 들여다보면 안 보이지도 않는다. 전부는 아니더라도 말이다.

오윤과 관련해서는 "볼" 것들이 마땅히 대부분인 가운데, 금상첨화로 "읽을" 것이 하나 있다. 그것은 1984년에 쓰어진 「미술적 상상력과 세계의 확대」이다.[1] 여기에는 예술과 당대 문명에 대한 그의 통찰들이 선명한 방식으로 서술되어 있다. "미술이 어떻게 언어의 기능을 회복하는가 하는 것이 오랜 나의 숙제였다'라는 철학적 성찰이 가능했던 어떤 화가의 글이라면, 글에서도 기대해야 할 바가 틀림없이 없지

---

1) 오윤, 「미술적 상상력과 세계의 확대」, 『현실과 발언』, 열화당, 1985, 68-75쪽.

않다.

이 글이 씌어진 해에 그가 제작한 판화 가운데 「十方」이라는 작품이 있다. 이 작품을 읽을 방법 중 하나는 같은 해에 씌어진 그 글의 어떤 구절과 함께 읽는 것이다. "예컨대 비례가 객관적인 기호처럼 되어 있는 칠등신이니 육등신이니 하는 따위를 굳이 옳은 비례로 볼 필요는 없다, 인체의 실측으로 그러하더라도 우리가 원래 인식하고 있는 비례는 그와는 다르다. 뿐만 아니라 화면상의 비례는 그것에 맞게 따로 만들어질 필요가 있다. 만화에서 인물의 비례가 결코 이상한 것이 아니듯이……."2) 비록 이 구절에 의해 직접적으로 지칭되고 있지는 않지만 이 구절과 분명 연관이 없지 않은 듯 같은 곳에 제시된 작품은 「四相八面圖」(1983)인데, 이 작품의 중심에 있는 가부좌 인물의 팔이 양 옆으로 곧게 뻗은 자세로 변형된 것이 바로 「시방」이라는 작품이다.

또한 궁극적으로 우리가 이 구절과 함께 「시방」을 읽어볼 수 있는 것은 이 작품에 있는 인간이 또 다른 인간을, 즉 레오나르도 다 빈치의 "비트루비우스적 인간"을 연상시키기 때문이다. 이 두 "인간"은 전자가 가부좌로 앉아 있다는 점을 빼면 자세에서 차이가 없다. 사실 여기서 오윤이 부정적 뉘앙스로 열거하고 있는 "물적 파악방식", "해부학", "비례" 등의 단어들 자체가 다 빈치를 연상시키고 있다. 「시방」을 보면서 우리는 다 빈치의 인체비례도에 대응/대항하는 오윤의 인체비례도가 없지 않다고 말할 수 있을 것이다. 혹은, 과학적 방법을 통한 사물의 파악을 오윤이 "인체와 인간을 구별하지 못하는 태도"3)라고 부르는 한에서 우리는 「시방」을 오윤의 "인간비례도"라고 부를 수 있을 것이고, 끝으로 이 점을 이해하고 있는 한에서 다시금 그것을 "인체비례도"라고도 무방하게 부를 수 있을 것이다.

2) 같은 글, 72쪽.
3) 같은 곳.

이제 오윤의 작품들을 남김없이 감상해본다면, 우리는 이 인체비례도의 비례가 대체로 일관되게 유지되고 있다는 것을 알 수 있을 것이다. 어떤 보편성, 어떤 총체성, 그 비례가 적용되어야 할 어떤 "세계"가 형성되어야 했던 정도로 말이다. 혹은 그렇게 (마음) 한 구석에서 일관되게 유지하고 있다가 때마침 그려본 것이 「시방」일 수도 있을 것이다. 그런데 "오윤적 비례"가 흥미로운 것은 단지 오윤의 작품에 나오는 인물들이 대부분 그 비례를 따르고 있기 때문만은 아니다. 더 나아가 이 비례에는 매우 특별한 예외가 있는데, 그것은 1983년의 「애비」라는 작품이다. 아들을 붙잡고서 알 수 없는 어딘가를 불안하게 응시하고 있는 아버지를 묘사하고 있는 이 작품은, 지워지기 힘든 어떤 유일무이한 순간을 두 인물의 정확한 표정과 자세 그리고 하늘과 대지를 갈라놓은 예리한 배경을 통해 틀림없이 포착해냄으로써, 미술사에서 그 자체로 등록되었어야 했다.4) 이와 유사한 주제를 다루고 있는 작품은 1985년에 제작된 두 점의 「바람 부는 곳」이다. 「바람 부는 곳 1」은 인물들이 서 있지 않다는 점에서 「애비」와 다르고, 「바람 부는 곳 2」는 아버지가 아들뿐 아니라 딸도 데리고 있다는 점에서 다르다. 마치 「애비」와 여하간 "똑같이" 그릴 수는 없었던 것인 양 말이다.

어쩌면 우리는 이 두 작품이 "동일한" 제목을 가지고 있다는 사실을 그 둘이 「애비」와의 관계에서 "성취하고" 있는 것의 동일함을 통해 이해해 볼 수 있을 것이다. 즉 불안하게 아들을 보호하고 있는 듯한 무력해 보이는 아버지에 비해 「바람 부는 곳」의 아버지(들)는 좀더 결연한 모습을 보여준다. 1에서는 바다에 누워서조차 (훨씬 더 어려보

---

4) 개인적으로 나는 이와 같은 유형의 작품으로, 아직은 그 어떤 범주화를 시도하지 않은 채, 뭉크의 「절규」와 이중섭의 「돌아오지 않는 강」 연작 중 마지막 작품을 추가로 열거하고 싶다. 이러한 작품들은 주체성의 가장 근본적인 층위를 건드리는 어떤 유일무이한 순간을 포착한다.

이는) 아이를 보호하고 있으며, 2에서는 이제 한 명이 아닌 두 명의 자식을 보호하고 있다. 그래서 「바람 부는 곳」의 아버지는 더이상 아버지의 낮춤말("애비")로 불리지 않아도 좋을 것만 같다. "바람 부는 곳"이라고 부르지 않는다면, 달리 이 두 작품을 "아버지"로 부를 수도 있었을 것이다. 하지만 여하간 그렇게는 불리지 못했다는 것도 사실이다.

다른 한편으로 "애비"라고 불리는 남자는 오윤의 전 작품들 가운데서도 매우 독특한 형상을 보여주고 있다. 그 형상은 단적으로 오윤적 비례에서 벗어나 있다. 앞서 인용문에서 오윤은 "예컨대 비례가 객관적인 기호처럼 되어 있는 칠등신이니 육등신이니 하는 따위를 굳이 옳은 비례로 볼 필요는 없다, 인체의 실측으로 그러하더라도 우리가 원래 인식하고 있는 비례는 그와는 다르다"라고 썼지만, 이 "애비"라는 인물은 바로 그러한 실측에 부합하는 비례를 보여주고 있다. 그래서 우리는, 오윤 자신의 말에 따른다면, 이 형상이 "옳은 비례로" 그려져 있다고 볼 필요가 없는 것이다.

그런데 우리는 "애비"의 형상이 옳은 비례로 그려져 있지 않다는 것을 좀더 정확하게는 그 작품을 제외한 나머지 거의 모든 작품들에 나타나는 압도적인 전형성을 배경으로 그러하다고 말해야 한다. 요컨대 그 형상은 유일무이하게 "비전형적"이다. 전형성을 다룰 때 우리는 정확성을 다루는 것이 아니다. 사회주의 리얼리즘의 저 유명한/악명 높은 "전형성" 개념과 관련하여 지젝은 "예컨대 소비에트 현실을 주로 황량한 모습으로 묘사한 작가들은 단지 거짓말을 하고 있다는 이유로 비난받은 것이 아니었다"라고 적절하게 지적하고 있다.[5] 한편으로 우리는 오윤이 이론적 개념들에 거부감을 가지고 있었다는 것을 잘

---

5) 슬라보예 지젝, 『까다로운 주체』, 이성민 옮김, 도서출판 b, 2005, 282쪽.

알고 있지만, 다른 한편으로 그가 창조한 형상들의 도식성에도 불구하고 — 혹은, 바로 그러한 도식성으로 인하여 — 그가 예컨대 "리얼리스트이자 내용주의자"6)로 불린다는 것도 사실이다. 이러한 것을 배경으로 우리는 지젝의 논의를 좀더 정당하게 계속 참조할 수 있을 것이다. "이와 같은 '전형성' 개념이 우스꽝스러워 보일 수는 있겠지만, 그래도 그 속엔 한 톨의 진리가 있다. 즉 겉보기에 명백히 보편적인 이데올로기적 개념들 각각은 언제나 그것의 보편성을 채색하고 그것의 효용성을 설명하는 어떤 특수한 내용에 의해 헤게모니화 된다는 사실 말이다."7) 전형성이라는 개념에는 보편성과 특수성 양자 모두가 걸려 있다. 둘 중 하나를 놓칠 때 우리는 전형성이라는 개념 그 자체를 잃게 된다.

이와 관련하여 오윤이 무엇을 성취하고 있는가를 유홍준은 다음과 같이 적절하게 요약하고 있다.

> 1980년대 초 우리 현대사에 민중이라는 역사적이고 실천적인 개념이 사회 각 분야에서 부각되어 민중사학·민중문학·민중신학 등이 일어나고 있었을 때, 민중미술 또한 진보적이고 젊은 작가들에 의해 제기됐다. 그러나 관념과 논리적 타당성으로서의 민중미술이 아니라 조형의 실체로서 민중미술이 어떻게 가능할 것인가에 대하여는 아무도 자신 있게 대답할 수 없었다. (……) 이런 상황에서 오윤의 존재는 참으로 귀한 것이었다. (……) 그는 이미 여러 발자국 앞에서 민중미술을 구현하고 있었다. 현실적 소재를 택하지 않고도 현실을 드러내고 있었으며, 서정을 노래하면서 민중의 심성을 옹골차게 엮어내고 있었다.8)

- - - - - -
6) 성완경,「오윤의 붓과 칼」,『오윤, 동네사람 세상사람』, 학고재, 1996 참조.
7) 지젝,『까다로운 주체』, 282쪽.
8) 유홍준,「오윤의 예술에 대한 미술사적 회상」,『오윤, 동네사람 세상사람』, 223쪽.

따라서 우리는 오윤의 작품들이 "민중"이라는 이데올로기적 개념의 "보편성을 채색"하는 데 — 혹은, 유홍준의 표현을 빌자면, "떠내는" 데 — 성공하고 있었다고 말할 수 있을 것이다. 이 전형성을 유홍준은 오윤 판화의 양식적 특성 가운데 하나로 지적하고 있다. 하지만 그는 이 전형성을 과장과 대립되는 것으로 이해하고 있다. "「보충수업」(1985) 같은 작품에 이르면 그 얼굴은 탈화(假面化)했다고 할 정도로 의도적인 과장을 볼 수도 있지만, 대부분 그가 그린 인물들은 우리가 흔히 대하고 있고, 대할 수 있는 그런 전형성을 확보했다는 특성을 갖고 있는 것이다."9) 물론 여기서 유홍준은 어떤 특정한 작품을 언급하면서 "과장"이라는 용어를 사용한 것이지만, 다른 한편으로 또한 그가 전형성을 과장이라는 용어와 상관이 없거나 대립되는 무언가로 보고 있는 것도 사실이다. 하지만 이와 관련하여 우리는 "보편성의 채색" 그 자체가 — 따라서 전형성이라는 개념 그 자체가 — 이미 하나의 "과장"이라는 오래된 통찰에 다가설 필요가 있다.

그런데 흥미로운 것은 오윤이 마치 "과장"이라는 용어에 대한 성급한 폄하에 응답이라도 하듯 "미술용어에 과장, 변형이란 말들이 있는데……"라고 하면서 자신의 입장을 드러내고 있다는 사실이다. 그는 미술어법에서 소극적으로 사용되고 있고 또한 현실주의자들에게 적합하지 않으며 과학적 시각에서 볼 때 왜곡을 함축하는 이러한 "죽어 있는 언어들을 다시 살려내지 않으면 안 된다"고 주장하고 있는 것이다. 그에 따르면 우리는 "이런 언어들의 적극적인 활용을 통해서 껍데기의 사실성이 아니라, 총체적 사실성의 획득에로 나아가야 한다."10)

오윤이 말하는 이 "총체적 사실성"이 무엇을 의미하는가를 좀더

----
9) 같은 글, 235쪽.
10) 오윤, 「미술적 상상력과 세계의 확대」, 73쪽.

살펴보기 전에 우리는 오윤이 매우 정확한 논리를 통해 미술적 작업에 대한 자신의 사유를 전개하고 있으며, 또한 이를 자신의 작업에서 실현시키고 있다는 사실을 지적해야 한다. 성완경은 궁극적으로 오윤의 작업을 긍정하기 위해서였지만, 그러기 위해서라도 우선은 오윤의 작업의 단편성을 지적해야만 했다. 요컨대 오윤이 충분한 양의 작품을 발표하지 않았다는 것이다.11) 이러한 단편성을 배경으로 그는 "가까스로 이루어진 최소한의 수행"12)의 진정성을 긍정한다. 이러한 판단은 오윤 예술의 심미적 가치평가에 영향을 미친다는 의미에서 비평적 결과가 없지 않은 판단이다. 다시 말해서 그는 오윤의 개별 작품들이 보여주는 소박함, 완강함, 응축성 등의 액면적 특징을 강조하고 있다. 하지만 이러한 주장은 오윤이 매우 체계적인 방식으로 자신의 기획을 실현시키고자 했다는 사실과, 바로 이로부터 결과하는 심미적 결과를 놓치고 있다. 이 글을 시작하면서 일부를 인용하긴 했지만, 오윤은 "새구상화 11인전"에서 다음과 같이 말했다. "미술이 어떻게 언어의 기능을 회복하는가 하는 것이 오랜 나의 숙제였다. 따라서 미술사에서, 수많은 미술운동들 속에서 이런 해답을 얻기 위해 오랜 세월 동안 말 없는 벙어리가 되었다."13) 다시 말해서 오윤은 자신의 작업에 단편성의 혐의가 걸어질 수 있는 순간에도, 자신의 "비작업"에 대한 내재적이고 체계적인 이유를 가지고 있었다고 볼 수 있다.

앞서서 우리는 「애비」라는 작품의 예외성을 여타 대부분의 작품들의 압도적인 전형성을 배경으로 이해하려고 했다. 그렇게 해야만 이 작품의 비전형성이 함축하는 바로 그 독특성을 음미할 수 있다는 의미에서 말이다. 그런데 더 나아가 우리는 바로 이 독특성이 또한, 오윤의

---

11) 성완경, 「오윤의 붓과 칼」, 참조.
12) 같은 글, 97쪽.
13) 유홍준, 「오윤의 예술에 대한 미술사적 회상」, 229쪽에서 인용.

작품 세계 속에서나 그 세계를 이해하는 데 있어서, 무엇에 이바지할 수 있는가를 질문해볼 수 있다. 그런데 이번에는 바로 그 예외를 배경으로 해서 오윤이 말한 "총체적 사실성"을 이해해볼 수 있다고 말함으로써 우리는 이 물음에 답할 수 있다. 하지만 정확히 어떤 의미에서인가?

해명이 기대되어지는 이곳에서, 하지만 나는 논의를 더 "어렵게" 끌고 가고 싶다. 그리하여 전형성에 대한 논의를 계속하다가 지젝이 "보편자는, 어떤 특수한 내용이 부재하는 보편자의 대리물로서 기능하기 시작할 때, 특수자 내부에서 출현하는 것이다"라고 말하는 곳에서 멈추고 싶다.14) 왜냐하면 아무리 이 말이 추상적이고 난해하게 들릴지라도 우리는 여기서 "보편자는 …… 특수자 내부에서 출현하는 것이다"라는 부분을 사실은 이미 이해하고 있기 때문이다. 이 구절은 전형성의 논리를 설명하는 구절에 다름 아니다. 다른 한편 우리에게 여전히 수수께끼로 남는 것은 "어떤 특수한 내용이 부재하는 보편자의 대리물로서 기능하기 시작할 때"라는 나머지 구절이다.

그렇지만 바로 이 지점에서 작품과 비평의 통상적 역할을 한 번 역전시켜보는 것은 어떨까? 요컨대 "부재하는 보편자"라는 추상적인 개념을 다름 아닌 오윤의 어떤 작품으로 하여금 곧바로 해명하도록 해보는 것은 어떨까? 그것이 가능한가? 여기서 나의 내기는 가능"하다"는 것이다. 가능할 뿐만 아니라, 바로 그렇게 해야만 우리는 「애비」라는 작품을 궁극적으로 이해할 수 있을 것인데, 왜냐하면 이 작품이 다루고 있는 것은 바로 "부재하는 보편자" 그 자체이기 때문이다. 이 작품은 불가능한 무언가를 "묘사"한다.

요컨대 이 그림에서 "애비"는 도대체 무엇을 목격하고 있는 것인가? 무엇을 목격하고 있기에 저와 같은 표정이 가능한 것인가? 우리는

- - - - - -
14) 슬라보예 지젝, 『까다로운 주체』, 285쪽.

이 물음과 관련해, 이런 저런 그럴 듯한 구체적인 대상-후보를 열거하는 부질없거나 하염없는 논의에 들러붙는 대신, 곧바로 논리적으로 답하려는 시도를 해보아야 한다. 요컨대 이와 동일한 논리가 다른 어떤 곳에서도 작용하고 있는가를 검토해봄으로써 말이다. 오윤이 민중미술에서 차지하고 있는 위상을 음미해 보건데, 우리는 그곳이 또한 정치라는 사실에 놀랄 필요는 없다.

> "사회는 존재하지 않는다"는 것 때문에, 사회의 궁극적 통일성은 어떤 특수한 내용에 의해 헤게모니화 되는 텅 빈 기표의 가장 속에서만 상징화될 수 있다 — 이 내용을 위한 투쟁이 정치적 투쟁이다. 다시 말해서 정치가 존재하는 이유는 "사회가 존재하지 않는다"는 것 때문이다: 정치는 사회의 불가능성을 표상하는 텅 빈 기표의 내용을 위한 투쟁이다.15)

이 구절에는 거의 모든 것이 담겨져 있다. 다시 말해서 우리는 여기서 "정치"의 자리에 대신 "예술"을 집어넣음으로써 그 어떤 다른 변경 없이도 오윤을 이해할 수 있다. 한편으로 우리는, 유홍준의 적절한 지적처럼, 여기 걸려 있는 문제가 "민중"이라는 텅 빈 기표의 특수한 내용을 위한 투쟁이었음을 알고 있다.16) 그리고 다른 한편으로 이러한 투쟁의 핵심부에서 작동하고 있는 "사회는 존재하지 않는다"를, 부재하는 보편자를 발견한다. 우리는 이렇게 말해 볼 수 있을 것이다. 즉 오윤에게는 구성해야 할 세계("총체적 사실성")가 있었고 또한 그 기획에서 오윤이 탁월하게 성공하고 있을 뿐 아니라, **세계의 비존재 또한**

---
15) 같은 곳.
16) 이 투쟁이 성공적이었음을 우리는 이후에 "민중"이라는 기표가 어떤 돌이킬 수 없는 의미를 사회적으로 획득하게 되었다는 사실에서 확인할 수 있다.

있었다고 말이다. 오윤의 대부분의 작품들의 심미적 효과들은 "구조적 인" 것이다. 그렇기 때문에 우리는 오윤의 개별 작품들이 공통적으로 보여주는 특성들을 추출함으로써 그의 작품들을 좀더 잘 바라볼 수 있는 것이 아니라, 그러한 개별적 형상들이 궁극적으로 구성해내는 세계를 통해 거꾸로 그 형상들을 바라봄으로써 그것들의 심미적 가치를, 구조적 "효과"를 음미할 수 있는 것이다. "미술이 어떻게 언어의 기능을 회복하는가 하는 것이 오랜 나의 숙제였다'라는 말을 우리는 바로 그렇게 이해해볼 수 있는 것이다. 그리고 우리는 바로 이러한 사실만으로도 오윤의 보기 드문 성취를 평가할 수 있다. 하지만 오윤이 그토록 매혹적인 작가인 것은 그에게 단 한 점의 예외적이 작품이 있기 때문이기도 하다. 하지만 여기서 우리는 바로 그「애비」라는 작품이 단 한 점에 불과하다는 사실의 단순성/우연성을 가지고서 그 작품의 예외성을 설명해'버리려는" 유혹을 떨쳐버려야만 한다. 그러한 설명은 설명의 품격을 갖추고 있지 않다. "사회는 존재하지 않는다"는 말은 반복될 필요가 없다. 오히려 세계의 비존재를 존재로 탈바꿈하려고 할 때 필요한 것이 있다면 그것이 바로 반복이다. 따라서 우리는 오윤이 마땅히 단 한 번의 탁월한 예술적 제스처를 통해 세계의 비존재를 묘사했다고도 말할 수 있을 것이다. 우리가 세계를 "하나"라고 부르는 습관을 가지고 있더라도, "하나"는 여전히 세계에 적합한 숫자가 아니다. 무언가가 반복되기 시작할 때 우리가 감지하는 것이 세계이며 구조이다. 다른 한편으로 우리는 "하나"를 세계의 비존재를 위해 남겨 놓아야 한다.

우리는 작가 오윤에게 어떤 계기가 찾아왔던 것인지는 알지 못한다. 그 자신만이, 그의 심중心中만이 증언할 수 있는 그 무엇은 말이다. 하지만 오윤의 벗 김대식이 들려주는 일화가 한 편 있다. 그 일화는 1984년을 즈음한 때가 오윤의 생에서 매우 중요한 분기점이었음을 알려준다. 84년 겨울 오윤은 간경화의 악화로 진도에 요양을 갔다. 이와 관련하여 그의 벗이 들려주는 이야기는 이렇다.

> 오윤의 진도 요양은 아마 그의 생각을 정리하는 데에 결정적인 계기가 아니었나 생각된다. 그의 글 「미술적 상상력과 세계의 확대」도 그 무렵 쓰여졌던 것으로 알려져 있다. 아무튼 오윤은 진도 요양 후에 세상을 보는 눈이 꽤 정리가 되었던 것으로 보인다. 허진무에게, 그리고 나에게도 말했던 "이제는 나는 유신론자이다"라던 발언이 진도 요양 후에 나왔던 점으로 미루어 짐작할 수 있다. 진도 요양 후 서울로 올라왔던 무렵 오윤 얼굴의 맑음을 잊을 수 없다. 오윤의 건강이 회복된 것 같아 우리는 "안색이 좋다. 몸이 많이 좋아진 것 같다"라고 말을 했는데 지금 생각하면 마음이 맑아져 있었던 것 아닌가 생각된다.17)

우리는 "유신론자"를 "신을 믿는 사람"으로 정의할 수도 있겠지만, 이러한 정의는 너무나도 상투적이어서 어떤 사람의 인생에 찾아온 중대한 계기를 설명하고자 하는 사람에게는 그 어떤 지적인 이끌림도 주지 못한다. 오히려 우리는 오윤의 작업 전체를 유리하게 이용하여 "유신론자"를 "세계의 존재를 믿는 사람"으로 정의해볼 수도 있을 것이다. 하지만 왜 아니겠는가? 「메아리 소년」이나 「천지굿」 같은 작품들에서 선명하게 그려진 소리의 울림은 바로 그 존재한다고 가정된 세계의 텅 빈 공간을 메우는, 그리고 역설적으로 바로 그렇게 함으로써 역으로 세계의 존재를 증명해보이는 바로 그것이지 않겠는가? 그것은 세계가 존재한다면 울림이 퍼질 수 있는 공간이라는 최소치의 무언

---

17) 김대식, 「진도고모」, http://user.chollian.net/~imagen/003/ohyun7.html.

가를 가지고 있어야 한다는 타박할 수 없는 직관을 보여주고 있는 것이 아니겠는가?

감사의 말

　김소연은 내가 그녀의 글을 지지한다고 말할 때마다 나의 지지보다 더 많은 것을 원한다는 정확한 욕망을 표현해왔다. 그녀에게 나의 존재감이 아무리 빈약한 것이었다고 해도 역으로 나로서는 그녀의 지지로도 충분했다는 것을 고백한다.
　나는 김도영과 김미희가 이 책의 출간에 보내줄 미소를 상상하면서 최종 작업을 했다. 아주 오래 전부터 그들은 이미 심중에서 나의 벗이었으며, 그들의 삶에서 나는 필요할 때 추동력을 얻었다.
　박원익은 진정한 의미에서 나의 첫 독자였다. 하지만 그의 사유와 투쟁 속에서 나의 작업이 아마도 쓸모가 있었듯이 나의 글 속에 그와의 대화가 이미 녹아들어가 있다. 나는 그가 그것을 알고 있을 것이라고 생각한다.
　김정한은 변함이 없는 동지다. 알고 보면 그는 내 삶의 중요한 계기에 늘 있었다. 그는 나로 하여금 지젝을 번역하게 했고, 「기능하는 윤리」를 발표하게 했고, 또한 「연합의 길」을 논평해주었다. 그와의 관계는 이렇듯 언제나 일방적이었다.

김정선은 우리의 대화를 항상 창조적인 방향으로 이끌고 갔다. 그녀는 나를 긴장하게 만들었다. 그녀는 항상 논리정연한 말들로 나에게 포격을 가했다. 나로부터 무언가를 필요로 할 때조차도 말이다. 나는 이에 대해 진심으로 감사한다.

나는 조영일이 없는 가라타니 고진을 생각할 수 없다. 그는 일본에 대한 나의 편견을 송두리째 바꾸어놓았다. 더 나아가 그는 이미 자신의 길을 잘 알고 있고, 자신의 길을 잘 알고 있는 사람만이 할 수 있는 방식으로 주변 사람들에게 용기를 주었다. 나는 운이 좋게도 그의 주변에 있었다.

어쩌면 이 책은 나와 정지은의 합작품이다. 그녀는 이 책의 출간을 무조건적으로 재촉했다. 그녀는 그 재촉으로 내가 일을 완수할 것임을 예상했던 것 같고, 따라서 나보다 나를 더 잘 알았을 것이다. 그녀는 한 여자의 존재감을 나에게 각인시켰다.

끝으로 이 책의 출간을 놓고 조기조 대표와 김장미 씨 그리고 이신철 선생과 나눌 수 있을 밀담이 남아 있다는 사실에 감사한다.